hänssler

Lucy Ching

... aber du siehst mit den Händen

Das mutige Leben einer blinden Chinesin

hänssler
Neuhausen-Stuttgart

CIP-Titelaufnahme der Deutschen Bibliothek

Ching, Lucy:
... aber du siehst mit den Händen : d. mutige Leben e. blinden
Chinesin / Lucy Ching. [Übers. von Imke Hilmer]. –
Neuhausen-Stuttgart : Hänssler, 1988
(Hänssler-Erzählungen)
Einheitssacht.: One of the lucky ones < dt. >
ISBN 3-7751-1242-1

Hänssler-Erzählungen
Bestell-Nr. 79 301

Published 1982 by Souvenir Press Ltd, 43 Great Russell Street London WC1B 3PA
Originaltitel: One of the Lucky Ones
Übersetzt von Imke Hilmer

Umschlaggestaltung: Heide Schnorr v. Carolsfeld
Titelbild: Gernot Dellien
Satz: Hänssler-Verlag/Typostudio Schröder, Dernbach
Druck und buchbinderische Verarbeitung:
Mohndruck, Gütersloh

Für Ah Wor

Danksagung

Dieses Buch hätte nicht zustandekommen können ohne die tatkräftige Hilfe von Tina Bailey, die mir über vier Jahre hinweg mit Gesprächen und Entwürfen, Telefonauskünften, Schreib-, Prüf- und Korrekturarbeiten zur Seite gestanden hat. Sie ist freiwillige Brailleschreiberin sowie Vorleserin für Blinde. Ich danke ihr.

Ich danke auch Bill Bailey, Sir John Wilson, Don und Aileen Peake, Anthony Lawrence, Winnie Wong, Emily Yung, Phoebe Hsu, Tang Kwan Mei, Frank und Marion Lyon und Peter Beverly Jordan – und nicht zuletzt dem unbekannten Arzt auf den Philippinen, der das erste Kapitel ermöglichte!

Lucy Ching
Hong Kong 1980

Inhalt

Vorwort

Als ich im Sommer 1986, für die Christoffel-Blindenmission Bensheim auf dem Weg in die Volksrepublik China, Lucy Ching – noch immer von ihrer mütterlichen Freundin Ah Wor begleitet –, kennenlernte, bat sie mich, zur Übersetzung ihres Buches »One of the Lucky Ones« das Vorwort zu schreiben. Ebenso früh erblindet wie sie, aber unter sehr viel günstigeren Umständen aufgewachsen, stellte ich ihr das gern in Aussicht. Nachdem die Übersetzung vorliegt, finde ich aber, der Leser sollte zunächst das Buch auf sich wirken lassen und erst am Ende lesen, wer Louis Braille war, wie seine Schrift aufgebaut ist und geschrieben wird, wie sie nach Deutschland und nach China kam sowie welche Bildungs- und Berufschancen Blinde heute hier und dort haben. An dieser Stelle bezeuge ich deshalb lediglich Lucy Ching und Ah Wor meinen großen Respekt. Jedem blinden Kind rufe ich mit Ah Wor tröstend zu: »Aber Du siehst mit den Händen!«, und wünsche ihm, es möchte ebenso wißbegierig und zielstrebig sein wie Lucy Ching. Den Eltern behinderter Kinder mache ich Mut, ihnen dennoch eine angemessene Erziehung und Bildung zuteil werden zu lassen und nach besten Kräften mit der ganzen Geduld und Energie, deren sie fähig sind, dabei mitzuwirken. Alle Lehrer sowie alle, die Lehr- und Arbeitsstellen anzubieten haben, bitte ich, auch Behinderten eine Chance zu geben. Und alle, die verzagen möchten, erinnere ich an das große Gottvertrauen, aus dem Lucy Ching immer wieder neue Kraft geschöpft hat.

Karlsruhe, im April 1988
Dr. Hans-Eugen Schulze
Richter am Bundesgerichtshof a. D.
Fachberater für Blindenbildung und -rehabilitation
der Christoffel-Blindenmission

Hallo, CY... hier DU

Wir hielten unseren Atem an. War da eine Stimme gewesen? Mucksmäuschenstill saßen wir auf der Bettkante und spitzten unsere Ohren. Da, noch einmal, dieses Mal deutlicher, hörten wir es in Mandarin mit einem leichten Akzent: »Hallo CY... Hallo CY... Hier DU... Ich bin in Manila... Hören Sie mich?«

»Ja, wir können Sie empfangen, DU...«, sagte mein Bruder ins Mikrophon.

»Ich bin Arzt und glaube, ich kann Ihnen helfen. Ich weiß, was Ihre Schwester brauchen kann. Ich werde nach Amerika schreiben und einige nützliche Dinge für sie anfordern. Sagen Sie mir, wo sie hingeschickt werden sollen.«

Mein Bruder buchstabierte unsere Adresse so deutlich wie möglich und fragte dann: »Wo kommen Sie her?«

»Aus New York, aber ich spreche Mandarin, weil ich eigentlich immer in China arbeiten wollte.« Dann sagte er: »Auf Wiederhören und viel Glück!«, und man hörte nur noch das Knacken der Leitung.

Damals war ich acht Jahre alt. Drei Jahre vorher, mit fünf, wurde mir zum ersten Mal bewußt, daß ich blind war. Da ich nie hatte sehen können, wußte ich es nicht, bis meine Mutter es mir sagte. Wir hatten gespielt, und ich quengelte, weil ich nie mit meinen Geschwistern mithalten konnte. »Du kannst sie sowieso nie schlagen«, sagte sie. »Sie können sehen, aber du nicht. Du bist blind.«

Später fragte ich sie, warum meine Geschwister zur Schule gingen.

»Sie lernen lesen und schreiben, damit sie, wenn sie groß sind, etwas Nützliches tun können.«

»Darf ich auch zur Schule gehen?«

»Du? Unmöglich! Du kannst nicht mitgehen, du bist doch blind.« In der Stimme meiner Mutter schwang Bedauern mit, aber sie sagte es sehr bestimmt. Sie sagte, ich würde die Tafel nicht sehen können und schon gar kein Buch lesen können.

Manchmal, wenn die ganze Familie ein bevorstehendes Ereignis oder eine Einladung besprach, fragte ich, ob ich mitkommen durfte.

»Nein, du kannst nicht mit, du bist doch blind.« Bald lernte ich, nicht mehr zu fragen.

Einmal hörte ich im Radio, daß blinde Kinder in England und Amerika mit ihren Fingern lesen lernten. Manche von ihnen gingen auf Sonderschulen, andere gingen zusammen mit sehenden Kindern auf ganz normale Schulen. Ich beschloß, herauszufinden, was es damit auf sich hatte.

Mein älterer Bruder war sechzehn und bastelte dauernd irgendwelche elektronischen Geräte. Er hatte sich einen Sender gebaut, und als er seine Amateursenderlizenz bekam, verbrachte er Stunden um Stunden damit, Signale auszusenden und zu empfangen und mit Leuten an den entlegensten Orten zu sprechen. Ich saß oft dabei und hörte ihm zu, und dabei kam mir plötzlich ein Gedanke: Wenn er fragen könnte, ob jemand von denen, die ihn hörten, wußte, wie blinde Kinder lesen lernen konnten... vielleicht wüßte es jemand... und würde antworten. Mein Bruder versprach, es zu versuchen. Er sendete es auf Mandarin und Englisch. In beiden Sprachen hatte er nur geringe Schulkenntnisse, aber er tat sein Bestes. Drei Wochen lang versuchte er es wieder und wieder, aber niemand meldete sich. Wir wollten schon aufgeben – es schien hoffnungslos. Da antwortete »DU« aus Manila.

Etwa zwei Monate später, kurz nach dem Frühstück, klingelte es an der Tür. Ich lief hin und rief laut: »Wer ist da?«, bevor ich die Tür öffnete. Es war der Postbote. Er sagte, er habe ein Päckchen für »Ching«, es sei bestimmt für mich. Er konnte etwas Englisch und hatte gesehen, daß auf dem Päckchen stand: »Lesematerial für Blinde«. Plötzlich dämmerte es mir. Der Arzt aus Manila hatte sein Versprechen gehalten! Ganz aufgeregt rief ich meine Eltern, die zögerten, ob sie das Päckchen annehmen sollten. Doch schließlich unterschrieb mein Vater, und ich stand mit dem Päckchen in der Hand da. Ich hörte, wie mein Vater sich die Schuhe anzog, und etwas später fing die Nähmaschine meiner Mutter an zu rasseln. Dann sagte mein Vater »Auf Wiedersehen« und ging zur Arbeit. Die Küchentür mußte offen sein, weil ich Wasser laufen hörte. Unsere Amah Ah Wor machte den Abwasch.

Ich ging mit dem Päckchen ins Wohnzimmer und machte mich daran, es zu öffnen. Ungeduldig schnitt ich mit der Schere alles, was sich nach Verpackung anfühlte, weg, bis ich etwas in der Hand hielt, was sich wie ein flacher Umschlag anfühlte. Darin waren einige sehr dicke kleine Papiere, die mit erhabenen Punkten übersät waren, und ein paar größere Bogen, mehrere Seiten zusammengeheftet, auf denen Hunderte dieser erhabenen Punkte fühlbar waren. Mit wachsender Aufregung wurde mir klar, daß das die Dinge waren, die blinden Kindern halfen, durch Fühlen zu lernen.

Aber ich hatte keine Ahnung, was ich damit machen sollte. Ich wünschte, meine Eltern könnten mir helfen, aber mein Vater war bei der Arbeit und meine Mutter wollte nicht von mir belästigt werden. Ah Wor hätte mir sicher gern geholfen, aber sie hatte auch Arbeit, und sie konnte sowieso nicht lesen.

Ich fühlte weiter. Da war eine kleine Schachtel, in der sich ein kleiner Metallstreifen mit einer Art Gitter auf der einen Seite und kleinen Ausbuchtungen auf der anderen Seite befand. Und da war ein seltsames rundliches Ding, das sich wie eine kleine Birne, aus der die Spitze einer Stricknadel herausguckte, anfühlte. Ich drehte diese sonderbaren Geräte in meinen Händen und befühlte jeden einzelnen Zentimeter. Ich konnte nichts damit anfangen. Dann fiel mir der Metallstreifen herunter. Ich kroch auf dem Fußboden umher und merkte, als ich ihn wiederfand, daß er auf einmal doppelt so lang war wie vorher. Aha – es waren zwei übereinanderliegende Teile mit einem Scharnier an einem Ende, so daß man das Ding wie ein Buch öffnen und schließen konnte!

Ich setzte mich an den Schreibtisch, an dem mein Bruder und meine Schwester ihre Hausaufgaben machten, meine merkwürdigen neuen Schätze vor mir, befühlte immer wieder die Karten mit den Punkten und machte das Metallding auf und zu. Ich hörte nicht auf, meine Finger über die Lochreihen gleiten zu lassen. Ich wurde zum Mittagessen gerufen, aber ich ging nicht hin. Ich hatte Angst, wenn ich wegging und meine aufregenden neuen Dinge allein ließ, könnten sie verschwinden. Niemand kam, um mich zu holen. Meine Eltern und Ah Wor waren oft sehr nachsichtig mit mir, und solange ich niemanden störte, konnte ich machen, was ich wollte. Vielleicht wollten sie meine Behinderung dadurch etwas ausgleichen.

Immer wieder betastete ich die Löcher. Ah Wor brachte mir eine Schale Reis. Ich schob sie weg, und dabei berührte ich das kleine birnenähnliche Ding. Ich hob es auf und merkte, daß ich seine Spitze genau in die Löcher stecken konnte – es schien exakt zu passen. Plötzlich überlegte ich, was wohl passieren würde, wenn ich ein Stück Papier zwischen die beiden Hälften des Metallstreifens legte. Ich lief ins Badezimmer, um etwas Toilettenpapier zu holen, legte es auf die eine Hälfte und schloß vorsichtig die andere Hälfte darüber. Dann versuchte ich, die Spitze des rundlichen Geräts in die Löcher zu bohren, um selber solche Punkte wie auf den Karten zu fabrizieren. Ich drückte und drückte; dann nahm ich das Papier heraus. Es war voller Löcher – keine Erhebungen. Ich untersuchte die Kärtchen und danach noch einmal mein Stück Toilettenpapier und merkte, daß die Kärtchen viel dicker und fester waren. Also nahm ich ein Stück Zeichenpapier von meiner Schwester und versuchte es noch einmal. Und diesmal waren zu meiner großen Freude und Überraschung wirklich Punkte darauf!

Ungeduldig wartete ich darauf, daß mein Bruder und meine Schwester aus der Schule kamen. Ich war so aufgeregt, daß ich es kaum abwarten konnte, ihnen zu zeigen, was ich bekommen hatte. Sie guckten sich alle Papiere genau an und sagten mir, daß auf einem der Kärtchen alle Buchstaben des englischen Alphabets stünden, das sie in der Schule gelernt hatten, und daß neben jedem Buchstaben verschiedene Gruppen von Punkten seien. Ich bat sie, meine Hand zu nehmen und mir zu zeigen, wie die einzelnen Buchstaben gingen. Zum Glück hatte ich vorher schon oft gehört, wie sie laut ihre Englischhausaufgaben machten, deshalb wußte ich die Namen und die Reihenfolge der englischen Buchstaben.

Und so fing ich an, mir selbst die Blindenschrift (»Brailleschrift«) beizubringen – obwohl ich das Wort »Brailleschrift« erst zwei Jahre später zum ersten Mal hörte. Als ich mit den Buchstaben vertraut war, wandte ich meine Aufmerksamkeit einem anderen Kärtchen zu, auf dem mehrere Buchstaben eng aneinander standen, und das erste Wort, das ich buchstabierte, war b-o-o-k (»Buch«). Meine Schwester sagte mir, was es bedeutete und wie man es aussprach. Eine andere Buchstabengruppe war p-e-n-c-i-l (»Bleistift«), und ich war überrascht, meine Schwester dasselbe Wort bei ihren Hausaufgaben murmeln zu hören. Das war so wunderbar – ich merkte, wie sich mir eine neue Welt eröffnete. Bis dahin hatte man mir immer gesagt, es sei völlig sinnlos, daß ein blindes Kind versuche, etwas zu lernen, weil blinde und sehende Kinder nicht in der gleichen Welt lebten und auch nicht die gleichen Dinge verstehen könnten.

In diesem Moment, an diesem Abend wußte ich plötzlich, daß das nicht so war. Wie ein Blitz kam mir die Erkenntnis, daß es an mir lag – daß ich alles lernen konnte, was ich wollte. Die Mauern, mit denen ich aufgewachsen war, waren nicht unüberwindlich.

Blind in China

Zu der Zeit, in der all dies passierte, lebten wir in Kanton. Kanton ist die Hauptstadt der Provinz Kuangtung, der südlichsten Provinz Chinas, nur etwa 150 km von Hong Kong.

Kanton – in einer alten Legende die Stadt der Widder – und sein Fluß, der Perlfluß, waren die Schauplätze der meisten Ereignisse im Opiumkrieg, der schließlich zur Gründung der britischen Kolonie Hong Kong führte. Hier bereitete Sun-Yat-sen, selbst Kantonese, die Revolution vor, die Chinas lange Geschichte der Dynastien beendete. Seine Partei, die Kuomintang, kam später ihrerseits in Verruf, aber dennoch war es in erster Linie Sun-Yat-sen, der von Kanton aus das Ende des alten Systems in China einleitete. Die Provinz Kuangtung war schon immer stolz auf ihren Ruf als Hort der Unabhängigkeit in Gedanken und Taten gewesen.

Aber festgefahrene Gedankenmuster lassen sich schwer ändern. Vielleicht sollte ich kurz den traditionellen kulturellen Hintergrund Chinas beschreiben, da er die allgemeine soziale Haltung gegenüber Behinderungen aller Art prägt. Die ethischen Werte des Konfuzianismus und das buddhistische Ideal persönlicher Reinheit sind der Hintergrund für das System von Anschauungen, Vorschriften und Bräuchen, das jahrhundertelang das Leben des gewöhnlichen chinesischen Volkes geformt und gelenkt hat. Während der Konfuzianismus eine praktische Lebensphilosophie ist, ist der Buddhismus eine Religion. Beide sind hart und erbarmungslos gegen menschliches Leiden und bieten weder Hoffnung noch Trost noch Hilfe. Da der Konfuzianismus keinerlei Erleichterung im Leiden anbietet und der Buddhismus sogar lehrt, daß Leiden eine Strafe des Himmels für eigene Sünden bzw. Sünden der Vorfahren sei, braucht es nicht zu verwundern, daß man in der ganzen Geschichte Chinas bis zur Revolution im Jahre 1911 keinerlei Anstrengungen unternahm, das Los von blinden Menschen zu verbessern.

Unter dem einfachen Volk gab es die weitverbreitete Ansicht, bis hinein in die Zeit meiner Kindheit in Kanton, daß die Augen die Wurzel alles Bösen seien und man böse Geister dadurch austreiben könne, daß man mit Nadeln in die Augen stach oder Pfeffer hineinstreute, damit die Geister durch die Tränen herausgewaschen würden. Dies wurde manchmal auch auf Anweisung eines Tempelmönchs getan, wenn eine Familie ihn wegen eines Leidens, von dem ihr Kind heimgesucht wurde, oder wegen eines Familienunglücks um Rat anging; es konnte auch von den Großmüttern angeordnet werden, deren Wort immer Gesetz war. Das Ergebnis war die Zerstörung des Augenlichts. Diese und andere barbarische Heilmethoden wurden im Namen des Aberglaubens angewandt und brachten Unglück über viele Familien.

Mein Vater war Architekt von Beruf und hatte sein eigenes Konstruktionsbüro, das private und staatliche Aufträge annahm. Es ging uns nicht schlecht, und wir wohnten in einer ziemlich großen Wohnung im zweiten Stock eines fünfstöckigen Gebäudes. 1945 waren wir acht – Vater, Mutter, zwei Jungen und vier Mädchen. Mein ältester Bruder war der Amateurfunker. Das nächste Kind war ein Mädchen, meine ältere Schwester. Ich liebte sie sehr, trotz der drei Jahre Altersunterschied, und war sehr erschüttert über ihren frühen Tod. Ich war das dritte Kind, das vierte war ein Junge und die letzten beiden Mädchen.

Wie viele wohlhabende Familien, konnten meine Eltern sich Bedienstete leisten, die wir Amahs nannten. Wir hatten vier Amahs: Ah Kwun, die Köchin, Ah Shim, die sich um meine beiden älteren Geschwister kümmerte, Ah Luk für meine jüngeren Schwestern und Ah Wor für meinen jüngeren Bruder und mich. Wir Kinder mußten unsere Amahs als Kwun Tse, Shim Tse, Luk Tse und Wor Tse anreden. »Tse« wird gebraucht, um jemanden anzureden, der älter ist als man selbst. Wir hatten als Kinder selten Streit miteinander; das bedeutete aber nicht, daß wir so brav gewesen wären, sondern schon beim kleinsten Anzeichen einer Unstimmigkeit eilten unsere Amahs zur Rettung und trennten uns oder brachten uns hinaus.

Vielleicht sollte ich noch etwas auf die Namen in einer chinesischen Familie eingehen. Jedes Kind bekommt bei seiner Geburt einen Namen, aber er wird zu Hause so gut wie nicht verwendet. Er ist ein offizieller Name für »draußen« oder für die Schule. Zu Hause hat man einen »Hausnamen«, mit dem man von Leuten, die älter sind als man selbst, gerufen wird. Mein offizieller Name ist Manfai, aber mein Hausname war »Kleines Mädchen« (*Bee mui* auf

Kantonesisch); so wurde ich von meinen Eltern und meinen älteren Geschwistern gerufen. Ich selbst konnte nur meine jüngeren Geschwister mit ihren Hausnamen nennen und mußte die älteren mit Erster großer Bruder und Zweite große Schwester anreden. Meine jüngeren Geschwister nannten mich Dritte große Schwester.

Im Familienkreis hingen einem die Hausnamen oft das ganze Leben lang an, aber wenn man älter wird und mehr Leute außerhalb der Familie kennenlernt, kommen die offiziellen Namen stärker zum Tragen. Als ich 1977 meine Mutter und einen meiner Onkel in Amerika besuchte, nannten sie mich noch immer »Kleines Mädchen«.

Die Amahs benutzten keinen dieser Namen. Sie hatten eine andere Reihe von Namen für uns. Ich war Fräulein Drei. Noch heute, nach all den Jahren, nennt mich Ah Wor Fräulein Drei – *Sam Ku Neung* auf Kantonesisch. Meine Schwestern waren Fräulein Zwei, Fräulein Fünf und Fräulein Sechs, und meine Brüder waren Junger Herr Eins und Junger Herr Vier. »Jung« mußte hinzugefügt werden, um sie von meinem Vater zu unterscheiden, den die Amahs Herr nannten. Meine Mutter war Herrin.

Wenn wir allein waren, riefen wir Kinder uns gern bei unseren Hausnamen. Das war allein schon aus dem Grund spannend, weil es verboten war. Eines Tages hörte mein Vater, wie wir uns so anredeten, und wurde sehr böse. Wir mußten versprechen, es nie wieder zu tun. Ich brauche wohl nicht zu sagen, daß wir es natürlich doch wieder taten – sehr häufig –, aber wir paßten auf und taten es nur dann, wenn Vater weg war. Ich weiß nicht, warum es ihm so viel ausmachte, daß Jüngere nicht den gehörigen Respekt gegenüber Älteren zeigten, wo wir doch alle Kinder einer Familie waren, aber es war die traditionelle Einstellung, und mein Vater war von Natur aus konservativ.

Unsere Familie war, wie so viele andere, durch den chinesisch-japanischen Krieg entwurzelt worden und wurde später in Hong Kong in den Zweiten Weltkrieg hineingezogen. 1938, als ich noch ein Baby war, fiel Kanton an die Japaner. Meine Familie hielt noch einige Monate unter japanischer Herrschaft aus. Aber als eine Freundin, die zu der Zeit bei uns war, von einem japanischen Soldaten vergewaltigt wurde, beschloß mein Vater, uns alle nach Hong Kong zu bringen.

In Hong Kong wohnten wir in Ho Man Tin, und mein Dritter Onkel konnte meinem Vater helfen, Arbeit zu finden, damit er uns alle versorgen konnte. Ich erinnere mich noch an ein Ereignis am

Heiligabend 1941, als die Japaner sich Hong Kong näherten und strenge Verdunklung angeordnet war. Wir hörten das Feuer näher und näher kommen. Meine Mutter spielte Mahjongg mit ihren Freundinnen, als die Polizei an die Tür polterte und rief, man würde Licht durch die Ritzen sehen. So stopften wir mehr Papier um die Fensterrahmen, aber die Polizei kam noch zweimal, weil man immer noch Licht sah. Wir wären dadurch fast in große Schwierigkeiten gekommen, da es nicht weit zum Flughafen in Kai Tak war und alle unruhig und nervös waren, so daß wir in den Verdacht gerieten, Spione zu sein, die dem Feind Zeichen gaben. Erst nach langem Reden konnten mein Vater und mein Onkel die Polizei beruhigen. Währenddessen waren Ah Wor und die anderen Frauen im Haus damit beschäftigt, ihre Gesichter mit Ruß vom Herd anzuschwärzen, damit die japanischen Soldaten keinen Gefallen an ihnen fanden.

Am nächsten Tag, dem ersten Weihnachtstag 1941, besetzten die Japaner Hong Kong. An das, was in den nächsten drei oder vier Jahren geschah, kann ich mich kaum noch erinnern, obwohl es mir später erzählt wurde. Es ist auch nicht wirklich wichtig für meine Geschichte. Ich kann mich nur noch entsinnen, Nachrichten über den Abwurf der beiden Atombomben über Japan und von der japanischen Kapitulation gehört zu haben.

Einige Tage später kehrten wir nach Kanton zurück. Mein Vater hatte in weiser Voraussicht alle Urkunden und Dokumente über sein Eigentum bewahrt und erhielt bald ein ausreichendes Einkommen aus Vermietungen. Er konnte auch sein Geschäft neu anfangen und verlassene und im Krieg zerstörte Bauten wieder aufrichten. Weit im Norden untergruben die Kommunisten die Herrschaft der Kuomintang, obwohl die letzte Phase des Bürgerkrieges erst in zwei Jahren ausbrechen sollte und wir kaum den Namen Mao Tsetung gehört hatten. Meine Familie machte sich daran, ihr altes Leben wieder aufzunehmen, mein Bruder spielte mit seinen Funkgeräten, und ich verbrachte lange Stunden, ohne etwas zu tun, und mit wenig Gesellschaft außer Ah Wor.

Ich hätte mein Leben in erzwungenem Nichtstun und Einsamkeit dahinbringen können, abgeschnitten von anderen Menschen, ihrem Leben und ihren Problemen. Aber es kam anders. Gott hatte andere Pläne für mich.

Seit ich sechs Monate alt war, war ich blind gewesen. Ich konnte mich nicht daran erinnern, je etwas gesehen zu haben, und vermißte mein Augenlicht nicht. Als ich laufen lernte, ließ ich meine Hände die Wände entlanggleiten und fand so meinen Weg von Raum zu Raum. Ich stieß an vielen Stellen an und fiel hin, bis ich merkte, daß manche Dinge immer an derselben Stelle waren - Türen, Stufen, die Badezimmereinrichtung, Möbelstücke. Bald tollte ich mit meinen sehenden Geschwistern umher und merkte gar nicht, daß ich anders war.

Als ich fünf war, war unser liebstes Spiel »Münzen zählen«. Immer, wenn ich eine Münze herunterfallen ließ, mußte ich auf dem Boden herumkriechen, um sie wiederzufinden, und war ärgerlich, daß meine Geschwister immer so viel schneller waren als ich. Ich quengelte und drängte meine Mutter, mir zu zeigen, wie ich sie schlagen konnte. Das war der Zeitpunkt, als sie mir sagte, daß ich blind war.

Ich fragte Ah Wor, wie die Leute sehen konnten. Sie sagte mir, sie sähen mit ihren Augen. Ich befühlte mit meinen Fingern ihre Augen und dann meine eigenen. Sie fühlten sich nicht unterschiedlich an, aber trotzdem konnte ich nicht sehen. Ich fing an zu weinen und sagte, ich wollte sehen. Ah Wor antwortete: »Du kannst auch sehen – aber anders. Ich sehe mit meinen Augen. Du siehst mit deinen Händen.«

Bis zum Ende des chinesisch-japanischen Krieges, als einige Mitglieder der Kuomintang-Regierung, angeregt durch die Arbeit von Missionaren, allmählich Interesse am Schicksal der Blinden zeigten, bekamen Eltern blinder Kinder in China keinerlei Hilfe, Rat oder gar Mitgefühl. Die Gesellschaft wollte davon nichts wissen. Sie mußten allein mit ihrer Situation fertig werden, schuldbewußt und voller Scham. Da sie sich vor den mitleidsvollen Kommentaren ihrer Verwandten und Freunde fürchteten, hielten sie das blinde Kind immer außer Sichtweite; es durfte nicht hinausgehen, lernte nichts – kurz: es wuchs völlig hilflos auf. Diese Hilflosigkeit verstärkte die Verbitterung der Familie noch mehr, denn so war das blinde Familienmitglied den Eltern oder später den Geschwistern eine ständige Last. Es überrascht nicht, daß diese Gefühle sich oft zu einer deutlichen Abneigung gegen jeglichen Kontakt mit dem blinden Kind entwickelten. Blinde waren schon immer Außenseiter der chinesischen Gesellschaft, isoliert in einem Gewirr von Aberglauben, Furcht und Ablehnung.

In einer verzweifelten Anstrengung, sie loszuwerden, ohne sie direkt zu töten, gab es Familien, die ihre blinden Angehörigen an einsamen Orten aussetzten in der Hoffnung, sie würden dort unbemerkt sterben – oben auf einem Berg, an Flußufern oder in verlassenen Häusern – oder die sie einem Ring von Sklavenhändlern verkauften. War es ein Junge, konnte er einem blinden oder sehenden Wahrsager verkauft werden, damit er das Wahrsagen lernte. In der Praxis bedeutete das gewöhnlich, daß er ein Bettler wurde. Nur manche wurden erfolgreiche Wahrsager mit einem guten Lebensunterhalt.

Ein Mädchen wurde meist blinden Frauen verkauft, die ihr beibrachten, ein paar Lieder zu singen und ein Musikinstrument, meistens die *erh-hu*, zu spielen, und sie damit auf die Straßen schickten. Früher oder später endete sie meist als Prostituierte.

Blinde Kinder wurden von ihren Sklavenhaltern häufig sehr schlecht behandelt. Einer blinden Person eine Ausbildung zu gewähren, war undenkbar. Es gab Ausnahmen, aber die beruhten auf finanziellen Gesichtspunkten, nicht auf Menschlichkeit. Sie verdienten einfach mehr Geld für ihre Ausbeuter, wenn sie besser gekleidet und besser ernährt waren. Zu ihnen gehörten Singsang-Mädchen in Teehäusern und Restaurants, die wohlgenährt aussahen, hübsche bunte Kleider trugen und von älteren Frauen geführt wurden. Sie waren professionelle Unterhalter und traten bei Festen und Feiern auf, bei denen sie traditionelle Lieder sangen. Die Männer waren gewöhnlich Nanyin-Darsteller, eine Art gesungene Ballade, die vor dem Zweiten Weltkrieg in Kanton sehr populär war. Diese Kunstrichtung wird traditionell von blinden Männern ausgeübt und erfordert jahrelange Übung und großes Talent. Es gab Leute, die jahrelang Tag für Tag in dasselbe Teehaus gingen, um dem neuesten Kapitel einer historischen Liebes- oder Heldengeschichte zu folgen.

Einige der Sklavenhalter waren so weitsichtig, zu merken, daß eine größere Investition an Essen, Kleidung und Unterricht ihnen von den Jungen und Mädchen mehr Geld einbringen würde, wenn sie älter wurden. Gutes Aussehen und intensive Schulung in chinesischer Vokal- und Instrumentalmusik konnten sie zu professionellen Musikern machen, die von Teehäusern oder Restaurants angefordert, im Rundfunk oder Fernsehen auftreten oder sogar Schallplatten bespielen konnten. Der Unterricht war jedoch sehr hart. Es gab noch keine Notenschrift für Blinde, auch keine Cassettenrecorder, so daß der Sklavenhalter seinem Schützling die Lieder bzw. Instrumentalweisen durch endlose Wiederholungen, Wort für Wort, Satz für Satz, bis sie auswendig behalten waren, beibringen mußte. Vielleicht stellte er einen Lehrer für diesen Unterricht an, aber in jedem Fall glaubte er fest an Stockschläge und andere Strafen als »Lernhilfen«, so daß die armen Kinder viel unter den Händen ihrer Besitzer zu erdulden hatten.

Waren sie einmal ausgebildet und imstande, Geld zu verdienen, mußten sie alles, was sie bekamen, ihren Besitzern aushändigen. Der Tod ihrer Besitzer war im allgemeinen der einzige Weg, die Freiheit zu erlangen. Manchmal schafften es einige, etwas Geld zurückzubehalten und genug zu sparen, um sich freizukaufen, und manchmal gelang es einer Frau, die Aufmerksamkeit eines Mannes so stark auf sich zu ziehen, daß er sie als Konkubine nahm, um ihm Kinder zu schenken und großzuziehen – es ist jedoch die Frage, ob das als Freiheit bezeichnet werden konnte. Es muß leider auch gesagt werden, daß manche Blinde, die es geschafft hatten, genug Geld zusammenzubekommen, um sich von der Ausbeutung freizukaufen, selbst zu Ausbeutern wurden.

Eine der traditionellen Beschäftigungen blinder Leute war von jeher, als Medium zu wirken, also als jemand, der einen Kontakt zwischen Menschen und Geistern herstellt. Die überlebende Familie eines Toten möchte manchmal Verbindung mit ihm aufnehmen, um zu erfahren, wie es ihm geht, ob er glücklich oder unglücklich ist oder ob er irgend etwas braucht. Dies geschieht durch ein Medium, das häufig eine blinde Person ist. Das Medium beginnt damit, Räucherwerk abzubrennen und Gebete zum Gott der Geister zu singen, um den Geist aufzufordern, auf die Erde zu kommen und für einige Zeit in ihm zu wohnen. Durch das Medium kann der Geist dann sprechen und Fragen beantworten. Ein blindes Medium läuft nach dem Singen der Gebete auf und ab und schlägt mit seinem Stock auf den Boden, damit der Geist am Klopfen erkennt, daß er kommen soll. Aus diesem Grund war für viele Leute der älteren Generation der Stock eines Blinden ein Objekt der Furcht, da er die Geister aus der Tiefe heraufbeschwören konnte. Es gibt einen Aberglauben, daß das Berühren des Stocks eines Blinden drei Jahre lang Unglück bringe. Aus diesem Grund, obwohl es in den letzten Jahren schon deutliche Verbesserungen gegeben hat, wird noch heute Blinden in öffentlichen Verkehrsmitteln, beim Überqueren von Straßen und beim Finden des Eingangs zu einem Gebäude oft nur zögernd geholfen. Viele Leute wenden sich immer noch bewußt ab, wenn sie eine blinde Person in ihre Richtung kommen sehen. Aberglaube läßt sich nur schwer ausrotten.

Ich muß mich als eine der Glücklichen unter Tausenden blinder Menschen in meinem Land bezeichnen, weil meine Eltern mich nicht verkauften oder weggaben. Wie die meisten blinden Kinder wurde ich im Haus gehalten und bei Familienausflügen nicht mitgenommen, aber ich wurde nicht unbedingt vor jedem Besucher versteckt. Ich war gern unter Menschen und hörte gern ihrer Unterhaltung zu – selbst wenn ich nicht verstand, worüber sie sprachen.

Manchmal allerdings verstand ich nur zu gut. Ich erinnere mich noch an einen Nachmittag, als Frau Chan, eine Nachbarin, meine Mutter besuchte. »Was für ein Unglück, daß Sie eine blinde Tochter haben«, bemerkte sie. »Sie oder Ihr Mann oder einer Ihrer Eltern, oder vielleicht sogar irgend ein Vorfahre, muß etwas gemacht haben, was Gott im Himmel mißfallen hat. Was werden Sie mit ihr machen? Solange Sie hier sind, können Sie sie natürlich ernähren und für sie sorgen, aber wer wird sie durchfüttern, wenn Sie und Ihr Mann einmal nicht mehr sind? Sie können das unmöglich von Ihren anderen Kindern erwarten, wenn sie einmal verheiratet sind. Und selbst wenn Ihre Kinder bereit wären, eine solche Last auf sich zu nehmen, würden ihre Ehepartner sicherlich nicht damit einverstanden sein.«

Meine Mutter gab alle Schuld ihrem Schicksal und sagte, sie und mein Vater wären darauf eingestellt, für mich zu sorgen, solange sie lebten; und wenn sie gestorben seien, sei es die Sache meines Schicksals, und sie könnten nichts mehr daran ändern.

Frau Chan war nicht die einzige, die so redete. Viele der Freunde meiner Eltern sagten im wesentlichen dasselbe, und es schien sie nie zu stören, daß ich mit im Raum war und alles hören konnte. Für mich war es so niederschmetternd, solchen Unterhaltungen zuzuhören, daß ich schließlich jedesmal in das gemeinsame Schlafzimmer kroch und dort blieb, bis der Besuch gegangen war.

Was meine Mutter über das Schicksal gesagt hatte, klingt hart, aber ich weiß, daß sie sich wirkliche Sorgen darüber machte. Oft sagte sie zu mir: »Kleines Mädchen, ich hoffe, du stirbst vor mir – dann weiß ich wenigstens, daß für dich gut gesorgt wird. Wenn du größer wirst, können Vater, du und ich zusammen leben, aber ich wage gar nicht, daran zu denken, was passiert, wenn wir vor dir sterben.« Ich weiß, daß sie das aus Liebe und wirklicher Sorge um mich sagte. Sie und Vater liebten mich beide und machten sich Sorgen um meine Zukunft, aber das war auch schon alles. Es war ihnen nicht bewußt, daß es nicht genug war, mir nur Nahrung und Schutz zu geben, und daß ein blindes Kind sich genau wie andere Kinder entwickeln muß. Daß ich eine Ausbildung brauchte, daran dachten sie nicht. Was sollte ein Blinder auch damit?

Zu meinem großen Glück (und inzwischen auch zum Glück vieler meiner blinden Freunde) war Ah Wor anders. Sie machte mich zum Mittelpunkt ihres Lebens. Ohne dafür geschult zu sein, allein geleitet von ihrem gesunden Menschenverstand und ihrer Zuneigung, half sie mir zu lernen, blind in einer sehenden Welt zu leben und mit den Problemen fertig zu werden. Sie hatte es in vielerlei Hinsicht schwer. Sie war schließlich eine normale Amah in einer Familie mit der üblichen Menge an Hausarbeit, aber darüber hinaus widmete sie mir jede freie Minute, führte meine Hände, damit ich neue Dinge entdeckte, focht für mich meine Kämpfe mit der Familie, zeigte, lehrte, erklärte. Sie verstand meinen heftigen Wunsch, zur Schule zu gehen und half mir, dorthin zu kommen. Sie benutzte ihr Erspartes, um mir die notwendigen zusätzlichen Dinge, die meine Eltern für Luxus hielten oder (später) sich nicht leisten konnten, zu kaufen. Sie war bei mir in guten und in schlechten Zeiten, und wir sind noch immer zusammen. Ihre eigenwillige Hingabe brachte ihr keine Bewunderung von anderen Amahs oder Bekannten ein. Sie verspotteten sie und erklärten sie für verrückt. Wie konnte man sich nur so aufopfern für ein blindes Mädchen, das doch ohnehin besser tot wäre! Aber all dies ließ Ah Wor, die eine wichtigere Rolle als jeder andere Mensch in meinem Leben spielte, unbeirrt. Ich habe Ah Wor in meinem Leben für mehr zu danken als ich ihr je vergelten kann.

Ah Wor

Eines Morgens, nicht lange nachdem das Päckchen gekommen war, war ich mit Ah Wor im Wohnzimmer, als wir einen Schrei und ein Klappern unter dem Fenster hörten, gefolgt von ärgerlichen Stimmen, die immer lauter wurden. Dann rasches Fußgetrappel und neues Keifen. Ah Wor ging zum Fenster. Ein Junge war vom Fahrrad gefallen, mitten in eine Gruppe von Amahs, und einer von ihnen waren ihre sämtlichen Einkäufe heruntergefallen. Alles schrie dem Jungen hinterher, der sich schnell davonmachte. Die Aufregung legte sich langsam, und dann hörte man Kinder lachen. Ich wäre so gerne dabeigewesen, aber ich kam nie aus dem Haus, außer bei gelegentlich notwendigen Fahrten wie etwa zum Arzt oder Zahnarzt. An diesem Tag nahm ich plötzlich meinen Mut zusammen und fragte Ah Wor, ob ich hinausgehen durfte.

Ah Wor schien überrascht, aber sie sagte, sie würde mich mitnehmen, wenn sie Zeit hätte. Ich konnte es kaum abwarten. Es schien Stunden zu dauern, bis sie mit ihrer Arbeit fertig war, doch schließlich sagte sie, sie sei fertig und wir würden zum Bäcker gehen. Sie nahm mich bei der Hand, und wir stiegen die Treppe hinab.

Ich erinnere mich noch an jede Einzelheit. Es war das erste Mal, daß ich »einfach so« ausging, wie andere Kinder auch – obwohl ich blind war. Bis zu diesem Tag hatte ich mein Schicksal angenommen, aber nun wurde mir klar, daß das Leben Möglichkeiten bereithielt, an die ich vorher nie gedacht hatte.

Wir gingen also die Straße entlang, während Ah Wor mir beschrieb, woran wir gerade vorbeikamen, aber in meinem Eifer lief ich voraus und rannte mitten in eine Gruppe tratschender Ahmas. Eine von ihnen fragte Ah Wor, ob das eine *mang mui* sei, was wörtlich übersetzt »blinde Sklavin« bedeutet. Ah Wor antwortete, daß ich zwar blind, aber daß ich ihr Fräulein Drei, keine Sklavin, sei. Die Frau sagte, sie könne es nicht verstehen, wie man sich mit einem blinden Kind abgeben könne. Sie dachte wohl, daß mich, weil ich blind war, nichts im Leben interessieren könne. Dann fügte sie hinzu, daß es für mich besser wäre zu sterben, als erwachsen zu werden.

Ich zerrte an Ah Wors Hand. Sie verstand, was ich meinte, und wir entfernten uns schnell von den Amahs in eine Richtung, aus der wir Kinder spielen hörten. Zu meiner Freude machte es ihnen nichts aus, daß ich dazukam, und ich spielte ziemlich lange mit ihnen.

Schließlich sagte Ah Wor, wir müßten gehen und das Brot kaufen, weil sonst keins mehr übrig wäre. Ich war noch nie zuvor in einem Laden gewesen, und in diesem roch es wunderbar. Ah Wor verlangte zwei Pfund Brot, und eine Männerstimme fragte sie, ob sie es geschnitten haben wolle. Ah Wor bejahte. Ich fragte sie, wie der Mann das Brot in Scheiben schneide, worauf sie meine Hand nahm und mich vorsichtig das große kastenförmige Brot befühlen ließ. Sie erklärte mir, daß auf dem Holzbrett ein sehr scharfes Messer befestigt war, welches das Brot in genau gleich dicke Scheiben teilte; aber ich solle das Messer lieber nicht anfassen, damit ich mich nicht verletzte. Ich hörte das Knistern des Papiers, als der Mann das Brot einpackte und es Ah Wor reichte, die es mir zum Halten gab. Dann klapperten Münzen, und der Mann sagte: »Einen Moment, ich hole nur schnell das Wechselgeld.« Ah Wor erklärte mir, was Wechselgeld war, und als der Mann ihr den Rest gab, sagte er zu ihr: »Sie sind sehr nett zu diesem blinden Mädchen. Wenn alle Leute sich die Zeit nähmen, blinde Leute Dinge befühlen zu lassen, könnten sie mit ihren Händen eine Menge Sachen kennenlernen.«

Beim Hinausgehen sagte keiner von uns etwas, aber wir fühlten beide den Unterschied zwischen diesem Mann und den unfreundlichen Amahs.

Als wir von unserem Einkauf zurück waren, fragte ich meine Mutter, wie ich blind geworden war. Meine Mutter sagte, ich sei noch zu jung, um das zu verstehen, und sie würde es mir sagen, wenn ich älter sei. Aber ich konnte den ganzen Abend an nichts anderes mehr denken, und als ich im Bett war und Ah Wor hereinkam, um zu gucken, ob ich schon schliefe, bettelte ich, daß sie es mir sagen sollte. Zuerst zögerte sie, aber ich drohte, sie nicht eher gehen zu lassen, bis sie es mir gesagt hätte. Um meine Schwestern nicht aufzuwecken, krochen wir leise in ihr Zimmer, das sie mit Ah Luk teilte. Sie hatten Etagenbetten – Ah Wor schlief unten – und auf dieser Bettkante hörte ich schließlich die Geschichte, soweit sich Ah Wor daran erinnerte.

Während sie erzählte, kam Ah Kwun herein. Nachdem sie eine Weile zugehört hatte, sagte sie Ah Wor, es sei nicht richtig, daß ich dies erführe. Meine Eltern würden es nicht wollen, und es sei auch nicht gut für mich. Ah Wor jedoch beharrte darauf, ich würde es ohnehin eines Tages erfahren, und es sei besser, ich wüßte die Wahrheit, als daß ich irgendwelchen Geschichten glaubte und entweder meine Eltern oder mich selbst zu Unrecht anklagte. Ah Kwun zuckte mit den Achseln und ging.

Bei meiner Geburt, sagte Ah Wor, war ich ein gesundes Baby mit normaler Sehkraft. Meine Augen folgten Licht und Bewegungen, und ich konnte ganz offenbar sehen. Als ich sechs Monate alt war, fuhren wir zu einer Feierlichkeit zu Ehren meines verstorbenen Großvaters in unser Heimatdorf auf dem Land in Kuangtung, in der Nähe der Grenze zu Macau. Als wir dort waren, bemerkte meine Mutter in meinen Augen einen roten Punkt und brachte mich zu dem dort ansässigen Kräuterheiler. Er verschrieb einen Aufguß verschiedener Gräser und Blätter, der auf meine Augen aufgetragen werden sollte. Meine Augen wurden geschwollen und bluteten sogar; jetzt war die Sache sehr ernst. Ich wurde schnell nach Kanton gebracht zu einem Arzt, der nach westlicher Methode praktizierte, und dieser überwies mich sofort an einen englischen Augenspezialisten nach Hong Kong. Wir fuhren mit dem Schiff, und Ah Wor kümmerte sich um mich, weil meine eigentliche Amah Reisen haßte. Ah Wor trug mich ins Sprechzimmer. Sie erinnerte sich noch, wie meine Eltern weinten, als der Arzt ihnen eröffnete, daß das Gebräu des Dorfheilers einen so großen Schaden angerichtet hatte, daß der Sehnerv bei mir zerstört sei und ich für den Rest meines Lebens vollständig blind sein würde.

Der Arzt war Engländer, sprach jedoch fließend Kantonesisch. Er sagte meinen Eltern, Blindheit bedeute nicht Nutzlosigkeit; es läge an ihnen, mich zu einem glücklichen und nützlichen Menschen und nicht zu einem seelischen Krüppel werden zu lassen. Dieser Satz machte einen bleibenden Eindruck auf Ah Wor. Es war mein Glück, daß sie dabei war und hörte, was der Arzt sagte, denn von dem Augenblick an tat sie alles, was sie konnte, um seinen Rat zu befolgen.

Als Ah Wor zu Ende erzählt hatte, sprach keiner von uns beiden ein Wort. Sie wollte mich zurück in mein Bett bringen, aber ich wollte nicht. Ich konnte jetzt nicht allein bleiben! Ah Wor spürte das auch und erlaubte mir, bei ihr zu bleiben, aber ich sollte am nächsten Morgen früh aufstehen, denn meine Mutter hätte es sicher nicht gern, wenn sie wüßte, daß ich bei einer Amah im Bett geschlafen hatte. Wir merkten bald, daß Ah Wors Bett zu schmal für uns beide war, obwohl ich noch nicht sehr groß war. Also kroch sie zurück in mein Zimmer, holte eine Decke von meinem Bett und legte sich auf den Boden, während ich in ihrem Bett liegenblieb.

Am nächsten Morgen stand sie zu ihrer normalen Zeit auf, aber ich schlief noch so fest, daß sie mich nicht wecken mochte. Es dauerte nicht lange, bis meine Mutter entdeckt hatte, daß ich nicht in meinem Zimmer war. Sie rief Ah Wor und fragte sie, wo ich sei. Die arme Ah Wor mußte ihr sagen, ich sei in ihrem Bett, und wurde heftig dafür zurechtgewiesen. Als ich aufwachte, fragte mich Mutter aus, aber ich sagte ihr nur, ich hätte bei Ah Wor sein wollen, und erzählte ihr nichts über das, was ich erfahren hatte. Am Ende führte meine Mutter meine Anwandlungen darauf zurück, daß ich im Radio Gespenstergeschichten gehört hatte, was mir fortan verboten wurde.

Ah Wor war so ganz eine Frau aus dem »alten« China, und es gab in ihrem Leben Begebenheiten, die wie etwas aus einem vergangenen Zeitalter anmuten, obwohl sie sich in den frühen 20er Jahren unseres Jahrhunderts abspielten. Ah Wors Familie lebte auf dem Land in Kuangtung, in einem Dorf unweit von Kanton. Ihr Vater starb, als sie zwei Jahre alt war; also wuchs sie nur bei ihrer Mutter auf, die für einen Bauern arbeitete. Sie wohnten im Haus des Bauern. Jeden Morgen bei Morgengrauen wachten sie durch das Husten der Bauersfrau auf. Dieser Husten war ihr Wecker. Ihre Mutter kroch dann unter dem Moskitonetz über dem Holzbrett, das sie und Ah Wor sich teilten, hervor, eilte in die Küche und fing an, Wasser heiß zu machen.

Die Küche war ein Anbau mit einem Strohdach und aus Ziegeln, die schon hart und schwarz vom Alter waren. Sie war vor vielen Jahren von dem Großvater des Bauern gebaut worden. An der äußeren Wand, in einem kleinen Stall, stand der Ochse, der wertvollste Besitz des Bauern. Wenn er Ah Wors Mutter in der Küche hörte, brüllte der Ochse und warf sich polternd gegen die Wand.

Ah Wors Aufgabe war es, genau die richtige Menge Wasser aus dem Vorratsbehälter in einen eisernen Topf zu füllen und Reisig aus dem Haufen von Gras und Zweigen in der Ecke zu holen, damit ihre Mutter das Feuer in dem rohen Ziegelofen unter dem eisernen Topf anzünden konnte. Dazu schlug sie einen Feuerstein gegen ein Stück Eisen, bis sie einen Funken erhielt. Wenn das Wasser kochte, goß sie es in eine Schale, nahm ungefähr ein Dutzend trockene gerollte Blätter vorsichtig aus einem Behälter, der beim Ofen stand, und streute sie auf das Wasser. Einmal, als sie fünf oder sechs Jahre alt war, flüsterte Ah Wor ihrer Mutter zu, sie hätte gern auch ein paar Blätter, aber ihre Mutter erwiderte flüsternd: »Wir können nichts verschwenden; Tee trinken ist wie Silber trinken.« Dann brachte ihre Mutter die Schale dampfenden Tees ihrer Herrin, deren quälender Husten nicht aufhörte, bis sie ihn getrunken hatte. Der Bauer bekam eine Schale mit heißem Wasser; er meinte, da er keinen Husten hatte, bräuchte er auch keinen Tee, den es nur bei besonderen Anlässen geben sollte.

Nach dem Frühstück – Reis und etwas Gemüse – gingen der Bauer, Ah Wors Mutter und einige Arbeiter aus der Nachbarschaft zur Arbeit auf die Reisfelder. Wenn es Zeit zum Pflügen war, nahmen sie den Ochsen mit, um den Pflug zu ziehen. Mittags kamen sie zum Essen zurück, das Ah Wor zubereiten mußte, sobald sie alt genug dazu war. Anschließend legte sich die Bauersfrau, die unter irgendeiner Krankheit litt, hin, während Ah Wor mit einem hölzernen Rechen bewaffnet in der Umgebung Reisig und Blätter für den Küchenherd und Futter für den Ochsen sammelte.

Als sie älter wurde, war es Ah Wors größter Wunsch, in eine Lerngruppe zu gehen, in der sie ein paar chinesische Schriftzeichen lesen und ihren Namen schreiben lernen konnte. Damals gab es in den wenigsten chinesischen Dörfern eine richtige Schule – es kam höchstens vor, daß jemand, der ein bißchen Unterricht gehabt hatte, eine Lerngruppe aufmachte, um etwas Geld zu verdienen. Ah Wors Mutter jedoch erfüllte ihr ihren Wunsch nicht, da es sich für chinesische Frauen nicht gehörte, lesen oder schreiben zu lernen. Die Rolle der Frau sei Hausarbeit und Sorge für Mann und Kinder, sagte sie.

Als Ah Wor sechzehn war, kam eine Dürre über Kuangtung. Die Reispflanzen welkten und vertrockneten auf den ausgedorrten Feldern unter der sengenden Sonne, und schließlich sagte der Bauer zu Ah Wors Mutter, er hätte keine Arbeit mehr für sie.

Ah Wor wußte sehr gut, wie besorgt ihre Mutter war, obwohl sie nicht darüber sprachen. Still und voll Angst lag sie in ihrem Bett und beobachtete ihre Mutter, wie sie in der Wand des winzigen Raums ein Loch freimachte, einige Silberstücke herausholte und dann das Loch wieder mit Erde verstopfte. Später, als sie sich beide schlaflos hin- und herwarfen, spürte Ah Wor einen harten Klumpen an der Brust ihrer Mutter und fragte, was das sei. Zuerst wollte ihre Mutter es ihr nicht sagen, doch Ah Wor ließ ihr keine Ruhe, und so zog die alte Frau ein Bündel hervor und wickelte es auf. Darin waren die Silberstücke. Dreizehn Jahre lang hatte sie ihren Lohn, den der Bauer ihr gab, gespart und ihn allmählich in Silbermünzen eingetauscht. Jetzt würden sie nicht verhungern. Erleichtert schlief Ah Wor ein.

Aber die Dürre hielt an, und es gab immer noch keine Arbeit. Sie mußten den Hof verlassen und gingen zu einer älteren Schwester von Ah Wor. Dies bedeutete, ein kleines, enges Steinhaus mit der Schwester, ihrem Mann und zwei Kindern, von denen eines in Ah Wors Alter war, teilen zu müssen. Stück für Stück verbrauchte sich das Silber. Ah Wors Mutter war verzweifelt und sah nur noch eine Lösung: Ah Wor zu verheiraten. Eine Heirat würde bedeuten, daß das Mädchen versorgt war und ihre Mutter etwas Geld als Mitgift von der Familie des Mannes bekam.

Wie alle Dorfmütter ging Ah Wors Mutter zu einem Heiratsvermittler, um einen Mann für ihre Tochter zu finden. Der Heiratsvermittler schlug vor, sie einem Geist zu verheiraten. Dies ist ein Brauch, der heute sicher im Aussterben begriffen ist, aber ich möchte nicht sagen, daß er überhaupt nicht mehr vorkommt. Selbst in Hong Kong finden heute noch Geisterhochzeiten statt.

In Ah Wors Fall war ein junger Mann unverheiratet gestorben. Man glaubte allgemein, daß solch ein Mann als einsamer Geist umherirrte und daß man ihn glücklicher machen konnte, wenn seine Eltern auf der Erde ihm eine Hochzeit, entweder mit einer lebenden oder einer toten Frau, ausrichteten. Wenn es eine lebende Frau war, mußte sie zu bestimmten Anlässen zum Haus seiner Eltern gehen, um besondere Rituale zu vollziehen und ihn zu verehren. Außer diesen Pflichten war es ihr in den meisten Fällen freigestellt, arbeiten zu gehen. Wenn die Frau tot war, hatte der Geist natürlich gleich ihre Gesellschaft.

Das Angebot des Heiratsvermittlers stand unter der Bedingung, daß Ah Wor ständig im Haus ihrer Schwiegereltern leben und ihnen dienen und gehorchen sollte. Ah Wors Mutter gefiel dieses Angebot, weil sie dachte, diese Regelung würde dem Mädchen weniger Lasten auferlegen als eine Ehe und Kinder. Außerdem bedeutete der Handel ja, daß die Familie des verstorbenen Mannes sie, die Mutter, finanziell unterstützen mußte, was sie als arme Witwe dringend brauchte.

Doch Ah Wor fand die Idee unannehmbar und sagte, sie könne dabei nicht mitmachen. Sie hatte noch eine andere Schwester, die verheiratet war und in Kanton lebte. Daher schlug sie ihrer Mutter vor, sie würde zu dieser Schwester gehen, sich Arbeit in der Stadt suchen und Geld nach Hause schicken, was auf das gleiche wie die Geisterhochzeit hinausliefe. Widerstrebend willigte ihre Mutter ein, und Ah Wor ging nach Kanton.

Es war das erste Mal, daß sie in einer Stadt war. Elektrische Lichter, Fahrstühle, Wasserhähne, Telefone – alles war neu und faszinierend für Ah Wor. Sie war sprachlos, als sie Dorfmädchen, die in die Stadt gekommen waren, um als Amahs zu arbeiten, fröhlich singend an ihren Spülsteinen in der Küche unter fließendem Wasser Geschirr abwaschen sah. Auf dem Hof mußte sie immer erst Wasser vom Brunnen herbeischleppen. Sie fand bald auch Arbeit als Amah bei einer Familie, aber nach einigen Jahren gingen diese Leute nach Neuseeland, und sie mußte sich eine andere Stelle suchen. Dies war der Zeitpunkt, als sie zu uns kam, ungefähr drei Jahre vor meiner Geburt, um sich um meine ältere Schwester zu kümmern. Ihre Mutter war zwei Jahre zuvor gestorben, aber fast zehn Jahre lang hatte Ah Wor ihr beinahe alles, was sie verdiente, geschickt und kaum genug für ihre eigenen Bedürfnisse behalten.

Als ich geboren wurde, hatte ich eine andere Amah, Ah Sung. Am Anfang sorgte sie gut für mich, aber als ich blind wurde, bekam sie einen Widerwillen, mich zu berühren, und behandelte mich richtig feindselig. Zu dieser Zeit waren meine Eltern so überwältigt von Schrecken und Trauer, daß sie alles Interesse nicht nur an mir, sondern an allen ihren Kindern verloren und nicht mit uns belästigt werden wollten – am wenigsten mit mir. Unser tägliches Wohl lag vollständig in den Händen unserer Amahs.

Ob Ah Sung wirklich dachte, sie täte meinen Eltern einen Gefallen, wenn sie mich so vernachlässigte, daß ich vielleicht eines Tages starb, weiß ich nicht. Nach all dem, was Ah Wor mir in den letzten Jahren erzählt hat, schlug Ah Sung mich, ließ mich nachts ohne Decke und legte mich mit Absicht nahe an die Bettkante, so daß ich herausfiel und mir den Kopf verletzte. Dies beunruhigte Ah Wor sehr, und sie hatte deswegen oft heftige Diskussionen mit Ah Sung. Schließlich, zu Ah Wors großer Erleichterung, mußte Ah Sung in ihr eigenes Dorf zurückkehren, um ihren Mann zu pflegen, der krank geworden war. Ah Wor fragte daraufhin meine Eltern, ob sie meine Pflege übernehmen und eine andere Amah für meine Schwester sorgen könne. Meine Eltern sagten jedoch, sie könnten sich keine weitere Amah leisten, da sie einen Koch bräuchten, und so übernahm Ah Wor uns beide. Später, als die Familie größer wurde und mein Vater glücklicherweise auch mehr verdiente, bekamen wir zwei Amahs dazu, Ah Shim und Ah Luk.

Ah Shim war eine gläubige Buddhistin und Vegetarierin. Morgens und abends verbrachte sie lange Zeit bei ihren Gebeten. Buddhisten zünden dazu Räucherstäbchen an und beten so lange, bis sie heruntergebrannt sind; dies kann bis zu einer Stunde oder länger dauern. Ah Wor hatte oft das Gefühl, Ah Shim hätte einen Teil dieser Zeit sehr gut dazu gebrauchen können, bei den Pflichten, die sie und Ah Luk zu erledigen hatten, mitzuhelfen, aber da es sich um religiöse Dinge handelte, waren sie sehr nachsichtig. Ah Shim dagegen betete zu ihrem Gott im Himmel, er möge Rache auf Ah Wor und Ah Luk oder wen auch immer herunterschicken, wenn sie sich ungerecht behandelt fühlte.

Mein Bruder kam oft zu spät zur Schule, weil Ah Shim ihre Gebete zu Ende sprechen mußte, aber meine Eltern schimpften mit ihm, weil sie dachten, er stünde zu spät auf. Wenn sie die Wahrheit gewußt hätten, hätten sie Ah Shim niemals behalten, aber das alles spielte sich in den Räumen der Amahs ab, und mein Bruder verriet sie nie.

Wenn ich heute auf diese Zeit zurückblicke, bin ich fast versucht, die Wahrheit der Geschichten über Ah Sung anzuzweifeln, aber sie wurde mir erst vor einigen Jahren völlig unabhängig von meiner Siebten Tante bestätigt, die mir erzählte, sie hätte einige dieser Vorfälle selbst gesehen und versucht, meine Mutter zu warnen. Ah Sung war jedoch eine bevorzugte Amah, der man immer glaubte, wogegen die Siebte Tante ein jüngeres Mitglied der Familie war und ein wenig als »verdächtig« galt, weil sie, obwohl kantonesischer Abstammung, in Amerika geboren und aufgewachsen war.

Abgesehen von meiner Blindheit war ich völlig normal und gesund. Natürlich hatte ich Probleme und Enttäuschungen, die meine sehenden Geschwister nicht hatten, aber ich hatte wenigstens ein recht gutes Zuhause, eine ergebene Amah und eine Familie, die mir körperlichen Schutz gab, obwohl sie keine Ahnung hatte, wie sie mit meinen emotionalen und psychischen Bedürfnissen und meinem natürlichen Wunsch, Dinge mit den Händen zu »sehen«, umgehen sollte. Für diese Seite meines Lebens sorgte Ah Wor, die, obwohl ungebildet und Analphabetin, eine der liebevollsten und weisesten Frauen war. Durch Gefühl und Intuition, Liebe und gesunden Menschenverstand tat sie all das, was meine Eltern, vielleicht aus Furcht oder Mangel an Phantasie, noch nicht einmal versuchten. Sie teilte meine Interessen, half mir überall, wo sie konnte, und rettete mich aus den Nöten, in die alle Kinder, blind oder sehend, irgendwann einmal hineingeraten.

An eine solche Begebenheit kann ich mich noch gut erinnern. Es war ein naßkalter, windiger Nachmittag. Ich konnte den Regen an den Scheiben hören. Nach dem Mittagessen sagte Mutter, sie würde mit einigen Freundinnen weggehen, ich solle bei Ah Wor bleiben und ein braves Mädchen sein. Dann sagte sie zu Ah Wor, sie solle die alten Zeitungen aus dem Wohnzimmer wegtun.

Ich ging mit zur Tür und sagte ihr Auf Wiedersehen. Das Schloß schnappte ein, als Mutter die Tür hinter sich zuzog, und das Klappern ihrer Absätze wurde leiser, als sie die Treppen hinabging. Ah Wor war schon wieder in der Küche zum Abwaschen. Ich stand im Flur und überlegte, was ich machen könne. Plötzlich fiel mir Mutters Bemerkung über die Zeitungen ein. Vielleicht konnte ich sie für meine Blindenschrift-Punkte gebrauchen. Meine Schwester hatte sich beklagt, daß ich ihr ganzes Zeichenpapier nähme, also mußte ich etwas anderes finden. Ob ich mit den alten Zeitungen etwas anfangen konnte?

Ich fing also an, im Wohnzimmer zu suchen. Ich begann an der Tür und arbeitete mich langsam in der Runde vor, indem ich alles befühlte. Endlich fand ich einen großen Stapel Papier auf einem Tisch an der Wand. Überglücklich hob ich ihn auf, lief in die Küche und fragte Ah Wor, ob dies die Zeitungen seien, von denen Mutter gesprochen hatte. Ich hörte, wie sie sich zu mir umdrehte und mit angenehm überraschter Stimme sagte: »Oh, du bist aber ein braves Mädchen. Bringst du sie mir, damit ich sie wegwerfen kann?« Als ich antwortete, ich würde sie gern behalten, klang sie noch überraschter: »Na gut, aber reiß sie nicht einfach auseinander und verteil sie dann im ganzen Haus!«

Ich erklärte, ich wollte versuchen, sie für meine Punkte zu verwenden, um nicht das ganze gute Zeichenpapier zu verbrauchen, aber Ah Wor meinte, das Papier sei zu dünn, und die Punkte würden darauf nicht halten. »Außerdem«, fügte sie hinzu, »wenn du es dauernd anfaßt, werden deine Hände ganz schwarz.«

Schwarze Hände machten mir nichts aus, aber als ich mit dem Finger über die erste Lage Papier fühlte, merkte ich, daß sie recht hatte – es war wirklich sehr dünn. Dann versuchte ich, zwei oder drei Lagen zusammenzufassen, was sich schon viel dicker anfühlte. Mit Ah Wors Hilfe trug ich die Zeitungen triumphierend in mein Schlafzimmer und versteckte sie auf meiner Matratze, unter der untersten Decke. Dann nahm ich ein paar Blätter wieder mit ins

Wohnzimmer und fühlte mich, als könnte ich die ganze Welt umarmen. Ich faltete jedes Blatt einige Male, bis ich einen Stoß kleinerer, aber dickerer Stücke hatte. Ich probierte die ersten Punkte. Es klappte!

Ich weiß nicht, wie lange ich daran schon gesessen hatte, als es an der Wohnungstür läutete. Im Glauben, es sei schon Zeit, daß mein Bruder und meine Schwester aus der Schule kamen, rannte ich hin und öffnete die Tür, ohne vorher nach draußen zu rufen, wer da sei, wie ich es eigentlich immer tun sollte. Zu meinem großen Schrecken herrschte Stille. Niemand sprach. Nach ein paar Sekunden sagte eine Männerstimme: »Sind deine Eltern zu Hause?« Ich hatte diese Stimme noch nie vorher gehört und war noch erschrockener.

»Sie sind nicht da, aber wer sind Sie? Ich kenne Sie nicht. Ich habe Ihre Stimme noch nie gehört.«

Anstatt auf meine Frage zu antworten, fragte er mich: »Wie heißt du mit Nachnamen?« Ich sagte ihm, ich hieße Ching. Dann flüsterte eine zweite Männerstimme: »Sie ist blind, das macht die Sache noch leichter!«

»Kein Grund zu warten – also los«, sagte der erste Mann.

Jetzt hatte ich wirklich Angst. Die Tür war immer noch halb offen, und ich umklammerte das Schloß mit beiden Händen. Plötzlich spürte ich, wie die Tür aufgedrückt wurde, und schrie so laut ich konnte nach Ah Wor, die aus der Küche herbeigelaufen kam. Ich konnte nicht sehen, ob sie genausoviel Angst hatte wie ich, aber ich hörte ihre Stimme zittern, als sie fragte, was die beiden Männer wollten. Der Mann sagte: »Frau Ching hat bei uns ein Telefonbuch bestellt, damit sie es nicht selbst abzuholen braucht. Wir haben einen Preis von drei Dollar vereinbart.«

Nach einigem Hin und Her fand Ah Wor drei Dollar in ihrer Schürzentasche. Drei Dollar waren damals viel Geld – Ah Wor bekam sieben Dollar als Monatslohn. Sie gab den Männern das Geld und schickte sie fort. Als sie die Tür schloß, wurde mir erst klar, was passiert war, und daß alles meine Schuld war. Ich brach in Tränen aus, und obwohl Ah Wor versuchte, mich zu trösten, weinte ich noch immer, als meine Geschwister aus der Schule zurückkamen. Ich beruhigte mich so weit, daß ich ihnen erzählen konnte, was passiert war. Meine Schwester hob das Telefonbuch auf und fing an zu lachen.

»Es ist das alte!« rief sie. »Das vom letzten Jahr – sie haben es dir wieder angedreht!«

Das Telefonbuch ließ meine Neugier bezüglich des Telefons, das mir immer ein Rätsel gewesen war, wieder erwachen. Meine Zerknirschtheit über das Erlebnis mit den zwei Männern verblaßte, als mir der Gedanke kam, daß ich vielleicht Ah Wor oder meine Schwester dazu bringen könnte, mir dieses Rätsel zu lösen. Immer wieder hatte ich dieses Klingeln gehört, worauf dann Ah Wor »Herr« oder »Herrin..., Telefon für Sie!« zu rufen pflegte. Dann sprachen Vater oder Mutter, aber ich konnte nie eine Antwort hören. Oft stellte ich mich ganz dicht neben sie und versuchte etwas mitzubekommen, aber ich hörte nie etwas anderes als ein schwaches, tonloses Geräusch, wie eine winzige entfernte Stimme, die kam und wieder ging.

»Wo ist das Telefon?« fragte ich. »Ich höre es immer klingeln, aber ich kann es nicht finden. Wo ist es, und was macht es überhaupt?«

Meine Schwester erklärte mir, daß es ganz viele Leitungen hätte, die zu anderer Leute Häuser führten, so daß man mit Leuten sprechen könne, die ganz weit weg seien. Das Telefon selbst sei auf einem Regal, das aber zu hoch für mich sei, so daß sie es mir nicht zeigen könne.

Als meine Geschwister bei ihren Hausaufgaben saßen, fragte ich Ah Wor. Sie stellte einen Schemel an das Telefonregal, half mir hinaufzusteigen und führte meine Hand, um das Gerät zu untersuchen – die Wählscheibe mit ihren Löchern, den Hörer und die Gabel, die sich nach oben bewegte, wenn man den Hörer abnahm. Es machte Spaß, es klingeln zu lassen, wenn ich den Hörer aufnahm und ihn wieder zurücklegte. Plötzlich, während ich immer noch meine Hand darauf liegen hatte, klingelte das Telefon richtig. Ich war so verblüfft, daß ich fast vom Schemel gefallen wäre, doch Ah Wor hielt mich fest, und als das Telefon nicht aufhörte, nahm ich den Hörer einfach ab. Aber – ich wußte gar nicht, was man in so einem Fall sagte! Eine Stimme drang an mein Ohr: »Hallo? Wer ist da?« Ich erkannte die Stimme meiner Siebten Tante und verlor meine Angst. Ich erzählte ihr, was passiert war, und daß ich gerade das Telefon kennengelernt hatte, als sie anrief. Sie klang erfreut. »Gut gemacht! Braves Mädchen!« sagte sie.

Lob zu erhalten war etwas sehr Ungewöhnliches. In traditionellen chinesischen Familien erziehen Eltern ihre Kinder zu Demut und Bescheidenheit und betonen eher die schwachen Seiten ihres Kindes, als es für seine guten zu loben. Als Chinesin, und dazu noch blind, war ich bisher nur äußerst selten gelobt worden. Aber meine Siebte Tante mit ihrem amerikanischen Hintergrund und ihrer anderen Auffassung war nicht so stark wie der Rest der Familie an die Traditionen gebunden.

Wir sprachen noch einige Zeit, und sie bat mich, meiner Mutter auszurichten, sie solle sie irgendwann am nächsten Tag anrufen.

Nachdem ich das Geheimnis des Telefons gelüftet hatte, fragte ich mich, ob ich vielleicht noch etwas anderes kennenlernen konnte – die Uhr. Es wurde über die Zeit gesprochen, und ich hatte die Uhr die Stunden schlagen hören, aber ich konnte mir nicht vorstellen, wie eine Uhr aussah. Als ich also vom Stuhl herunterkletterte, bat ich Ah Wor, mich auch die Uhr untersuchen zu lassen. Erwartungsvoll hob ich schon den Schemel auf, aber sie sagte, daß ich die Uhr selbst mit einem Stuhl nicht erreichen könne, so hoch hinge sie; sie würde sie aber für mich herunterholen.

Als ich merkte, daß die Vorderseite der Uhr nur ein plattes Stück Glas war, war ich sehr enttäuscht. Ich fragte sie, wie sie daran die Zeit erkennen könne. Sie erklärte mir die zwei Zeiger, den kleinen und den großen, und wie sie sich drehten. Wir schafften es nicht, das Glas aufzumachen. »Warum können die Leute keine Uhr wie meine Punkte machen, damit ich die Zeit fühlen kann?« fragte ich. Erst Jahre später, als ich schon am Perkins-Institut in Boston war, erfuhr ich, daß es tatsächlich Uhren und Wecker für Blinde gab, und bekam auch meine eigenen.

Als Vater und Mutter später an jenem Abend nach Hause kamen, erzählte ich ihnen alle Ereignisse dieses Tages. Aber anstatt erfreut zu sein, waren sie sehr ärgerlich und verboten Ah Wor, mich jemals wieder die Tür öffnen zu lassen. Ich verteidigte Ah Wor und erklärte ihnen, daß ich sonst immer die Tür für Bruder und Schwester öffnete, und Ah Wor sagte, ich hätte die Tür heute eine halbe Stunde zu früh aufgemacht, einfach weil ich nicht wußte, wie spät es war. Vater wiederholte darauf nur, ich dürfe nie wieder die Tür öffnen.

Ich richtete ihnen auch aus, was meine Siebte Tante gesagt hatte. Alles, was meine Mutter dazu sagte, war, daß ich beim nächsten Mal Ah Wor ans Telefon lassen müsse, es könne ja irgend etwas Dringendes oder Wichtiges sein. In der Nacht vergrub ich mein Gesicht in meinem Kissen und weinte. Alles an diesem Tag schien schief gelaufen zu sein. Nur meine Siebte Tante hatte gesagt, ich hätte es gut gemacht.

Meine Zweite Schwester, die neben mir lag, hörte mein Schluchzen und fragte mich, was los sei. Ich erzählte ihr, daß ich ihnen nicht mehr die Tür öffnen durfte, weil ich an diesem Nachmittag vergessen hatte zu fragen, wer draußen sei. Sie tröstete mich und sagte: »Es wird schon wieder gut. Erster Bruder und ich werden einfach jeden Tag laut rufen, wenn wir die Treppen hochkommen. Dann weißt du, daß wir es sind, und kannst uns aufmachen.« Als sie das gesagt hatte, fühlte ich mich schon viel besser.

Dann kam Ah Wor, um zu sehen, ob wir alle schliefen. Sie war so lieb, daß ich gleich wieder anfangen mußte zu weinen – weil ich nie wissen würde, wie spät es war. Ich steigerte mich richtig hinein in meinen Kummer. Ah Wor versprach mir, bald eine billige Uhr mit mir zu kaufen und das Glas abzumachen, damit ich die Zeiger fühlen konnte. Sie hielt ihr Versprechen, so wie sie alle anderen Versprechen hielt, und so lernte ich mit Uhren umzugehen.

Sklaven

Ein Mitglied der Familie habe ich bisher noch nicht vorgestellt: meine Großmutter väterlicherseits. Normalerweise konnte ich Menschen nach dem Klang ihrer Schritte unterscheiden, nur manchmal war es schwierig, wenn sie neue Schuhe trugen. Großmutter dagegen konnte ich nie hören, da sie sehr langsam ging und spezielle Stoffschuhe an ihren eingebundenen Füßen hatte. Diese machten kein Geräusch, daher wußte ich nie, ob sie in der Nähe war, bis sie sprach.

Großmutter war zu einer Zeit aufgewachsen, als den Mädchen wohlhabender Familien mit etwa fünf Jahren die Füße eingebunden wurden. Dies ging so vor sich, daß die Mutter oder die Großmutter die Zehen des Kindes unter den Fuß drückten und mit Stoffstreifen fest einbanden – eine furchtbar schmerzhafte Angelegenheit. Es dauerte viele Tage, bis die Bandage auch nur entfernt wurde, um die Füße zu waschen; gleich darauf wurden sie wieder neu eingebunden. Wenn die Verkrüppelung dauerhaft geworden war, konnte auf die Bandagen verzichtet werden, aber die Opfer konnten ihr Leben lang nicht mehr richtig laufen. Es war eine schreckliche Prozedur, und doch wurde sie als unverzichtbarer Teil der Hochzeitsvorbereitungen für ein Mädchen aus gutem Hause angesehen.
Mädchen, deren Füße nicht eingebunden waren, waren entweder Sklavinnen oder kamen aus einer armen Familie. Sie konnten nie die erste Frau eines reichen Mannes werden, höchstens Konkubinen.

Doch das war nicht die einzige Einschränkung, die Frauen aus Großmutters Generation erdulden mußten. Lesen oder schreiben zu lernen schickte sich nicht für Mädchen. Es gibt zwei berühmte chinesische Redensarten: *Nü-tzu wu ts'ai pien shih te*, (»Mangel an Bildung ist die Tugend der Frau«) und *Hsien-ch'i liang mu* (»Helfende Ehefrau und weise Mutter«). Wie sich das zweite aus dem ersten ergeben sollte, erscheint uns heute unerklärlich. Beides demonstriert die damalige Einstellung gegenüber Frauen und zeigt, warum Großmutter wie die anderen Frauen ihrer Generation und wie Ah Wor Analphabetin war. Sie konnte deshalb auch kaum dafür verantwortlich gemacht werden, daß sie den traditionellen engen Denkmustern der Zeit, in der sie aufgewachsen war, anhing.

In ihrer Welt – im alten China vor dem Verfall der Mandschu-Dynastie – wollte jeder Söhne haben, und es war nichts Außergewöhnliches in Familien, die schon mehr Mädchen als Jungen hatten, ein neugeborenes Mädchen zu töten. Als Ah Wor geboren wurde, war sie das dritte Mädchen in einer Familie ohne Söhne. Ihre Großmutter väterlicherseits wollte sie ertränken, gab jedoch zuletzt den verzweifelten Bitten ihrer Schwiegertochter nach, das Kind behalten zu dürfen – wobei sie sich milder als andere Schwiegermütter erwies, die darauf bestanden hätten, daß man ihnen gehorchte; schließlich war ihr Wort Gesetz. Wenn eine Schwiegermutter eine Abneigung gegen ihre Schwiegertochter hatte, konnte sie ihrem Sohn sogar befehlen, sie zu verlassen oder eine Konkubine zu nehmen. Die Proteste des armen Mannes waren zwecklos – seine Mutter als Haupt des Haushalts bekam ihren Willen.

Meine Mutter sagte oft, daß Großmutter eine der weichherzigeren Schwiegermütter war. Zum Beweis führte sie an, daß an ihrem Hochzeitstag, als sie sich hinkniete und Großmutter den Tee anbot, Großmutter ihn sofort genommen hatte. Viele Schwiegermütter ließen die junge Ehefrau nämlich sehr lange knien, bevor sie den Tee nahmen. Dies sollte ihre Autorität unterstreichen und Gehorsam und Unterwerfung gewährleisten. Man war der Meinung, Freundlichkeit ermuntere nur zu Ungehorsam. Klar, daß Großmutter auch die allgemeinen Vorurteile gegen Blinde teilte.

Eines Morgens kam Großmutter meine Eltern besuchen, und ich habe guten Grund, mich an diesen Morgen zu erinnern. Ah Wor war beim Bettenmachen, und ich spielte mit einer Puppe. Meine Eltern und Großmutter waren im Wohnzimmer und unterhielten sich. Plötzlich wurde Großmutter laut und ärgerlich. Sie könne nicht verstehen, sagte sie, warum mich meine Eltern all die Jahre behalten und nicht weggegeben hätten, damit ich auf den Straßen singen und betteln könne. Wenn sie weiter darauf bestünden, mich großzuziehen, würde ich später nur eine Bürde für meine Geschwister sein, die mich das ganze Leben durchfüttern müßten.

Meine Mutter fing an zu weinen. Sie sagte, ich sei immer noch ihr Kind, und wenn sie mich je weggäben, wäre es eine Schande für den Namen der Familie.

Vater sagte darauf, er habe etwas Geld gespart und habe vor, ein

Haus auf meinen Namen zu kaufen und es zu vermieten, so daß ich in späteren Jahren von der Miete leben könnte. So bräuchten meine Geschwister nicht für mich zu sorgen.

Ich hatte genug gehört. Ich floh ins Badezimmer und brach in Tränen aus. Ah Wor, die alles mit angehört hatte, folgte mir. Sie weinte auch – ich glaube, zum ersten Mal. Ah Wor erinnerte mich daran, daß wenigstens mein Vater mich liebte, denn er hatte ja diese Pläne mit dem Haus. Das war wahr, und ich beruhigte mich ein wenig. Um mich von der ganzen Sache abzulenken, sagte Ah Wor, ich solle mit auf den Markt kommen und ihr helfen, das Gemüse nach Hause zu tragen.

Auf dem Markt trafen wir einige Amahs, und ich erzählte stolz, daß meine Eltern mir ein Haus kaufen würden, damit ich später genug Geld hätte zum Leben.

Eine Amah erwiderte darauf langsam: »Wenn ein Krieg ausbricht und ihr fliehen müßt, kannst du das Haus nicht mitnehmen. Die einzige Möglichkeit, für sich selbst zu sorgen, ist durch Arbeit. Und das kannst du ja nicht. Du wirst immer darauf angewiesen sein, daß deine Geschwister dir Reis geben.«

»Aber wenn die Leute Miete zahlen, wie Vater sagt, habe ich nach ein paar Jahren viel Geld und kann das Geld überallhin mitnehmen, wo ich hingehe«, antwortete ich.

Ich fühlte mich ziemlich clever, daß ich darauf gekommen war. Doch eine andere Amah mischte sich ein und sagte: »Aber wenn das Geld abgewertet wird, kannst du es zwar mitnehmen, aber es wird dir nicht das Geringste nützen.«

Ich fragte Ah Wor, was »abgewertet« bedeute, und sie antwortete mir, ich brauchte nur nach Hong Kong zu gehen, und ein Dollar aus Kanton wäre nicht das gleiche wert wie ein Dollar aus Hong Kong. Das konnte ich nicht ganz begreifen, aber irgend etwas sagte mir, daß meine Vorstellungen von Besitz nicht ganz richtig wären. Ich dachte an die Worte der ersten Amah: »Die einzige Möglichkeit, für sich selbst zu sorgen, ist durch Arbeit.«

In diesem Moment beschloß ich ein für allemal, daß ich irgend etwas lernen müßte, um auch arbeiten zu können. Dieser Entschluß – zu arbeiten und unabhängig zu sein – kam nie ins Wanken und ließ mich durch alle Probleme und Schwierigkeiten der folgenden Jahre hindurchgehen.

Etwa drei Monate später machte es sich Vater eines Morgens nach dem Frühstück mit der Zeitung auf dem Sofa bequem, anstatt zur

Arbeit zu gehen. Ich überlegte gerade schon, warum, als ich Mutter fragen hörte: »Wann wird er ankommen?«

»Wahrscheinlich gegen zehn«, antwortete Vater.

»Bekommen wir Besuch?« fragte ich.

»Dein Sechster Onkel«, sagte Mutter und fügte hinzu: »Kleine Kinder sollten nicht zuhören, was Erwachsene sagen. Wenn dein Sechster Onkel hier ist, darfst du uns nicht durch dumme Fragen unterbrechen!«

Mir war klar, daß ich wieder einmal zu viel geredet hatte und beschloß, still zu sein und kein Wort zu sagen. Ich vertiefte mich darin, meine Punkte zu stechen, und hörte es noch nicht einmal klingeln. Erst als ich gerufen wurde, wußte ich, daß mein Onkel angekommen war. Wir begrüßten einander, dann wandte er seinen Kopf und sagte: »Ah Yung, das ist dein Herr, und das ist deine Herrin. Von nun an mußt du alles tun, um deinen Respekt zu erzeigen und gut für sie zu arbeiten.«

Eine Mädchenstimme sagte sehr leise und verschüchtert: »Mein Herr, meine Herrin.«

Ich hörte keine Antwort auf ihren Gruß und bemerkte, daß sie immer noch dastand. Aus irgend einem Grund hatte ich nicht gleich gemerkt, daß sie eine Amah sein mußte. Ich hörte mich fragen: »Heißt du Ah Yung?«

»Ja, Fräulein.« Ihre Stimme bebte. Ich konnte nicht verstehen, warum sie so ängstlich war, und fragte: »Warum setzt du dich nicht neben mich? Da ist noch Platz.«

Sie rührte sich nicht. Mein Onkel sagte: »Dies ist dein Fräulein Drei. Wenn sie dich auffordert, dich zu setzen, mußt du tun, was sie sagt.«

Daraus, daß mein Onkel mich als Fräulein Drei bezeichnet hatte, schloß ich, daß Ah Yung eine junge Amah war. Sie setzte sich neben mich. Dann sprach mein Onkel mit meinen Eltern.

»Mein Fünfter Bruder und meine Fünfte Schwägerin, ich weiß gar nicht, wie ich euch meine Dankbarkeit für all das, was ihr für mich getan habt, und für eure finanzielle Unterstützung zeigen soll. Deshalb habe ich euch dieses Sklavenmädchen als Geschenk gekauft.«

Er gebrauchte das Wort *mui* – was Sklavin bedeutet –, das ich in der Verbindung *mang mui* (als Bezeichnung für mich) schon zu verabscheuen gelernt hatte.

Mein Onkel zeigte meinen Eltern darauf eine schriftliche Erklärung von Ah Yungs Eltern, in der sie alle Rechte an ihrer Tochter abtraten und erklärten, sie hätten sie bewußt meinem Onkel verkauft, der sie beschäftigen, benutzen, verheiraten oder weggeben konnte, wie es ihm beliebte.

Ich verstand nichts von alledem. So leise wie möglich schlüpfte ich aus dem Wohnzimmer, lief in die Küche und erzählte Ah Wor alles, was ich gehört hatte. »Was ist der Unterschied zwischen einer Amah und einer *mui*?« fragte ich. Ah Wor klärte mich darüber auf, daß eine Amah entscheiden konnte, wo sie arbeiten wollte, und mit ihrem Herrn über den Lohn verhandeln konnte. Später, wenn einer mit dem anderen nicht zufrieden war, konnte sie entlassen werden oder gehen, wenn sie es wünschte. Eine *mui* konnte nichts dergleichen tun. Wenn sie einmal an eine Familie verkauft war, mußte sie für die gleichen Herren ihr ganzes Leben lang arbeiten, ohne Bezahlung, außer wenn sich ihre Besitzer entschlossen, sie zu verschenken oder zu verkaufen. Sie war buchstäblich Eigentum ihrer Besitzer. Wenn sie älter wurde, lag die Entscheidung, ob und wen sie heiratete, vollständig bei ihren Besitzern.

Jetzt fing ich an zu verstehen, warum Ah Yung so verschüchtert war. Ich fragte Ah Wor, wo sie schlafen sollte, und Ah Wor antwortete, meine Mutter hätte gesagt, sie solle in ihrem Zimmer schlafen, damit jemand ein Auge auf sie habe, solange sie noch neu im Haushalt sei. Ah Shim war vor einigen Monaten gegangen, deshalb war Ah Luk, die das Zimmer mit Ah Wor geteilt hatte, in Ah Kwuns Zimmer gezogen und hatte damit bei Ah Wor Platz für Ah Yung geschaffen.

Ah Wor sagte, sie sei jetzt vom unteren ins obere Bett gezogen, damit Ah Yung das untere Bett haben könne, um nicht herauszufallen, wenn sie etwa schlechte Träume hätte. Ich sagte, ich würde Ah Yung ihr Bett zeigen. Ah Wor versuchte, mich zurückzuhalten, denn sie wußte, daß meine Eltern davon nicht erbaut sein würden. Doch ich schlüpfte an ihr vorbei und lief zurück ins Wohnzimmer.

»Ah Yung«, sagte ich aufgeregt, »ich weiß, wo dein Bett ist. Komm mit, ich zeige es dir.«

Ah Yung stand auf, aber sie blieb unschlüssig stehen. Ich ging Richtung Tür, merkte, daß sie nicht hinterherkam, und drehte mich um. Ich wollte sie schon am Ärmel ziehen, da hörte ich meinen Onkel sagen: »Ah Yung, tu, was Fräulein Drei dir befiehlt. Aber wenn du deine Sachen in dein Zimmer gebracht hast, solltest du in die Küche gehen und Wor Tse fragen, was du als erstes tun sollst, um ihr zu helfen.« (Da Ah Yung noch jung war, nannte sie die anderen Amahs »Tse« wie wir Kinder.)

Darauf folgte Ah Yung mir. Ich fragte sie nach ihrem Alter. Sie war fünfzehn. Wir gingen in Ah Wors Zimmer, wo ich ihr das freie untere Bett zeigte. Ich hörte sie etwas in Papier Eingewickeltes darauf legen. Ich langte hin und fühlte ein sehr kleines Päckchen, in etwas wie eine Zeitung eingewickelt.

»Was ist das?« fragte ich.

»Meine Kleider«, antwortete sie.

Ich war sehr überrascht, da das Päckchen höchstens zwei Kleider beinhalten konnte. »Wie soll das reichen zum Anziehen? Warum kaufen dir deine Eltern nicht mehr Sachen?«

Zu meiner Bestürzung brach sie in Tränen aus. Ich fragte sie, ob sie sich nicht wohl fühle oder hungrig sei, aber sie war unfähig zu antworten. Ein paar Augenblicke später hörte ich Schritte, und Ah Yung stieß zwischen ihren Schluchzern hervor: »Sie wird mich schlagen!«

Ich versicherte ihr, es sei nur Ah Wor, und in dem Augenblick kam sie auch schon herein. Leise schloß sie die Tür und sagte zu Ah Yung: »Hab keine Angst. Ich bin sicher, wir werden gut miteinander auskommen. Unsere Herrin schlägt niemanden, höchstens einmal die eigenen Kinder, wenn sie sehr ungezogen waren. Jetzt mußt du aber aufhören zu weinen, denn heute ist dein erster Tag in dieser Familie, und wenn der Herr und die Herrin wüßten, daß du geweint hast, wären sie sehr ungehalten, denn das bringt Unglück ins Haus. Komm mit in die Küche, dann bekommst du etwas zu essen und zu trinken.«

Als sie Ah Yung in die Küche gebracht hatte, kam Ah Wor zurück und sagte, ich solle lieber in mein Zimmer gehen, denn meine Eltern würden es bestimmt nicht gern sehen, wenn ich mit Ah Yung zusammen wäre. Ich verstand nicht ganz, was sie meinte, aber da ich merkte, wie ernst es ihr war, gehorchte ich.

Ich weiß nicht, wie lange ich auf meiner Bettkante saß. Das Wort *mui* geisterte in meinem Kopf herum. Ich begann zu begreifen, warum Ah Yung so unglücklich war. Ihre Eltern wollten sie nicht mehr, und ich hatte etwas Verkehrtes gesagt, als ich sie gefragt hatte, warum ihre Eltern ihr nicht mehr Kleider gaben. Aber *mui* – ich wurde auch *mui* genannt, *mang mui*. Sicher, ich war *mang*, aber meine Eltern hatten mich nicht verkauft, und trotzdem wurde ich *mang mui* genannt. Ich dachte an die Amah, die mich so bezeichnet hatte, und Ah Wors schnelle Erwiderung, ich sei keine *mui*, sondern ihr Fräulein Drei. Warum nannte man mich *mang mui*? Hatte ich etwas gemeinsam mit Ah Yung? Hatten meine Eltern vor, mich als *mui* zu verkaufen?

Ich hörte meine Mutter auf dem Gang. Sie kam herein und sagte, ich sei sehr ungezogen gewesen. Noch ehe ich fragen konnte, was ich falsch gemacht hätte, verließ Mutter das Zimmer und ging zurück ins Wohnzimmer. Als nächstes rief sie laut nach Ah Kwun. Sie sagte, sie würden essen gehen. Ich war erleichtert, denn ich wußte, daß die Amahs, Ah Yung und ich zu Hause bleiben würden. Dann hörte ich Schritte und Stimmen im Flur, die Haustür fiel ins Schloß, und alles war ruhig.

Ich lief in die Küche, erzählte Ah Wor meinen Kummer und ließ mich trösten.

Und was wurde aus unserer Sklavin – unserem menschlichen Besitz? Sie hatte es noch gut getroffen. Wir gewöhnten uns bald aneinander, Mutter stattete sie mit gebrauchten Kleidern ihrer Größe aus und sorgte für all die kleinen Dinge, die man braucht und die sie nie zuvor besessen hatte. Wenn sie am Ende eines Monats die anderen Amahs ausbezahlte, gab sie Ah Yung etwas Taschengeld, was Ah Yung als sehr großzügig anerkannte, da Mutter nicht verpflichtet war, ihr überhaupt Geld zu geben.

Als wir 1949 von Kanton nach Macau gingen, mußten wir eine kurze Zeit in Hong Kong überbrücken. Da es in Hong Kong gegen das Gesetz war, Sklaven zu halten, sagte Ah Yung, sie sei eine entfernte Verwandte. Inzwischen fühlte sie sich wirklich als Mitglied der Familie und hatte ein gutes Leben im Gegensatz zu anderen Sklaven, die in manchen Fällen fast zu Tode geprügelt wurden.

Während der Jahre, die sie bei uns lebte, hatten wir beide ein fast freundschaftliches Verhältnis, und als ich zur Schule ging, versuchte ich, ihr etwas von dem weiterzugeben, was ich gelernt hatte. Ich versuchte beiden, Ah Wor und Ah Yung, ein wenig Lesen und Schreiben beizubringen. Ich hatte ein paar einfache Lesebücher gefunden und bat eine Freundin, sie mir vorzulesen. Dann versuchte ich, es ihnen beizubringen, aber diese Lösung war ganz offensichtlich bei weitem nicht ideal, da ich selber keine chinesischen Schriftzeichen kannte. Immerhin lernten sie beide genug, um Straßennamen, Schilder an Geschäften und Zahlen lesen zu können. Ah Yung, da sie jünger war, begriff rasch und lernte sogar das lateinische Alphabet, was zu schwer für Ah Wor war. Immerhin, es machte uns allen Spaß.

Aber zurück zu dem Tag, an dem Ah Yung zu uns kam. Als Mutter nach dem Mittagessen nach Hause kam, hörte ich sie mit meiner Siebten Tante telefonieren. Ich bekam so viel mit, daß sie mit Siebter Tante einen Tag verabredete, an dem sie zwei englische Freunde zu uns mitbringen sollte, um über die Vermietung des Hauses, das Vater für mich gekauft hatte, zu sprechen.

Ein paar Tage später kamen sie. Ich war in meinem Zimmer, aber die Wohnzimmertür war offen, und ich lauschte über den Flur, als die Tante das Gespräch übersetzte. Die Engländer hießen Ann und John. Sie hatten irgend etwas mit Im- und Export zu tun.

Sie bekamen Tee und gingen gleich zum Geschäftlichen über. Mein Vater sagte, die Miete betrüge 100 Dollar im Monat für das ganze Haus, vorzugsweise in Hong Kong Dollars. Ich hatte erwartet, daß die Engländer versuchen würden zu handeln, so wie Ah Wor es gewöhnlich auf dem Markt tat, aber zu meiner Überraschung sagten sie einfach »Yes... all right...« und stimmten allem zu. Ich bemerkte, daß ich diese paar einfachen englischen Worte von meinen Blindenschriftkarten mit den englischen Worten her verstehen konnte. Und wie selig war ich, als meine Tante nach mir fragte und sagte, ihre Freunde würden mich gern kennenlernen!

Meine Tante stellte mich vor, und ich war ganz erstaunt, daß beide Engländer meine rechte Hand nahmen und sie schüttelten – eine Geste, die ich nicht kannte. Erwachsene Chinesen schütteln normalerweise einem Kind nicht die Hand, und schon gar nicht einem blinden Kind. Ich mochte das Gefühl – es flößte mir Vertrauen ein. Meine Tante sagte, ich könne sie »Uncle«(Onkel) und »Aunt«(Tante) nennen. Das brachte mich ganz aus dem Häuschen, denn ich hatte diese Worte auch schon gelernt; jetzt wurde mir zum ersten Mal bewußt, daß englische Worte lernen nicht nur auf dem Papier vor sich ging, sondern daß sie lebten und mit Menschen verbunden waren.

Meine Tante war die einzige Erwachsene (außer Ah Wor), die sich dafür interessierte, was ich machte, wenn ich mit meinen Punkten arbeitete. Und jetzt bat sie mich plötzlich, den Engländern meine Papiere und Karten und den kleinen Stift, den ich zum Punktemachen benutzte, zu zeigen. Ich war mächtig stolz, als sie mit mir lasen, und es war so aufregend, daß wir die gleichen Worte buchstabierten – in Schwarzschrift und Blindenschrift! So weit ich weiß, hatten meine Eltern nie auch nur einen Blick auf meine Punkte geworfen. Sicher, sie konnten kein Englisch, aber sie zeigten überhaupt kein Interesse und ermunterten mich nie. Das klingt sonderbar und herzlos, aber heute, nach jahrelanger Erfahrung als Sozialarbeiterin unter Blinden, weiß ich, daß diese Einstellung Blinden gegenüber leider nur allzu verbreitet ist.

Wenn ich meine Gefühle von damals im Nachhinein untersuche,

dann muß ich sagen: Ich schämte mich irgendwie, daß ich anders als die anderen in der Familie und durch meine Behinderung auf Dinge beschränkt war, die andere Leute, vor allem meine Eltern, nicht interessierten. Das kam mir nicht seltsam vor, ich habe es damals nie hinterfragt. Ein Kind akzeptiert zunächst einmal die Wertungen der Älteren. Ich kann ehrlich sagen, daß ich keinen Groll hegte wegen der Gleichgültigkeit meiner Eltern gegenüber meinen Bemühungen, Englisch zu lernen und mit der Blindenschrift zu arbeiten, obwohl der Gegensatz zwischen dieser Gleichgültigkeit und dem Interesse, das sie meinen Geschwistern entgegenbrachten, deutlich war.

Aber der Keim für den Wandel wurde an diesem Tag gelegt. Es war ein entscheidender Tag in meinem Leben, denn hier wurde ich zum ersten Mal als Person, die der Beachtung wert war und deren kleine Interessen ein Gewicht hatten, behandelt. Wir lasen alle Karten gemeinsam – was über eine halbe Stunde gedauert haben muß. Der Herr strich mir übers Haar, und die Dame beugte sich zu mir herunter und gab mir einen Kuß. Niemand hatte mich je zuvor geküßt. Bei chinesischen Eltern ist es nicht üblich, ihre Kinder zu küssen, es sei denn, sie sind unter starkem westlichem Einfluß. Obwohl wir nicht viel miteinander sprechen konnten, hatte ich den Eindruck, diese Leute mochten mich. Ich war so überwältigt, daß ich mich entschloß, mir alle Mühe zu geben und so viel Englisch wie möglich zu lernen, damit ich ohne Schwierigkeiten mit ihnen und vielleicht auch anderen Engländern sprechen könnte.

Meine Eltern waren aus dem Zimmer gegangen, um einige Papiere zu holen, und meine Siebte Tante fragte mich leise, ob ich Lust hätte, mit ihnen Teetrinken zu gehen und dann ein paar Tage bei ihr zu verbringen. Mir hüpfte das Herz bei diesem Gedanken. Siebte Tante ermahnte mich, nur nichts zu sagen, bis sie mit meiner Mutter gesprochen hätte.

Bald kamen Vater und Mutter zurück, und nach einem kurzen Gespräch über den Mietvertrag unterzeichneten die Engländer die Papiere auf dem großen Tisch. Dann fragte Siebte Tante meine Mutter, ob sie mich für ein paar Tage mitnehmen könne. Mutter hatte nichts dagegen, schien aber überrascht, daß meine Tante sich diese Umstände mit mir machen wollte.

Die Tante, Ah Wor und ich gingen in mein Zimmer, um meine Sachen zu packen. Ich konnte noch gar nicht fassen, was geschah – ich war noch nie bei jemandem zu Besuch gewesen. Ah Wor versicherte meiner Tante, daß ich die meisten Dinge allein könne und eine neue Umgebung rasch kennenlernen würde. Schließlich war alles im Koffer (den Ah Wor mir geliehen hatte), und Ah Wor sagte, ich solle ein besseres Kleid anziehen. Also tastete ich in meinem Schrank nach dem Kleid, von dem ich wußte, es war mein rotes. Ich nahm es heraus und zog es an. Siebte Tante sagte, es sehe hübsch aus und stehe mir gut. Dann fragte sie mich, warum ich gerade das rote ausgesucht hätte, und ich antwortete, Mutter habe gesagt, Rot sei die Farbe des Glücks.

Als wir endlich fertig waren, verabschiedeten wir uns alle. Ah Wor flüsterte mir noch zu, daß ich ruhig fragen sollte, wenn ich auf einmal nicht mehr wüßte, wo ich war oder wo die Toilette war.

Siebte Tante nahm meine Hand, und wir gingen die Treppen hinunter zum Auto der Engländer. Sie öffnete die Tür, nahm meine Hand und legte sie oben auf den Türrahmen, damit ich wußte, wie hoch es war und mir nicht den Kopf stieß. Als ich im Auto saß, setzte sich die Tante neben mich. Der Wagen wurde angelassen. Wir fuhren los.

»Mang mui«

Wir fuhren nach Kanton hinein. Ich konnte nicht glauben, daß das wirklich mir passierte, mir, dem blinden Kind, das nie irgendwo hinging. Es war wie ein Traum. Die Tante übersetzte fast alles, was gesprochen wurde, und ermunterte mich, am Gespräch teilzunehmen; was ich sagte, übersetzte sie ins Englische. Ich fühlte mich sehr wichtig, aber auch sehr verwirrt. Zu Hause hatte ich gelernt, mich nie an der Unterhaltung Erwachsener zu beteiligen. Dies hier war eine ganz fremde und merkwürdige Erfahrung. Das englische Paar forderte mich auf, sie ruhig Ann und John zu nennen. Das brachte mich noch mehr durcheinander, denn es war absolut verboten, einen Erwachsenen beim Namen zu nennen.

Dann fragten sie mich, was ich am liebsten aß. Ich war noch nie in einem Restaurant gewesen, deshalb wußte ich nicht, was ich dort gern essen würde. Die Tante nannte Sandwiches, Kuchen, Kekse und warme und kalte Getränke. Mit keinem dieser Dinge konnte ich etwas anfangen, aber ich sagte zuversichtlich, ich würde gern in ein westliches Restaurant gehen. Bald darauf hielten wir und stiegen aus. Es war aufregend, eine Straße, die so anders war als die Marktstraßen, die ich sonst mit Ah Wor ging, kennenzulernen. Da waren neue Geräusche und neue Gerüche, es roch nach Essen, aber anders als zu Hause.

Wir betraten ein offenbar großes Gebäude. Die Tante sagte mir, wir würden jetzt auf den Aufzug warten. Während ich mich noch fragte, was das sei, merkte ich, wie wir in einen kleinen Raum voller fremder Menschen, die sehr eng beieinander standen, hineingingen. Ich hörte ein gleitendes Geräusch und hatte das Gefühl, der Raum würde sich nach oben bewegen; dann plötzlich schien er nach unten zu gehen. In Wirklichkeit hatte der Aufzug natürlich nur angehalten, aber für mich schien es, als ob er herunterfiele und mit ihm das ganze Gebäude. Ich hatte solche Angst, daß ich panisch nach dem Arm der Tante griff. Sie spürte meine Angst und legte ihre Arme um mich, und das erste Mal in meinem Leben erfuhr ich die Sicherheit und Geborgenheit, von einem Erwachsenen im Arm gehalten zu werden. Trotz unserer tiefen Beziehung tat Ah Wor das nie, auch nicht, wenn ich weinte. Sie folgte damit dem Beispiel der meisten chinesischen Eltern, die ihren Kindern gegenüber äußerste Distanz wahren und nie Gefühle zeigen.

Kaum hatten wir uns im Restaurant an den Tisch gesetzt, bekam ich schon eine Schale Tee und fühlte mich wieder ganz in Ordnung. Die Tante fragte mich, ob ich schon einmal mit einem Aufzug gefahren sei. Ich fragte sie, was ein Aufzug überhaupt sei. Nachdem sie es mir erklärt hatte, wollte ich am liebsten gleich noch einmal fahren!

Nun wurde uns ein typischer englischer Nachmittagstee serviert. Es schmeckte mir gut. Die englische Dame fragte mich, ob ich ein Sandwich wollte. Ich kannte das zwar nicht, aber da ich gern etwas Neues probieren wollte, sagte ich: »Ja, bitte.« Eine Kellnerin stellte etwas auf den Tisch, und die Tante führte meine Hand zu einem Teller und sagte: »Nimm dir eins!«. Ich wußte nicht, was »eins« war, deshalb nahm ich, was ich als erstes berührte. Das Ergebnis war ein auseinandergefallenes Sandwich, eine Hälfte auf meinem Teller, die andere Hälfte auf meinem Schoß und der Schinken auf der Tischdecke. Ich erschrak, als ich es zerfallen spürte, aber die Tante kam mir zu Hilfe und fragte mich, ob ich denn noch nie ein Sandwich gegessen hätte. Ich sagte nein und fragte sie, was es genau sei. Sie beschrieb es mir, und ich sagte, zu Hause gäbe es Brot nur als Toast zum Frühstück.

Der Kuchen und die Tasse Schokolade waren ebenfalls fremd, aber köstlich. Schokolade kannte ich nur als ein Stück, und ich war überrascht, sie heiß in einer Tasse zu bekommen. Ich lernte auch, was Umrühren heißt. Als die Tante Milch und Zucker in die Schokolade gab, hörte ich ein merkwürdig schleifendes Geräusch, das man mir erst erklären mußte. Vorsichtig tastete ich auf dem Tisch herum. Ich bekam einen metallenen Gegenstand zu fassen, hob ihn auf – und war entsetzt, eine kleine, kalte, harte Hand mit stacheligen Fingern zu halten. Als die anderen aufgehört hatten zu lachen, sagten sie mir, es sei eine Gabel, und erklärten mir, wie die Europäer mit Messer und Gabel aßen. Meine Kenntnisse von Geschirr und Besteck, bisher auf Schalen und Stäbchen beschränkt, erweiterten sich prompt um diese neuen und interessanten Dinge.

Im Verlauf des Gesprächs fragte ich, was in dem Gebäude noch alles sei. Die Tante sagte, es sei ein großes Warenhaus mit verschiedenen Artikeln in jedem Stockwerk. Ich sagte, ich würde das gern einmal kennenlernen. Der englischen Dame fiel ein, daß sie noch ein paar Dinge für das neue Haus brauchten, und sie fragte, ob ich mitgehen wolle. Ich sagte begeistert ja, denn ich wußte, daß wir dann wieder mit dem Aufzug fahren würden.

Die Kellnerin, die unsere Rechnung fertigmachte, rief eine andere Bedienung herbei und flüsterte ihr zu: »Du, diese *mang mui* will mit den Leuten da einkaufen gehen. Ich frage mich, was sie davon hat, wenn sie gar nicht sehen kann, was es alles gibt!« Die andere Kellnerin flüsterte zurück: »Bist du sicher, daß sie eine *mang mui* ist?«

Ich fühlte mich so entwürdigt, daß ich gar nicht merkte, daß wir gehen wollten. Die Tante berührte meinen Arm, erst dann merkte ich, daß schon alle aufgestanden waren. Mein Groll über das *mang mui* verließ mich jedoch, kaum daß wir uns wieder im Aufzug befanden.

Wie wünschte ich, ich hätte diesen Kellnerinnen sagen können, wie sehr ich diesen Nachmittag genoß, obwohl ich nichts sehen konnte! Meine Siebte Tante und die beiden Engländer führten meine Hände, damit ich Dinge befühlen, untersuchen und erforschen konnte, von denen ich mir nie hätte träumen lassen. Mir wurde bewußt, wie viel ich mit meinen Händen »sehen« könnte, wenn sehende Menschen nur rücksichtsvoll und geduldig genug waren, um mir alles zu zeigen.

Schließlich wurde es Zeit zu gehen. Die Engländer brachten uns mit dem Auto zum Haus von Siebtem Onkel und Tante, und wir verabschiedeten uns.

An diesem Abend im Haus der Tante spürte ich einen großen Unterschied in der Beziehung zwischen meinen drei Kusinen und ihren Eltern und der viel förmlicheren Atmosphäre bei uns. Sie waren viel lockerer und mußten nicht ständig bestimmten Formen genügen. Wenn wir zusammen spielten, konnten wir nach Herzenslust lachen und kichern, ohne daß uns gesagt wurde, wir müßten ruhig sein. Und beim Abendessen nahmen sich meine Kusinen einfach selber den Reis, anstatt sich von einer Amah bedienen zu lassen.

Eine Sache, die mich besonders beeindruckte, war, daß sie nicht die traditionelle endlos lange Grußzeremonie hatten, die wir zu jeder Mahlzeit veranstalteten. Diese Zeremonie ging folgendermaßen vor sich: Jedes der Kinder mußte, in der Reihenfolge des Alters, beginnend mit dem ältesten, allen, die älter waren, eine gute Mahlzeit wünschen. Mein Erster Bruder sagte zuerst zu Vater und Mutter: »Ich wünsche dir eine gute Mahlzeit.« Dann sagte meine Zweite Schwester das gleiche zu meinen Eltern und dem Ersten Bruder. Dann sagte ich es zu meinen Eltern, Erstem Bruder und Zweiter Schwester und so weiter bis zu meiner jüngsten Schwester, die sieben Personen eine gute Mahlzeit zu wünschen hatte. Dies vollzog sich jedes Mal, wenn Vater und Mutter beim Essen dabei waren – selbst beim Frühstück. Wenn wir Kinder allein waren, war es uns natürlich egal. Aber solche Förmlichkeiten hatten keinen Platz in der unbeschwerten Atmosphäre dieses Hauses von Siebtem Onkel und Tante.

Nach dem Essen und Spielen mußten meine Kusinen ihre Hausaufgaben machen. Mein Onkel arbeitete, und die Tante diktierte mir ein paar neue englische Wörter, die ich in Blindenschrift festhielt. Ich wollte so viele neue Wörter wie möglich lernen, um sie zu Hause zu üben. Sie forderte mich auf, ein wenig zu erzählen, und ich berichtete ihr, wie man mich oft *mang mui* nannte und wie ich das haßte. Die Tante war entrüstet. Sie sagte, *mang* würde sie ja noch verstehen, aber *mui*! Meine Eltern hatten mich doch nicht als Sklavin verkauft! Ich wiederholte, daß ich es oft gehört hatte – von den Amahs auf dem Markt, von Besuchern, von den Kellnerinnen heute. Sie sagte, sie wolle Onkel fragen, was das zu bedeuten habe.

Als Onkel mit seiner Arbeit fertig war, kam er und setzte sich zu uns. Er sagte, ich hätte mich nicht verhört, die meisten Chinesen bezeichneten Blinde als *mang mui* (blinde Sklavin), *mang kung* (blinder Alter) oder *mang jai* (blinder Junge), anstatt sie beim Namen zu nennen. Er fügte hinzu, der Grund dafür, daß Blinde wie ich in China keinen Blindenstock hätten wie in Europa oder Amerika, sei, daß ein solcher Stock als Symbol für einen blinden Bettler oder eine Prostituierte angesehen werde. Meine Tante fand das schrecklich. Ihr wurde rasch klar, was das für blinde Menschen bedeutete: sie wurden auf die unterste gesellschaftliche Stufe verbannt, erniedrigt und mißachtet. Sie dachte einen Augenblick nach und schlug dann vor, Onkel sollte vielleicht einen Brief an die örtliche Zeitung schreiben, um den Leuten bewußt zu machen, was sie anrichteten, indem sie Blinde so bezeichneten. Aber Onkel sagte, das würde nichts helfen. Er erklärte, daß es verschiedene Bedeutungen dieser beiden Worte gab und daß die Leute immer abstreiten konnten, »blinde Sklavin« gemeint zu haben, selbst wenn sie das Wort einen Augenblick vorher mit genau der Absicht verwendet hatten. Sie konnten sich herausreden und sagen, das Wort bedeute einfach »blindes Mädchen« oder »Frau«, oder allerhöchstens »blinde singende Bettlerin«. Und sie würden auch versichern, sie hätten das Wort für »Schwester« gebraucht.

Es ist wahr, daß man das Wort *mui* auf zwei verschiedene Arten betonen kann, einmal ansteigend und einmal fallend. Die Betonung macht, wie immer im Chinesischen, sehr viel aus. Ansteigend bedeutet das Wort ganz harmlos »kleine Schwester« oder »Mädchen«, während es fallend eindeutig »Sklavin« bedeutet.

Seit vielen Jahren spreche ich mit meinen blinden Freunden darüber, wie sie auf *mang mui* reagieren, und alle sind ausnahmslos davon überzeugt, daß damit allein »blinde Sklavin« gemeint ist. Wir Blinden sind uns bewußt, daß wir von den Sehenden als gesellschaftlich Ausgestoßene betrachtet werden. Und das beweist sich jedem von uns immer wieder an der einfachen Tatsache, daß die Leute an öffentlichen Plätzen, von Bussen bis Kirchen, von Restaurants bis Kinos vor uns zurückweichen. Mir ist es gelegentlich passiert, wenn ich einen meiner männlichen Kollegen zu einem offiziellen Anlaß begleitet habe, daß die Leute die Stirn hatten, meinen Begleiter in meiner Gegenwart zu fragen, was es kosten würde, diese *mang mui* ein Lied singen zu lassen. Ich finde das nicht sehr lustig.

In den letzten Jahren hat es einen gewissen Fortschritt gegeben. Seit meiner Schulzeit, besonders in den letzten zehn Jahren, hat man sich bemüht, die öffentliche Meinung zu einer aufgeklärteren Haltung zu bringen, und langsam wird es besser. Nicht nur die Blindenstöcke, einschließlich dem neuesten langen Stock, sind inzwischen als normales Hilfsmittel für Blinde anerkannt, sondern junge Blinde können auch normale Schulen für Sehende besuchen.

Ich fühlte mich so angenommen bei Siebter Tante, daß ich ihr von einer Sache erzählte, über die ich mir Gedanken machte. Ich erklärte ihr, wie ich immer genau zuhörte, was meine Geschwister beim Hausaufgabenmachen laut sagten, und daß ich alles – so weit möglich – in Punkte umsetzte. Die Schwierigkeit war, daß das nur bei englischen Wörtern ging. Ich wußte nicht, wie ich Mandarin oder Kantonesisch in Punkte umsetzen sollte, und ich fragte mich, ob man das lernen konnte; dann könnte ich alles, auch das, was sie in den anderen Fächern lernten, mitschreiben.

Tante und Onkel dachten darüber nach, und dann hatte Tante eine Idee. Sie bat meinen Onkel, im Telefonbuch nachzuschauen, ob er irgend etwas unter »Blind...« finden konnte. Ich hörte ihn blättern, und schließlich meinte er, etwas Brauchbares entdeckt zu haben – ein Heim für blinde Frauen, das Mo-Kwong-Heim. Da es zu spät war, um sofort anzurufen, verschoben wir es auf den nächsten Morgen.

Am nächsten Tag rief die Tante gleich früh an und brachte unser Anliegen vor. Es wurde vereinbart, daß wir am folgenden Tag kommen sollten. Vor Aufregung konnte ich kaum schlafen in dieser Nacht. Ich hoffte so sehr, daß es ein chinesisches Blindenschriftsystem gab und daß die Leute vom Mo-Kwong-Heim es mir beibringen konnten!

Die Tante sagte, wir müßten mit dem Bus fahren, da das Heim ziemlich weit entfernt war. Es war meine erste Busfahrt. Wir warteten an der Haltestelle, und als der Bus kam, hielt Tante fest meinen Arm und steuerte mich die Stufen hoch zu einem Sitz. Sie beschrieb mir alles und erklärte mir, daß das leise Klicken von dem Gerät komme, das die Löcher in die Fahrkarten stanzte. Sie sagte mir auch, woran wir gerade vorbeifuhren, und schließlich sagte sie, beim nächsten Halt müßten wir aussteigen.

Wir verließen den Bus, doch Tante konnte nichts sehen, was nach einem Blindenheim aussah. Wir mußten also nach dem Weg fragen. Sie sprach fließend Kantonesisch, jedoch mit einem amerikanischen Akzent, der es anderen manchmal schwer machte, sie zu verstehen. Daher zögerte sie, Fremde anzusprechen. Chinesische Schriftzeichen konnte sie überhaupt nicht lesen. Sie hielt ein paar Leute an und flüsterte mir zu, ich solle sie nach dem Heim fragen. Sie gingen ohne zu antworten weiter. Tante war etwas befremdet, doch da kam schon die nächste Frau; dort wollten wir es noch einmal versuchen. Die Frau kicherte, und statt einer Antwort sagte sie zu mir: »Du bist doch gut angezogen. Warum willst du in das Heim? Sag deiner Mutter, sie soll auf dich aufpassen.« Dann ging sie, immer noch kichernd, weiter. Tante war entsetzt über so viel Unverschämtheit. Ich wollte nicht noch einmal fragen, deshalb schlug sie vor, in einen Laden zu gehen, einen Saft zu kaufen und dort zu fragen.

Wir tranken unseren Saft, und Tante wollte bezahlen. Als sie der Frau das Geld gab, fragte sie nach dem Heim. Die Frau wandte sich zu mir, anstatt der Tante zu antworten, und sagte: »Geh nicht mit deiner Mutter! Das ist vielen der blinden Frauen hier so gegangen – ihre Mütter brachten sie hin, ließen sie da und kamen nie wieder!« Tante beherrschte sich und sagte, wir wollten nur jemanden besuchen, und so zeigte die Frau ihr zuletzt doch den Weg.

Das Tor war nicht verschlossen, als wir ankamen, also gingen wir hinein. Ein paar blinde Frauen waren im Garten, aber als wir mit ihnen sprechen wollten, liefen sie ohne Antwort davon. Tante meinte, sie seien wohl nicht gewohnt, Fremde zu treffen, und hätten Angst vor uns. Wir gingen zu einer Tür, die wie der Haupteingang aussah. Sie läutete, und während wir warteten, vernahm man Klavierspiel und Gesang. Auf einmal hatte ich Lust, Klavierspielen zu lernen. Die Tür öffnete sich, und eine Frau ließ uns herein. Sie brachte uns in das Büro und bat uns, Platz zu nehmen. Nach einer kurzen Zeit kam die Heimleiterin herein. Tante flüsterte mir zu, ich solle aufstehen wie sie auch. Später fragte ich sie nach dem Grund, und sie erklärte mir einiges über Höflichkeit und gesellschaftliche Etikette.

Die Heimleiterin begrüßte die Tante, die mich vorstellte. Dann schüttelte mir die Heimleiterin die Hand. Es war das zweite Mal innerhalb von drei Tagen, daß man mir die Hand schüttelte. Es gab mir ein Gefühl von Wärme und Freundlichkeit und nahm mir etwas von meiner Aufgeregtheit.

Die Heimleiterin erzählte mir, daß das Heim im Jahre 1909 von einer Gruppe amerikanischer Missionarsfrauen gegründet worden war, die besorgt über die Lage der blinden Bettelmädchen und Prostituierten in den Straßen waren. Viele der jetzigen erwachsenen Heimbewohner waren vor Jahren als Kinder angekommen, und da sie nichts anderes hatten, wurde das Heim ihr ständiges Zuhause. Dies beschränkte die Zahl der Bewerber, die neu aufgenommen werden konnten, da das Heim nicht mehr als dreißig Bewohner versorgen konnte. Sie versuchten Mittel aus Amerika zu bekommen, um das Heim vergrößern zu können, aber das würde noch einige Zeit dauern.

Die Tante fragte, welche Art von Ausbildung angeboten werde. Die Heimleiterin antwortete, daß die Bewohnerinnen Waschen, Bügeln und andere Fertigkeiten, die nötig waren, um sich selbst versorgen zu können, lernten. Außerdem gab es Kurse in Stricken, kantonesischer Blindenschrift und Klavierspielen. Kantonesische Blindenschrift und Klavierspielen! Die beiden Sachen, die ich wollte! Die Tante forderte mich auf, der Heimleiterin zu erzählen, wie ich die englische Blindenschrift gelernt hatte. Daß sie mich bat, meine Geschichte selbst zu erzählen, anstatt es für mich zu tun, kam so überraschend für mich, daß ich gar nicht wußte, womit ich beginnen sollte. Sie machte mir Mut und sagte, ich solle mir ruhig Zeit lassen. Am Anfang war ich furchtbar nervös und stotterte herum, doch als mir die Heimleiterin direkte Fragen stellte, wurde es besser, und zum Schluß sprach ich ganz natürlich und gelöst. Ich fühlte mich auf einmal erwachsen – ich nahm an einem Gespräch zweier Erwachsener teil, die sich dafür interessierten, was ich zu sagen hatte! Dann fragte ich, ob ich die chinesische Blindenschrift lernen könne. Die Heimleiterin schwieg einen Moment, und ich wartete bangen Herzens.

Sie sagte, sie würde mir gern helfen, aber da gäbe es zwei Probleme: Zum einen war das Heim voll besetzt, und zum anderen waren all die Frauen über zwanzig Jahre alt, und ich war erst acht. Tante schlug vor, ich könne ja vielleicht täglich kommen, wie zur Schule, aber die Heimleiterin befürchtete, ich würde trotzdem einsam und ausgeschlossen sein, weil ich so viel jünger war als alle anderen. Ich sagte, zu Hause sei ich meistens bei den Amahs, die alle viel älter waren als ich, doch die Heimleiterin schien immer noch nicht überzeugt.

Da die Tante merkte, daß wir zu keinem Ergebnis kommen würden, schlug sie vor, zu Hause alles noch einmal in Ruhe zu überdenken. Sie versicherte mir, wir würden schon einen Weg finden, wie ich die chinesische Blindenschrift lernen konnte. Dann sagte sie, sie habe bemerkt, daß ich immer von chinesischer Blindenschrift gesprochen habe, wogegen die Heimleiterin kantonesische Blindenschrift gesagt habe, und fragte nach dem Unterschied. Die Heimleiterin antwortete, es gebe zwei Blindenschriftsysteme in China: Mandarin und Kantonesisch. Beide seien phonetische Systeme, beruhten also auf dem Klang der einzelnen Wörter, sie unterschieden sich im einzelnen jedoch beträchtlich.

Auf die Bitte meiner Tante führte uns die Heimleiterin durchs Haus. Ich hätte gern mit den blinden Damen gesprochen, aber sie waren sehr still und sagten nicht viel. Es war spannend, die schweren Blindenschriftbücher zu untersuchen, in denen jedes Blatt aus mehreren Lagen Papier bestand. Ich fragte die Heimleiterin, ob das so sei, damit die Punkte haltbarer seien. Als sie sagte, genau das sei der Grund, flüsterte ich meiner Tante zu, daß ich es mit meinen Zeitungen genauso machte. Die Tante meinte, das könne ich ruhig laut sagen. Ich tat es, und die Heimleiterin lobte mich, daß ich so sparsam war, und meinte, wenn ich eine Ausbildung bekommen könnte, würde ich bestimmt gut vorankommen.

Während ich mich noch mit den Blindenschriftbüchern beschäftigte, fragte die Tante die Heimleiterin, ob es Bücher gäbe, die Sehenden Ratschläge gaben, wie man mit Blinden umging. Sie erwiderte, sie hätte eine Broschüre, aber nur in Englisch. Da die Tante ja Englisch konnte, nahm sie eine mit, bevor wir gingen.

Als wir an der Bushaltestelle warteten, warf die Tante einen ersten Blick in das Heft. Sie fand gleich etwas über die empfohlene Art, mit Blinden zu gehen. Der Blinde sollte den Arm des Sehenden halten und einen halben Schritt hinter ihm gehen, um zu spüren, wenn der Sehende eine Stufe hoch oder runter ging usw. Wir versuchten es gleich, und es war genauso leicht, wie wenn ich mit Ah Wor ging.

An diesem Abend sagte Tante, als wir Onkel alle Ereignisse des Tages berichtet hatten: »Du mußt auf jeden Fall alles versuchen, deine Eltern dazu zu bringen, daß du die kantonesische Blindenschrift lernen darfst. Ich würde dir gern helfen, aber vielleicht ist es besser, wenn du es allein versuchst und ich dir nur helfe, wenn du einmal nicht weiter weißt.« Sie gab mir ihre Telefonnummer und sagte: »Ich denke an dich. Alles Gute!« Dies war der letzte Abend der glücklichsten Tage, die ich bis dahin erlebt hatte.

Am nächsten Tag brachte die Tante mich mit dem Bus nach Hause. Ich konnte es kaum erwarten, mit meinen Eltern zu reden.

»Wir gehen einen Freund besuchen...«

Gleich am ersten Abend zu Hause erzählte ich meinen Eltern vom Mo-Kwong-Heim und versuchte, ihnen klarzumachen, daß es mir ernst war mit dem Lernen. Sie sagten, ich sei zu jung und könne noch ein paar Jahre warten. Ich argumentierte – mit einer Bestimmtheit, die meine Eltern wahrscheinlich genauso in Erstaunen setzte wie mich selbst –, daß ich viel lieber das Geld, das Vater für mich von der Miete des Hauses sparte, gleich verwenden würde, als es für die Zukunft aufzuheben, wenn ich dadurch etwas lernen könnte. Die Worte der Amah: »Man muß arbeiten, um zu leben, und Geld kann seinen Wert verlieren«, klangen mir noch in den Ohren.

Meine Eltern dachten zuerst, das sei eine vorübergehende Laune, aber ich war so hartnäckig, daß sie schließlich begriffen, daß ich es wirklich ernst meinte, und mir ernsthaft zuhörten. Sie erörterten verschiedene Möglichkeiten, aber keine löste das Problem, wie ich die chinesische Blindenschrift lernen könnte. Und solange ich die chinesische Blindenschrift nicht beherrschte, konnte ich nichts, was mir in Chinesisch beigebracht würde, aufschreiben. Vater meinte zwar, ich würde trotzdem einen Teil der Dinge behalten, aber eine Lösung war das nicht gerade.

Meine Eltern hatten Angst, wenn ich mich auf die Blindenschrift fixierte, würde ich dadurch den Gegensatz zwischen mir und den anderen nur noch verstärken. Sie schienen nicht imstande, zu begreifen, daß Blindenschrift für mich der einzig mögliche Weg war, zu lernen. Ich demonstrierte ihnen, wie ich durch die Brailleschrift eine Anzahl englischer Wörter, die mein älterer Bruder und meine Schwester laut wiederholt hatten, gelernt hatte. Meine Eltern konnten kein Englisch, aber sie riefen meine Geschwister, sie sollten mit ihren Büchern kommen. Wir verglichen die Wörter miteinander, und siehe da, ich hatte Bedeutung und Schreibweise richtig gelernt. Das machte dann doch Eindruck auf sie.

Sie konsultierten danach sogar die Lehrer einer nahegelegenen kleinen Schule und sprachen das Problem mit ihren Bekannten durch, doch jeder sagte, es sei noch nie dagewesen, daß ein sehender Lehrer ein blindes Mädchen unterrichtete. Außerdem konnte niemand recht einen Sinn darin erkennen, denn wer hatte je gehört, daß ein Blinder etwas anderes macht als auf den Straßen zu singen oder ein Instrument zu spielen? Ich würde ja doch niemals wie andere Leute arbeiten und für mich selbst sorgen können, hieß es.

Aber schließlich willigten meine Eltern trotzdem ein, mich die kantonesische Blindenschrift lernen zu lassen. Sie taten das zwar mehr, um mich bei Laune zu halten, als zu dem Zweck, mir eine wirkliche Ausbildung zu gewähren, aber was sollte es. Sie setzten sich mit dem Mo-Kwong-Heim in Verbindung und fragten, ob eine der Bewohnerinnen bei uns leben dürfe und mir auf kantonesisch Lesen und Schreiben für Blinde beibringen könne. Sie würden der Lehrerin ein Gehalt zahlen und einen regelmäßigen Beitrag für das Heim leisten.

Das war geschafft! Jetzt bettelte ich darum, auch Klavierspielen lernen zu dürfen. Zu meiner größten Freude stimmte Vater nicht nur zu, sondern kaufte mir sogar ein Klavier. Und Mutter tat alles, um meiner Lehrerin einen herzlichen Empfang zu bereiten. Meine Schwestern und ich mußten unser Schlafzimmer räumen, damit sie ein Zimmer für sich hatte. Wir Mädchen zogen bei den Jungen ein. Das war ziemlich eng, aber es überzeugte mich, daß meine Eltern sich wirklich für mich einsetzten.

Der Tag war gekommen, an dem die Lehrerin bei uns eintreffen sollte. Mutter war zum Heim gefahren, und ich wartete voll Spannung bei uns im Flur, mein Ohr an die Haustür gepreßt, um die ersten Anzeichen ihres Kommens auch sofort wahrzunehmen.

Endlich hörte ich Stimmen näherkommen. Ich hörte Mutter sagen, es kämen noch mehr Stufen, dann zählte sie sie laut vor. Ich wußte, jetzt mußten sie fast an der Tür sein, und öffnete. Wir stellten uns vor und begrüßten uns. Meine Lehrerin nannte mich bei meinem Hausnamen, und ich nannte sie »Lehrerin«.

Ah Wor kam aus der Küche und nahm meiner Mutter den Koffer der Lehrerin ab. Ich wollte sie zu ihrem Zimmer führen und bat sie, mir ihre Hand zu geben, aber als ich losgehen wollte, blieb sie stehen. Ich merkte, daß sie Angst vor Stufen hatte, und versicherte ihr, im Haus seien keine und ich würde sie sicher führen. Sie kam langsam und schweigend mit. Ich war verunsichert über ihr Schweigen – vielleicht hatte sie etwas gegen mich? Erst später, als sie schon einige Zeit bei uns war und allmählich gelöster wurde, erfuhr ich, daß sie eine schreckliche Panik davor gehabt hatte, bei einer Familie zu sein, da die einzige Familie, die sie kannte, ihre eigene gewesen war und sie daran furchtbare Erinnerungen hatte.

Während der Zeit, die sie bei uns lebte, lernte ich ihre Geschichte nach und nach kennen. Ihre Eltern hatten bei einem Reisbauern gearbeitet, aber sie wußte den Namen des Dorfes nicht mehr, geschweige denn die Straße oder Hausnummer. Eines Morgens früh, als sie sieben Jahre alt war, seit zwei Jahren blind, nahm ihr Vater sie von zu Hause fort. Sie fuhren mit dem Zug nach Kanton. Als sie aus dem Zug stiegen, liefen sie viele Stunden durch die Straßen, bis ihr Vater sagte, er gehe nur einmal kurz weg und hole ihr etwas Reis. Er sagte, sie müsse ganz ruhig warten und ja kein Geräusch machen, sonst käme ein Polizist und würde sie dem Löwen bringen, und der Löwe würde sie fressen. Es regnete in Strömen und war bitterkalt. Sie hatte furchtbare Angst, aber sie wagte nicht, ein Geräusch zu machen, und stand einfach da in dem strömenden Regen. Am nächsten Morgen fand sie eine Dame vom Mo-Kwong-Heim. Sie brachte sie zum Heim, gab ihr trockene Sachen und etwas zu essen und ließ sie schlafen gehen. Ein Missionar schaute nach ihr. In der ersten Woche war sie sehr krank. Die Missionare brachten sie zum Arzt und pflegten sie gesund.

Sie benachrichtigten die Polizei, und man versuchte, ihre Eltern ausfindig zu machen. Suchmeldungen erschienen in Zeitungen und Rundfunk, aber vergeblich. Als sie zu uns kam, war sie schon über fünfzehn Jahre lang im Heim gewesen. Ihre Geschichte war typisch für viele der Heimbewohner.

Wir kamen gut miteinander aus, obwohl sie immer still und zurückhaltend war. Ich genoß es, jemanden zu haben, der die gleiche Behinderung hatte wie ich und die damit verbundenen Probleme verstand.

Ah Wor nahm mich abends nach dem Essen immer mit zum Bäkker, um Brot fürs Frühstück zu holen. Ich liebte diesen Spaziergang, doch ich hatte ein schlechtes Gewissen, die Lehrerin allein in ihrem Zimmer zu lassen, und so fragte ich Ah Wor eines Abends, ob sie glaubte, sie könne uns beide mitnehmen. Ich befürchtete, es wäre ihr zu peinlich, gleich zwei *mang muis* dabei zu haben, aber darüber hätte ich mir keine Sorgen zu machen brauchen. Sie sagte, sie würde sich freuen, und fügte hinzu, Lehrerin sollte wirklich einmal etwas rausgehen und frische Luft bekommen, anstatt nur auf ihrem Zimmer zu hocken. Sofort eröffnete ich Lehrerin diese neuen

Aussichten in dem Glauben, sie müsse sehr erfreut darüber sein. Doch sie klang überhaupt nicht begeistert. Nein, sie habe keine Lust, hinauszugehen. Den Grund wollte sie nicht sagen, aber ich war nicht so leicht abzuschütteln. Endlich gab sie zu, sie habe Angst vor Stufen.

Sie sagte, von der Zeit an, wo sie blind wurde, sei sie nie mehr aus dem Haus gegangen bis zu dem Tag, an dem ihr Vater sie mit nach Kanton genommen hatte. Dort zwang er sie, vor ihm herzugehen, und da sie nichts sehen konnte und er ihr nicht half, stolperte sie ständig über Stufen oder Dinge auf dem Boden, doch ihr Vater schob sie erbarmungslos vorwärts. Ich erzählte ihr, wie Ah Wor und ich zum ersten Mal nach draußen gegangen waren. Sie hatte meine Hand genommen und ich war ein paarmal gestolpert, weil ich nicht wußte, was vor mir war. Dann hatte Ah Wor eines Tages einen großen Packen Kleider von der Reinigung zu tragen und hatte keine Hand frei. Also nahm ich ihren Arm. Wir liefen ganz ohne Probleme. Als wir wieder zu Hause ankamen, bemerkte Ah Wor, ich hätte alle Stufen und Ecken problemlos gemeistert, obwohl wir in unbekannten Straßen gewesen waren. Beim nächsten Mal machten wir es wieder so und merkten, daß es wirklich ein großer Unterschied war. Aber warum war diese Art zu gehen leichter? Wir fanden es bald heraus: Da ich näher bei ihr war und ein wenig hinter ihr herging, folgte ich instinktiv den Bewegungen ihres Körpers, und sie brauchte mir nicht mehr zu sagen, was kam, außer wenn es ein unerwartetes Hindernis war. Durch Probieren hatten wir für uns selbst die international bewährte Methode, mit Blinden zu gehen, herausgefunden – so wie sie auch in jener Broschüre, die Siebte Tante im Mo-Kwong-Heim bekommen hatte, beschrieben war.

Lehrerin hörte interessiert zu, und beim nächsten Mal, als Ah Wor und ich sie fragten, ob sie mitkommen wolle, sagte sie Ja. Wir drei zogen los, Ah Wor in der Mitte und Lehrerin und ich links und rechts von ihr. Wir bewegten uns ganz ungezwungen, unterhielten uns und genossen den lauen Frühlingsabend. Lehrerin war noch nie so fröhlich gewesen wie an diesem Tag, und das machte mich froh.

Auf dem Nachhauseweg hörte ich auf einmal Schritte hinter uns. Ich sagte es Ah Wor. Sie schaute sich um und flüsterte, es seien nur vier Kinder, wir bräuchten uns keine Sorgen zu machen. Lehrerin hörte auf zu sprechen. Plötzlich sagte Ah Wor mit scharfer Stimme: »Wehe, ihr werft diesen Stein! Sonst rufen wir die Polizei, und dann kommt ihr ins Gefängnis!« Die Kinder kicherten und sangen:

»Eine mang mui,
zwei mang mui,
nicht eine allein,
sondern zwei.
Eine fiel in ein Loch,
die andere in den See,
die dumme alte Amah rief nur: ›Helft doch!‹«

Sie verfolgten uns weiter und sangen ihr Spottlied, bis ein Mann, wahrscheinlich ein Vater, hinzukam, einen Jungen fortriß und ihm eine Ohrfeige gab. Ärgerlich schimpfte er, er solle keine blinden Leute ärgern, das bringe Unglück. Die anderen Kinder liefen weg.

Ah Wor sagte: »Lehrerin, schau nicht so traurig. Diese Leute sind einfach dumm. Wir brauchen uns nicht darum zu kümmern.« Ah Wors Satz ließ mich aufhorchen. Da ich nie etwas hatte sehen können, konnte ich Gefühle wie Freude oder Niedergeschlagenheit bei anderen nur an der Stimme erkennen. Es war das erste Mal, daß mir bewußt wurde, daß sich diese Stimmungen auch auf ihren Gesichtern abzeichneten.

Lehrerin sagte, sie habe ein schlechtes Gewissen wegen der Kinder, die Ah Wor verspottet hatten. Sie würde lieber nicht wieder hinausgehen, damit das nicht noch einmal passierte. Ich hatte dasselbe Gefühl und sagte, daß ich den Weg zum Bäcker inzwischen so gut kannte, daß Lehrerin und ich allein gehen könnten. Ah Wor sagte, das sei zu gefährlich. Die Kinder könnten Sachen nach uns werfen, und wir würden uns nicht davor schützen können. Außerdem könnten wir nie die Schuldigen herausfinden, und sie zweifelte daran, ob wir irgendwelche Hilfe von sehenden Menschen bekämen, selbst wenn wir um Hilfe riefen. Sie war der Meinung, wenn wir regelmäßig zu dritt gingen, würden sich die Leute an uns gewöhnen, und den Kindern würde es langweilig, uns zu ärgern. Es gelang ihr schließlich, Lehrerin zu überreden, wir setzten unsere Spaziergänge fort, und nach ein paar Wochen waren es die Kinder leid, sich über uns lustig zu machen, und wir hörten auch nicht mehr so viele dumme Bemerkungen von Erwachsenen. Natürlich hörten wir manchmal Flüstern und vermuteten, daß uns die Leute neugierig anstarrten, aber das machte uns nichts mehr aus.

Ich liebte unsere Unterrichtsstunden. Die Anfangs- und Schlußzeichen, die die einzelnen Töne des Kantonesischen bezeichnen, faszinierten mich, und ich war überglücklich, daß Vater und Mutter mehr Interesse an meiner Arbeit zu zeigen begannen und mich fragten, was ich Neues gelernt hatte.

Allerdings hielt dieses Interesse nicht lange an. Das Blindenschriftsystem war so verschieden von den Schriftzeichen, die sie kannten, daß sie nichts damit anfangen konnten. Es wurde ihnen wohl immer deutlicher, daß ich in einer anderen Welt lebte. Einmal diktierten sie mir ein paar kurze Sätze, um zu sehen, wieviel ich schon gelernt hatte. Als ich sie in Punkte gestochen hatte, brachten sie das Blatt Lehrerin, die gerade in einem anderen Zimmer war. Sie las es laut vor – aber meine Eltern konnten es nicht lesen...

Warum sie nie versuchten, die Blindenschrift auch nur ein wenig zu lernen, weiß ich nicht. Meine Blindheit war für sie eine unüberwindliche Barriere zwischen ihnen und mir. Aber das braucht nicht zu sein. Wenn die Eltern blinder Kinder versuchen würden, die Blindenschrift mitzulernen, würde es den Kindern sehr helfen, sich angenommen und weniger überflüssig, weniger anders vorzukommen.

Die Musik schuf uns eine gewisse gemeinsame Basis. Meine Eltern hörten zu, wenn ich eine neue Melodie gelernt hatte. Sehr viel zu bieten hatte ich allerdings nicht. Lehrerin konnte mir Melodien nur nach dem Gehör beibringen. Sie hatte ein wenig Blindennotenschrift gelernt, aber da sie sie selbst nicht ganz begriffen hatte (sie war sehr kompliziert), konnte sie sie mir auch nicht beibringen. So begnügte ich mich damit, ein paar leichte Stücke auswendig zu lernen.

Lehrerin blieb vier oder fünf Monate bei uns. Danach hatte sie mir alles beigebracht, was sie konnte und ging zurück zum Mo-Kwong-Heim, und ich mußte mich allein durchbeißen.

Eines Abends saß ich wie üblich bei meinen Geschwistern, um so viel wie möglich von ihren Hausaufgaben aufzuschnappen und mir meine Notizen zu machen. Mein jüngerer Bruder las einen Vers aus der Bibel vor: »So sehr hat Gott die Welt geliebt...« Ich hielt inne. War das wahr? Wer war dieser liebende Gott? Ob er auch ein blindes Mädchen liebte? Fast alle Leute sagten, es wäre für Blinde besser, tot zu sein, als zu leben. Sah Gott blinde Menschen anders?

Ich fragte meine Geschwister. Niemand sagte etwas. Offensichtlich hatte ich etwas gefragt, was sie nicht beantworten konnten. Schließlich brach Zweite Schwester das Schweigen: »Ich bin sicher, Gott liebt dich auch, denn die Bibel sagt, Gott liebt die ganze Welt. Und du gehörst dazu, also muß er dich auch lieben.«

Das war eine wohltuende Antwort. Ich drang in sie, mir noch mehr von diesem Gott zu erzählen, aber sie wußte nicht mehr. Ich bat meinen jüngeren Bruder, doch einmal seinen Lehrer zu fragen. Am nächsten Abend sagte er mir, sein Lehrer habe vorgeschlagen, wir sollten doch zur Kirche gehen. Aber dazu mußten wir erst einmal überlegen, wie wir die Erlaubnis von unseren Eltern bekamen...

Wie die meisten chinesischen Familien verehrten wir unsere Ahnen. Meine Eltern waren sehr darauf bedacht, daß wir dies fortsetzten und nach ihrem Tode ihre Ahnentafeln verehrten, ihnen Essen, Papiergeld und Papiermöbel opferten und alle Zeremonien beachteten. Aus diesem Grund waren sie gegen das Christentum.

Aber ich wollte so gerne zur Kirche gehen, um mehr zu erfahren! Was sollten wir tun? Wir überlegten alles Mögliche, bis mir schließlich ein Lied einfiel, das ich einmal gehört hatte: »Welch ein Freund ist unser Jesus...«. Am Sonntag früh sagten mein jüngerer Bruder und ich meinen Eltern, wir würden ausgehen und einen Freund besuchen. Glücklicherweise fragten sie nicht nach dem Namen. Ich hörte sie sogar untereinander sagen, daß sie froh waren, daß mein Bruder sich die Mühe machte, mit mir auszugehen. Auf diese Weise gingen wir drei Sonntage lang zur Kirche. Am vierten Sonntag wurde mir während der Predigt bewußt, daß wir meinen Eltern nicht länger verschweigen durften, welchen Freund wir da besuchten, denn das sah ja gerade so aus, als ob wir uns seiner schämten – was ihm bestimmt nicht gefallen konnte. Wir beteten und baten Jesus Christus, uns zu verzeihen und uns zu helfen, ihn zu bezeugen.

Als wir nach Hause kamen, erzählten wir also Vater und Mutter, daß unser »Freund« Jesus Christus war. Sie waren sehr ärgerlich. Vater sagte, wenn wir an Jesus Christus glauben wollten, sollte *er* uns doch das Sonntagessen geben, dann bräuchte er selbst uns nicht mehr zu füttern. Er machte diese Drohung nicht wahr. Aber er sagte noch oft: »Wenn Jesus Gott und allmächtig ist, warum tut er dann nicht ein Wunder, so daß du wieder sehen kannst und zur Schule gehen und dir später selbst deinen Lebensunterhalt verdienen kannst?«

Ich weiß, daß er das sagte, weil er das für unmöglich hielt. Jedoch Jahre später, als ich zu arbeiten anfing und zum Lebensunterhalt der Familie beitrug, sagte er oft zu unseren Verwandten und Freunden, er sei zum Glauben an Gott gekommen, denn ohne Gottes Hilfe wäre ich nie imstande gewesen, das zu erreichen.

Mein jüngerer Bruder und ich gingen jetzt jeden Sonntag zusammen zur Kirche. Nach einigen Monaten wurden wir beide Christen und Gemeindemitglieder der Südlichen Baptistenkirche. Ich erzählte Ah Wor viel von meinem Glauben, und sie nahm ihn auch an. Wir wurden Gebetspartner, obwohl sie erst Jahre später, in Hong Kong, Gemeindemitglied wurde. Mein christlicher Glaube war und ist der größte Meilenstein meines Lebens und die treibende Kraft bei allem, was ich seither getan habe.

Es gab drei solcher Meilensteine in meinem Leben – drei Situationen, bei denen ich auf einmal nicht nur wußte, *daß* ich weitergehen und meine Probleme bewältigen konnte, sondern auch *warum*. Diese Ereignisse gaben jedes für sich meinem Leben Richtung und Ziel. Sie waren Kraftquellen, die mir neue Energien und Antrieb gaben. Der erste dieser Meilensteine war die Antwort auf den Funkspruch meines Bruders und das Paket mit dem Braillematerial. Der zweite und wichtigste war, daß ich Christ wurde. Der dritte war die Begegnung mit einem blinden Bettelmädchen – eine Zufallsbekanntschaft, die jedoch meinen weiteren Lebensweg bestimmen sollte.

Tse Tse

Nun also die Geschichte meines dritten Meilensteins. Eines Abends, als Ah Wor und ich unseren gewohnten Spaziergang machten, hörte ich eine Stimme rufen: »*Mang mui, mang mui*, komm und sing!« Meine gesammelte Wut auf dieses verhaßte Wort flammte auf, bis ich zu meiner größten Überraschung eine sanfte Stimme antworten hörte: »Ja, ich komme!«

Das Klackern von Holzsandalen und das Tap-Tap eines Stockes kamen näher, und dann begann eine Mädchenstimme zu singen. Sie sang ein Lied und bat um Geld, aber die Frauen (Ah Wor sagte, sie sahen alle aus wie Amahs) wollten erst noch mehr hören. Nach drei Liedern fragte sie wieder, aber die Amahs wollten noch immer nicht zahlen. Das Mädchen begann zu weinen und sagte, sie müßte ihrer Lehrerin 30 Cents geben,sonst würde sie geschlagen, aber die herzlosen Amahs lachten sie aus und gaben ihr nichts.

Ich war wie vom Donner gerührt, aber eines war klar – sie brauchte unbedingt 30 Cents. Ich hatte Geld zu Hause, aber keines mit. Also bat ich Ah Wor, mir 30 Cents für das Mädchen zu leihen. Ah Wor sagte, wir sollten ihr lieber 40 Cents geben, wenn wir noch mit ihr reden wollten. Ich ging auf sie zu und sagte: »Wir haben 40 Cents für dich, weine nicht.«

Sie hörte sofort auf zu weinen und sagte: »Vielen Dank. Gott im Himmel segne dich dafür.«

Ich fragte sie, ob sie noch ein wenig bleiben und mir von ihrer Lehrerin erzählen wolle. Sie wurde sofort mißtrauisch und sagte: »Leute, die sehen können, verstehen das nie.«

»Aber ich kann nichts sehen. Ich bin blind wie du.« Ich merkte, daß sie mir nicht glaubte, daher erzählte ich ihr kurz, wie ich blind geworden war. Schließlich entschloß sie sich, mir zu vertrauen, und wir gingen ein wenig abseits.

Dann erzählte sie mir ihre Geschichte. Mit sechs oder sieben Jahren bekam sie Masern und wurde blind. Jetzt war sie zwölf. Ihre

Eltern glaubten, daß es der Familie Unglück bringe, das blinde Mädchen zu behalten, daher hatten sie sie einer blinden Frau gegeben, die davon lebte, blinde Mädchen als singende Bettlerinnen zu unterrichten und auszubeuten.

Sie mußte am Tag mindestens 30 Cents einnehmen, bevor sie sich »nach Hause« wagen durfte. Andernfalls wurde sie geschlagen und gezwungen, die ganze Nacht dazustehen und zu singen, ohne etwas zu essen zu bekommen, bis sie früh am nächsten Morgen wieder auf die Straße mußte.

Ich hatte zu Hause noch das »Glücksgeld«, das man in China an Neujahr bekommt. Deshalb schlug ich dem Mädchen vor, sie solle jeden Abend kommen, dann könnten wir uns unterhalten, und ich würde ihr 40 Cents geben. Sie stimmte zu, hatte dann aber Angst, noch länger zu bleiben; also verabschiedeten wir uns.

Von nun an trafen wir uns jeden Abend, und sie erzählte uns von ihrem Leben und ihrer »Sklavenhalterin«. Wenn sie von ihr sprach, benutzte sie das kantonesische Wort *see-fu*, was eigentlich »Lehrerin« bedeutet, aber in Zusammenhang mit Blinden schwingt automatisch die Bedeutung »Sklavenhalter« mit. Blinde wurden nicht nur wie Sklaven behandelt, im praktischen Leben *waren* sie Sklaven.

Ich fragte sie, warum ihre Lehrerin sie so grausam behandelte, wo sie doch schließlich selbst blind sei. Das Mädchen erklärte, die Frau habe als Kind dasselbe wie sie durchgemacht und räche sich jetzt dadurch, daß sie ihre Mädchen genauso unmenschlich behandelte. Anscheinend gab ihr das eine gewisse Befriedigung. Inzwischen weiß ich, daß sie typisch für die meisten derartigen Sklavenhalterinnen war.

Ich fragte Tse Tse (dies war die Anrede, mit der Mädchen in meinem Alter ein älteres Mädchen anredeten), wie viele Mahlzeiten sie am Tag bekomme. Sie sagte, eine, wenn sie am Abend zurückkam. Ah Wor flüsterte mir zu, sie sehe schrecklich abgemagert und krank aus. Ich fragte Ah Wor, ob wir ihr heimlich etwas warmen Reis von zu Hause mitbringen könnten. Ich konnte ohne weiteres etwas weniger essen. Ah Wor meinte, das ginge nicht, weil das eine Form von Diebstahl sei, aber sie sagte, nicht weit von hier sei eine kleine Essensbude, wo sie jeden Abend etwas zu essen und zu trinken für das Mädchen kaufen könne.

An den ersten Abenden, an denen Ah Wor dort Essen holte, machten einige der Amahs bissige Bemerkungen, spotteten über ihre Großzügigkeit und erklärten sie für verrückt. Sie sagten, in ihrem vorigen Leben müsse sie selbst blind gewesen sein, da sie sich nicht scheute, sich in diesem Leben mit Blinden zu zeigen. Ah Wor schenkte ihnen keine Beachtung.

Eines Abends fragte ich Tse Tse, wie sie es schaffe, allein durch die Straßen zu gehen. Sie erzählte mir, wieviel Angst sie gehabt hatte, als sie das erste Mal auf die Straße geschickt worden war. Niemand hatte ihr gesagt, wie sie den richtigen Weg finden konnte. Nachdem sie ziellos einige Tage umhergeirrt war, wurde sie geschlagen, da sie kein Geld mitbrachte. Um zu überleben, mußte sie selbst eine Methode ausarbeiten, mit der sie sich zurechtfinden konnte. Sie begann sich jeden markanten Punkt zu merken und sich die Beschaffenheit der Mauern in ihrer Umgebung einzuprägen. Sie lernte, anhand bestimmter Details zu erkennen, wo sie sich befand: am Geruch bestimmter Geschäfte, kleinen Treppen, den Formen von Ecken und Simsen. Als sie geübter wurde, wurde ihr bewußt, daß sie am Anfang oft den ganzen Tag damit zugebracht hatte, sich dieselbe Straße auf- und niederzutasten.

Alles war sehr schwierig. Wenn sie nach dem Weg fragte, hörte sie, wie die Leute weitergingen, ohne ihr zu antworten. Manchmal wurde sie von der Menge mitgerissen und fand sich beim Überqueren einer Straße wieder oder an einem Ort, wo sie gar nicht hinwollte. In anderen Fällen schoben wohlmeinende Leute sie an irgendeinen fremden Ort, von wo sie nur mit Mühe wieder zurückfand. Stimmen, Verkehrslärm oder Windböen erstickten oft die unscheinbaren Geräusche, die sie hören mußte, um zu wissen, wo sie war.

Auf dem Boden gab es tausend Hindernisse, von den Körben von Straßenhändlern bis zu Hundeleinen, von schlecht geparkten Autos bis zu Löchern wegen Straßenbauarbeiten. Drähte und Heckensträucher rissen an ihren Kleidern, und überhängende Zweige von Bäumen, regennaß, schlugen ihr ins Gesicht. Schneller Verkehr und trödelnde Passanten waren gleichermaßen schwer zu vermeiden. Schaufensterbummler zwangen sie dazu, die relative Sicherheit des Wandkontakts aufzugeben.

Ein großes Problem war, daß die Leute ihr leise aus dem Weg gehen wollten, so daß sie nie wußte, wo sie genau waren. Natürlich hatte sie ihren Bambusstab, und wenn sie in der Mitte des Bürgersteigs gehen mußte, ging sie sehr langsam und klopfte laut mit ihrem Stock, aber das half nichts. Es schien so, als ob die Leute um sie herum nichts sahen und nichts hörten. Sie stießen sie an und ließen sich anstoßen. Dann schrien und fluchten sie und riefen, jetzt würden sie drei Jahre lang Unglück haben, da sie vom Stock einer *mang mui* berührt worden seien. Solche Zusammenstöße ließen sie völlig die Orientierung verlieren, und der Versuch, ihre Sachen wieder zusammenzuklauben, machte sie nur noch zur Zielscheibe weiterer Angriffe und Beleidigungen. Viele Leute dachten offenbar, wenn sie blind war, müsse sie gleichzeitig auch geistig behindert sein.

Eines Abends warteten wir an unserem üblichen Treffpunkt, aber wir warteten und warteten, ohne daß sie kam. Dann hörte ich die Stimme eines Mädchens, das sang und dazu auf der *erh-hu* spielte. Ah Wor sagte, dieses Mädchen sei auch blind und sehe auch blaß und dünn aus wie Tse Tse. Ich wollte wissen, wer sie war, und fragte Ah Wor, ob wir mit ihr sprechen könnten. Ah Wor sagte, das sei schlecht, denn wir hätten kein Geld für sie, wenn wir sie beim Betteln aufhielten. Wir hätten nur die üblichen 40 Cents mit, und wenn wir die dem fremden Mädchen gäben, hätten wir nichts mehr für Tse Tse, wenn sie später kommen sollte. Ah Wor hatte recht. Dann hörte ich plötzlich eine bekannte Stimme singend und um Geld bittend näherkommen, aber es hörte sich an, als ob sie gleichzeitig weinte. Ah Wor flüsterte mir rasch zu, sie sei barfuß und hätte Blutspuren an den Armen, ihrer Stirn und ihren Knöcheln. Sie fragte Tse Tse, was passiert war, und Tse Tse erzählte uns unter Tränen, was am Nachmittag vorgefallen war.

Sie war langsam die Straße entlanggegangen, als sie plötzlich jemand am Arm packte und »Paß auf!« rief, wobei er sie so aus dem Gleichgewicht schleuderte, daß sie vorwärts taumelte, mit der Stirn gegen einen Laternenpfahl stieß und hinfiel. Zuerst merkte sie gar nicht, daß sie sich schlimm geschnitten hatte. Im ersten Schock lag sie einige Momente lang still, bis sie Blut ihre Nase herunterlaufen spürte und merkte, daß sie sich verletzt hatte. Außerdem hatte sie ihre Sandalen verloren. Sie fühlte, daß Leute um sie herumstanden, aber niemand half ihr auf. Ganz benommen schaffte sie es schließlich, wieder aufzustehen.

Sie überwand sich und fragte, ob jemand ihr bitte ihre Sandalen zeigen könnte, aber die Zuschauer lachten nur und gaben ihr keinerlei Hilfe. Sie suchte selbst, aber vergeblich. Der einzige Lichtblick war, daß sie ihren Stock nicht verloren hatte.

Ich suchte nach Worten, um sie zu trösten, da sie wieder zu weinen angefangen hatte, aber ich wußte nicht, was ich ihr sagen sollte. Ah Wor beruhigte sie und sagte, der Mann, der sie gepackt hatte, habe es vermutlich gut gemeint; sie sollte wohl nicht mit dem Laternenpfahl zusammenstoßen. Es wäre natürlich besser gewesen, wenn er nichts gemacht hätte, denn sie ging ja langsam, mit dem Stock vor sich hertastend, und selbst wenn sie gegen den Laternenpfahl gestoßen wäre, wäre es kein heftiger Zusammenstoß gewesen. Es war der Schock des unerwarteten Eingreifens, der den Unfall verursacht hatte.

Dann sagte sie, Tse Tse bräuchte ein Pflaster für ihre Stirn und ein neues Paar Sandalen. Nein, Schuhe, verbesserte sie sich. Tse Tse wußte nicht, was Schuhe waren, da sie nie etwas anderes als lose Sandalen besessen hatte. Ich ließ sie meine Schuhe mit den Händen untersuchen. Sie fand sie viel bequemer und auch nicht so leicht zu verlieren.

Ah Wor wollte nach Hause laufen, um noch Geld zu holen. Es war nicht weit und würde nicht länger als zehn Minuten dauern. Wir setzten uns auf eine Treppe, und sie eilte davon. Sie war sehr schnell wieder zurück, ganz außer Atem.

Wir gingen in mehrere Geschäfte, aber sie weigerten sich, Tse Tse irgendwelche Schuhe anprobieren zu lassen, weil ihre Füße vom Barfußlaufen schmutzig waren. Schießlich sagte ein Ladenbesitzer, wenn sie ihre Füße wüsche, würde er sie ein paar Schuhe anprobieren lassen. Ah Wor half ihr im Waschraum. Nachdem sie verschiedene Paare anprobiert hatte, suchte die die bequemsten aus. Ah Wor sagte, sie sähen sehr gut an ihr aus.

Ich werde nie Tse Tses Freude, als sie aus dem Laden heraustrat, vergessen. Sie erzählte uns, daß sie gewußt hatte, daß viele Leute andere Sachen an ihren Füßen trugen, weil sie ein anderes Geräusch machten, aber sie hatte nicht gewußt, was für ein Unterschied das war und wieviel leichter es war, damit über die Straße zu gehen – ohne die ständige Angst, sie zu verlieren. Dann kehrte sie plötzlich wieder in die Wirklichkeit zurück und fragte bang, was sie ihrer Lehrerin sagen sollte wegen der neuen Schuhe. Ich dachte, sie bräuchte gar nichts zu sagen, doch Ah Wor wandte ein, die Lehrerin würde sie sofort am Geräusch erkennen. Schweigend überlegten wir. Als wir beim Bäcker vorbeikamen, hatte Ah Wor eine Idee. Wenn Tse Tse ein frisches Brot mitbrächte und sagte, sie habe es geschenkt bekommen und wolle es gern mit ihr teilen, würde die Lehrerin vielleicht nicht allzu streng mit ihr sein.

Als sie nach dem Brot anstand, sagte Ah Wor plötzlich: »Guten Tag, Frau Choi!«Ich dachte mit Unbehagen daran, daß Frau Choi eine Freundin meiner Mutter war und ihr ganz bestimmt erzählen würde, daß sie Ah Wor und mich mit einem fremden blinden Mädchen gesehen hatte. Und ich war mir ebenso sicher, daß Mutter davon keineswegs entzückt sein würde. Als Tse Tse mit ihrem Brot gegangen war, teilte ich Ah Wor meine Befürchtungen mit. Sie stimmte mir zu, daß Mutter es sicherlich für eine Schande halten würde, daß ich in Gesellschaft einer Bettlerin von der Straße gesehen worden sei. Wahrscheinlich würde sie sehr mit mir schimpfen und mir das Versprechen abnehmen, Tse Tse nie wieder zu sehen. Geschlagen werden würde ich wahrscheinlich nicht. Ich hätte mich lieber schlagen lassen, als meine Freundin nicht mehr treffen zu können!

Und Ah Wor würde doch sicher auch Ärger bekommen, weil sie das Treffen zugelassen hatte! Entsetzt fragte ich Ah Wor, was sie meinte, was Mutter mit ihr machen würde. Sie erwiderte, sie würde wahrscheinlich eine Strafpredigt bekommen oder vielleicht sogar entlassen werden. Ich weinte vor lauter Angst bei dem Gedanken, von Ah Wor getrennt zu werden. Und womöglich würde sie mir böse sein, weil ich sie doch in diese Situation gebracht hatte.... Doch statt dessen tröstete sie mich: »Mach dir mal keine Sorgen, vielleicht wird alles viel besser, als du denkst!«

Ich konnte die ganze Nacht nicht schlafen. Am nächsten Tag dachte ich bei jedem Klingeln, es müsse Frau Choi sein. Sie kam tatsächlich, am späten Nachmittag, und sobald ich ihre Stimme hörte, rannte ich in die Küche und machte die Tür zu, um nicht zu hören, was sie und meine Mutter miteinander sprachen. Nach einer halben Stunde, die mir wie eine Ewigkeit erschien, hörte ich sie wieder gehen. Mutter ging in Richtung Küche. Tränen strömten über mein Gesicht, als ich ihr entgegenging. »Warum weinst du?« fragte sie. Ihre Stimme klang nicht ärgerlich. »Ich wollte dir etwas Geld für deine Freundin auf der Straße geben. Aber wenn du weinst, brauchst du es nicht zu haben.«

Ich traute meinen Ohren nicht. Ich versuchte, nicht mehr zu weinen, aber wußte auch nicht, was ich sagen sollte. Mutter bat Ah Wor, ihr von meiner blinden Freundin zu erzählen. Ich meinte Ah Wors Stimme zittern zu hören, als sie die Geschichte erzählte. Auch sie konnte kaum fassen, was geschah.

Als sie zu Ende erzählt hatte, hatte ich mich so weit beruhigt, daß ich wieder sprechen konnte, und sagte Mutter, ich würde meiner Freundin gern das Geld geben. Im gleichen Atemzug fragte ich, ob wir ihr jeden Abend etwas fertigen Reis bringen könnten. Mutter erlaubte das, sagte aber, Ah Wor müsse eine extra Schale für Tse Tse nehmen und sie getrennt von den anderen Schalen halten, da viele Mädchen wie Tse Tse krank seien. Aus dem gleichen Grund sollten wir nicht zu nahe an sie herangehen. Solch unerwartetes Verständnis von meiner Mutter war mehr, als ich mir je erträumt oder erhofft hatte.

An einem Abend, als die ganze Familie außer mir zur Geburtstagsfeier meines Dritten Onkels gegangen war, nahmen wir Tse Tse mit nach Hause und gaben ihr ein gutes Essen. Wir beide genossen den Abend in vollen Zügen, doch die arme Ah Wor war in furchtbarer Sorge, daß wir ertappt würden. Wir waren sicher, daß Mutter trotz ihrer unerwarteten Freundlichkeit finden würde, ein Bettelmädchen ins Haus zu bringen, ginge zu weit. Vater würde es auch nicht gutheißen. Ein Bettelmädchen an unserem Tisch sitzen zu lassen, und wenn es auch nur in der Küche war, wäre für ihn eine Schande und Beleidigung des Familiennamens gewesen. Aber zum Glück merkte niemand etwas. Die anderen Amahs kamen nicht dazu; sie blieben mißbilligend in ihren Zimmern, und Ah Wun sagte, Ah Wor solle den Familiennamen nicht in den Schmutz ziehen.

Tse Tse sprach von den Erinnerungen, die sie aus der Zeit hatte, bevor sie ihr Augenlicht verloren hatte. Sie konnte sich noch an die Gesichter ihrer Eltern und Geschwister erinnern und erzählte von Sonnenuntergängen und Regenbögen und wie manchmal ein Ton oder ein Geruch eine versunkene Erinnerung wachrief. Für mich, die ich keine Erinnerungen an Gesehenes hatte, war das fremd, und ich wollte mehr darüber wissen.

Ich hatte sie nie nach ihrem Namen gefragt und tat es nun. Sie antwortete traurig, sie habe keinen Namen mehr, da jeder, auch ihre Eltern, sie nach ihrer Erblindung nur noch *mang mui* gerufen hatte. Wie sie denn vorher geheißen habe, wollte ich wissen. Sie sagte, ihr Hausname sei Ah-mei gewesen, was »hübsch« bedeutete, und ihr offizieller Name war Po-yuk, aber ihre Eltern hatten, seit sie blind war, gesagt, sie könne bei keinem der beiden Namen mehr gerufen werden. (Ah Wor gab später zu, daß sie wirklich nicht hübsch war, da sie keine Augäpfel mehr hatte und ihre Augenhöhlen hohl und eingesunken waren.) Ihr offizieller Name stimmte ebensowenig mehr, weil Po-yuk »kostbare Jade« bedeutete, und sie als Blinde für die Gesellschaft ein wertloser Mensch war.

Ich wechselte das Thema und erzählte ihr die Geschichte von meinem Bruder, dem Amateurfunker, und wie ich das Päckchen aus Amerika bekommen hatte und die englische und anschließend die kantonesische Blindenschrift gelernt hatte. Sie wurde gleich fröhlicher und wollte meine Punkte, meinen Stift und die Tafel sehen. Ich bot ihr an, ihr die Blindenschrift beizubringen, und sie sagte begeistert Ja. Dann fiel ihr ein, daß es Zeit für sie war, zu ihrer Sklavenhalterin zurückzukehren.

Bevor wir uns verabschiedeten, sagte sie: »Versuch, so viel zu lernen, wie du kannst. Vielleicht kannst du später all uns Blinde unterrichten, mit den Händen zu lesen, und dann brauchen wir keine blinden Sklaven auf der Straße mehr zu sein und *mang mui* genannt zu werden.« Ich versprach es ihr.

Wir trafen uns zwanzig glückliche Abende lang. Am einundzwanzigsten warteten wir wieder auf sie, doch sie kam nicht. Zehn Tage lang warteten und hofften wir, wir durchstreiften die ganze Gegend und fragten, ob jemand sie gesehen hatte. Aber wir sahen sie nie wieder. Doch diese zwanzig Tage hinterließen einen dauerhaften, tiefen Eindruck in meinem Leben.

In meiner Verzweiflung betete ich zu Gott, er möge mir sagen, was ich tun solle. Ich glaube, er forderte mich dazu auf, mich immer darauf zu besinnen, was Tse Tse über das Unterrichten blinder Menschen gesagt hatte. Ich machte ihm das feierliche Versprechen, daß ich mein Leben dazu hergeben würde, blinden Menschen zu helfen und ihnen Unterricht zu geben, wenn er mir helfen würde, genug zu lernen, um dazu in der Lage zu sein. Ich spürte, wie mich eine große Entschlossenheit, zu lernen, erfüllte, und in einem dieser seltenen Augenblicke innerer Bestimmtheit wußte ich, daß ich es mit Gottes Hilfe schaffen würde.

Zaungast

Es war im Sommer 1946. Das Schuljahr ging zu Ende, und meine Geschwister kamen aus der Schule zurück. Sie waren fröhlich, da sie die Abschlußprüfungen hinter sich und jetzt zwei freie Monate vor sich hatten. Ich fragte sie nach ihren Prüfungsaufgaben und stellte fest, daß ich die meisten davon konnte.

Beim Abendbrot sprachen Vater und Mutter darüber, wie wir den Sommerurlaub verbringen würden. Wandern, Picknicks und ähnliche Dinge wurden vorgeschlagen, und dann sagte Vater, der offenbar darauf gewartet hatte, uns den Knüller zu präsentieren, wir könnten doch nach Hong Kong fliegen und dort den ganzen Sommer verbringen. Meine jüngeren Geschwister konnten kaum auf ihren Stühlen bleiben! In einem Flugzeug fliegen und an den Stränden von Hong Kong baden...

Das würden Ferien werden! Doch es hatte überhaupt keinen Sinn, daß ich auch nur die leiseste Andeutung machte, daß ich auch gern dabei wäre, denn ich wußte inzwischen gut genug, daß sie mich nicht mitnehmen würden. Ich entnahm der Unterhaltung, daß sie zu acht sein würden – Vater, Mutter, meine fünf Geschwister und Ah Luk, die schon seit acht Jahren bei uns war und sich um meine jüngeren Schwestern kümmerte.

Gleich nach dem Abendbrot rannte ich in die Küche, wo Ah Wor und die anderen ihre Mahlzeiten einnahmen. Sie aßen immer nach uns, und ihre Mahlzeiten bestanden hauptsächlich aus dem, was von unserem Tisch zurückkam. So war es in den meisten Haushalten üblich. Manchmal fragte ich mich, wie das Essen dann schmeckte; es mußte schon recht kalt sein. Doch sie waren sicher froh, in der Küche unter sich zu sein, denn dies war die einzige Gelegenheit, wo sie alle Neuigkeiten und allen Klatsch austauschen konnten. Ich liebte es, mich dazuzusetzen, weil sie mich wie eine von ihnen akzeptierten und sich durch mich im Gespräch nicht stören ließen.

Als ich dieses Mal kam, bedauerten sie mich, daß ich nicht nach Hong Kong mitkommen würde. Ah Luk fragte, wenn sie schon eine Amah mitnähmen, warum nähmen sie dann nicht Ah Wor mit anstatt ihr? Dann könnte ich auch mitkommen, und Ah Wor würde auf uns alle aufpassen. Sie ging sogar ins Wohnzimmer und unterbreitete meinen Eltern diesen Vorschlag, obwohl Ah Wor ihr vorhersagte, daß sie nichts erreichen würde. Für mich war das wie eine Offenbarung, weil ich immer geglaubt hatte, Ah Luk kümmere sich nur um meine fünfte Schwester, ihren besonderen Liebling. Heute bemerkte ich zum ersten Mal, daß ich ihr so wichtig war, daß sie sogar ihre Stellung für mich riskierte.

Ich möchte einen kleinen Abstecher zu Ah Luks eigener Geschichte machen. Nur wenige Monate zuvor hatte sie eine sehr traurige Zeit erlebt. Sie war 1938 zu uns gekommen, kurz bevor wir während der japanischen Besetzung Kantons nach Hong Kong gingen. Meine Eltern hatten ihr gestattet, ihre sechsjährige Adoptivtochter mitzubringen.

Ah Luks Mann war nach kurzer Ehe gestorben, und ihre Schwiegermutter hatte darauf bestanden, daß sie ein Mädchen adoptierte – zweifellos damit sie selbst im Alter jemanden hätte, der sich um sie kümmern würde. Bis zu diesem Zeitpunkt, 1938, hatte Ah Luk nicht gewußt, daß das Kind geistig behindert war, da es, seit es ein paar Monate alt war, bei Ah Luks Schwiegermutter gewesen war. Diese hatte ihrer Schwiegertochter nie etwas vom geistigen Zustand des Kindes gesagt, da sie befürchtete, Ah Luk würde dann kein Geld mehr zu ihrer Unterstützung schicken. Plötzlich jedoch hatte die Schwiegermutter einen Schlaganfall gehabt und war gestorben. Ah Luk wurde benachrichtigt, um das Kind abzuholen, und machte die erschreckende Entdeckung, daß ihre Tochter wie ein Papagei immer nur einzelne Wörter wiederholen konnte, auch wenn sie auf den ersten Blick ganz normal aussah.

Diese Tochter, Ah Fuk, lebte bei uns, bis wir vor den Japanern nach Hong Kong flohen. Als Hong Kong selbst später an die Japaner fiel, konnten meine Eltern gerade noch mit Mühe ihre eigene Familie ernähren, und Ah Fuk war eine Person zu viel. Sie schlugen Ah Luk vor, sie solle das Mädchen zu einem ihrer Verwandten bringen, doch niemand fand sich dazu bereit, auch nicht gegen Bezahlung. Als Ah Luk hörte, daß eine Familie nach einem Mädchen in Ah Fuks Alter suchte, um sie als Schwiegertochter ins Haus zu nehmen, blieb ihr deshalb nichts anderes übrig, als die Gelegenheit zu ergreifen, bevor die Familie die Behinderung des Mädchens entdeckte.

Ah Luk liebte Ah Fuk, trotz ihrer geistigen Behinderung, und sie in solch schrecklichen Umständen verlassen zu müssen, fiel ihr sehr schwer. Sie machte sich große Sorgen, was Ah Fuk passieren könnte, und ihre Befürchtungen erwiesen sich als nur allzu begründet. Sie verlor jeglichen Kontakt zu der anderen Familie, und als wir 1945 nach Kanton zurückkehrten, stellte Ah Luk alle möglichen Nachforschungen an. Sie setzte sogar Suchmeldungen in die Hong Konger Tageszeitungen, jedoch erfolglos. Bis heute weiß sie nichts vom Schicksal ihrer armen Tochter.

Um wieder auf jenen Abend in Kanton zurückzukommen: Meine Eltern waren wie erwartet ärgerlich und warnten Ah Luk, mir keinen Floh ins Ohr zu setzen. Natürlich waren sie der Überzeugung, es wäre mir nie in den Sinn gekommen, mitkommen zu wollen, wenn mich nicht jemand anderes auf die Idee gebracht hätte. Sie sagten, wenn Ah Wor mitkäme und mich als Klotz am Bein hätte, könnte sie nicht so viel Arbeit leisten wie Ah Luk, weil sie mir jeden neuen Ort, zu dem wir einen Ausflug machten, erst zeigen müßte. Außerdem würde ich, da ich nichts sehen konnte, ja doch nichts von einem solchen Urlaub haben.

Ich hätte ihnen so gern gesagt, daß ich es auch ohne etwas zu sehen genieße, anderer Leute Beschreibungen zuzuhören und Dinge zu berühren. Ich hatte davon sprechen gehört, wie sie auf weichem Sand oder steinigen Pfaden gegangen waren, neue und andersartige Gerüche eingesogen hatten, das Schlagen der Wellen am Strand gehört hatten – und ich hätte so gerne all diese Dinge selbst erfahren. Ich hatte Hörspiele mit Küstengeräuschen im Hintergrund im Radio gehört und sehnte mich danach, sie einmal in Wirklichkeit zu hören. Ich ging mehrmals ins Wohnzimmer, doch im Beisein der ganzen Familie brachte ich kein Wort heraus. Ich hatte Angst, sie zu verärgern, da Ah Luk ja schon nichts erreicht hatte. Außerdem wußte ich nur zu gut, daß sie gar keine Zeit haben würden, mich überallhin mitzunehmen und mir alles zu zeigen.

Der Tag der Abreise war gekommen. Ich stand im Flur, sagte Auf Wiedersehen, wünschte ihnen allen eine schöne Zeit und versuchte, dabei nicht in Tränen auszubrechen. In den ersten Tagen fühlte ich mich einsam und voller Selbstmitleid. Doch immerhin konnten Ah Wor, Ah Yung und ich tun, wozu wir Lust hatten, und bald beschäftigten mich neue Dinge. An den meisten Tagen hörte ich morgens früh ein Radioprogramm in einfachem Alltagsenglisch und versuchte fieberhaft, alles in Braille festzuhalten. Dann gab es

Frühstück, und Ah Wor erledigte die nötige Hausarbeit. Danach hatten wir Zeit, auszugehen.

Wir streiften durch Parks und Anlagen und blieben unter Bäumen, die über uns im Wind rauschten, stehen; aber wo wir am liebsten hingingen, besonders am späten Nachmittag, war die Brücke über den Perlfluß. Dort standen wir und lauschten auf die verschiedenen Geräusche. Ah Wor erklärte mir, es sei eine Eisenbrücke, und wenn große Schiffe den Fluß hinaufkämen, höben sich zwei Teile der Brücke in die Höhe, wie Arme, um sie hindurchzulassen. Die Brücke war nicht weit von unserer Wohnung. Sie war ein Ort, der meine Phantasie anregte. Ich hatte im Radio ab und zu Berichte von anderen Ländern gehört, und wenn ich den Schiffen auf dem Fluß zuhörte, fühlte ich eine Art Verbindung zur weiten Welt. Schiffshörner tuteten, Seile knarrten, Schiffsmaschinen dröhnten, kleine Motoren tuckerten, Ruder schlugen, Gegenstände bumsten und kratzten aneinander und gegen die Kaimauern, und Menschen riefen und fluchten. Eines Tages würden wir alle den Perlfluß hinabsegeln, aber das wußte ich 1946 noch nicht.

Wenn wir einkauften, nahm mich Ah Wor bewußt mit zu Geschäften, die weiter entfernt als unsere gewohnten lagen. Eines Morgens hatten wir uns bei einem dieser Gänge an einem kühlen Ort unter einige Bäume gesetzt, als plötzlich der unverkennbare Schul- und Lerngesang zu uns drang. In chinesischen Schulen ist es üblich, daß die Kinder Satzteile, Sätze und Wörter im Chor dem Lehrer nachbuchstabieren. Es war eine Sommerhalbtagsschule. Ich war so gefesselt, daß ich Ah Wor bat, mich so nah wie möglich ans Fenster zu bringen, damit ich dort sitzen und mir die Stunde anhören könnte. Ich hörte die Erklärungen der Lehrerin und die Antworten der Kinder.

»So, jetzt schreiben wir einen Test. Legt eure Bücher weg und räumt eure Bänke auf!« sagte die Lehrerin. Wie herrlich, daß jedes Kind seine eigene Bank hatte – ich beneidete sie. Ich strengte meine Ohren an, um die Fragen zu verstehen, doch alles, was ich hörte, war ein seltsam kratzend-quietschendes Geräusch. Dann sagte die Lehrerin: »Könnt ihr alles lesen, was an der Tafel steht? Wer es nicht lesen kann, melde sich bitte!« Danach hörte ich nichts mehr. Ich erinnerte mich daran, daß Mutter damals, als ich sie gefragt hatte, warum ich nicht zur Schule gehen konnte, erwidert hatte, ich würde die Tafel ja gar nicht sehen können. Ich wußte immer noch nicht, was eine Tafel war und daß das komische Geräusch, das ich gerade gehört hatte, von der Kreide kam. Ich hätte zu gern die Tafel angefaßt und herausgefunden, wie man darauf schrieb, und auch die Bänke und das, worauf die Kinder saßen. Saßen sie auch auf dem Boden wie ich?

Zwei Vormittage lang hörte ich auf diese Weise zu; beim nächsten Mal nahm ich Zeitungspapier und meine Geräte, mit denen ich meine Punkte machte, mit, um festzuhalten, was ich hörte. Ah Wor fand ein kleines, flaches Stück Holz für mich, das ich als tragbaren Tisch benutzen konnte. Dann ließ sie mich beim Fenster sitzen und ging zum Markt, um einzukaufen.

Als ich einige Tage später wieder so dasaß, merkte ich, daß jemand dicht bei mir stand. Ich wußte das, weil ich einen Schatten auf mich fallen spürte und weil die Person den Luftstrom in meine Richtung beeinflußte. Die Person sah mir lange zu. Am Tag darauf beobachteten mich mehrere Leute – ob Frauen oder Männer oder wie viele Leute, konnte ich nicht sagen.

Der nächste Tag war Sonntag. Da kein Unterricht war, sagte ich zu Ah Wor, ich wolle zur Kirche gehen. Ich kannte den Weg gut – nur ein paar Ecken weiter auf der gleichen Straßenseite, ohne daß man die Straße überqueren mußte. Ich wollte unbedingt allein gehen. Ah Wor sagte: »Ich würde mir ja keine Sorgen machen, wenn du einen Stock hättest, um den Weg abzutasten. Aber du weißt ja, nur blinde Bettler haben einen Stock. Es geht nicht, daß du einen Stock benutzt.« Da kam mir eine Idee. »Könnte ich dann einen Schirm nehmen?« fragte ich. Schließlich könnte ich mit einem Schirm meinen Weg genauso fühlen wie die arme Tse Tse mit ihrem Stock.

Ah Wor jedoch bestand darauf, hinter ihr her zu gehen, wenigstens dieses eine Mal, und wenn sie sähe, daß ich es schaffte, würde sie sich keine Sorgen machen und mich allein zurückkommen lassen. Wir gingen also gemeinsam los, und ich kam mit Hilfe des Schirms gut vorwärts. Beruhigt, daß ich ohne Schwierigkeiten den Weg fand, ließ mich Ah Wor in die Kirche gehen und drehte dann um nach Hause.

Zuversichtlich ging ich hinein, mich mit dem Schirm vorwärtstastend. Mit der Spitze berührte ich das Ende einer Bankreihe, also ging ich hinein, ohne zu bedenken, daß da schon jemand sitzen könnte. Peinlicherweise setzte ich mich halb auf einen fremden Schoß. Ich sagte: »Oh, es tut mir furchtbar leid – aber ich kann nicht sehen.« Zur Antwort hörte ich nur das Geräusch mehrerer Leute, die sich hastig davonmachten und mich allein in der Bankreihe ließen. Mir war unwohl zumute, und ich stieg wieder hinaus auf den Gang. Plötzlich nahm jemand meine Hand und sagte freundlich: »Hier ist noch ein Platz frei. Möchtest du dich neben mich setzen?«

Erleichtert setzte ich mich hin. Ich war noch zu jung, um einen Widerspruch darin zu erkennen, daß selbst in der Kirche die meisten Leute keine Barmherzigkeit gegenüber Blinden hatten. Als ich nach dem Gottesdienst auf den Gang ging, wurde ich von den hinausströmenden Leuten fast umgeworfen. Die Dame, die so nett zu mir gewesen war, sagte: »Es ist sehr voll. Kann ich dir behilflich sein?«

»O ja, das wäre sehr nett«, antwortete ich, »nur bis zum Eingang.«

Als wir zum Eingang kamen, sagte sie, es sei noch immer sehr voll, und schlug vor, wir sollten uns einen Augenblick hinsetzen. Dann fragte sie mich plötzlich, was ich jeden Morgen vor dem Klassenzimmerfenster machte, es sähe so aus, als ob ich irgendwelche Löcher stäche. Mir wurde klar, daß sie eine von den Leuten, die mich beobachtet hatten, sein mußte. Ich erklärte ihr genau, was ich da tat, und sie hörte sehr nachdenklich zu. Dann sagte sie mir, sie sei Religionslehrerin an der chinesischen Pooi-To-Mittelschule und unterrichte die Klassen 5 und 6.

Eine Stimme in mir drängte: »Los, jetzt sag etwas, das ist deine Chance!« Ich nahm all meinen Mut zusammen und erzählte der Lehrerin, wie ich im Tastsystem Lesen und Schreiben in Kantonesisch und Englisch gelernt hatte, und daß ich jetzt niemanden mehr hätte, weil meine Lehrerin mir alles beigebracht hatte, was sie konnte. Ob ich nicht einmal mit anderen Kindern zusammen lernen dürfte? Sie sagte, sie könne verstehen, wie wichtig es mir sei, zu lernen, aber daß sie in ganz China, nein wahrscheinlich sogar in ganz Asien noch nie von einer Regelschule gehört habe, die einen blinden Schüler aufgenommen hatte. Selbst wenn die Lehrer bereit wären, mir eine Probezeit zu gewähren, würden sie nicht wissen, wie sie mich unterrichten sollten. Keiner von ihnen kannte Blindenschrift, und ich konnte keine Schwarzschrift lesen. Ich bettelte darum, wenigstens eine Bank und einen Platz im Klassenraum zu bekommen, damit ich mithören und so viel wie möglich in Punkten notieren könnte; so würde ich, wenn ich schon nicht mit den Augen lernen konnte, wenigstens mit meinen Ohren und Händen lernen.

Die Lehrerin war sehr verständnisvoll und versprach, alles zu tun, um mir zu helfen. Sie müßte aber erst mit anderen Lehrern darüber sprechen, da meine Situation so außergewöhnlich sei.

Die Tage krochen dahin. Jeden Tag hoffte ich gegen alle Vernunft, daß die Lehrerin Neuigkeiten für mich hätte. Am zehnten Tag hielt ich es nicht mehr länger aus. Nachdem ich einige Zeit am Fenster zugehört hatte und die Pause kam, bat ich Ah Wor, mich in die Schule zu bringen, damit ich die Lehrerin suchen konnte. Wir gingen um das Gebäude herum und zum Tor hinein.

Überall rannten, schrien, lachten und schubsten Kinder. Wir drückten uns gegen eine Mauer, um nicht umgerannt zu werden. Vergeblich fragten wir, wo wir die Religionslehrerin finden könnten – wir wurden einfach nicht gehört. Schließlich zogen wir doch die Aufmerksamkeit von zwei oder drei Kindern auf uns, die uns fragten, was wir wollten. Ich wiederholte meine Frage. Sie antworteten zuerst nicht, und ich spürte, wie sie mich neugierig betrachteten.

Dann fragte ein Mädchen: »Bist du blind?«

»Ja«, gab ich zur Antwort.

»Was willst du dann von unserer Lehrerin? Du glaubst doch wohl nicht, daß du mit uns zur Schule gehen kannst, oder?«

»Doch«, antwortete ich.

In der Zwischenzeit waren noch ein oder zwei andere Schüler hinzugekommen und hatten unser Gespräch gehört. Ein älterer Junge sagte: »Du sagst, du kannst nicht sehen, aber du willst wie wir zur Schule gehen. Das kann doch nicht dein Ernst sein. Wie kannst du dasselbe lernen wie wir?«

Mir wurde mulmig, und an Ah Wors angespannten Muskeln merkte ich, daß auch sie sich nicht wohlfühlte. Ich versuchte es noch einmal: »Sagt mir doch bitte, wo wir...«, doch bevor ich den Satz beenden konnte, klingelte es. Die Kinder rannten kichernd davon, und ein paar sangen: »*Mang mui*, *mang mui*, komm und sing!»

Innerhalb von Sekunden waren alle verschwunden. Der Schulhof lag verlassen da. Ich stand wütend, bestürzt und verlegen da. Aber ich konnte mich dabei nicht aufhalten – ich wollte die Lehrerin sehen! In diesem Moment, nur dieses eine Mal, hatte sogar *mang mui* weniger Bedeutung. Doch Ah Wor war darüber aufgebracht.

»Vielleicht ist es gar nicht gut für dich, mit sehenden Kindern in eine Schule zu gehen«, sagte sie. »Sie sind noch zu jung, um zu verstehen und Rücksicht zu nehmen.«

»Daran will ich jetzt gar nicht denken. Wenn die Lehrerin mich mit im Klassenzimmer sitzen läßt und ich nicht mit den anderen Kindern streite, ist es vielleicht gar nicht so schlimm. Aber jetzt sind alle weg. Wen können wir jetzt fragen? Können wir nicht irgendwo herausbekommen, wo die Lehrerin ist?«

»Vielleicht können wir hineingehen, und es dort versuchen«, schlug Ah Wor vor.

Als wir das Gebäude betraten, war ich noch aufgeregter. Der Gedanke, wir könnten noch andere Kinder treffen, die mich *mang mui* nannten, versetzte mich in Schrecken. Aber um Ah Wor nicht zu beunruhigen, sagte ich lieber nichts. Ich war schon so weit gegangen; jetzt wollte ich nicht aufgeben. Als wir den Korridor entlangliefen, sagte Ah Wor, die Türen zu den einzelnen Räumen seien alle geschlossen. Wir konnten aus einigen Türen den Lerngesang hören, andere Räume waren still – wahrscheinlich wurde hier gerade eine Aufgabe oder ein Test gemacht. Wir beschlossen, so lange zu suchen, bis wir eine offene Tür oder jemanden, den wir fragen konnten, fanden.

Schließlich sah Ah Wor eine Frau vor uns. Wir holten sie ein und baten sie, uns zu helfen. Sie murmelte etwas Unverständliches und ging dann einfach davon. Wir fragten noch etliche Leute, doch entweder ignorierten sie uns oder murmelten irgend etwas und liefen dann einfach weiter. Ah Wor sagte, sie starrten uns alle an.

Wir fühlten uns nahe am Aufgeben, doch ich war entschlossen, mich nicht geschlagen zu geben. Wir stiegen eine Treppe hinauf in den ersten Stock und gingen auf eine Frau zu, die in unsere Richtung kam. Zu unserer großen Erleichterung war sie freundlich und hilfsbereit. Sie nahm meine Hand und sagte, sie würde mich zur Religionslehrerin bringen, Ah Wor solle uns folgen. Wir stiegen eine andere Treppe hoch, gingen um ein paar Ecken und erreichten endlich einen großen Raum. Sie legte meine Hände auf eine Stuhllehne, ließ mich Platz nehmen und forderte Ah Wor auf, sich auch zu setzen. Sie erzählte, sie hätte mich vor dem Klassenfenster beim Punktemachen gesehen und würde Lehrerin Mak für mich suchen. Das war also der Name der Religionslehrerin! Wir bedankten uns für ihre Freundlichkeit.

»Das macht doch nichts. Das ist doch ganz selbstverständlich«, antwortete sie.

Sie verließ den Raum, ohne sich der Ironie ihrer Worte bewußt zu sein. Wir schwiegen, und ich dankte Gott, daß er sie uns geschickt hatte.

Nach wenigen Minuten hörte ich Schritte, die Tür öffnete sich, und die vertraute Stimme der Religionslehrerin begrüßte mich.

»Schön, dich zu sehen«, sagte sie, während sie sich zu mir setzte.

Ich fragte voller Eifer, ob sie etwas Neues hätte, ob ich zur Schule kommen könne.

Ihr kurzes, doch merkliches Zögern bedeutete mir, daß es keine guten Nachrichten gab. Es war nicht einfach für sie, mir das zu sagen, was sie mir sagen mußte.

Sie hatte mit den anderen Lehrern und dem Direktor gesprochen. Diese hatten in anderen Schulen und sogar beim Erziehungsministerium nachgefragt, und die allgemeine Meinung war, es habe noch nie ein blindes Kind eine Schule besucht und es könne unmöglich funktionieren. Sie sagte, sie fühle sehr mit mir mit, aber es sei nicht möglich, mir in meiner Situation zu helfen.

Ich war verzweifelt. Ich bat und bettelte. Ich erzählte von einer Radiosendung, die ich gehört hatte, über eine Helen Keller, die weder sehen, hören noch sprechen konnte und die es trotzdem geschafft hatte, zur Schule zu gehen, und zuletzt sogar sprechen gelernt hatte.

Lehrerin Mak schien von meinem leidenschaftlichen Wunsch zu lernen beeindruckt zu sein. Sie versprach mir, noch einmal mit der Schulleitung zu sprechen und zu versuchen, daß ich wenigstens einen Platz in einer Klasse bekäme. Sobald eine Entscheidung getroffen sei, würde sie es mich wissen lassen.

Auf dem Nachhauseweg sagte mir eine innere Stimme, diesmal würde es vielleicht klappen. Aber ich wollte wie die anderen lernen – nicht einfach nur dasitzen, ohne teilzunehmen! Ich sagte das Ah Wor. Sie wandte ein, es sei immer noch besser, eine Bank und einen Platz im Klassenzimmer zu haben, als vor dem Fenster auf dem Boden zu sitzen. Vielleicht würden die Lehrer, wenn ich die Fragen beantworten könnte, mich auch mehr mitmachen lassen. Das war allerdings wahr.

Meine gespannte Erwartung wollte mich nicht mehr loslassen. Jeden Tag betete ich. Ich sagte Gott: »Wenn du machen kannst, daß ich zur Schule komme, will ich auch alles halten, was ich dir und Tse Tse versprochen habe.«

Ein neues Abenteuer brachte Ablenkung und Abwechslung in diese schwierige Wartezeit: Ah Wors Schwester, Ah Ping, kam und schlug vor, uns drei (Ah Wor, Ah Yung und mich) mit in die Kantonesische Oper zu nehmen. Zuerst wollte ich gar nicht unbedingt mitkommen, weil Vater und Mutter immer gesagt hatten, daß ich nichts davon hätte, da ich ja nichts sehen könne. Doch Ah Wor sagte, daß ich die Handlung auf der Bühne ja durch den Dialog und den Gesang verfolgen könne. Außerdem könnten wir jederzeit gehen, wenn es mir langweilig würde. Also war es beschlossen – wir gingen am Nachmittag in die Oper.

Das Schlagen der Trommeln und Gongs in der Oper war aufregend, aber am Anfang machte es mich unruhig. Die Leute neben uns redeten, aßen, lachten und bewegten sich hin und her, und einer in der Reihe vor uns schnarchte sogar. Doch nach einiger Zeit wurde es ruhiger, und ich fing an, die Geschichte zu verstehen und die Stimmen der einzelnen Schauspieler mitzuverfolgen. Ah Wor und Ah Ping beschrieben mir die Kostüme, das Bühnenbild und was die Schauspieler taten. Ich war begeistert! Es war so, als ob ich es alles selbst sehen konnte. Obwohl ich noch nie Farben gesehen hatte, liebte ich es, davon erzählt zu bekommen. Mir begann klarzuwerden, daß die Geschwindigkeit der Trommel- und Gongschläge anzeigte, was auf der Bühne vorging – daß jemand in Gedanken versunken war oder eine wichtige Person die Bühne betrat oder ein Kampf stattfand. Meine Begleiterinnen waren erstaunt, daß der Dialog und der Gesang mir so viel von der Geschichte vermittelten, daß ich ihnen einzelne Details der Handlung erklären konnte. Ich hatte meinen Geschwistern so gut bei den Hausaufgaben zugehört, daß ich einige der literarischen Begriffe, die auf der Bühne verwendet wurden, jedoch nicht im Alltagskantonesisch vorkamen, verstand, die meinen Begleitern als Analphabeten nicht geläufig waren. Auch konzentrierte ich mich wahrscheinlich mehr auf die Texte der Lieder und die Unterhaltung.

Als wir aus der Oper kamen, war es fast Abendbrotzeit. Ah Wor schlug vor, zur Abwechslung einmal essen zu gehen. Ich war gleich Feuer und Flamme. Ah Ping schlug ein Teehaus vor, wo sie schon einmal gewesen war, und sagte, wir könnten mit einer Rikscha dorthin gelangen. Wir brauchten drei Rikschas, eine für Ah Ping, eine für Ah Yung und eine für Ah Wor und mich. Ich hatte schon oft auf der Straße nach Rikschas rufen hören, hatte aber keine Ahnung, was eine Rikscha genau war. Ich dachte an das angstmachende erste Erlebnis mit einem Fahrstuhl und bat Ah Wor, mir vorher zu erklären, was eine Rikscha war. Sie sagte, es sei wie ein großer Stuhl mit zwei Rädern hinten und zwei langen Stangen vorne. Der Rikschaführer, der Kuli, stehe zwischen den Stangen, in jeder Hand eine, wie ein Pferd an der Deichsel eines Wagens. Dann finge er an zu laufen und die Rikscha hinter sich herzuziehen. Wenn er anhielte, ließe er die Stangen nach unten, damit der Mitfahrer aussteigen könne. Das hörte sich lustig an.

Bald hatten wir drei Kulis mit ihren Rikschas gefunden. Ah Ping und Ah Wor versuchten, mit ihnen zu handeln. Als ich die Kulis sagen hörte, wie hoch ihre Lebenshaltungskosten seien, hatte ich das Gefühl, wir sollten ihnen das geben, was sie verlangten, und flüsterte Ah Wor zu, sie solle den Preis nicht drücken. Ah Wor flüsterte zurück, sie verlangten gewöhnlich mehr, da es üblich war, zu handeln, und sie gar nicht erwarteten, ihre volle Summe zu bekommen. Ich sagte: »Wenn wir nicht den vollen Preis zahlen, fahre ich nicht mit!«

Einer der Männer hörte das und sagte zu seinem Kollegen: »Diese *mang mui* ist wirklich anständig.« Ich fühlte schon den Ärger in mir hochsteigen, als ein anderer Kuli sagte: »Nenn diese junge Herrin nicht *mang mui*. Du hast doch gehört, wie sie uns verteidigt hat. Solch ein warmherziger Mensch muß vom Himmel beschützt und niemals zum Sklaven gemacht werden!«

Ah Wor sagte: »Das stimmt – sie ist unser Fräulein Drei.«

Dann kam der Kuli, der mich *mang mui* genannt hatte, auf mich zu und sagte: »Fräulein Drei, es tut mir leid, was ich gesagt habe. Ich werde das Wort nie wieder gebrauchen. Komm, ich nehme dich mit, wohin du willst, ohne Bezahlung.«

Seine Stimme klang so ehrlich – ich wollte etwas zum Dank sagen, konnte jedoch nicht die richtigen Worte finden. Dann hörte ich Ah Wor das Beste sagen: »Wir werden Ihnen den verlangten Preis zahlen.«

Als wir ankamen, hielt sie ihnen die volle Summe entgegen. Sie wollten sie nicht nehmen und versuchten, ihr die Differenz zurückzugeben. Doch Ah Wor bestand darauf, daß sie alles nahmen, weil sie wußte, daß ich es so wollte. Schließlich nahmen sie es an, und wir waren Freunde geworden.

Das Teehaus war gut besucht, und ich roch eine Menge guter Speisen, die Ah Wor mir manchmal auch zu Hause bereitete. Wir fanden einen Platz, und da keiner von uns die Karte lesen konnte, schlug Ah Wor vor, abzuwarten und zu schauen, was die anderen Leute um uns herum bestellt hatten. Ah Wor, Ah Yung und Ah Ping erzählten mir, was sie die Leute essen sahen, wir suchten aus, bestellten, und der Kellner brachte eine Kanne Tee und Schälchen.

Während wir unseren Tee tranken, setzten sich zwei Männer an unseren Tisch. In chinesischen Restaurants ist es nicht üblich, an einem Tisch, an dem noch Plätze frei sind, um Erlaubnis zu fragen, ob man sich setzen darf. Die beiden Männer unterhielten sich lautstark, und einer von ihnen hustete fast ununterbrochen. Ah Wor sagte, ich solle mein Schälchen dicht bei mir halten, anstatt es auf dem Tisch stehenzulassen; dabei flüsterte sie mir zu, daß sie alle ihr Schälchen so hielten, da der Mann seinen Mund sehr weit öffnete und direkt in unsere Richtung hustete. Kurz darauf nieste der andere Mann, und ich spürte die Tropfen auf mir landen. Ah Wor sagte daraufhin, wir sollten unsere Schälchen und Stäbchen nehmen und an einen anderen Tisch gehen.

Ich fragte Ah Wor, ob dies der Ort war, wohin meine Eltern normalerweise meine Geschwister mitnahmen. »Nein«, sagte sie, »sie gehen in feinere Restaurants.«

Ich dachte an das Restaurant, in dem ich meinen englischen Tee bekommen hatte; Ah Wor erklärte, dies sei in westlichem Stil eingerichtet und würde von wohlhabenderen und gutgekleideten Leuten besucht. Die Kellnerinnen trügen Uniformen, und die Speisekarte sei zweisprachig. Das Restaurant, wo meine Eltern mit meinen Geschwistern hingingen, war noch einmal anders – einige Klassen besser als das, was wir heute besuchten, aber rein chinesisch.

Dann sagte sie etwas, was mir zum ersten Mal bewußt machte, daß Kleidung eine gesellschaftliche Bedeutung hatte. Der Grund, warum sie mich nicht in ein gutes Restaurant führen könne, seien nicht nur die Kosten, sondern die Tatsache, daß sie wie eine Amah gekleidet war.

Das machte mich natürlich sofort neugierig, wie die Kleidung einer Amah aussah. Ich wollte Ah Wors Kleid von oben bis unten befühlen – den Kragen, die Knöpfe und den Stoff – und die Farbe und das Muster und alles erklärt bekommen. Ah Wor lachte und sagte, es täte ihr leid, daß sie noch nie daran gedacht hatte, mir vorher davon zu erzählen. Sie würde sich ein paar feinere Sachen nähen, damit sie mich in ein besseres Restaurant führen könne.

Ich hatte unsere Mahlzeit im Teehaus wirklich genossen. Wir hatten einen wundervollen Tag hinter uns, und zu Hause fiel ich müde und glücklich ins Bett, den Kopf noch voll von der Oper.

Aufnahmeprüfung

Die Tage vergingen, und ich wurde immer unruhiger, da ich immer noch nichts von Lehrerin Mak gehört hatte. Dann klingelte es eines Nachmittags. Ah Yung ging zur Tür und öffnete das kleine Fensterchen, um zu sehen, wer es war.

Ich hörte sie sagen: »So heißt hier keiner von uns.«

»Aber sie ist blind und kam vor einiger Zeit mit ihrer Amah zu unserer Schule.«

Ich erkannte die Stimme von Lehrerin Mak und lief laut rufend in den Flur. Daraufhin öffnete Ah Yung sofort die Tür, und ich nahm die Lehrerin bei der Hand und führte sie ins Wohnzimmer. Ich spürte eine Mischung von Freude und banger Erwartung, was für Neuigkeiten sie für mich hätte. Ich wagte kaum zu fragen.

Ah Yung brachte Tee herein, genau wie wenn meine Eltern Gäste hatten. Ich fühlte mich sehr erwachsen. Ich hatte einen Gast – das erste Mal, daß so etwas vorkam.

Zu meiner Erleichterung eröffnete Lehrerin Mak das Gespräch mit der Bemerkung, sie habe gute Nachrichten für mich. Die anderen Lehrer seien beeindruckt von meinem außergewöhnlich starken Wunsch zu lernen und seien bereit, mir eine Probezeit von drei Monaten zuzugestehen. Ich könne erst einmal in meinem eigenen Tempo arbeiten und bräuchte nicht zu versuchen, bei Dingen mitzuhalten, die zu schwer für mich waren. Sie sprach noch weiter, doch ich hörte schon gar nicht mehr zu – ich stellte mir vor, wie ich in einer Klasse mit sehenden Kindern saß, mit meiner eigenen Bank und meinem eigenen Stuhl! Ein Teil meines großen Traums war wahr geworden. Leise dankte ich Gott.

Lehrerin Mak trank ihren Tee aus und sagte, sie müsse gehen, da sie an der Schule noch Arbeit habe. Wir gingen in den Flur, wo sie einen Augenblick stehenblieb und sich offenbar umschaute. Sie fragte mich, wo mein Zimmer sei, und ich lief bereitwillig voraus, um es ihr zu zeigen. Mit offenkundiger Erleichterung gestand sie mir dann, daß sie und die anderen Lehrer Angst gehabt hatten, daß ich mich in der Schule verlaufen würde, aber nun wüßte sie, daß ich mich gut zurechtfand. Wir gingen zurück zur Haustür, und sie verabschiedete sich und drückte mir die Hand.

Kaum hatte ich die Tür hinter ihr geschlossen, eilte ich in die Küche, um Ah Wor und Ah Yung die wunderbare Neuigkeit zu erzählen. Ah Wor beschloß, sofort etwas Besonderes für ein Festessen einkaufen zu gehen. Ah Yung jedoch war ungewöhnlich still, und ich spürte, daß sie etwas bedrückte. Leise bekannte sie mir, es täte ihr leid, meine befreundete Lehrerin nicht sofort hereingelassen zu haben, aber sie hätte den Namen, den Lehrerin Mak für mich gebraucht hatte, nicht erkannt. Sie hatte nach mir mit meinem richtigen Namen gefragt, Man-fai. Die arme Ah Yung hatte nie meinen vollen Namen gehört; sie hatte mich nur als Fräulein Drei, Kleines Mädchen oder Dritte Schwester gekannt; man konnte wirklich nicht von ihr erwarten, meinen richtigen Namen zu kennen.

Auf dem Weg zum Markt unterbrach Ah Wor plötzlich mein aufgeregtes Reden und sagte: »Deine Eltern müssen so schnell wie möglich davon erfahren, weil sie ja für das Schulgeld aufkommen müssen.« Das brachte mich mit einem Satz wieder auf den Teppich. Wenn sie nun nicht einverstanden wären... wenn sie es ablehnten, das Schulgeld zu bezahlen...? Und wie konnte ich sie benachrichtigen? Selbst wenn ich einen Brief nach Hong Kong schickte, könnten sie meine Punkte nicht lesen! Ich war der Verzweiflung nahe.

Ah Wor schlug vor, ich könne doch einen Straßenschreiber beauftragen, einen Brief für mich zu schreiben, genauso, wie sie es immer tat, wenn sie ihrer Schwester schrieb. Das klang gut, aber ich wollte dem Schreiber nicht einfach sagen, was ich meinen Eltern mitzuteilen hatte, und es ihn dann formulieren lassen: ich wollte den Brief selbst in Punkten schreiben und ihn dann Wort für Wort vorlesen. Das Essen war mir auf einmal unwichtig; ich wollte nur noch nach Hause und meinen Brief schreiben.

Eine Stunde später zogen wir wieder los, ich mit dem wertvollen Brief in der Hand. Ah Wor suchte nach ihrem Schreiber, der immer ihre Briefe erledigte. Eine Gruppe von Amahs stand schon um ihn herum, und wir mußten warten, bis wir an die Reihe kamen. Eine Amah, die Ah Wor kannte, fragte sie, ob sie schon wieder einen Brief für ihre Angehörigen in dem Dorf habe, sie habe doch gerade erst einen geschrieben. Ah Wor verneinte; ihr Fräulein Drei wolle einen Brief schreiben lassen.

»Du meinst, dieses kleine blinde Kind braucht einen Briefschreiber für einen Brief?« fragte die Amah überrascht.

»Ja, ich möchte meinen Eltern einen Brief schreiben«, antwortete ich.

»Und was willst du deinen Eltern schreiben?« fragte sie noch erstaunter.

»Ich möchte sie bitten, mein Schulgeld zu bezahlen.«

»Gibt es hier eine Schule, in die blinde Kinder wie du gehen können?«

Ich antwortete nicht, da ich meinen Briefentwurf noch einmal durchlesen wollte, um sicherzugehen, daß alles darin stand, was ich sagen wollte. Während ich las, bemerkte ich, wie die Amahs sich eng um mich drängten. Sie fragten sich, wozu es gut sei, diese herausstehenden Punkte da lesen zu können, wenn niemand anders sie verstehen könne und ich noch nicht einmal an meine Eltern schreiben konnte. Eine Amah machte den Vorschlag, mich vorzulassen, damit sie zuschauen könnten, wie ich mich mit meinem gepunkteten Papier anstellen würde. Sie schoben Ah Wor und mich nach vorne, und ich begann, langsam meinen Brief zu diktieren, Wort für Wort, Satz für Satz. Hier und da schlug mir der Schreiber vor, ein Wort durch ein anderes zu ersetzen, und ich stimmte zu, weil es besser klang. Die Amahs verfolgten das Schauspiel gebannt. Als ich fertig war, sagte der Schreiber, in all den Jahren seiner Tätigkeit sei dies der einfachste Brief gewesen, den er je zu schreiben gehabt hatte. Ich hätte alles für ihn ausgearbeitet, und er hätte nicht erst einen Haufen verworrener Gedanken anhören und sie danach in Sätze umformen müssen. Die Amahs meinten, vielleicht seien meine Punkte doch nicht ganz so wertlos – was mir sehr gut tat. Fröhlich gingen wir nach Hause.

Der nächste Tag war Sonntag. Ich wollte wieder in die Kirche gehen und fragte Ah Wor, ob sie mir wieder ihren Schirm borgen würde. Zu meiner Freude sagte sie, sie käme gern mit, da sie nur für uns drei zu kochen brauche und sie das auch hinterher tun könne. Es war gut, sie bei mir zu haben, denn auch wenn ich den Weg selbst fand, wollte ich mich nicht wieder auf einen fremden Schoß setzen oder die Leute zurückweichen hören wie beim letzten Mal.

Wir waren schon früh da, und ich hörte leise Musik. Ah Wor flüsterte mir zu, daß jemand am Klavier sitze. Ich hörte mit wachsender Begeisterung zu und wünschte, wie schon seit langem nicht mehr, daß ich weiter Unterricht nehmen könnte. Ich liebte Musik über alles.

An diesem Morgen schien es, als ob die Predigt genau für mich bestimmt war. Das Thema war das Gleichnis von den anvertrauten Talenten aus dem Matthäusevangelium. Ich lauschte der Geschichte, die mir heute so wohlbekannt ist; damals war es aber das erste Mal.

Der Pastor erzählte, wie der Herr zurückkam und dem dritten Knecht das eine Talent wegnahm und dem gab, der schon zehn hatte. Plötzlich machte es in mir »Klick«, und ich verstand: Wenn die sehenden Leute um mich herum diejenigen mit den fünf Talenten waren, dann war ich der mit den zweien. Gott erwartete von dem Knecht mit den zwei Talenten nicht so viel wie von dem mit den fünf Talenten. Doch selbst wenn ich nicht so viel wie die sehenden Menschen um mich herum tun konnte, konnte ich das Beste aus meinen Händen, Ohren und meinem Verstand machen. Wie herrlich würde es dann eines Tages sein, wenn ich Gott von Angesicht zu Angesicht gegenüberstehen und er sagen würde: »Recht so, du tüchtiger und treuer Knecht.« In diesem Augenblick sagte eine Stimme in mir: »Ich bin stolz auf dich, mein Kind.« Es schien mir, als ob dies die Stimme von Jesus war – dieselbe, die mich zum Reden gebracht hatte, als ich das erste Mal mit Lehrerin Mak gesprochen hatte.

Dann dachte ich an den Tag auf dem Schulhof und die spöttischen Stimmen: »*Mang mui*, komm und sing!« Ich versuchte, nicht daran zu denken. Ich wußte, daß es noch Probleme geben würde, doch ich betete leise, daß Gott doch den anderen Kindern helfen möge, nett zu sein und mich nicht *mang mui* zu nennen.

Als der Gottesdienst aus war, bat mich Lehrerin Mak, die neben mir gesessen hatte, noch ein paar Minuten dazubleiben, da sie mir etwas zu sagen hatte. Mich durchfuhr ein Schrecken: Hatten die Lehrer womöglich ihre Meinung geändert? Zu meiner Erleichterung sagte sie nur, sie hätte darüber nachgedacht, es sei vielleicht besser für mich, in die erste Mittelstufenklasse zu gehen, anstatt in die fünfte oder sechste Grundschulklasse. Wenn ich in die sechste Klasse ginge, müßte ich gleich für meine Abschlußprüfung für die Mittelstufe arbeiten, während ich mich in der ersten Klasse langsam an die Schule und den Stundenplan gewöhnen könnte.

Außerdem waren die Schüler in der Mittelstufe womöglich schon etwas verständiger und netter.

»Meinen Sie«, warf ich eifrig ein, »daß sie mich in der ersten Klasse nicht *mang mui* nennen?«

Lehrerin Mak war entsetzt und fragte, ob sie das direkt zu mir gesagt hätten. Sie wollte alles wissen, und ich erzählte ihr die ganze Geschichte. Sie sagte, sie sei froh, daß ich nach alledem mich nicht hatte abschrecken lassen, sondern standhaft weiter nach ihr gesucht hatte.

Gerade eben in der Kirche hatte ich gebetet, daß Gott die Mädchen nett zu mir sein ließe und sie mich nicht *mang mui* riefen! Und nun konnte ich in die Mittelstufe gehen und würde mit älteren Mädchen in einer Klasse sein – das war eine Antwort auf mein Gebet! Lehrerin Mak versprach, die Mädchen vorzubereiten und ihnen einzuschärfen, nie dieses Wort zu benützen.

Sie bat mich, am kommenden Freitag zur Mittelschule zu kommen. Dort würde mich jemand abholen und zum Zimmer von Lehrerin Lee bringen. Dort würden mir die Eingangsprüfungsfragen vorgelesen werden, damit ich sie mündlich beantworten konnte. Ich fragte sie, ob ich auch dann zur Schule gehen dürfe, wenn ich nicht alle Fragen beantworten konnte. Lehrerin Mak versicherte mir, daß ich in jedem Fall die Probezeit machen dürfe, ob ich die Prüfung bestand oder nicht. Man wolle nur meinen Wissensstand erfahren, denn ich war ja noch nie zur Schule gegangen.

In den nächsten Tagen wiederholte ich fieberhaft alles, was ich mir bei den Hausaufgaben meiner Geschwister und am Klassenfenster der Sommerschule notiert hatte. Außerdem fieberte ich danach zu erfahren, ob meine Eltern mein Schulgeld bezahlen würden.

Am Freitagmorgen nahm ich meinen Stift und meine Tafel zum Punktemachen und einen kleinen Stapel Zeitungen, die ich schon in drei oder vier Lagen gefaltet hatte. Ah Wor brachte mich zur Mittelschule. Ich war überrascht, daß es hier ruhig und ordentlich im Vergleich zu dem Lärm in der Grundschule war. Dann dachte ich daran, daß Lehrerin Mak gesagt hatte, die Schüler hier seien älter und reifer. Ach ja, und außerdem war ja die Sommerschule vorbei, und alle Mädchen, die an diesem Tag in der Schule waren, mußten ihre Eingangsprüfung ablegen und sich wahrscheinlich noch in letzter Minute darauf vorbereiten. In der Tat hörte ich Gemurmel und das Geräusch vom Umschlagen der Buchseiten. Dann fragte eine Männerstimme – offenbar jemand von der Schulverwaltung – ob wir Lehrerin Lee suchten. Er führte uns die Korridore entlang und einige Treppen hinauf, bis wir zu Lehrerin Lees Zimmer kamen. Später erfuhr ich, daß eine Tafel unten die Räumlichkeiten anzeigte, aber das hätte weder Ah Wor noch mir geholfen.

Lehrerin Mak erwartete uns an der Tür. Wie immer war ihre Stimme warm und freundlich. Sie sagte, der Test würde ungefähr dreieinhalb Stunden dauern. Ah Wor könne also gehen; sie würde mich dann nach Hause bringen. Als wir ins Zimmer gingen, sagte sie, Lehrerin Lee würde in ein paar Minuten kommen, um mir die Fragen vorzulesen, die ich dann mündlich beantworten sollte. Ich fragte sie, ob es möglich sei, daß ich mir die Fragen notierte und mit den Antworten das gleiche tat und sie erst hinterher vorlas.

Der Raum, in dem wir waren, klang merkwürdig klein – nicht so hallend und groß wie das Klassenzimmer, vor dessen Fenster ich gelauscht hatte. Ich fragte Lehrerin Mak, ob wir in einem Klassenzimmer waren, und sie antwortete: »Nein, das ist ein Büro für die Lehrer. Hier kann Lehrerin Lee dir vorlesen, ohne die anderen Schüler zu stören.«

Bald darauf kam Lehrerin Lee. Sie war überrascht, daß ich meine Fragen und Antworten aufschreiben wollte, und fragte warum. Ich erklärte ihr, daß ich in der Sommerschule gehört hatte, wie die Lehrerin die Fragen an die Tafel schrieb und nach einer langen Zeit der Stille die Schüler aufforderte, die Blätter abzugeben. Ich hatte daraus geschlossen, daß die Schüler die Fragen schriftlich beantworteten und so mehr Zeit zum Nachdenken hatten. Lehrerin Lee gestattete mir, es so zu machen, wie ich es vorgeschlagen hatte. Die erste Prüfung war in Chinesisch.

Lehrerin Lee begann zu lesen. Ich machte meine Punkte so schnell es ging, aber es dauerte trotzdem fast eine Viertelstunde. Ich kam in Zeitdruck, weil ich gehört hatte, daß die Prüfung nur eine Stunde dauern sollte. Ich fragte Lehrerin Lee, ob ich eine Verlängerung als Ausgleich bekommen könne. Sie stimmte mir zu, daß das nur gerecht sei, da es aber keine Regelungen für blinde Schüler gebe, würde sie nicht gern eine solche Entscheidung in eigener Verantwortung treffen. Das hieß, ich hatte nur noch eine Dreiviertelstunde, um meine Antworten zu notieren. Die beiden Lehrerinnen ließen mich dazu allein.

Als ich allein war, fühlte ich mich schon viel besser. Sorgfältig las ich noch einmal die zehn Fragen. Bei sechs davon kannte ich die Antwort, weil ich sie meine Brüder und Schwestern laut hatte aufsagen hören. Die anderen vier konnte ich nicht beantworten. Aber ich konnte keine Zeit mehr verlieren – ich hatte nur eine Dreiviertelstunde und konnte mir keine Gedanken über nicht gewußte Fragen machen. Ich hatte schon genug Arbeit damit, die sechs Antworten aufzuschreiben. Außerdem kämpfte ich mit dem Problem, an einem kleinen Schreibtisch in einem Raum mit einem elektrischen Ventilator zu sitzen, der alle meine einzelnen Papiere auf den Boden wehte. Ich kroch umher, um sie aufzuheben, fand jedoch nur einen Teil. Ich gab es auf, nach ihnen zu suchen, und konzentrierte mich auf meine Antworten.

Kurz bevor ich fertig war, klingelte es, und die Zeit war um. Lehrerin Lee kam zurück und forderte mich auf, ihr meine Antworten vorzulesen. Sie hob die umherliegenden Papiere auf und gab sie mir.

Sie war erstaunt, daß ich die vollständigen Antworten zu sechs der Fragen wußte, und gab mir 60 von 100 Punkten – ich hatte bestanden!

Gerade als wir fertig waren, hörte ich Schritte, die aber nicht von Lehrerin Mak sein konnten. Lehrerin Lee sagte, es sei Lehrerin Leung, die mir die Englischprüfung vorlesen würde. Ich stand auf, um sie zu begrüßen, und sie sagte »Guten Tag« und nahm meine Hand. Das gab mir Vertrauen und half mir, nicht so nervös zu sein.

Lehrerin Leung erklärte mir die drei Prüfungsteile. Im ersten Teil würde sie mir englische Wörter vorlesen, und ich sollte die chinesische Entsprechung geben. Im zweiten Teil sollte ich von anderen englischen Wörtern das Gegenteil in Englisch angeben. Im dritten Teil sollte ich Sätze mit gegebenen englischen Wörtern bilden. Sie schlug vor, es sei am einfachsten, wenn sie mir die Liste vorlas und ich gleich antwortete. Ich sagte, ich würde es lieber andersherum machen, damit ich Zeit zum Nachdenken habe, und sie war einverstanden. Ich fing an zu arbeiten, und gleich wehten meine Papiere wieder vom Tisch. Lehrerin Leung war noch im Raum und hob sie mir auf. Dabei bemerkte sie, daß der Tisch für mich zu klein war, da ich Platz brauchte, um die benutzten von den unbenutzten Blättern zu trennen. Sie bot mir an, an ihrem großen Schreibtisch zu arbeiten. Es war wirklich ein großer Schreibtisch – obwohl sie am einen und ich am anderen Ende arbeitete, war genug Platz. Sie gab mir einen Papierbeschwerer, damit meine Blätter nicht so herumflogen, aber er war so schwer, daß er meine ganzen Punkte plattgedrückt hätte! Schließlich gab sie mir lachend ein kleines Buch, was genau richtig war.

Es klingelte schon wieder. Ich hatte nur zwei Drittel geschafft, und wie hastig ich meine Punkte auch stach – ich hätte die Fragen nicht rechtzeitig beantworten können. Es gab viele Wörter, die ich nicht kannte, und ich hatte nicht die leiseste Ahnung, wie man einen englischen Satz formulierte. Alles, was ich meine Geschwister hatte aufsagen hören, waren einzelne Wörter. Ich wußte nichts über den Satzbau oder den Gebrauch der Zeiten. Ich versuchte, ein paar

Fragen zu beantworten, wußte aber, daß sie nicht richtig waren. Als ich Lehrerin Leung meine Antworten vorlas, war mir klar, daß ich es nicht gut gemacht hatte, und wagte gar nicht, nach dem Ergebnis zu fragen. Doch fragte ich sie beunruhigt, ob ich trotzdem zur Schule gehen dürfe, auch wenn ich nicht genug Englisch konnte. Zum Glück war ihre Antwort die gleiche wie die von Lehrerin Mak: Egal, was passierte, die Schule würde mich nehmen.

Die letzte Stunde kam, Mathematik. Noch eine andere Lehrerin, Lehrerin Hui, kam, um mir die Fragen zu stellen. Diesmal war ich wirklich in Bedrängnis. Ich hatte meinen Bruder und meine Schwester zwar davon sprechen hören, aber ich konnte mit den Fragen überhaupt nichts anfangen. Bei drei von zehn Fragen machte ich einen verzweifelten Versuch. Ich bin sicher, daß sie restlos falsch waren. Lehrerin Hui merkte wahrscheinlich recht bald, daß ich hoffnungslos überfordert war, weil meine Finger immer wieder über die Fragen tasteten und ich fast nichts aufschrieb. Doch sie war sehr nett und sagte, ich bräuchte mir keine Sorgen zu machen. Für jemanden, der noch nie zur Schule gegangen war, hätte ich es besser als erwartet geschafft. Mathematik, fuhr sie fort, sei auch bei sehenden Schülern ein schwieriges Fach, und ich könne es auslassen, wenn ich wollte. In diesem Moment war ich zu entmutigt, um etwas zu entgegnen, aber in mir sagte eine trotzige Stimme, ich würde Mathematik lernen, und wenn es mich umbrächte. Die Radiosendung, mit der alles begonnen hatte, hatte davon berichtet, daß blinde Kinder in England und Amerika alle Fächer lernten, also gab es keinen Grund, nicht auch Mathematik lernen zu können.

Es war vorbei. Mehr oder weniger überzeugend hatte ich meine Eingangsprüfung gemacht. Lehrerin Mak kam, um mich nach Hause zu bringen. Ich fragte sie, ob wir an der Kirche vorbeikämen, denn dann könnte ich von dort aus allein gehen. Sie erwiderte, es sei keine Mühe, mich ganz zu begleiten, und sie sei ohnehin froh über den Spaziergang. Auf dem Weg fragte sie mich, wie es gelaufen sei. Ich berichtete ihr alles und besonders meinen Ärger über die Mathematikprüfung. Sie konnte mich gut verstehen und erklärte mir, daß meine Geschwister wie die meisten chinesischen Schüler zwar ihre Chinesisch- und Englischhausaufgaben laut machten, Mathematik jedoch still für sich. Wie sollte ich dabei also etwas aufgeschnappt haben?

Die Tage vergingen, und noch immer hatte ich keinen Brief von meinen Eltern. Es waren nur noch wenige Tage, bis das Schuljahr begann. Eines Abends, kurz vor dem Zubettgehen, konnte ich meine Befürchtungen nicht mehr für mich behalten und fragte Ah Wor, was ich tun sollte, wenn meine Eltern das Schulgeld nicht bezahlten. Ah Wor versicherte mir, sie würden das Geld bestimmt bezahlen, da die Schule mich doch schon genommen hatte. Doch alle Worte halfen bei mir nichts. Da sagte Ah Wor: »Komm mit!« Wir gingen in ihr Zimmer, wo sie eine verschlossene Schublade öffnete und einen Schlüsselbund herausnahm. Dann ging sie zu ihrem Bett und zog ihre Truhe hervor. Sie war aus Metall, und der Deckel quietschte, als sie sie aufschloß.

Sie nahm ein kleines Bündel, das in ein Handtuch gewickelt war, heraus und gab es mir. In dem Handtuch waren mehrere kleine Gegenstände wie Münzen, jedoch viel schwerer. Sie sagte mir, es seien Goldstücke. Sie hatte sie von dem, was sie gespart hatte, seit ihre Mutter gestorben war und sie nicht mehr so viel Geld nach Hause schicken mußte, gekauft. Sie sagte, wenn meine Eltern sich weigerten, das Schulgeld zu bezahlen, würde sie es tun.

Obwohl ich noch ein Kind war, erkannte ich die Bedeutung ihrer Worte. Dies waren ihre gesamten Ersparnisse. Ich fragte sie, ob es ihr wichtig sei, daß ich zur Schule ging. Sie sagte ja. Obwohl sie selbst nicht die Möglichkeit gehabt hatte, Lesen und Schreiben zu lernen, hatte sie erkannt, daß es für jeden wichtig war, zur Schule zu gehen, für mich genauso wie für meine Geschwister.

In diesem Augenblick spürte ich, daß Ah Wor mich wirklich mehr liebte als irgend jemand anders in dieser Welt. Leidenschaftlich schlang ich meine Arme um ihren Hals und sagte ihr unter Tränen, wie sehr ich sie liebte und daß ich niemals von ihr getrennt sein wollte.

Schulgeld

Ein paar Tage später klingelte beim Mittagessen das Telefon. Ah Wor nahm ab – es war ein Ferngespräch von meiner Mutter aus Hong Kong. Sie sagte, sie würden am nächsten Abend gegen sechs zu Hause sein.

Am nächsten Tag stand ich Punkt sechs an der Haustür und lauschte. Ich durfte sie zwar nicht öffnen, doch ich wollte hören, wie meine Eltern kamen. Ich war so besessen von der Sorge um das Schulgeld, daß ich sie gleich bei ihrer Ankunft danach fragen wollte. Wie alle Kinder mit einer fixen Idee nahm ich ganz selbstverständlich an, daß meine Eltern diese Sache genauso beschäftigte wie mich.

Ich stand mit gespitzten Ohren, genau wie an dem Tag, als meine blinde Lehrerin kam. Da waren genug Schritte und Stimmen, doch nicht die, auf die ich wartete. Die Zeit kroch nur so dahin. Dann endlich eine vertraute Stimme – die meines Bruders, unten an der Treppe, im Streit mit meiner Schwester. Aufgeregt rief ich nach Ah Wor, sie solle kommen und die Tür öffnen. Die Stimmen kamen näher, Koffer bumsten an die Stufen, und dann standen sie auf dem Treppenabsatz, überrascht, daß die Tür offen war. Die Familie war wieder da!

Es begann ein großes Hineintragen, Öffnen und Auspacken. Alle waren so mit den Sachen beschäftigt, die sie in Hong Kong gekauft hatten, daß sie den Tee, den die Amahs hereinbrachten, kalt werden ließen. Alle redeten durcheinander – von den Büchern, Schuhen und Stoffen, die sie gekauft hatten, den herrlichen Stränden, den Restaurants, den riesigen Kaufhäusern, den Fahrstühlen im Hotel und dem Flugzeug.

So spannend das alles klang, ich konnte mich kaum halten vor Ungeduld. Wann würden sie endlich etwas über mein Schulgeld sagen? Doch ich wußte, es war besser, dieses Thema erst anzuschneiden, wenn sich die allgemeine Aufregung etwas gelegt hatte und Vater bereit war, zuzuhören.

Auf einmal rief Mutter Ah Wor und sagte, sie hätte ein Stück Stoff für ein Kleid für mich. Ah Wor hielt es mir hin und sagte: »Fühl mal, er ist sehr hübsch. Er ist rosa!« Ich betastete den Stoff, aber ich war nicht besonders überschwenglich, da ich an nichts anderes als an mein Schulgeld dachte. Ah Wor gab das Geschenk mir und ich legte den Stoff in eine Schublade in mein Zimmer.

Einige Minuten später rief Mutter wieder nach Ah Wor und bat sie, ihr das erste Stück Stoff zurückzugeben und ein anderes dafür zu nehmen. Ich gab Ah Wor das erste Stück, die es Mutter ins Wohnzimmer brachte. Offenbar gab Mutter Ah Wor ein weniger schönes Stück Stoff, da ich Ah Wor ungewöhnlich scharf sagen hörte: »Dieses Stück Stoff mögen wir nicht. Wir brauchen eigentlich überhaupt keinen Stoff.« Dann eilte sie in die Küche. Mutter sagte ebenso laut: »Bist du der König oder die Schwiegermutter in diesem Haus? Hier, nimm das erste Stück zurück, niemand wird es dir wegnehmen!« Ich hörte Ah Wor zu Mutter gehen. Sie mußte sich das erste Stück wieder geholt haben und ging damit in mein Zimmer. Ich folgte ihr, wußte nicht, was ich sagen sollte, und dachte, Ah Wor sei sehr aufgebracht, doch sobald wir mein Zimmer betraten, zog sie die Tür hinter uns zu und brach in Gelächter aus.

»Die Herrin hat gesagt, ich sei die Schwiegermutter«, prustete sie. »Tja, ich bin zwar nur eine Amah, aber immerhin hat sie uns nun doch nicht dieses hübsche Stück Stoff weggenommen, was bin ich froh!«

Währenddessen hörte ich Mutters Schritte auf das Zimmer zukommen. Hatte sie gehört, was Ah Wor gesagt hatte? Doch es war alles gut.

»Du hast vollkommen recht, Ah Wor«, sagte sie. »Dieser Stoff ist viel besser für unser Kleines Mädchen.«

Dann wandte sie sich an mich und sagte, sie würde ihren Schneider bitten, mir ein hübsches Kleid zu machen.

Langsam beruhigte sich alles, und das Haus kehrte wieder in seinen normalen Zustand zurück. Bald nach dem Abendessen sagten meine Geschwister, ihr Sonnenbrand tue weh und sie seien müde und wollten früh ins Bett. Es wurde still im Wohnzimmer. Vater und Mutter lasen die Zeitung.

Nun hatte ich keine Zeit mehr zu verlieren. Ich fragte sie atemlos, ob sie meinen Brief bekommen hatten. Sie bejahten, aber ich hätte ihn ja wohl nicht selbst formuliert, sondern der Briefschreiber. Ich sagte entrüstet, ich hätte ihn ganz allein geschrieben, in Blindenschrift, und ihn dann dem Schreiber diktiert. Sie wollten es nicht glauben. Ich entgegnete, ich könnte ihnen ja meine Blindenschrift-version zeigen. Also ging Vater seinen Brief holen und ich meinen Entwurf. Es stimmte – bis auf drei oder vier Wörter, die mir der Schreiber vorgeschlagen hatte, war beides gleich. Ich berichtete auch über meine Aufnahmeprüfung und daß ich am Montag meine drei Monate Probezeit in der ersten Klasse der Mittelstufe beginnen sollte.

Meine Eltern fanden es fast unglaublich, daß ich den Brief selbst geschrieben hatte; weiter als auf dem Stand der fünften Grundschulklasse könnte ich doch wohl nicht sein? Und würden mich die anderen nicht dauernd ärgern und umherschubsen? Offensichtlich waren sie sich nicht sicher, was sie von der Sache halten sollten. Doch dann sagten sie, es habe zwar noch nie ein Blinder durch gesellschaftlich anerkannte Arbeit seinen Lebensunterhalt verdient, aber wenn ich es nun so dringend wolle und die Schule mich drei Monate lang nehmen würde, dann müßten sie das Schulgeld auch bezahlen. Sicher würde ich die ganze verrückte Idee nach den drei Monaten aufgeben und selbst merken, daß ich nicht das gleiche wie sehende Schüler leisten konnte.

»Heißt das, ihr bezahlt mein Schulgeld?« fragte ich.

Als sie zusagten, rannte ich zu den Amahs in die Küche und erzählte ihnen die gute Nachricht lachend und weinend zugleich vor lauter Glück.

Der erste Schultag

Schon vor dem Morgengrauen wachte ich auf. Die Tatsache, daß ich heute den ersten Tag zur Schule gehen würde, war zu aufregend – ich konnte nicht mehr einschlafen. Ich lag mit weit geöffneten Augen da und strengte mich an, das einzige, was ich sehen konnte, herauszufinden – den Unterschied zwischen Hell und Dunkel. Die Dunkelheit wurde ein wenig schwächer, und ich lauschte gebannt auf ein Lebenszeichen in dem stillen Haus. Endlich hörte ich ein Geräusch in der Küche. Ich glitt aus dem Bett und schlich durch den Flur an den anderen Schlafzimmern vorbei. Es war Ah Wor. Sie sagte, es sei für mich noch zu früh zum Aufstehen. Ich sagte ihr, ich wolle noch mehr Zeitungen falten, um in der Schule mitschreiben zu können. Mit ihrer Hilfe schichtete ich einen riesigen Stapel auf – mehr als an dem Tag nötig. Dann präsentierte sie mir eine Rattantasche, mit den Worten, dies sei jetzt meine Schultasche, ein Geschenk von ihr. Monatelang hatte ich mit den Schultaschen meines Bruders und meiner Schwester gespielt. Jetzt war das Spiel vorbei.

Ich ging zurück in mein Zimmer und zog mich an, ein weißes chinesisches Baumwollkleid (ein Cheongsam). Ah Wor hatte gesagt, es würde als Schuluniform durchgehen, bis sie mir eine genäht habe.

Dann frage ich Zweite Schwester, ob sie mich mit zur Schule nähme, was sie gern tun wollte. Doch als sie hörte, ich müsse in die erste Mittelstufenklasse, sagte sie, sie könne mir nicht helfen, da sie in die sechste Grundschulklasse gehen mußte. Schwester war drei Jahre älter als ich. Sie hatte durch Krankheit viel Unterricht verpaßt und war nun eine Klasse zurück, während ich in eine Klasse gehen würde, in der ich erheblich jünger als der Durchschnitt war. Ah Wor sagte, sie würde mich solange hinbringen, bis ich allein gehen könnte. Wir machten uns zu dritt auf den Weg, trennten uns aber an der Grundschule – der Schule, wo ich unter dem Fenster auf dem Rasen gesessen hatte.

Als wir durch das Tor der Mittelschule gingen, fiel mir plötzlich ein, daß ich Lehrerin Mak nicht gefragt hatte, wohin ich gehen sollte. Nun wußte ich nicht, wo ich sie finden konnte. Wir fragten viele Mädchen, wo die neuen Schüler hingehen sollten, doch niemand bequemte sich zu antworten, bis zuletzt ein Mädchen Ah Wor zeigte, wo es war. Wir gingen hinein.

Ich hatte gedacht, Bänke und Stühle wie in einer richtigen Klasse vorzufinden, doch Ah Wor sagte, da seien einige lange Tische und Bänke und einige Mädchen schrieben dort etwas, doch eine Lehrerin scheine nicht da zu sein. Eine Schlange Mädchen stand an einem Pult in einer Ecke des Raumes an, um sich bei einer Dame irgendwelche Papiere abzuholen. Als ich die Mädchen fragte, ob sie auch neu seien und was sie machten, antworteten sie nur mit ja, und ich wußte immer noch nicht, was ich tun sollte. Schließlich entschloß ich mich, mich mit anzustellen und das zu tun, was sie auch taten. Ah Wor stand neben mir. Endlich kam ich an die Reihe. Als ich meine Papiere in der Hand hielt, versuchte sich das Mädchen hinter mir zum Pult vorzudrängeln, doch ich mußte ja erst wissen, was ich mit den Papieren machen sollte. Als ich mir endlich Gehör verschafft hatte, sagte die Dame, es seien Formulare, die ich ausfüllen und ihr zurückgeben müsse.

Ich folgte Ah Wor zu einem freien Platz auf einer der Bänke. Was nun? Ich mußte jemanden finden, der mir die Formulare vorlas! Aber jedesmal, wenn sich ein Mädchen in unsere Nähe setzte und ich sie bat, so nett zu sein und mir die Formulare vorzulesen, stand sie wieder auf und setzte sich woandershin, bis Ah Wor und ich zuletzt ganz allein dasaßen.

Nach einer ganzen Weile setzte sich wieder jemand zu uns. Ah Wor flüsterte mir zu, daß es ein viel älteres Mädchen sei, sicher schon aus der zweiten oder dritten Oberstufenklasse. Schüchtern fragte ich sie, ob sie mir helfen könne, und zu meiner großen Erleichterung erklärte sie sich bereit, die Formulare – es waren Anmeldeformulare – ganz für mich auszufüllen. Sie las mir die Fragen einzeln vor und schrieb meine Antworten auf, und dann gaben wir gemeinsam die Formulare ab.

Ich bekam nun ein anderes Blatt, das, wie sie mir sagte, die Bücherliste für das kommende Schuljahr war. Sie fragte mich, wie ich das mit den Büchern machen würde, und ich antwortete, ich müßte jemanden bitten, sie mir vorzulesen. Darauf meinte sie, es sei möglicherweise nicht nötig, daß ich mir all diese Bücher selbst kaufte, denn derjenige, der mir vorlas, könne das doch aus seinen eigenen Büchern tun. Doch Ah Wor flüsterte mir zu, ich solle fragen, wo wir die Bücher kaufen konnten; mein »Vorleser« müßte ja nicht unbedingt in meiner Klasse sein. Das sah das Mädchen ein und bot uns an, uns zu der Buchhandlung zu bringen. Sie erklärte, wir könnten sofort gehen, weil der erste Tag der Anmeldetag sei und kein Unterricht stattfinde.

Meine neue Freundin hieß Wong Wing-tze. Sie fragte mich, ob ich mit ihr gehen wolle. Ich nahm ihren Arm und dachte, was für ein Glück ich hatte, sie getroffen zu haben. Da es damals nicht üblich war, jemanden, der älter als man selbst war, bei seinem richtigen Namen zu nennen, beschloß ich, sie Große Schwester Wong zu nennen.

Dieser Tag war der Anfang einer Freundschaft, die bis heute fortbesteht. Als Große Schwester Wong mit der Schule fertig war, studierte sie Medizin und spezialisierte sich später auf Augenheilkunde. Lange Jahre arbeitete sie beim Staat Hong Kong als Augenspezialistin und ist nun frei praktizierende Fachärztin. Ihre Freundschaft war ungeheuer wichtig für mich. Als sie Augenärztin war und ich Sozialarbeiterin, schickte sie jeden Patienten, der blind oder am Erblinden war, zu mir mit den Worten, ich sei eine Schulfreundin von ihr.

Am nächsten Tag, dem ersten richtigen Schultag, wartete Große Schwester Wong am Schultor auf mich und brachte mich in die richtige Klasse. Sie riet mir, in der ersten Reihe zu bleiben, bis die Lehrerin kam und uns unsere Plätze anwies. Ich setzte mich. Es dauerte nicht lange, und die anderen Mädchen fingen an, laut über mich zu reden. Gerne hätte ich ihnen gesagt, daß ich ihre Mitschülerin war, aber sie nannten mich »die da« und »dieses blinde Mädchen«, was sich nicht sehr freundlich anhörte. Vielleicht wollten sie gar nicht, daß ich sie ansprach.

Eilige Schritte kamen in die Klasse, und eine allgemeine Bewegung wurde hörbar. Die Lehrerin war gekommen. Die Mädchen sagten: »Guten Tag, Lehrerin Lee!« Da ihre Stimmen über meinem Kopf waren, stand ich auch auf. »Setzt euch bitte!« Ich erkannte Lehrerin Lees Stimme wieder, bei der ich die Chinesischprüfung gemacht hatte. Das machte mich etwas ruhiger. Die Mädchen hinter mir flüsterten sich gegenseitig zu, daß ich zu spät aufgestanden war und noch nicht einmal wußte, daß ich mich nach der Begrüßung wieder zu setzen hatte. Hatte ich in der Grundschule denn gar nichts gelernt?

Lehrerin Lee stellte mich der Klasse vor. Sie sagte, daß ich, obwohl ich nicht sehen konnte und noch nie in der Schule gewesen war, sehr wißbegierig sei, und sie hoffe, daß die Mädchen mir helfen und sich mit mir anfreunden würden. Dann verteilte sie die Sitzplätze, beschrieb den Stoff des kommenden Halbjahres und sagte, wir sollten zum nächsten Mal die erste Lektion aus unserem Lesebuch vorbereiten.

Ich dachte an die Bücher, die wir am Tag zuvor gekauft hatten. Sie fühlten sich sehr dünn an, gar nicht wie die dicken Notizen, die ich während der Sommerschule mitgeschrieben hatte. Sicher konnten Bruder und Schwester mir vorlesen, ohne daß es sie allzuviel Zeit kostete.

Es klingelte, und die Klasse wurde in die Pause entlassen. Die Mädchen fingen an zu erzählen und zu lachen und den Raum zu verlassen. Ich wußte nicht, was ich tun sollte. Dem Lärm nach zu urteilen, war die Tür rechts. Ich stand auf und ging langsam die Tischkante entlang, bis meine Hand zum nächsten Tisch und wieder zum nächsten kam. Es waren sechs Reihen.

»Ah«, sagte ich mir, »beim nächsten Mal finde ich meinen Platz selber. Mal sehen, wie groß dieser Raum ist.«

Ich zählte, wie viele Bänke in einer Reihe waren. Es waren sieben. Ich zählte sorgfältig durch und kam auf insgesamt 42 Plätze. Dann hörte ich wieder Stimmen näherkommen. Vielleicht hatten die Mädchen es nicht gern, wenn ich umherstrich und ihre Bänke betastete, also lief ich schnell an meinen Platz zurück. Eine kurze Schrecksekunde lang fürchtete ich, ich hätte mich verzählt und sei am falschen Platz, doch als ich meine vertrauten Sachen fühlte, war ich beruhigt.

Die Mädchen kamen zurück, und ich hörte, daß die nächste Stunde Erdkunde war. Diesmal paßte ich genau auf, wann ich aufzustehen hatte. Der Lehrer rief uns nach der Liste auf, damit er langsam unsere Namen lernte. Auf diese Weise erfuhr ich, daß Chan Yin-hing links und Lee Lai-ying rechts von mir saß. Die Stunde begann, und ich versuchte, so schnell wie möglich mitzuschreiben, während der Lehrer sprach, doch vieles entging mir. Als der Lehrer sagte: »Dies ist Asien, und dies ist Europa, und dies ist Amerika«, wurde mir klar, daß er auf eine Art Zeichnung zeigen mußte. Ich war natürlich vollkommen orientierungslos. Er sagte, wenn einer nicht mitkomme, solle er die Hand heben. Ich wollte mich melden, aber da niemand anders eine Frage stellte, war es mir peinlich, die einzige zu sein.

Während der nächsten Pause wollte ich die Mädchen neben mir

ansprechen, doch bevor ich ein Wort sagen konnte, waren sie schon alle nach draußen gegangen. Ich war wieder allein. Diesmal ging ich zur Tür. Ich hörte, daß die Treppe rechts lag, also strich ich mit der Hand an der rechten Wand entlang, zählte die Türen und merkte mir die Entfernung. Nach zwei Türen war ich an der Treppe. Dann drehte ich mich um, mit der linken Hand an der Wand. Ich war gerade im Begriff, in die dritte Tür, meine Klasse, hineinzugehen, und genoß den Triumph, nun den Weg von der Treppe bis zu meinem Platz zu kennen, als mich plötzlich eine ältere, unbekannte Stimme zusammenfahren ließ.

»Was machst du da?«

Mit zitternder Stimme erklärte ich, daß ich mich zurechtzufinden versuchte.

»Hier«, sagte sie, »ich bringe dich zurück in deine Klasse. Du solltest nicht allein herumwandern. Wenn du die Treppe hinunterfällst, tust du dir weh!«

Es war mir peinlich, als ich zurück in den Raum geschoben wurde, den ich doch gerade schon selbst gefunden hatte, aber ich sagte nichts außer einem leisen »Dankeschön«.

Als die Schule aus war, wartete ich oben an der Treppe auf Ah Wor. Wir gingen zusammen nach Hause, und sie fragte mich, wie es gewesen war. Ich brannte darauf, ihr alles haargenau zu berichten, doch ein Gefühl der Vorsicht hielt mich davon ab, und ich erzählte ihr nur, wie ich meinen Weg von meinem Platz zur Treppe und zurück gefunden hatte. Ich hatte plötzlich Angst, wenn ich von den Schwierigkeiten spräche, würden es alle als Beweis ansehen, daß sie recht gehabt hatten und mich nicht mehr gehen lassen.

Zu Hause erzählte ich Bruder und Schwester, was für Stunden ich gehabt hatte und fragte sie, ob sie mir aus meinen Büchern vorlesen könnten. Sie sagten, zuerst müßten sie ihre eigenen Hausaufgaben machen, aber hinterher würden sie mir vorlesen. Vater hörte das und sagte, sie sollten mir täglich bis zu einer Stunde lang vorlesen, je nachdem, wieviel sie selber zu tun hatten.

Als die beiden mit ihren Hausaufgaben fertig waren, war es fast Zeit zum Zubettgehen, und ich wußte nicht, ob ich sie noch bitten sollte, mir vorzulesen. Wir hatten verschiedene Hausaufgaben bekommen, doch das eine, was mir wirklich wichtig war, war die Vorbereitung für die Chinesischstunde. Vorsichtig fragte ich sie, ob sie mir, jeder ein wenig, vorlesen würden. Obwohl beide recht lange lasen, wurden wir nicht fertig, weil ich mit dem Punktestechen nicht so schnell mitkam. Ich bedeckte Blatt für Blatt mit Punkten und dachte, das müsse fast das halbe Lesebuch ausmachen. Ich war am Boden zerstört, als Bruder mir sagte, ich hätte gerade etwa eine gedruckte Seite mitgeschrieben.

Als ich auf meinem Bett saß und meine Aufzeichnugen las, nachdem die anderen schlafen gegangen waren, wurde mir hoffnungslos bewußt, daß ich von allen vier Fächern noch nicht einmal ein einziges geschafft hatte. Bruder und Schwester hatten ihre eigenen Sachen zu erledigen, und es war abzusehen, daß ich sehr viel mehr Hilfe brauchen würde als sie mir geben konnten. Es war wie ein Schock, daß eine Seite aus meinem kleinen Lesebuch ungefähr fünf oder mehr Seiten in Blindenschrift entsprach. Und ich hatte nur drei Monate, um zu beweisen, daß ich es schaffen konnte. Was würde passieren, wenn ich nicht alle Lektionen vorgelesen bekam? Und woher sollte ich wissen, was die Lehrer an die Tafel schrieben? Einige Lehrer lasen einen Teil davon laut vor, einige nicht. Konnte ich die Mädchen bitten, es mir vorzulesen? Aber wie sollte ich sie kennenlernen? Sie sprachen zwar über mich, aber bisher hatte noch niemand mit mir gesprochen. Würden sie böse sein, wenn ich sie ansprach? Müßte ich in der Pause immer in der Klasse bleiben, weil ich mit niemandem hinausgehen konnte? Ich wollte Ah Wor nicht damit belasten, und Vater und Mutter würden wahrscheinlich sagen: »Wir haben es dir ja gleich gesagt.«

Ich wußte nicht, was ich tun sollte und fing aus lauter Verzweiflung an zu weinen – und machte damit meine wertvollen Notizen, die auf meinem Schoß lagen, fast unlesbar. Ich sollte wohl lieber aufhören zu weinen und statt dessen etwas nachdenken! Und ich faßte den festen Vorsatz, am nächsten Vormittag meine Banknachbarinnen anzusprechen. Ich hatte sie sagen hören, sie hätten Angst vor Blinden. Vielleicht würden sie merken, daß ich genauso wie sie war, wenn ich mit ihnen redete.

Am nächsten Morgen, bevor der Lehrer hereinkam, hörte ich einige der Mädchen über mich reden. Sie sagten, ich hätte meinen Platz ganz allein gefunden, und konnten das nicht verstehen. Ich holte tief Luft, versuchte, mir meine Aufgeregtheit nicht anmerken zu lassen, und sagte: »Hallo, wollt ihr wissen, wie ich das gemacht habe?« Und ich erklärte ihnen, wie ich die Tischkanten und die Wände benutzte, um meine Umgebung zu erkunden.

Sekundenlang war Stille. Dann sagte jemand: »Oh, du kannst sprechen? Das wußten wir gar nicht!«

In der nächsten Pause fragte mich das Mädchen, das links neben mir saß, wozu ich diese Punkte machte.

Ich sagte: »Du bist Chan-Yin-hing, nicht wahr?« Sie war ganz verwundert, woher ich das wußte, und ich erklärte: »Ich habe mir deinen Namen gemerkt, als gestern die Liste vorgelesen wurde.« Das erregte die Aufmerksamkeit der anderen, und in kürzester Zeit standen sie alle um mich herum, sagten ihre Namen, fragten mich nach meinen Punkten und baten mich, ihnen ihre Namen in Blindenschrift zu schreiben. Wir waren so beschäftigt, daß ich zuerst gar nicht bemerkte, daß sie nicht wie üblich hinausgegangen waren. Ich begann, etwas mehr Mut zu fassen, und fragte sie einige der Dinge, die mich verwirrten. Woher wußten sie zum Beispiel, welches Fach in der nächsten Stunde dran war, bevor der Lehrer hereinkam? Sie lachten und erklärten mir den Stundenplan. In der nächsten Pause lasen sie mir ihn vor und beobachteten fasziniert, wie ich ihn in Punkten schrieb. Sie konnten gar nicht verstehen, warum er so viel mehr Platz brauchte als der gedruckte an der Wand.

Dieser zweite Tag war der Wendepunkt. Von da an akzeptierten sie mich als eine von ihnen. Sie führten mich zum Waschraum und zum Speisesaal und halfen mir, den Weg von der Treppe bis zum Schultor kennenzulernen. Wir hatten alle eine Menge Spaß dabei, und sie erfanden eine Art Ratespiel, ob ich wüßte, wer sie waren, solange ich ihre Namen und ihre Stimmen noch nicht richtig auseinanderhalten konnte.

Die meisten der Mädchen waren älter als ich. Sie waren elf oder zwölf, während ich erst neun war. Daher nannten sie mich nach kurzer Zeit Jüngste, Ah Sai, was ich gern hörte.

Eines Tages fragte ich Yin-hing, die sehr nett war, warum sie gesagt hatten, sie hätten Angst vor Blinden. Sie sagte, meine Augen sähen sehr merkwürdig und unheimlich aus; sie seien ziemlich rot und geschwollen und tränten ständig. Dies war das erste Mal, daß mir das jemand gesagt hatte, und zu Hause fragte ich Ah Wor, was ich tun könne, um besser auszusehen. Sie dachte nach und meinte dann, ich könne Mutter fragen, ob sie mir eine Sonnenbrille kaufen würde. Ich wußte nicht, was eine Sonnenbrille war, worauf sie mir eine von Mutter zeigte. Ich setzte sie auf, und Ah Wor sagte, ich sähe gleich viel besser aus. Sie sagte, die Brille verberge meine Augen und lasse mich ganz normal aussehen. Ich trug sie in der Schule, und alle Mädchen machten mir Komplimente, wie gut ich damit aussah.

Dies ließ mich die äußerst wichtige Verbindung zwischen persönlicher Erscheinung und gesellschaftlicher Anerkennung erahnen – etwas, was einem blinden Menschen nicht ohne weiteres klar ist. Ich habe später meine blinden Klienten und Freunde immer dazu ermuntert, eine dunkle Brille zu tragen, wenn ihre Blindheit irgendeine Art von Entstellung verursacht hatte.

Klassenarbeiten

Als ich die Mädchen besser kennenlernte, fragte ich einige von ihnen, ob sie mir vorlesen könnten, während sie ihre Hausaufgaben machten. Eine sagte, sie läse mir gern etwas vor, wenn ich nach der Schule zu ihr nach Hause käme. Eine andere wollte zu mir nach Hause kommen. Ziemlich bald erklärten sich auch zwei meiner Kusinen aus Kanton dazu bereit, regelmäßig für mich zu lesen, wofür ich sehr dankbar war. Also war es nun so, daß mir jemand jeden Tag nach der Schule ungefähr eine Stunde bei mir vorlas. Nach dem Essen brachte mich Ah Wor zu einem anderen Vorleser. Zwischendurch ging sie für etwa eine Stunde nach Hause, um etwas Arbeit zu erledigen, und kam rechtzeitig zurück, um mich zum nächsten Vorleser zu bringen. Manchmal, wenn das Mädchen zu weit weg wohnte, nahm sie Näh- und Strickzeug mit, während sie auf mich wartete.

Wenn ich wieder nach Hause kam, waren meine Geschwister normalerweise mit ihren Hausaufgaben fertig und gingen bald ins Bett. Wenn sie noch auf waren, fragte ich sie, ob sie mir noch kurz etwas vorlesen könnten; selbst wenn jeder nur 20 Minuten las, war es schon eine große Hilfe. Da ich die ganze Zeit für die Wege und das Mitschreiben der Aufgaben gebraucht hatte, war es schon spät am Abend und die meisten schliefen schon, wenn ich damit beginnen konnte, das Mitgeschriebene durchzulesen und zu versuchen, es auswendig zu lernen. Ich war ständig übermüdet.

Eines Tages herrschte große Aufregung in der Klasse. Stimmen wiederholten einzelne Abschnitte, stellten und beantworteten Fragen, alles redete durcheinander. Dann kam Lehrerin Lee herein. Wir räumten unsere Bücher weg, und es wurde still. Eine Chinesischarbeit war angesagt. Lehrerin Lee schrieb die Fragen an die Tafel und fragte, ob jemand irgendwelche Fragen dazu hätte. Keiner sagte ein Wort. Ich hörte hastige Schreibgeräusche. Es war mir peinlich, mich als einzige zu melden, aber Lehrerin Lee mußte mir die Fragen vorlesen. Ich hob die Hand. Um den Rest der Klasse nicht zu stören, mußte sie mir die Fragen fast zuflüstern, während ich sie, so schnell es ging, in Punkte umsetzte.

Als es klingelte, wartete ich, bis alle Mädchen ihre Blätter abgegeben hatten, damit ich nach vorn gehen und Lehrerin Lee meine Antworten vorlesen konnte. Doch ich hörte ihre Schritte in Richtung Tür. Ich lief ihr nach und rief sie. Sie drehte sich um und sagte, sie hätte mich ganz vergessen. Als ich mit dem Lesen fertig war und sie alles mitgeschrieben hatte, war die Pause vorbei. Sie sagte, acht von zehn Antworten seien vollständig richtig, lobte mich, daß ich im Unterricht so gut zugehört hatte, und bat mich, ihr meine Blindenschriftantworten dazulassen. Ich wußte zwar nicht, was sie damit wollte, da sie meine Antworten ja aufgeschrieben hatte, aber ich mochte nicht fragen.

Als wir eine Woche später unsere nächste Chinesischstunde hatten, warteten wir gespannt auf die Ergebnisse der Arbeit. Lehrerin Lee sagte, bis auf vier hätten die meisten es recht gut gemacht. Dann fuhr sie fort, eine Schülerin hätte 80 Punkte. Natürlich waren wir alle riesig gespannt, wer es war, und ich glaube, die anderen waren genauso überrascht wie ich, als mein Name aufgerufen wurde. Unsicher stand ich auf. Lehrerin Lee bat mich, zum Pult vorzukommen. Sie gab mir meine Antwortblätter und sagte, ich solle mich zur Klasse drehen und sie langsam vorlesen. Ich fing so schüchtern an zu lesen, daß sie mich auffordern mußte, lauter zu sprechen. Wie froh war ich, als ich die letzte Antwort vorgelesen hatte und zurück an meinen Platz gehen konnte! Von da an fragten mich die anderen Mädchen oft, ob ich ihnen die Chinesischaufgaben erklären könne, und oft stand eine kleine Gruppe um meinen Tisch herum.

Bei der ersten Englischarbeit war es vollkommen anders. Ich hatte Angst davor, weil ich sehr wohl wußte, daß ich den Stoff nicht vollständig gelernt hatte. Die Geschichten im Lesebuch waren so lang, daß ich sie nicht alle hatte abschreiben können – die anderen Mädchen hatten nicht so viel Zeit gehabt, um sie mir alle vorzulesen. Im Unterricht hatte ich nicht alles verstanden und stieß ständig auf unbekannte Grammatikregeln, die die Mädchen mir nicht dauernd erklären wollten, da sie sie schon von der Grundschule her kannten. Ich schaffte nur ein Drittel der Fragen und wußte, ich konnte nicht bestanden haben. Ich brauchte dringend jemanden, der mir die Englischlektionen, die ich in der fünften und sechsten Klasse hätte haben sollen, vorlas und erklärte. Aber jeder, mein

Bruder und meine Schwester eingeschlossen, war so beschäftigt mit seiner eigenen Arbeit, daß ich niemanden fand, der mir helfen konnte. Dasselbe passierte mir in Mathematik, und in der ersten Arbeit konnte ich weniger als ein Drittel der Fragen beantworten.

Eines Nachmittags, als ich während der Pause auf dem Weg zum Schulhof war, kam Große Schwester Wong auf mich zu und fragte mich, wie ich vorankäme. Ich klagte ihr meine Schwierigkeiten in Englisch und Mathematik. Sie zeigte viel Verständnis und sagte, in Englisch könne sie mir helfen. Von da an erklärte sie mir ein- oder zweimal in der Woche Grammatik und neue Vokabeln. Außerdem zeigte sie mir, wie ich das Wichtigste aus einer Geschichte herausfiltern und sie in einfachem Englisch wiedergeben konnte, ohne mir jeden einzelnen Satz aus der Stunde merken zu müssen. So konnte ich, auch wenn ich nicht alles mitschreiben konnte, das Wesentliche für die Arbeiten und Prüfungen lernen. Mit ihrer Hilfe hatte ich nach einigen Wochen so weit aufgeholt, daß ich mit den anderen in Englisch mitkommen konnte.

Doch ich war immer noch hoffnungslos zurück in Mathematik. Dann hörte ich eines Tages Lai-ying sagen, sie hätte eine Kusine in einer der oberen Klassen, die Nachhilfeschüler suchte, um das Schulgeld bezahlen zu können. Offenbar war diese Kusine gut in Mathematik. Ich war sicher, daß ich nach einiger Zeit Nachhilfeunterricht bestimmt mit der Klasse mithalten konnte. Aber woher sollte ich das Geld dafür nehmen? Ich dachte daran, Vater und Mutter zu fragen, aber ich hatte Angst, sie würden das als Beweis nehmen, daß ich es nicht schaffte, und mich zum Aufgeben zwingen. Dann dachte ich daran, daß Ah Wor mir ja angeboten hatte, das Schulgeld zu bezahlen. Wenn ich ihr sagte, ich bräuchte eine kurze Zeit Nachhilfe, würde sie mir bestimmt aushelfen. Ich konnte ihr das Geld ja zurückgeben, wenn ich groß war – aber konnte ich das wirklich? Meine Eltern sagten zu meinen Geschwistern, sie könnten später viel Geld verdienen, wenn sie hart arbeiteten. Würde ich wirklich Geld verdienen können, wenn ich erwachsen war? Das Problem schien unüberwindlich. Ah Wor fragte mich an jenem Abend, ob ich Sorgen hätte, denn ich war ungewöhnlich still und niedergedrückt. Doch ich sagte nichts. Ich entschuldigte mich mit Kopfschmerzen und wartete auf eine bessere Gelegenheit, sie zu fragen.

Die Gelegenheit kam am Sonntagnachmittag, als der Rest der Familie wie gewöhnlich Essen gegangen war. Ich fragte Ah Wor, ob sie einmal in mein Zimmer kommen könne, wo wir von den anderen Amahs nicht gehört werden konnten; ich hätte etwas sehr Wichtiges mit ihr zu besprechen. Sie kam, und ich schloß die Tür hinter ihr. Ich bat sie, mir zu versprechen, daß sie keiner Menschenseele etwas weitersagen würde, und trug ihr mein Problem vor. Obwohl sie selbst nie zur Schule gegangen war, verstand sie mich sehr gut; jawohl, sie würde mir Geld für Nachhilfestunden geben, solange ich sie bräuchte und niemand anders würde davon erfahren.

Ich versprach, es ihr zurückzugeben, wenn ich groß war. Doch dann verlor ich plötzlich all meinen Mut und fragte sie: »Was ist aber, wenn ich nicht genug Geld verdiene, um es dir zurückzugeben?«

Sie lachte und sagte: »Wir beide werden doch sicher mein ganzes Leben lang zusammen sein, ich habe ja niemanden außer dir, und was mein ist, ist auch dein.«

Am nächsten Morgen fragte ich Lai-ying, ob sie ihrer Kusine sagen könne, daß ich gern Mathematiknachhilfestunden bei ihr nehmen würde. Lai-ying war ganz aufgeregt und ging sofort ihre Kusine suchen. Doch sie kam enttäuscht zurück; ihre Kusine Lee Wai-wan meinte, sie könne mich nicht unterrichten, weil ich doch blind sei.

Ich bat Lai-ying, mich zu Wai-wan zu bringen; vielleicht konnte ich sie umstimmen. Lai-ying stellte mich vor, und ich begrüßte sie, doch sie schwieg. Ich begann mir merkwürdig vorzukommen, doch erklärte ich tapfer, was ich wollte.

Anstatt sich direkt an mich zu wenden, wandte sich Wai-wan an Lai-ying und sagte: »Sag ihr, ich kann sie wirklich nicht unterrichten, weil sie nicht zugucken kann, wie ich die Aufgaben auf dem Papier rechne, und ich kann ihr nicht zeigen, wie man das in ihrer Schrift macht.«

Ich sagte darauf, wenn sie mir nur vorläse, was sie geschrieben hatte, und mir die einzelnen Schritte erkärte, könnte ich ihr folgen und mir ein eigenes System für die Zahlen in Blindenschrift ausdenken. Wo ich nicht mitkäme, würde ich halt fragen. Ich klang recht selbstbewußt, aber ich hatte keine Ahnung, wie ich mir eine Mathematikschrift in Punkten ausarbeiten könnte. Aber ich war entschlossen, irgendwie Mathematik zu lernen, und Wai-wans Hilfe erschien mir als die einzige Möglichkeit. Endlich willigte sie ziemlich widerstrebend ein, es ein oder zwei Wochen lang zu versuchen.

Damals konnte ich noch nicht verstehen, warum die Leute anfangs oft dazu neigten, durch eine dritte Person mit mir zu sprechen, als ob ich ein Kleinkind oder geistig behindert wäre. Erst später fand ich den Grund heraus: Da ich nie etwas hatte sehen können, kannte ich nicht die wichtige Rolle von Mimik und Gestik im Gespräch. Ich wußte nichts davon, wie wichtig der Augenkontakt bei jeder Verständigung ist. Deshalb sah ich die Leute nicht an, wenn ich mit ihnen sprach, was für sie so aussah, als ob ich nicht wirklich mit ihnen redete. Und so benutzten sie oft meinen sehenden Begleiter als eine Art Dolmetscher. Inzwischen versuche ich natürlich längst, dieses Problem zu lösen, doch das ist für einen Blinden sehr schwer.

Die ersten Mathematikstunden mit Wai-wan waren sehr gespannt, und ich fühlte mich ziemlich hilflos. Auf meine Fragen antwortete sie mir nur kurz angebunden. Die grundlegenden Erklärungen, die ich brauchte, gab sie mir nicht und war im übrigen der Meinung, ich solle mich nicht so aufregen, die Lehrerin wüßte doch, daß ich blind sei. Etliche Male kontrollierte sie meine Hausaufgaben und sagte, ich hätte alles richtig; aber als ich sie dann in der Klasse vorlas, merkte ich, daß sie vollkommen falsch waren. Ich sagte das Wai-wan und bestand darauf, sie solle mich ganz normal behandeln.

Schließlich gab sie nach und begann ernsthaft mit mir zu arbeiten. Das war der entscheidende Punkt, und endlich bekam ich überhaupt eine Ahnung, worum es bei dem Fach ging. Nach drei Monaten wurde ich allein fertig und konnte auf die Nachhilfe verzichten. Trotzdem muß ich ehrlich zugeben, daß ich nie besonders gut in Mathematik geworden bin. Wai-wan und ich wurden übrigens noch gute Freunde.

Was die mathematischen Zeichen angeht – die Zeichen, die ich verwendete, waren alles meine eigene Erfindung, und während meiner Schulzeit leisteten sie mir gute Dienste. Später, als ich nach Amerika ging, lernte ich die richtige Mathematikschrift für Blinde und mußte in einem langen Prozeß all das umlernen, was ich so viele Jahre lang angewandt hatte.

Dritter Onkel

Es war eine aufregende Woche in unserem Haus. Dritter Onkel hatte für Samstag seinen Besuch angekündigt. Mutter war damit beschäftigt, die Amahs in einem Wirbel von Saubermachen, Waschen, Scheuern, Aufräumen und Polieren zu überwachen. Das Haus mußte mit Blumenvasen, Obstschalen und roten Papierstreifen mit Glücksfiguren geschmückt werden. Wir Kinder mußten unsere Zimmer sorgfältig aufräumen; alles sollte blitzblank sein. Durch die zusätzliche Arbeit konnte Mutter Ah Wor nicht entbehren, um mich zu meinen Vorlesern zu bringen. Was sollte ich tun? Wie immer fragte ich Ah Wor um Rat, und sie hatte gleich eine Idee.

Sie wußte, daß an der Schule auch Internatsschüler waren – Mädchen, die aus verschiedenen Gründen die ganze Woche in der Schule wohnten und an den Wochenenden nach Hause fuhren. Sie schlug vor, ich solle einige von ihnen fragen, ob sie mir jede ungefähr eine halbe Stunde lang vorlesen könnten, und ihnen dafür etwas Geld geben. Diese Regelung klappte wunderbar! Da die Mädchen bezahlt wurden, nahmen sie ihre Aufgabe ernst, und ich erledigte eine unwahrscheinliche Menge an Arbeit in wenigen Stunden – alles in der Schule, ohne die Zeit für die Wege von einem Haus zum anderen zu verlieren. Ah Wor vereinbarte mit einer Amah an der Schule, daß ich auch etwas zu essen bekam, wenn die Internatsschüler aßen, und bewahrte mir zu Hause etwas richtiges Essen auf. Und natürlich kam sie für all diese zusätzlichen Kosten auf.

Zurück zu dem Besuch. Dritter Onkel war der Kopf der ganzen Familie Ching. In den Familien aus meines Vaters Generation wurden Söhne und Töchter normalerweise getrennt numeriert. Dies vermied den unerwünschten Fall (der in der Familie meines Vaters aufgetreten wäre), ein Mädchen als ältestes Familienmitglied anerkennen zu müssen.

Die Familie meines Vaters bestand ursprünglich aus zwei Töchtern, von denen eine das erste Kind war, und sieben Söhnen. Mein

Großvater hatte eine Konkubine – »Kleine« Großmutter genannt – die zwei Söhne, meinen Vierten und meinen Sechsten Onkel, geboren hatte. Die restlichen sieben Kinder kamen von meiner richtigen Großmutter. Kleine Großmutter starb jung, und so kümmerte sich meine richtige Großmutter um die ganze elfköpfige Familie.

Mein Erster Onkel starb, als er Anfang zwanzig war, etwa um die Jahrhundertwende. Zweiter Onkel hatte nicht das Zeug zum Familienoberhaupt. Also fiel die Verantwortung auf Dritten Onkel, der bereit und imstande war, sie zu tragen.

Als Dritter Onkel 17 Jahre alt war, starb mein Großvater. Um seine jüngeren Brüder zu unterstützen, verließ er sein Dorf Chung San nahe der Grenze zu Macau, das einem ehrgeizigen jungen Mann wenig Aussichten bot, und ging nach Kanton, um sich eine Arbeit zu suchen. Zuerst arbeitete er als Verkäufer in einem Importhandel und besuchte Abendkurse in Chinesisch und Englisch. Da er begabt und fleißig war, wurde ihm bald ein Posten mit höherer Verantwortung in einem größeren Geschäft des gleichen Besitzers angeboten. Er lebte sehr bescheiden und sparte sich so lange alles vom Munde ab, bis er seine Mutter und seine vier jüngeren Brüder nach Kanton holen konnte. Sie zogen zusammen, und man fand Arbeit für Nummer Vier, Fünf (mein Vater) und Sechs. Nummer Sieben war noch zu jung zum Arbeiten und wurde zur Schule geschickt. Sein Oberschulabschluß ein paar Jahre später verdeutlichte meinem Dritten Onkel den Wert von Bildung und zeigte ihm, wieviel er und die anderen Jungen verpaßt hatten. Inzwischen hatte er sein eigenes Geschäft aufgebaut, so daß es zu spät für ihn war, seine eigene Bildung nachzuholen, doch er ermunterte die anderen drei dazu, einige ihrer Lücken auszubessern. Außerdem beschloß er, meinen Siebten Onkel nach Amerika zu schicken.

So ist es verständlich, daß Dritter Onkel einen besonderen und wichtigen Platz bei uns einnahm – daher auch die ganze Vorbereitung.

Vor seiner Ankunft schärfte uns Mutter noch einmal Anstand und Benehmen ein. Ich wurde besonders herausgenommen: »Sei schön still und halt den Mund.« Unsere Haare und Fingernägel wurden überprüft, wir wurden zu Ruhe und Ordnung gemahnt und sollten nach der Begrüßung die Erwachsenen im Wohnzimmer allein lassen.

Wir Kinder hatten große Ehrfurcht vor Drittem Onkel, der inzwischen ein höherer Regierungsbeamter der Kuomintang war. Aufgereiht standen wir im Wohnzimmer und lauschten den Geräuschen der Ankunft im Flur. Dritter Onkel kam herein und setzte sich. Mutter brachte ihm eine Schale Tee, während wir stillstanden. Dann stellte sie uns endlich vor und sagte unsere Namen in der Reihenfolge unseres Alters, und wir verneigten uns und murmelten »Onkel«, bevor wir auf unsere Zimmer flüchteten. Doch eine Kleinigkeit war mir aufgefallen. Ich war die dritte, die vorgestellt wurde; als meine Mutter meinen älteren Bruder und meine Schwester vorstellte, antwortete Onkel nicht – ich nehme an, er nahm ihre Verneigungen mit einem leichten Kopfnicken, vielleicht einem Lächeln entgegen –, doch als mein Name an die Reihe kam, sagte er: »Kleines Mädchen, ich freue mich, dich zu sehen«, und klopfte mir sanft auf die Schulter. Ich war sehr überrascht und machte mir Gedanken darüber, als ich in mein Zimmer rannte.

Ich machte mich an meine Hausaufgaben. Nach einiger Zeit kam meine ältere Schwester, die das Zimmer mit mir teilte und die offensichtlich an der offenen Wohnzimmertür gehorcht hatte, zu mir, zupfte mich am Ärmel und sagte: »Hör, Onkel spricht über dich!«

Erstaunt schlich ich auch zur Tür. Onkel sagte gerade, er habe erfahren, ich sei die drittbeste in einer Klasse von 42 Schülern und hätte eine kleine Auszeichnung dafür bekommen. Von Vater und Mutter hörte ich keine Antwort. Es war ihnen wahrscheinlich etwas peinlich, denn ich hatte ihnen nichts davon erzählt, weil ich der Meinung war, es würde sie nicht interessieren. Ah Wor hatte ich es natürlich erzählt. Onkel erklärte, ein Kollege von ihm hätte eine Tochter an der Schule, die von dem blinden Kind aus der ersten Klasse gesprochen hatte. Der Kollege fand das ungewöhnlich genug, um es Onkel gegenüber zu erwähnen, der sich gleich gedacht hatte, daß es sich dabei nur um seine Nichte handeln konnte. Dann sagte er, er würde gern einmal sehen, wie ich arbeitete.

Im nächsten Augenblick kam meine Mutter über den Flur, rief meinen Namen und sagte, ich solle ins Wohnzimmer kommen. Ich dachte daran, daß mir verboten worden war, zu sprechen, und fragte mich unruhig, was man wohl von mir wollte. Doch Onkel war sehr nett zu mir und gab mir bald das Gefühl, mich ganz normal benehmen zu dürfen. Er wollte meine Bücher sehen und fragte, wie ich den Text in Punkten schriebe. Dann fragte er, ob ich wirklich immer den ganzen Text abschreiben könne. Ich sagte, daß ich normalerweise ungefähr ein Drittel schaffte. Daraufhin drückte er mir einige Münzen in die Hand und sagte, ich solle mir Vorleser suchen, die mir so viele Stunden pro Tag vorläsen, wie ich für nötig hielt, und sie angemessen bezahlen. Ich zählte das Geld – es waren zehn Dollar, mehr als Ah Wor in einem Monat verdiente. Ich hatte noch nie so viel Geld auf einmal gehabt!

Während ich ausrechnete, für wie viele Lesestunden es ausreichen würde, fragte mich Onkel, wie ich die Münzen auseinanderhalten könne. Ich zeigte ihm, wie leicht es war, Dollars, 50-Cent und 10-Cent-Stücke an ihrer Größe und ihrem Gewicht zu erkennen. Dann fragte er, wie ich es später bei Scheinen machen würde, die doch alle die gleiche Größe hatten, und ich sagte, ich würde sie verschieden falten. (So mache ich es heute noch, und meine blinden Freunde machen es genauso.)

Onkel sagte, er würde mir jeden Monat diese Summe geben. Vater warf ein, er könne mir selbst Geld geben, und Onkel brauche sich darüber keine Sorgen zu machen, doch Onkel sagte rasch, er täte dies gern, da ich dem Namen der Familie Ching Ehre gemacht hätte und er stolz auf mich sei – und auch stolz, mir helfen zu können.

Diese Worte stellten meine ganze Welt auf den Kopf. Uns Kindern war beigebracht worden, daß Dritter Onkel ein guter und wichtiger Mann war, der dem Namen Ching Ehre gemacht hatte. Ich dagegen war nie im Zweifel darüber gelassen worden, daß meine Blindheit eine Schande für die Familie war – was der Grund dafür war, daß ich mein schreckliches Los, kaum am normalen Leben teilnehmen zu dürfen, akzeptiert hatte. Das war auch der Grund, warum ich meinen Eltern nie Einzelheiten über das, was ich in der Schule machte, erzählt hatte. Sie hatten nie Interesse daran gezeigt; wahrscheinlich betrachteten sie die Schule als eine Art Beschäftigungstherapie, die mich davon abhielt, Unsinn zu machen. Meine Geschwister bekamen oft ein gedämpftes Lob (so viel, wie die traditionelle chinesische Etikette zuließ), wenn sie sich gut geführt hatten oder ein gutes Zeugnis nach Hause brachten – oder wurden ausgeschimpft, wenn sie schlechte Noten bekommen hatten. Ich wurde nie zurechtgewiesen, bekam aber auch keine Anerkennung, da niemand außer der lieben Ah Wor etwas von meinen kleinen Schwierigkeiten und Triumphen wußte. Deshalb konnte ich es kaum fassen, plötzlich vor meinen Eltern von diesem bewunderten und geachteten Onkel gesagt zu bekommen, daß ich, das Schandmal der Familie, ihr Ehre gebracht hatte.

Onkels Bemerkung hatte ein beschämtes Schweigen zur Folge. Es wurde von Onkel selbst gebrochen, der sozusagen in Vorwegnahme der unausgesprochenen Einwände meiner Eltern sagte, er sehe keinen Grund, warum ich später nicht einen Beruf finden könne, um auf eigenen Füßen zu stehen. Er sagte, er habe von Blinden in anderen Ländern gelesen, die alle möglichen Berufe ausübten, und fügte hinzu, wenn ich die Oberschule abgeschlossen hätte, hätte er nichts dagegen, mich zur weiteren Ausbildung ins Ausland zu schicken.

Ich traute meinen Ohren kaum. Ich saß auf einem Stuhl neben ihm und konnte seine Bewegungen und seinen Atem spüren. Er war wirklich da, dicht neben mir, sagte diese außerordentlichen Dinge in einem ganz ruhigen, sachlichen Ton und war sich wahrscheinlich ihrer Wirkung auf mich überhaupt nicht bewußt.

Doch diese Wirkung war so tief, daß ich noch heute diesen Tag als einen Tag der Entscheidung über meinen Lebensweg betrachte. Bis zu jenem Augenblick war es mir nie in den Sinn gekommen, daß ich ins Ausland gehen könnte, und der Gedanke, einen wirklichen Beruf auszuüben, war nie mehr als ein Traum gewesen. Der Gedanke, Ah Wor das Geld, das sie für mich ausgab, zurückzahlen zu müssen, lastete schwer auf mir – und nun klang auf einmal das Unmögliche möglich. Einen Beruf zu ergreifen und Geld zu verdienen – dieser Plan begann Formen anzunehmen, und ich wurde neugierig, welche Arbeit wohl Blinde in anderen Ländern taten und wie sie von den Sehenden dort akzeptiert wurden.

Ich begann, ein winziges bißchen Selbstvertrauen zu bekommen. Es war nicht viel, aber es war da – Onkel hatte den Samen dazu gelegt, und seine beständige Anteilnahme und Freundlichkeit den ganzen Rest meiner Schulzeit hindurch halfen diesem Samen, zu wachsen.

Dieser Tag war wirklich ein Anstoß zu vielen Veränderungen. Zuerst ging ich zu Lehrerin Mak und bat sie um Rat, wie ich Vorleser finden könnte. Sie glaubte, ich könne mich auf die Mädchen in der Schule, die ja ihre eigenen Schularbeiten hatten, nicht so gut verlassen; ich solle besser Erwachsene, vielleicht Hausfrauen, nehmen, die froh über ein Taschengeld wären. Das klang gut. Es dauerte nicht lange, und sie hatte einige verheiratete Frauen gefunden, ehemalige Schülerinnen, die abwechselnd jeden Nachmittag zur Schule kamen und mir insgesamt vier Stunden lang vorlasen. Nun konnte ich viel mehr Arbeit erledigen. Auf Lehrerin Maks Vorschlag ließ ich mir den Stoff im voraus vorlesen, so daß ich meine Punkteversion schon zum Mitlesen fertig hatte, wenn die ganze Klasse mit dem Lehrer zusammen las. Jeden Tag kamen zwei

Frauen, eine von halb vier bis halb sechs, und eine von halb sechs bis halb acht. Um halb acht holte Ah Wor mich ab und gab mir mein Abendbrot, und danach konnte ich mit den Hausaufgaben beginnen. Oft war es halb zehn oder zehn, bevor ich anfangen konnte. All dies machte meine Arbeit sehr viel geregelter und befriedigender, nur einen Haken hatte die Sache: Das tägliche Punktestechen mit Stift und Tafel scheuerte meine Knöchel wund, bis sie blutig waren. Es gab damals eben noch keine Blindenschriftmaschine in China.

Nach einigen Wochen tauchte eine neue Schwierigkeit auf. Mein Vater hatte offenbar Erfolg als selbständiger Architekt und Bauherr, und eines Tages eröffnete er uns am Abendbrottisch, daß wir ausziehen und in ein größeres Haus am Stadtrand von Kanton ziehen würden. Wir Kinder fanden das aufregend. Wie würde das Leben in einem großen Haus sein? Wir fanden es bald heraus. Nur zwei Wochen später holte mich Mutter in einem Wagen mit Fahrer von der Schule ab. Die Strecke kam mir sehr lang vor. Als wir ankamen, waren wir bei unserem neuen Haus. Der Umzug hatte stattgefunden, während wir in der Schule waren, und wir sahen unsere alte Wohnung nie wieder. Es war traurig, daß wir noch nicht einmal Abschied davon genommen hatten.

Der Wagen hielt, und wir stiegen aus, aber anstatt direkt ins Haus zu treten, gingen wir ein ganzes Stück im Freien, bevor wir zwei Stufen und die Tür erreichten. Dann gingen wir eine lange Treppe und gleich danach noch eine hinauf und durch scheinbar endlose Gänge, bis wir einen Raum erreichten - mein Zimmer.

Mutter ließ mich in der Mitte dieses vollkommen fremden Raumes stehen und ging, um meinen Geschwistern ihre Zimmer zu zeigen. Ich fühlte mich ganz verloren und fragte mich, wo meine Sachen waren und wie ich mich jemals zurechtfinden sollte. Ich lauschte, um zu erfahren, wo meine Zweite Schwester war. Ich versuchte, ihrer Stimme zu folgen. Meine Hand berührte einen Türknauf, den ich in der Hoffnung, er würde mich in das Zimmer meiner Schwester führen, herumdrehte. Statt dessen stieß ich auf einen Haufen Kleider. Ich streckte meine Hand aus und fühlte Kleiderbügel und einen Kragen, den ich kannte. Ich hatte einen Schrank mit meinen eigenen Kleidern und Schuhen gefunden. Doch wo waren meine wertvollen Aufzeichnungen?

Sorgfältig schloß ich die Schranktür wieder und fand, den Geräuschen folgend, die Tür zum Flur. Mit der rechten Hand an der Wand entlangstreichend zog ich los, um Schwester zu finden, und zuckte richtig zusammen, als dicht neben mir die Stimme meiner Großmutter rief: »Wenn du nichts sehen kannst, warum rennst du dann herum? Wenn du etwas willst, warum klingelst du dann nicht?«

Ich hatte gar nicht gewußt, daß Großmutter im Haus war. In ihren Stoffschuhen war sie lautlos auf mich zugekommen. Wie sie auf den Gedanken gekommen war, ich könnte gleich in den ersten paar Minuten eine Klingel finden, weiß ich nicht.

Ich gab es auf, Schwester finden zu wollen, und nahm in meinem Zimmer Zuflucht vor Großmutter. Wenn es dort eine Klingel gab, mußte ich sie finden. Ich vermutete sie an der Wand und begann daher, den Raum systematisch abzutasten. Das erste, was ich ertastete, war eine Kommode. Ich öffnete die obere Schublade und fand zu meiner Freude alle meine Blindenschriftpapiere wohlbehalten und unversehrt. Als nächstes kam mein Bett, um das ich herumging, und dicht daneben fand ich etwas, das sich wie ein Klingelknopf anfühlte. Unsicher drückte ich ihn, hörte jedoch nichts. Also drückte ich noch einmal und hörte gleich darauf Ah Wors vertraute Schritte näherkommen. Ich erzählte ihr, wie ich mich in meinem Zimmer zurechtgefunden hatte. Sie war erfreut und sagte, ich sei ein schlaues Mädchen. Ihr Lob machte meine Angst und Enttäuschung wett.

Zweite Schwester kam den Gang von ihrem Zimmer entlanggelaufen und wollte meines sehen. Sie hielt an der Tür an und rief: »Oh, es ist dunkel!« Ich hörte Ah Wor das Licht anknipsen, und Schwester kam herein mit den Worten, sie ginge nicht gern an einen düsteren unbekannten Ort. Von da an versuchte ich immer daran zu denken, das Licht anzumachen, wenn ich ins Zimmer kam, und es auszumachen, wenn ich ins Bett ging. Auch wenn es für mich keinen Unterschied machte, ob es hell oder dunkel war, war es für sehende Menschen wichtig, und später (obwohl mir auch heute noch gelegentlich Pannen dabei unterlaufen) gab ich mir besondere Mühe, immer Licht zu machen, wenn ich Besuch hatte.

Ah Wor mußte wieder gehen, um das Eßzimmer aufzuräumen. Mutter kam herein, um uns zu sagen, wir sollten zum Essen kommen, wenn wir den Gong hörten. Großmutter, die sich anscheinend in Hörweite befand, schlurfte zu uns herüber und fragte, ob es nicht besser wäre, Ah Wor brächte mir mein Essen aufs Zimmer. Mutter sagte nichts dazu, und ich wußte inzwischen, daß es besser war, zu schweigen. Ah Wor, die schon auf dem Weg nach unten war, hatte offenbar gehört, was Großmutter gesagt hatte. Sie kam schnell zurück in mein Zimmer und sagte zu Schwester und mir, wenn wir gleich beim ersten Gongschlag ins Eßzimmer kämen, bräuchte sie mir das Essen sicher nicht aufs Zimmer zu bringen. Schwester und ich beschlossen, rechtzeitig vorher nach unten zu gehen. Ich hatte Angst, daß Großmutter sich bei Vater darüber beschweren würde, doch sie sagte nichts – noch nicht.

Nach dem Abendbrot gingen die Amahs in ihren Teil des Hauses, um zu essen. Großmutter, Vater und Mutter gingen ins Wohnzimmer. Sie wollten uns Kinder nicht dabeihaben; wir sollten uns schnell auf unsere Zimmer zurückziehen. Als ich an Großmutter vorbeiging, zischte sie, sie würde Vater erzählen, daß ich ihr nicht gehorcht hatte.

Was würde sie nur zu Vater sagen, und was würde er machen? Ich tastete mich in Schwesters Zimmer, wo ich sie ihre Hausaufgaben wiederholen hörte. Ich erzählte ihr die Sache und sagte, ich müßte unbedingt erfahren, worüber die Erwachsenen sprachen, damit ich wüßte, was sie mit mir machen würden. Wir fragten Bruder, ob er mitkäme, und dann schlichen wir drei auf Zehenspitzen nach unten, öffneten vorsichtig die Tür zum Garten, schlüpften hinaus und fanden ein Versteck unter dem Wohnzimmerfenster.

Wir konnten genau verstehen, was sie sagten, und kamen gerade rechtzeitig, um das Ende von Großmutters Klage über mich zu hören. Doch Vater gab nur eine nichtssagende Antwort und fuhr fort, über eine längere Geschäftsreise, die er in ein paar Tagen antreten würde, zu sprechen. Also hatte ich nichts zu befürchten, und ich flüsterte Bruder und Schwester zu, ich würde gern den Garten kennenlernen. Sie führten mich umher und zeigten mir den Weg zur Haustür; wir waren begeistert, einen Garten zu haben!

Als ich mir sicher war, daß wir nicht gehört werden konnten, fragte ich die beiden, ob sie je gehört hätten, wie sich Vater und Mutter untereinander anredeten. Sie antworteten, sie würden alles darum geben, das herauszubekommen. Komischerweise fanden wir es nur zwei Wochen später wirklich heraus: Als wir von der Schule nach Hause kamen, sagte Schwester, es liege ein Brief im Kasten mit Vaters Handschrift. Wir brachten Mutter den Brief und fragten sie, als sie ihn öffnete, wie Vater sie anredete. Sie antwortete nicht, doch Schwester stellte sich hinter sie, warf einen Blick auf den Brief, zog mich beiseite und erzählte mir kichernd, daß Vater den Brief mit »Meine Kleine Schwester« angefangen hatte und mit »Dein Großer Bruder« unterschrieben hatte. Vor Lachen konnten wir nicht mehr an uns halten, bis Mutter zu uns herüberkam und sagte: »Ihr seid mir aber ein paar Rabauken! Ich weiß gar nicht, was ich mit euch machen soll!« Diesmal lag ein Lächeln in ihrer Stimme, an dem wir erkannten, daß sie uns nicht böse war.

Später erfuhr ich, daß diese Art der Anrede bis in meines Vaters Generation unter Eheleuten üblich war. Heute ist sie veraltet, auch wenn man sie noch in der Literatur und auf der Bühne findet.

Doch zurück zur ersten Nacht in unserem großen Haus. Nachdem wir den Garten ausgekundschaftet hatten, gingen wir Kinder zurück in unsere Zimmer. Da ich wußte, daß es schon recht spät war für meine Arbeit, beeilte ich mich sehr. Ich weiß nicht, wie lange ich arbeitete. Zwischendurch kam Ah Wor, brachte mir ein paar Kekse und sagte, alle anderen seien schon im Bett. Da dies meine erste Nacht in dem fremden Haus war, würde sie in meinem Zimmer schlafen, bis ich mich daran gewöhnt hätte. Ich fragte sie, wo sie denn schlafen würde, und sie sagte, sie könne auf dem Boden schlafen. Es war Winter und hilflos kam ich mir sowieso nicht vor. Ich zeigte Ah Wor, daß ich den Weg zum Badezimmer und zurück schon gut fand. Es gelang mir, sie zu überzeugen, und sie ging zurück in ihr eigenes Zimmer.

Irgendwo schlug eine Uhr zwei. Ich war sehr müde und beschloß, zu Bett zu gehen. Auf dem Weg zum Badezimmer überlegte ich mir plötzlich, wie ich es nach der Schule mit meinen Vorlesern machen sollte, da Mutter gesagt hatte, ich solle mit Bruder und Schwester im Auto nach Hause kommen. Ich grübelte darüber nach, während ich mir die Zähne putzte und mein Gesicht wusch, und als ich zurück zu meinem Zimmer ging, kam ich mit der Zahl der Türen durcheinander. Ich öffnete eine Tür und hörte es zu meiner Bestürzung schnarchen – Großmutters Schnarchen! Schnell und vorsichtig schloß ich die Tür wieder. Jetzt war ich orientierungslos. Ich stand still, um die Richtung zu erahnen, doch das klappte nicht. Dann bemerkte ich das leise Nachlaufen der Toilettenspülung und ließ mich davon zurück ins Badezimmer leiten. Von dort aus zählte ich diesmal ganz sorgfältig mit und erreichte zu meiner großen Erleichterung wieder mein Zimmer und fühlte die Blindenschriftblätter auf meinem Tisch.

Am Anfang war es komisch, ein Zimmer für mich allein zu haben. Da war niemand mehr, der mit mir den Tisch teilte, und niemand, der aufhob, was ich fallengelassen hatte und nicht mehr finden konnte. Oft merkte ich noch nicht einmal, wenn ich einen Strumpf oder ein Taschentuch oder sogar ein Stück Papier verloren hatte, bis mir auffiel, daß es nicht an seinem Platz war. Wenn ich etwas vermißte, mußte ich auf Händen und Knien den ganzen Boden absuchen. Dies lehrte mich, sehr gut achtzugeben und mich genau zu erinnern, wo ich meine Sachen gelassen hatte. Alle Dinge mußten einen ganz bestimmten Platz haben. Als ich das Zimmer noch mit Schwester geteilt hatte, war das nicht möglich, da sie Dinge, die ihr im Weg waren, einfach wegräumte, ohne es mir jedes Mal zu sagen.

Früh am nächsten Morgen erzählte ich Ah Wor von meiner Sorge, was nun nach der Schule sein würde. Sie hatte auch daran gedacht und sagte, ich solle lieber damit warten, Vater und Mutter zu fragen, und in der Zwischenzeit dem Fahrer einfach sagen, er bräuchte mich nach der Schule nicht abzuholen. Dann konnte ich mit meinen Vorlesern zurückbleiben, und sie würde mich wie üblich um halb acht abholen. Ich fragte sie, wie wir denn zurückkommen würden, da das Haus so weit außerhalb lag. Das wußte sie auch nicht, meinte aber, wir würden es irgendwie schaffen.

Also blieb ich mit meinen Vorlesern in der Schule. Kurz nach halb acht kam Ah Wor mich abholen. Da wir beide keine Straßenschilder oder Buslinien lesen konnten, mußten wir Passanten fragen, aber sie schüttelten nur den Kopf. Erst nach vielen Anläufen wußten wir, wo wir hingehen und welchen Bus wir nehmen mußten. Zweimal mußten wir umsteigen und jedesmal wieder neu fragen. Auf dem Hinweg war Ah Wor um fünf losgegangen und hatte sich durchgefragt, aber der Rückweg sah wieder anders aus, so daß sie bald die Orientierung verlor. Erst nach fast zwei Stunden waren wir zu Hause. Wir machten diese Strapaze gut eine Woche lang mit, bis Ah Wor sagte, es gehe nicht mehr so weiter; es nahm mir (und ihr) zu viel Zeit zum Arbeiten weg. Außerdem war es Winter und bitterkalt, was die Sache noch verschlimmerte. Wir beschlossen, statt der verschiedenen Busse ein Taxi zu nehmen. Damit waren wir zwar sehr viel schneller zu Hause, doch es war sehr teuer, und selbst mit einem ganzen Monatslohn konnte sich Ah Wor das nicht jeden Tag leisten.

Als Vater von seiner Geschäftsreise nach Hause kam, wartete ich auf eine Gelegenheit, bei der meine Eltern beide da waren, legte das Problem dar und fragte sie, was wir tun könnten. Eine ganze Zeitlang antworteten sie nichts, und ich spürte, daß ich sie schon wieder mit etwas belästigt hatte. Endlich sagte Vater, ich könne die Vorleser ja bitten, zu mir nach Hause zu kommen; wir würden ihnen ein Taxi bezahlen. Ich hatte das dumme Gefühl, das würde nicht funktionieren.

Es funktionierte wirklich nicht. Die Vorleser sagten mir, für so eine Reise hätten sie keine Zeit. Also beschlossen wir, daß Ah Wor mich wieder um halb acht abholen sollte und wir mit dem Taxi zurückfahren würden. Ich fragte Ah Wor, ob sie mir vielleicht den Weg zeigen könne, so daß ich eines Tages allein fahren konnte. Aber sie hatte Angst vor Kidnappern, die ein blindes Mädchen für ein paar Dollar an eine Sklavenhalterin in einer anderen Stadt verkaufen würden. Sie sagte sehr bestimmt, daß ich mit meinen neun Jahren noch nicht allein solch weite Strecken fahren dürfe.

Kinobesuch

Mit der Zeit konnte ich mit meinen Klassenkameraden im Unterricht mithalten, doch auf anderen Gebieten merkte ich, daß ich im Vergleich zu ihnen sehr wenig wußte. Sie sprachen über viele Dinge, über die sie in der Zeitung gelesen hatten – Dinge, von denen ich noch nie gehört hatte. Manchmal fragte ich nach, doch entweder waren sie zu beschäftigt, um mir viel zu erklären, oder sie waren so vertieft in ihre Gespräche, daß sie meine Fragen gar nicht hörten. Es brachte mich fast um, zu wissen, daß alle möglichen interessanten Dinge in der Welt geschahen, (in einer Welt, von der ich immerhin auch ein kleiner Teil war), – und gleichzeitig keine Möglichkeit zu haben, davon zu erfahren.

Wohlmeinende Freunde bedauerten mich, daß ich so auf meine Schulbücher beschränkt war; doch oft wünschte ich mir, sie würden ihre Zeit lieber dazu verwenden, mir aus der Zeitung vorzulesen, als freundlich meine Behinderung zu beklagen. Ich fragte mich oft, wie man es einrichten konnte, daß Blinde nicht von allen aktuellen Ereignissen abgeschnitten waren.

Im Chinesischunterricht sagte Lehrerin Lee, wir müßten zusätzlich zum Lesebuch noch mehr Bücher lesen, wenn wir jemals unseren Wortschatz erweitern und unseren Stil verbessern wollten. Die Schulbibliothek erlebte einen großen Ansturm, doch ich brauchte gar nicht erst mitzugehen. Selbst mit meinen zwei Vorlesern täglich war es mir nicht möglich, all meine Bücher abzuschreiben. Dann sagte Lehrerin Lee eines Tages, wir sollten ein Buch nach freier Wahl lesen und einen Aufsatz darüber schreiben. Sie sagte, ich sei davon befreit. Doch ich hatte das Gefühl, wenn ich schon in die Schule ging, sollte ich versuchen, alle Aufgaben zu machen, und beschloß, auch diese zu erledigen. Mir war klar, daß ich nie die Zeit haben würde, einen ganzen Roman abzuschreiben, doch wenn ich das Buch einmal vorgelesen bekäme, würde mir das sicher ausreichen. Natürlich hätte ich es vorgezogen, das Buch wieder und wieder lesen zu können, um später bestimmte Stellen zitieren zu können, doch das war einfach nicht möglich. Ich erinnerte mich daran, daß Lehrerin Lee vor der Klasse von dem englischen Roman »Pride and Prejudice« (Stolz und Vorurteil) gesprochen hatte. Ich wußte ungefähr, worum es dabei ging, also versuchte ich, die Übersetzung aus der Bibliothek auszuleihen.

Ich war noch nie in einer Bibliothek gewesen. Beim Eintreten bemerkte ich sofort den Geruch der Bücher und wie sie jeden Laut schluckten. Langsam ging ich vorwärts, bis ich fühlte, daß ich vor einem Schreibtisch stand. Es war totenstill, und mir war ganz mulmig. Schließlich fragte ich: »Kann ich bitte mit der Bibliothekarin sprechen?« Ich hörte Schritte näherkommen, dann hielten sie an, und ich fühlte, wie jemand mich ansah. Als ich sagte, was ich wollte, kam sie um den Tisch herum und trat so dicht neben mich, daß ich ihren Atem spüren konnte.

Sie fragte mich, wie ich das Buch überhaupt lesen wolle. Ich glaube, sie musterte mich genau, um sich zu vergewissern, daß ich wirklich blind war. Dann seufzte sie laut und ging nach hinten, wobei sie vor sich hinmurmelte, was für eine Mühe es sein müsse, mir vorlesen zu müssen, und daß sie es ganz bestimmt nicht tun würde. Brummelnd ging sie zu einem Regal und bemerkte zu ihrer Kollegin, daß sie nicht verstehe, was es einem blinden Mädchen nütze, mit Sehenden zur Schule zu gehen. Wenn ich nicht zur Schule ginge, würde ich wahrscheinlich gar nicht merken, wie verschieden ich von den anderen Kindern war, doch je mehr Bildung ich hätte, desto mehr könne ich nachdenken und desto unglücklicher würde ich über mein Schicksal werden. Die andere Frau antwortete, vielleicht sei das ein Fortschritt im Erziehungswesen. Doch die erste behauptete, das sei es sicherlich nicht, denn sonst hätten die Blindenheime und die Schulbehörde schon längst etwas in dieser Richtung getan. Sie hielt die ganze Sache für falsch und verrückt; was konnte ein blinder Mensch schon mit allem Wissen der Welt anfangen ?

Ich war froh, mit meinem Buch aus der Bibliothek fortzukommen. Ich war ganz aufgelöst: Wie sollte ich das Buch rechtzeitig lesen? Und das Gespräch der beiden Frauen in der Bibliothek steigerte meine Zuversicht auch nicht gerade.

Die Tage vergingen, und ich hatte noch keine einzige Seite gelesen. Nur noch zwei Wochen, und wir mußten unsere Aufsätze abgeben. Da hörte ich eines Abends bei Tisch, daß die Familie ins Kino gehen wollte, um den Film »Stolz und Vorurteil« zu sehen.

Offenbar hatte der Fahrer, der geschickt worden war, um die Karten zu holen, aus Versehen eine Karte zuviel gekauft, und Mutter hatte unter ihren Bekannten vergeblich nach jemandem gesucht, der mitkommen wollte. Ah Wor wußte, daß ich verzweifelt versuchte, den Roman vorgelesen zu bekommen, und ich hatte ihr gesagt, wenn ich nur in den Film gehen könnte, würde mir das schon viel helfen. Tapfer fragte sie meine Eltern, ob sie mich mitnehmen würden. Wie erwartet waren meine Eltern ungehalten darüber und sagten Nein, das mache zu viel Umstand.

In dieser Nacht war ich so unglücklich und verstört wie nie zuvor. Ich wollte Ah Wor das nicht zeigen; sie litt meinetwegen ohnehin schon genug. Sie kam und sagte mir Gutenacht, und dann holte ich mir einen Stapel Taschentücher, kroch ins Bett und fing hemmungslos an zu weinen.

Seit September hatte ich pausenlos gearbeitet, und jetzt kam noch das Buch dazu. Ich mußte an das Gespräch der beiden Bibliothekarinnen denken. War es wirklich richtig, daß ich in eine Schule ging? Vielleicht hatte ich wirklich keine Chance, je eine Arbeit zu finden, selbst wenn ich alles wußte, was es zu wissen gab. Eines war sicher: All meine Bemühungen, meine Eltern dazu zu bringen, mich als meinen Geschwistern ebenbürtig zu akzeptieren, waren fehlgeschlagen. Und dann Ah Wor – die arme, liebe, treue Ah Wor, die so vieles für mich aufgab und die die einzige war, die zu mir stand. Andere Amahs verspotteten sie und sagten, sie sei verrückt, so viele Dinge im Leben meinetwegen zu verpassen, wie zum Beispiel den Sommerurlaub in Hong Kong.

Als ich mich ausgeweint hatte und nur noch nasse Taschentücher um mich verstreut waren, kam mir plötzlich eine Eingebung. Ich kniete mich auf den Boden und erzählte Gott alles, was mich bedrückte und fragte ihn, was ich tun sollte. Und er ließ mich daran denken, was Ah Wor an dem Abend gesagt hatte, als sie mir die Goldstücke in die Hand gedrückt hatte: Wenn es wichtig für meine Geschwister war, zur Schule zu gehen, war es das auch für mich. Das tröstete mich, besonders als ich mich an das feierliche Versprechen erinnerte, das ich Gott und meiner blinden bettelnden Freundin gegeben hatte. Endlich konnte ich einschlafen.

Mein ganzes Leben lang, seit ich Christ geworden war, war es für mich selbstverständlich, in jeder Lage zu beten. Ich habe so viel praktische Hilfe bekommen und auch Stärke, Mut und inneren Frieden. Meine Probleme mochten klein oder groß sein – wenn ich betete, kam Hilfe. Vielleicht war es nicht die Art von Hilfe, die ich mir vorgestellt hatte, vielleicht änderte sich die Situation selbst nicht, doch ich bekam – mit den Worten der Bibel – »den Frieden Gottes, der höher ist als alle Vernunft«. Die Bibel sagt, daß Gottes Gnade uns genügt und daß Gott uns nicht mehr aufbürdet als wir mit seiner Hilfe tragen können. Manchmal kam es vor, daß ich etwas nicht verstehen konnte, doch ich war immer gewiß, daß, wenn Gott es zuließ, es auch richtig für mich war.

Ich werde es nie vergessen, wie mich 1964, als ich als Stipendiatin der Royal Commonwealth Society for the Blind in England war, der Direktor Sir John Wilson, der selbst blind ist, fragte, ob ich nur ein Sonntagschrist sei oder ob mein Glaube tiefer gehe. Ich erzählte ihm, wie sehr mein Leben durch das Gebet geprägt worden war. Er war erleichtert und sagte, als Vorkämpferin in der Blindenarbeit in meinem Land hätte ich sicher mehr als genug Probleme – viel mehr als ein Blinder in der westlichen Welt, und mit rein menschlicher Kraft würde ich rasch enttäuscht und sei bald am Ende; aber wenn ich immer im Gebet vor Gott käme, würde ich nicht unter der Last zerbrechen. Er hat recht gehabt damit.

Als ich am nächsten Morgen aufwachte, taten meine Augen weh. Sie waren geschwollen. Damit die anderen nichts merkten, am wenigsten Ah Wor, setzte ich meine dunkle Brille auf, bevor ich aus dem Zimmer ging, und hielt den Kopf gesenkt. Ich war froh, daß Ah Wor nichts fragte. Doch nach dem Frühstück kam sie zu mir und sagte, sie hätte einen Vorschlag: Ich könnte doch Lai-ying und Yin-hing zu dem Film, den meine Familie gesehen hatte, einladen und hinterher zum Essen in ein Restaurant. Ich behauptete, daß ich gar nicht mehr unbedingt in den Film gehen wollte und sowieso viel zu viel Arbeit hätte. Doch sie beharrte, es sei an der Zeit, daß ich einmal einen freien Nachmittag hätte, und fügte listig hinzu, daß ich nach einer kleinen Pause um so besser arbeiten könne. Dann drückte sie mir etwas Geld – ihr Geld – in die Hand; ich war so überwältigt, daß ich nicht wußte, was ich sagen sollte, und einfach aus dem Haus stürmte und ins Auto stieg.

Der nächste Tag war ein Samstag, und Lai-ying, Yin-hing und ich gingen ins Kino und hatten einen herrlichen Nachmittag. Ich war das erste Mal im Kino, und die Atmosphäre, die ganz anders als in der kantonesischen Oper war, machte einen großen Eindruck auf mich. Es war viel ruhiger, und die Leute unterhielten sich nur flüsternd, was mir das Zuhören sehr erleichterte. Da ich schon ungefähr wußte, warum es ging, konnte ich dem Gesprochenen (in Chinesisch) gut folgen. Meine Freundinnen gaben mir flüsternd Beschreibungen der Szenerie und der Kleider und sagten mir die Namen der Darsteller auf der Leinwand. Bald konnte ich die einzelnen Stimmen unterscheiden und folgte der Handlung mit großer Spannung und Interesse.

Nach dem Film gingen wir Essen. Yin-hing sagte, es sei dasselbe Restaurant, in das ihre Eltern gewöhnlich mit ihr gingen, und vom Namen her war es auch das, in das meine Eltern mit meinen Geschwistern gingen. Wieder war die Atmosphäre ganz anders als in den Restaurants, die ich kannte. In dieser gehobenen Klasse unterhielt man sich nur gedämpft, und die Kellner waren höflich und aufmerksam. Sogar die Stühle waren bequemer. Ich war stolz und glücklich; es war das erste Mal, daß ich meine Freundinnen zum Essen einladen konnte. Als es ans Bezahlen ging, gab ich Laiying das Geld, doch sie sagte, wenn ich sie schon eingeladen hätte, solle ich auch selbst bezahlen. Die Ober flüsterten einander zu, sie hätten noch nie ein blindes Mädchen in ein Restaurant wie dieses kommen und schon gar nicht bezahlen sehen. Doch zum ersten Mal waren die überraschten Bemerkungen, die ich hörte, nicht verächtlich, sondern hatten einen bewundernden Unterton.

Dieser Abend half mir ein ganzes Stück, mein Selbstvertrauen zurückzugewinnen. Ich spürte wieder, daß ich fast alles tun konnte, was gesunde Leute taten, wenn sie mich nur ließen. Welches psychologische Gespür Ah Wor dazu veranlaßt hatte, mich genau in dieser Situation in das Kino zu schicken, werde ich nie erfahren. Ihr Spürsinn und Feingefühl haben sie nie getäuscht, und sie kannte mich besser als ich mich selbst.

Der Film »Stolz und Vorurteil« rettete meinen Aufsatz. Ich hatte zwar nur einen kleinen Teil des Buches vorgelesen bekommen, doch ich gab mir alle Mühe, den Aufsatz anhand des Films zu machen, schrieb ihn in Blindenschrift und gab ihn ab bzw. las ihn Lehrerin Lee vor, die ihn dann aufschrieb. Einige Tage später bekamen wir die Arbeit zurück, und ich erhielt zu meiner großen Freude eine Zwei dafür. Lehrerin Lee las meinen Aufsatz sogar in der Klasse vor und sagte, ich hätte es gut gemacht, obwohl ich das Buch nicht hatte lesen können.

Nach der Stunde bat sie mich, noch einen Moment dazubleiben. Ich wartete, unsicher, ob ich etwas falsch gemacht hatte, und hörte sie Sachen in den Schrank räumen. Dann klappte sie die Schranktür zu und kam zu mir herüber. Zu meiner Überraschung sagte sie, ich sei in Chinesisch viel besser geworden, und schlug vor, ich solle einen Artikel für eine Jugendzeitschrift schreiben. Das war eine aufregende Idee, aber gleichzeitig machte sie mir auch ein wenig Angst. Worüber sollte ich denn schreiben? Sie sagte, ich könne zum Beispiel die Geschichte mit meinem Bruder und dem Funkgerät und dem Arzt auf den Philippinen und wie ich die Blindenschrift gelernt hatte, erzählen. Mir war noch nie in den Sinn gekommen, daß jemand sich dafür interessieren könnte, doch ich wollte es gern versuchen.

Ich schrieb den Artikel am Wochenende, und Wai-wan, die mir schon in Mathematik geholfen hatte, schrieb ihn mir auf, damit ich ihn Lehrerin Lee geben konnte. Lehrerin Lee schlug ein paar kleine Korrekturen vor und sagte, sie würde ihn an den Herausgeber einer Zeitschrift in Hong Kong schicken. Ich sagte, ich würde am liebsten den Umschlag selbst beschriften. Sie überlegte ein wenig und sagte dann, daß ich vielleicht etwas später Schreibmaschineschreiben lernen könnte, um Englisch zu schreiben. Ich fragte, wie denn ein Blinder auf der Schreibmaschine schreiben könne. Lehrerin Lee erklärte mir den Aufbau einer Schreibmaschine mit der festen Anordnung von Buchstaben und Zeichen und sagte, daß gute Schreiber »blind« schrieben, auch wenn sie sehen konnten, also ohne auf ihre Hände oder die Tasten zu schauen. Das klang ja geradezu ideal! Ich war sicher, daß ich mir die Lage der einzelnen Tasten merken könnte. Wenn ich wirklich gut Englisch lernen könnte, hätte ich ja ungeahnte Möglichkeiten!

Mir fiel auch die Radiosendung von vor zwei oder drei Jahren wieder ein, in der ich von Büchern und Zeitschriften in Brailleschrift gehört hatte, die es in England und Amerika geben sollte. Einige davon sollten für Blinde sogar kostenlos sein. Und ganz heimlich begann ich davon zu träumen, in eine englische Schule zu gehen, sobald ich eine gute Grundlage in Chinesisch hatte.

Einige Wochen vergingen, und ich hatte den Artikel schon fast wieder vergessen. Eines Nachmittags kam ein Bote während unserer letzten Pause in den Klassenraum und sagte, da sei ein Brief für mich. Von der Briefmarke her zu schließen, kam er aus Hong Kong. Ich öffnete ihn eilig – aber er war natürlich nicht in Blindenschrift abgefaßt, und ich konnte ihn gar nicht lesen. Gerade begann die nächste Stunde, und ich saß wie auf Kohlen, bis sie vorbei war und ich meine Vorleserin bitten konnte, mir den Brief vorzulesen. Die Zeitschrift hatte meinen Artikel angenommen, und ich sollte sie als Gegenleistung ein Jahr lang kostenlos zugestellt bekommen! Zuerst war ich ganz aus dem Häuschen, doch bald dämmerte es mir, daß ich bei meinen vielen Hausaufgaben wahrscheinlich nicht auch noch die Zeitschriften vorgelesen bekommen könnte. Aber immerhin, daß der Artikel veröffentlicht werden sollte, tat mir sehr gut.

Die Zeitschrift wollte ein Foto von mir haben. Am Abend erzählte ich Ah Wor davon, und sie war so glücklich darüber, als ob sie 1000 Dollar gewonnen hätte. Am Wochenende gingen wir zu einem Fotografen, und zum ersten Mal in meinem Leben wurde ein Foto von mir gemacht.

Als Folge des Artikels erhielt ich etliche Zuschriften, hauptsächlich aus Hong Kong, von Leuten, die gern mit mir in Briefkontakt treten wollten. Es waren insgesamt sieben oder acht. Zwei oder drei kamen von Mädchen aus Kanton, aber der Brief, der mich am meisten interessierte, kam von einem Mädchen namens Cheung Yanlan. Sie schrieb, sie sei 17 Jahre alt und vor zwei Jahren durch eine Krankheit taub geworden. Sie hatte unbedingt weiter zur Schule gehen wollen, doch ihre Familie war in finanziellen Schwierigkeiten und schickte sie in eine Fabrik. Sie schrieb mir, wie sie mich beneidete, daß ich in eine richtige Schule gehen konnte. Ich bat darauf eine meiner Klassenkameradinnen, ihr einen kurzen Brief mit einem Vorschlag für ein Treffen zu schreiben.

Ich war sehr gespannt darauf, sie zu treffen. Ich dachte, ich müßte so laut ich konnte in ihr Ohr brüllen, doch wie überrascht war ich, daß ihre Kusine, die mitgekommen war, das, was ich sagte, nur ganz leise wiederholte, fast flüsternd, und daß Yan-lan jedes Wort verstand. Sie erklärten mir, daß sie von den Lippen anderer Leute lesen konnte. Wir wurden Freundinnen und gingen gelegentlich gemeinsam aus. Sie lernte sehr gut, von meinen Lippen zu lesen, so daß wir uns gut verständigen konnten. Sie las mir die chinesische Übersetzung der Autobiographie »Geschichte meines Lebens« von Helen Keller vor, ein wunderbar ermutigendes Buch.

Unser Umzug in das neue Haus am Stadtrand fand im Herbst statt. Ich erinnere mich noch daran, wie ich fragte, was das Glitschige unter meinen Schritten auf dem Bürgersteig sei, und zur Antwort bekam, es seien Blätter von Bäumen. In der Nähe unserer alten Wohnung hatte es so wenig Bäume gegeben, daß ich gar nicht gewußt hatte, daß die Blätter im Herbst abfallen. Die Wochen vergingen, und es wurde immer kälter. Da tauchte – wieder einmal – ein neues Problem auf: Es wurde immer schwieriger, meine Punkte mit den Fingerspitzen zu lesen, wenn sie kalt waren, und das verminderte meine Arbeitsgeschwindigkeit. Die letzten Winter waren ebenso kalt gewesen, doch da ich damals noch nicht zur Schule gegangen war, war dieses Problem nicht aufgetaucht.

Eines Morgens forderte mich Lehrerin Lee auf , in der Klasse vorzulesen. Es war bitterkalt, und meine Fingerspitzen waren fast taub. Ich kämpfte mit den Punkten, doch ich konnte nicht schneller lesen. Lehrerin Lee war erstaunt und fragte, ob mir nicht wohl sei oder ob ich keine Zeit gehabt hätte, um mich vorzubereiten. Ich hatte Angst, die Wahrheit zu sagen; ich weiß nicht, wieso. Ich hätte ja erklären können, daß ich mit meinen kalten Fingern die Punkte nicht fühlen konnte. Aber irgendwie hatte ich Angst, ausgelacht oder ausgeschimpft zu werden. Natürlich hörte ich die anderen gleich flüstern, ich sei entweder faul oder dumm. Ich brachte alles durcheinander und wäre vor Scham am liebsten im Boden versunken.

Als ich Ah Wor davon erzählte, sagte sie, ich solle Handschuhe anziehen, damit meine Hände wärmer blieben. Ich versuchte es am nächsten Tag, doch es half nichts. Mit Handschuhen konnte ich nichts richtig spüren und hatte sogar Schwierigkeiten, die Autotür zu öffnen. Meine Hände sind der Ersatz für meine Augen, und Handschuhe zu tragen ist für mich so, wie wenn einem sehenden Menschen die Augen verbunden werden. Ich legte die Handschuhe beiseite und entschied, daß kalte Hände das geringere Übel waren. Aber ein Problem blieb: Ich nutzte meine Blindenschriftaufzeichnungen schneller ab. Für meine ganze Arbeit benutzte ich alte Zeitungen, die schon normalerweise nicht viel Druck aushielten. Ich mußte meine Lektionen immer wieder nachlesen, und die Punkte drückten sich ziemlich schnell flach. Mit meinen vor Kälte gefühllosen Fingern mußte ich stärker drücken, um sie zu fühlen, und machte sie dabei rasch unlesbar.

Wieder war es Ah Wor, die eine Lösung parat hatte. Sie sagte, wir könnten uns nach alten englischen Zeitschriften umsehen, die auf festerem Papier gedruckt waren. Wir kannten niemanden, der englische Zeitschriften las, und Siebte Tante wohnte zu weit weg, also ging Ah Wor zum Altpapierhändler. Ich versuchte es mit dem neuen Papier, und es war großartig; die Punkte waren stärker und leichter zu lesen und blieben sehr viel länger in gutem Zustand. Außerdem sagten meine Klassenkameraden, meine Hände seien nicht mehr so voll Druckerschwärze wie früher.

Die beiden Hauptschwierigkeiten für mich waren das Lesen der Schulbücher und das Problem, zu erfahren, was die Lehrer an die Tafel geschrieben hatten.

Meine Vorleser lasen mir vier Stunden täglich vor, doch selbst auf diese Weise konnte ich nicht alles abschreiben, und dann hatte ich nicht genug Zeit, zu lernen, was ich aufgeschrieben hatte. Die Lesestunden nach der Schule und der lange Nachhauseweg bedeuteten, daß es nach dem Abendessen schon sehr spät war und ich zu müde war, um richtig zu arbeiten. Normalerweise lernte ich ungefähr von halb zehn bis Mitternacht. Ich versuchte, mit zwei Stunden Schlaf auszukommen, aber das ging nicht; gegen zwei Uhr morgens schlief ich einfach ein. Gegen sechs oder halb sieben stand ich wieder auf, doch selbst so schaffte ich es vor den Prüfungen gerade eben, die meisten meiner Texte ein- oder zweimal durchzulesen. Manchmal träumte ich davon, wie herrlich es wäre, den ganzen Text schon fertig in Blindenschrift zu bekommen.

Das Problem mit der Tafel hing mit den typischen Kontaktschwierigkeiten zusammen, die alle blinden Menschen haben. Ich wußte, daß etwas an der Tafel stand; die Lehrer bezogen sich darauf, und ich konnte das Quietschen der Kreide hören. Es hätte ein leichtes sein sollen, meine Banknachbarinnen zu bitten, es mir vorzulesen. Doch so einfach war das nicht. Nur wenige Mädchen waren bereit, laut zu lesen. Die meisten, obwohl sie nett zu mir waren, sagten, sie läsen nicht gern laut vor. Einige wichen mir aus, und mir wurde wieder bewußt, daß Blindheit es sehr schwierig macht, die Initiative zu einer Bekanntschaft zu ergreifen. Ich kannte keinen Blickkontakt. Ich wußte nicht, ob mich jemand ansah und vielleicht zurücklächelte, wenn ich lächelte. Vielleicht hatte er sogar zuerst gelächelt, aber Lächeln macht kein Geräusch, und ich bin so abhängig von Geräuschen. Ich mußte darauf warten, daß die Leute mich ansprachen; ohne das kam kein Kontakt zustande. Einige der Mädchen erkannte ich an ihrem Gang, doch oft liefen sie rasch an mir vorbei, und ich hatte Angst, den ersten Schritt zu tun und eine Abfuhr erteilt zu bekommen. Es war mir auch peinlich, ständig meine zwei oder drei Freundinnen zu bitten, mir ihre Zeit zu opfern, da sie doch selbst genug Arbeit hatten. Doch immerhin konnte ich mir eigene Aufzeichnungen aus dem, was die Lehrer sagten, machen. Inzwischen war ich auch sehr schnell im Punktestechen. Sicher waren meine Aufzeichnungen nicht so ausführlich wie die an der Tafel, aber sie waren besser als gar nichts.

Schließlich kam der gefürchtete Tag: die Schuljahrs-Zwischenprüfungen. Wir wurden verschiedenen Klassenräumen zugewiesen, und die Aufsicht führten fremde Lehrer. Würden die fremden Lehrer wissen, daß sie mir die Fragen vorlesen mußten? Bei jeder Prüfung war es anders. Manchmal kam der aufsichtführende Lehrer, nachdem er die Aufgabenblätter ausgeteilt hatte, von selbst zu mir und las mir die Aufgaben vor, manchmal hatte man es ihm offenbar nicht gesagt, und ich mußte mich melden. Durch das Vorlesen hatte ich natürlich viel weniger Zeit als die anderen Schüler, um die Antworten aufzuschreiben. Am Schluß mußte ich meine Antworten dem Lehrer vorlesen, damit er sie in normaler Schrift aufschreiben konnte. Ich merkte bald, daß ich nicht genug Zeit hatte, um alle Antworten aufzuschreiben, denn selbst wenn ich mit Höchstgeschwindigkeit meine Punkte stach, konnte ich nicht so schnell schreiben wie die anderen. Ich nahm also all meinen Mut zusammen und fragte, ob ich nicht die Fragen, für die ich keine Zeit gehabt hatte, mündlich beantworten dürfe. Ich durfte! Der arme fremde Lehrer mußte seine ganze Pause opfern, um meine Antworten aufzuschreiben, damit meine Lehrer sie korrigieren konnten. Aber die Lehrer waren sehr nett und geduldig.

Ich erwartete die Ergebnisse mit Bangen und konnte es dann kaum glauben, daß ich überall bestanden hatte. Die besten Noten hatte ich in Chinesisch, Englisch und Geschichte; die schlechteste (aber immer noch »Ausreichend») in Mathematik. Trotz meiner Erleichterung darüber, daß ich bestanden hatte, war es doch enttäuschend zu wissen, daß ich es besser hätte machen können, wenn ich nur mehr Texte aus den Schulbüchern zum Lernen zur Verfügung gehabt hätte. Dieses quälende Bewußtsein verfolgte mich meine ganze achtjährige Schulzeit hindurch. Im Durchschnitt, glaube ich, stand mir ungefähr ein Drittel der Texte zur Verfügung, die meine Schulkameraden hatten. Trotzdem bin ich nie bei einer Prüfung durchgefallen.

Nun lagen die Prüfungen hinter uns, und alle konnten aufatmen! Jetzt konnten wir an das Chinesische Neujahrsfest denken, das als nächstes vor uns lag und an alles mögliche andere, das nichts mit der Schule zu tun hatte.

Ich erinnere mich noch an eine Geschichte, die uns alle fesselte. Sie ging tagelang durch die Zeitung, die anderen erzählten mir davon, und wir verfolgten sie mit Spannung. Es ging um Arbeiter einer bestimmten Fabrik, die behaupteten, sie sähen Gespenster, alle Arten von Gespenstern, sogar bei hellstem Tageslicht. Ich bekam Alpträume von Geistern, die mich mit gräßlichen Schreien verfolgten, bis ich schweißgebadet aufwachte. Ich erzählte den anderen Mädchen davon – wir erzählten uns immer gegenseitig unsere Träume – und Mei-ling sagte, sie habe von einem furchtbaren Gespenst mit einem Drachenkopf und einem Fischleib geträumt. Ich wußte, wie Fische aussahen, weil ich einmal einen Fisch, den Ah Wor gekauft hatte, untersucht hatte. Aber wie sah ein Drache aus? Als ich die Mädchen danach fragte, sagte Yin-hing, ihr sei aufgefallen, daß ich immer nur von Stimmen und Geräuschen in meinen Träumen erzählte, nie von Formen oder Farben oder sonst etwas Sichtbarem. Wie kam das? Darüber hatte ich noch nie nachgedacht. Schließlich sagte ich, daß unsere Träume wohl auf dem beruhten, was wir erlebt hatten, und da ich niemals sichtbare Eindrücke gehabt hatte, konnte ich in meinen Träumen auch keine Drachen sehen; ich konnte sie mir ja noch nicht einmal richtig vorstellen, wenn ich wach war. Meine Träume waren und sind voller Töne und Stimmen und manchmal auch vom Gefühl bestimmter Dinge, weil das die Eindrücke sind, die meine Welt ausmachen – die bewußte und die unbewußte.

Einmal fragte ich die Mädchen, ob sie mir den Unterschied zwischen einer fröhlichen und einer ärgerlichen Miene erklären könnten. Sie gaben sich viel Mühe, doch ich konnte mir nicht ganz vorstellen, was sie meinten. Dann bat ich sie, es nicht meinetwegen zu vermeiden, von der Farbe ihrer Kleider oder der Umgebung zu sprechen. Ich wollte mehr über die sichtbare Welt erfahren. Ich liebte anschauliche Wörter, und als Yin-hing sagte: »Da kommt Pui-ping in ihrem leuchtendroten Kleid«, wurde ich hellhörig und fing an, Rot mit Leuchten in Verbindung zu bringen. Auf meine Frage, was »weiß« bedeute, antworteten sie, das sei etwas ohne Farbe. In dem Glauben, alles habe eine Farbe, fragte ich, welche Farbe der Wind habe. Sie antworteten, der Wind habe keine Farbe. Also fragte ich, ob der Wind weiß sei. Vielleicht könne man es so ausdrücken, sagten sie, aber es klang recht unsicher.

Ich erinnere mich noch heute gut daran, wie ich damals versuchte, die Farben zu verstehen. Seither habe ich aus den Beschreibungen anderer Leute und aus Büchern eine Vorstellung davon bekommen, doch da ich nie sehen konnte, werde ich nie wirklich wissen, was Farbe bedeutet. Bei der farblichen Zusammenstellung meiner Kleidung zum Beispiel muß ich mich auf die Vorschläge von Ah Wor und anderen Leuten, deren Urteil ich schätze, verlassen. Für Menschen, die ihr Augenlicht später im Leben verlieren, ist es in gewisser Hinsicht einfacher, denn sie wissen, was Farben sind und wie die Welt aussieht, so daß sie ihre Entscheidungen in bezug auf Kleidung und ähnliches aus ihrem Gedächtnis treffen können.

Das Chinesische Neujahrsfest rückte heran. Wir alle freuten uns darauf. An Silvester war es üblich, braunen Zucker als Dankopfer an den Gott des Herdes, der auch Gott der Küche genannt wurde, auszustreuen. Nach der Tradition glaubte man, daß dieser Gott dem höchsten Gott im Himmel Bericht über die Familie, für die er zuständig ist, erstattet. Dadurch, daß sie ihm den Mund mit Zucker stopft, hofft die Familie, daß er einen freundlichen und wohlwollenden Bericht abgibt und nichts Übles sagt.

Meine Geschwister sprachen über die neuen Kleider, die sie anziehen würden, um mit den Eltern Verwandte und Freunde besuchen zu gehen. Neue Kleider haben beim Chinesischen Neujahrsfest immer etwas Rotes: Rot ist die Farbe des Glücks, und selbst ich verbinde mit Rot ein festliches Gefühl. Meine Geschwister bekamen die roten Päckchen *lai see* (Glücksgeld), und obwohl ich wußte, daß ich nicht mitgenommen wurde, freute ich mich auf das gute Essen und die Süßigkeiten, die es Neujahr immer gab. Ich bekam auch etwas *lai see* von den Erwachsenen in der Familie und von Verwandten und Freunden, die uns besuchen kamen. Uns Kindern wurde gesagt, daß wir an Neujahr nur Gutes und nichts Böses sagen durften; wir durften uns nicht die Haare waschen, baden oder den Fußboden fegen, weil das unser Glück abwaschen oder unseren Wohlstand hinwegfegen würde.

An Neujahr sagten wir *Kung Hei Fat Choy* zu Großmutter, Vater und Mutter. Ich ging in die Küche und sagte es auch zu Ah Wor und den anderen Amahs und dem Gärtner, und von allen bekam ich *lai-see*-Päckchen. Dann, vor dem Frühstück, gingen wir Kinder in den Garten, wo wir nicht gehört werden konnten, und sagten alles mögliche Schlechte, wie zum Beispiel: »Du bekommst nächstes Jahr nur schlechte Noten!« oder: »Dir werden alle *lai-see*-Päckchen gestohlen!« Wir wollten herausfinden, ob die schlechten Dinge wirklich alle wahr werden würden, wenn wir sie sagten...

Zum traditionellen chinesischen Neujahrsfest gehören auch Feuerwerkskörper. Als ich klein war, hatte ich Angst vor dem Krachen, doch später lernte ich, sie anzuzünden und schnell wegzulaufen, ehe sie losgingen. Es machte Spaß, aber ich tat es nur, wenn die Erwachsenen nicht dabei waren, die mir sicher verboten hätten, mit so gefährlichen Dingen zu spielen. Ah Wor sagte nur, ich müsse sofort so schnell wie möglich weglaufen und mir nicht die Finger dabei verbrennen.

Besonders liebte ich an Neujahr den Duft der Blumen im Wohnzimmer. An Silvester gingen Vater und Mutter Blumen kaufen. Sie versuchten, Blumen auszuwählen, die genau an Neujahr aufblühten, denn das war ein Zeichen von Glück und guten Geschäften. Ich erinnere mich noch gut an ein Jahr, als die Blumen, die sie gekauft hatten, nicht richtig blühten. Das war 1949.

Tigerwein

Nach den Neujahrsferien ging es wieder in die Schule, wo nun alles auf die Jahresabschlußprüfungen im Juni gerichtet war. Zu Hause machte die Familie schon wieder Pläne für den Sommerurlaub. Wieder würden Vater, Mutter, meine Geschwister und Ah Luk nach Hong Kong fliegen, und wieder würde ich zu Hause bleiben müssen, aber dieses Jahr war ich nicht so traurig deswegen wie letztes Jahr. Nur Ah Wor tat mir leid. Aber sie lachte nur und sagte, wir würden allein bestimmt genug Spaß haben.

Das Schulhalbjahr schleppte sich dahin. Es wurde immer wärmer, und wir mußten die Jahresabschlußprüfungen in stickiger Hitze ablegen. Die Lehrer und ich gingen wieder so vor wie beim letzten Mal und wieder durfte ich mündliche Antworten geben, wenn mir die Zeit nicht reichte.

Ich bestand in allen Fächern. In Englisch war ich mit 94 Punkten die Beste, in Chinesisch war ich unter den ersten vier oder fünf. Wehmütig dachte ich daran, wie meine Geschwister gelobt wurden, wenn sie gut in der Schule waren – und dabei hatten sie nicht meine Behinderung. Doch Ah Wor war stolz auf mich, und das war mir genug. Es war auch Ah Wor, die vorschlug, ich könnte mir den Sommer über vielleicht die Schulbücher vom nächsten Jahr vorlesen lassen, damit ich später mehr Zeit zum Lernen hätte. Das klang gut. Ich fragte Vater, ob er die Lesestunden bezahlen würde, und bat die Mädchen aus der zweiten Klasse, mir ihre Bücher zu leihen. Dann fragte ich Wai-wan, ob die Bücher sich von Jahr zu Jahr änderten. Sie sagte, in den letzten drei Jahren seien sie gleich geblieben. Also verbrachte ich in den Ferien täglich sechs Stunden damit, die neuen Bücher abzuschreiben, und in der freien Zeit brachte mir Ah Wor das Bügeln und andere Hausfrauenarbeiten bei.

In diesen Sommerferien 1947 gingen Ah Wor und ich zum Mo-Kwong-Blindenheim, um meine ehemalige Lehrerin zu besuchen. Durch sie hatte ich auch einige andere Heimbewohnerinnen kennengelernt. Obwohl sie viel älter waren als ich, hatten wir doch vieles gemeinsam. Sie hatten Interesse an allem, was ich in der Schule lernte, und ich gab ihnen so viel wie möglich davon weiter. Eine Sache war für sie kaum zu begreifen – daß ich mich als einzige Blinde in einer Schule von Hunderten sehender Kinder nicht unterkriegen ließ. Sie schüttelten den Kopf, daß ich wirkliche Freundinnen unter den sehenden Mädchen hatte.

Ich erfuhr jetzt auch mehr über das Heim. Es wurde von einer Gruppe baptistischer Damen in Blue Mountain, Mississippi, in den USA unterstützt. Die Liebe und Hilfsbereitschaft dieser fernen Damen, die niemals China oder irgendeine dieser blinden Frauen sehen würden, machte einen großen Eindruck auf mich und bestärkte meine Überzeugung von der Kraft der Liebe Jesu Christi.

Das einzige, was die Heimbewohnerinnen für ihren Lebensunterhalt tun konnten, war Stricken. Die Begabtesten von ihnen, wie meine Lehrerin, waren zur Ming-Sum-Schule für Blinde gegangen, um Blindenschrift zu lernen; als sie zurückkamen, brachten sie den anderen bei, was sie gelernt hatten.

Wir lernten auch Frau Dodson kennen, eine Amerikanerin, die in Kanton als Beauftragte der baptistischen Missionsgesellschaft wohnte. Sie war beeindruckt, daß ich es geschafft hatte, in eine Regelschule gehen zu können. Vielleicht könne ich eines Tages die Frauen im Heim unterrichten, sagte sie zu mir. Das war das erste Mal, daß jemand der Meinung war, ich könne einen richtigen Beruf ausüben!

Einige Heimbewohnerinnen hatten Teile der Bibel mit der Hand in die kantonesische Blindenschrift übertragen. Das Heim bezahlte einen sehenden Mitarbeiter, der die Bibel zum Mitschreiben vorlas. Ich borgte mir einige dieser Abschriften und schrieb sie für mich selbst ab. Die anderen berichteten mir, daß das, was sie bisher abgeschrieben hatten – ein Großteil des Alten und des Neuen Testaments – so viel Platz brauchte, daß einige von ihnen buchstäblich aus ihren Zimmern verdrängt worden waren, um dem Stapel von Bänden Platz zu machen. Sie benutzten altes Zeitungspapier, mehrere Bögen auf einmal, weil sie nichts anderes zur Verfügung hatten. Es war so traurig, welch große Menge von Zeit, Mühe und Sorge sie an diese Arbeit verwendet hatten, nur um die Erfahrung zu machen, daß wegen des schlechten Papiers die Punkte schnell plattgedrückt waren und daß, wenn man die Bände übereinanderstapelte, die unteren fast unlesbar wurden. Außerdem rubbelte das ständige Lesen der beliebtesten Bücher die Punkte flach, was bedeutete, daß sie regelmäßig neu geschrieben werden mußten.

Oft wünschten wir, daß jemand etwas erfände, das die Blindenschriftpunkte haltbarer machte. Keiner von uns hatte je ein Blatt normal festen Blindenschriftpapiers in der Hand gehalten, geschweige denn von Braillevervielfältigungen auf Plastikfolie gehört.

Eines Tages nahm ich mir wieder mein altes Originalpaket mit den Braillekarten vor. Auf einer Karte stand der Name der John-Milton-Gesellschaft* und ihre New Yorker Adresse. In der Schule hatte ich gelernt, wie man einen englischen Brief schrieb. Also beschloß ich, einen Brief in Braille an die John-Milton-Gesellschaft zu schreiben und mich für die Dinge zu bedanken, die sie mir geschickt hatten und die es mir ermöglicht hatten, Englisch zu lernen und zur Schule zu gehen. Tagelang formulierte ich an meinem Dankesbrief, las ihn wieder und wieder, bis ich ihn zuletzt gut genug fand. Mit dem fertigen Brief gingen Ah Wor und ich zum Postamt in der Stadtmitte. Sie beschrieb mir die einzelnen Schalter und ließ mich die Reihe der verschiedenen Briefschlitze fühlen. Wir baten einen Beamten, den Umschlag zu adressieren, was er auch gerne tat. Das schnellste war, den Brief per Luftpost zu schicken. Das war zwar ziemlich teuer, aber das war es uns auch wert.

Jetzt wollte ich auch die Ming-Sum-Schule für Blinde kennenlernen. Sie war ziemlich weit am anderen Ende der Stadt, und wir mußten einen Fluß (nicht den Perlfluß) in einem Sampan (chinesisches Ruder- und Segelboot) überqueren. Zu meiner Freude besuchten Mädchen und Frauen jeden Alters die Schule; ich wollte doch so gern jemanden in meinem Alter kennenlernen. Ah Wor und ich gingen den ganzen Sommer lang fast jeden Sonntag hin.

Zu dieser Zeit war Frau Schaeffer die Direktorin. Sie erzählte mir, daß die Schule schon im vorigen Jahrhundert von einer amerikanischen Missionarin und Ärztin, Mary Niles, gegründet worden war. Sie hatte blinde Mädchen auf den Straßen betteln und singen hören, und als sie an die Blinden in ihrem eigenen Land dachte, die so viel Unterricht und Ausbildung bekamen, beschloß sie, den Blinden in China zu helfen. Sie rief zu Spenden in den Vereinigten Staaten auf und errichtete die Ming-Sum-Schule. Wir sprachen kantonesisch, doch an einer Stelle benutzte Frau Schaeffer ein Wort, das ich nie zuvor gehört hatte – Braille. Sie sagte, dies sei die

* Genannt nach dem englischen Theologen, Politiker und Dichter John Milton (1608 – 1674), der im Staatsdienst erblindete und als Blinder unter anderem »Das verlorene Paradies« und »Das wiedergewonnene Paradies« schrieb.

Bezeichnung für das, was ich und die Leute vom Mo-Kwong-Heim als Blindenschrift bezeichneten. Frau Dr. Niles, die fließend kantonesisch sprach, hatte die kantonesische Blindenschrift entwickelt; sie basierte auf dem phonetischen System, das sie verwendet hatte, als sie die Sprache lernte. Aus dieser Schrift entstand dann die standardisierte kantonesische Blindenschrift, die im ganzen südlichen Teil Chinas verwendet wird. Es war dasselbe System, das meine Lehrerin gelernt und mir beigebracht hatte.

Die Schule wurde von großzügigen Spendern in Amerika getragen, einschließlich der John-Milton-Gesellschaft, die regelmäßig einen großen Betrag überwies. Lehrer und Schüler waren alle blind; nur die Direktorin und das Dienstpersonal konnten sehen. Die meisten der Blinden waren von ihren Familien an Flüssen, im Gebirge oder in entlegenen Stadtteilen ausgesetzt worden; viele waren auch Bettler gewesen, entweder für sich selbst oder für irgendwelche Sklavenhalter, denen sie verkauft worden waren. Die Missionare hatten sie gerettet und in die Schule gebracht. In den letzten Jahren hatte auch der Staat sich um das Los der Blinden zu kümmern begonnen, und um die Anzahl der Bettler auf den Straßen zu verringern, hatte die Polizei sie aufgegriffen und zur Schule gebracht, wo ihr Platz vom Staat bezahlt wurde. In den anderen Fällen versuchte die Schule, Kontakt mit den Familien der Mädchen aufzunehmen, um wenigstens eine kleine Unterstützung für ihren Lebensunterhalt zu erhalten. Meistens jedoch waren die Familien entweder nicht auffindbar oder zahlungsunwillig, so daß die mittellosen Mädchen aus dem Spendenetat der Schule unterstützt werden mußten. Um die Situation zu verbessern, bemühten sich die Missionare, für jeden Schüler einen »Paten« – meist eine Ausländerin – zu finden. Als ich die Mädchen besser kennenlernte, sagten sie einstimmig, wie gut ich es hätte, nicht nur nicht ausgesetzt worden zu sein, sondern auch noch Schulgeld von meinen Eltern zu bekommen.

Die Schule hatte ein großes Unterrichtsangebot: englische und kantonesische Blindenschrift, Musik und Kunsthandwerk. Einige der Mädchen spielten Klavier, und ich bat sie, mir die Blindennotenschrift beizubringen. Sie schien mir sehr kompliziert, und dieser Eindruck war nicht falsch. Die Mathematik- und die Musikschrift für Blinde sind die schwierigsten Varianten der Blindenschrift.

Die Mädchen der Ming-Sum-Schule ihrerseits wollten wissen, was ich in meiner Schule lernte, und ich vermittelte ihnen so viel ich konnte von Geschichte, Mathematik und Erdkunde und schrieb

Auszüge aus meinen Büchern für sie ab. Während ich daran arbeitete, wanderten meine Gedanken immer wieder zu Tse Tse.

Die Bemerkung, die Lehrerin Lee über Blindschreiben auf der Maschine gemacht hatte, ging mir nicht mehr aus dem Kopf. Ich fragte Frau Schaeffer danach, und sie sagte, daß Blinde in Amerika und Europa Schreibmaschine schreiben lernten und selbständig Briefe schreiben und adressieren könnten. Da ich gern wissen wollte, wie eine Schreibmaschine aussah, zeigte sie mir ihre. Ich legte meine Finger auf die Tasten und wußte sofort, daß ich mir die einzelnen Stellungen gut merken und Schreibmaschine schreiben lernen könnte. Leider konnte Frau Schaeffer ihren Schülerinnen das Maschineschreiben nicht beibringen, da sie nur sehr wenig Englisch konnten – nicht genug, um sich in dieser Sprache verständigen zu können. Ich war überglücklich über ihre Ermutigungen, besonders als sie sagte, ihre Schule würde froh sein, mich als Lehrerin zu haben. Lehrerin – das war so etwas wie ein Traumberuf für mich.

Ich fragte Frau Schaeffer, wie blinde Menschen in Amerika oder Europa auf Regelschulen gehen konnten – was war zum Beispiel mit den Schulbüchern? Sie sagte, sie hätten Braille-Schulbücher, die teilweise vom Staat, teilweise von privaten Verbänden geschrieben und gedruckt würden. Ein Teil werde auch von freiwilligen, sehenden Helfern geschrieben, die dazu eigens die Brailleschrift lernten. Als ich das hörte, beneidete ich die blinden Schüler in diesen Ländern geradezu und begann von der Zeit zu träumen, wo ich mich wirklich in Englisch ausdrücken könnte. Es lag auf der Hand, daß Englisch als Verständigungsmittel für einen blinden Menschen viel nützlicher als Chinesisch war.

Es gab noch ein Ereignis in diesem Sommer. Bald nachdem die ganze Familie aus Hong Kong zurückgekommen war, besuchte uns Sechster Onkel und brachte einen Hund, eine Katze und einen »Tiger« als Geschenk für meine Eltern mit. Alle nannten das Tier Tiger, und Ah Wor behauptet bis heute, daß es ein Tiger war, aber ich glaube, es war wahrscheinlich eine kleinere, wenn auch zweifellos seltene und wertvolle Art von Wildkatze. Meine Eltern waren sehr angetan von diesen Geschenken. Der Hund sollte unser Wachhund werden und die Katze drinnen als Haustier leben. Was den »Tiger« betraf, so wollten wir ihn behalten, bis er groß genug war, um getötet zu werden und zu einem speziellen »Wein« verarbeitet zu werden, da »Tigerwein« *(po lai)* sehr nahrhaft und gut für die Gesundheit sein sollte. Er war jung, und Bruder und Schwester sagten, er sehe aus wie ein kleines Kätzchen.

Ich bat meine Geschwister, mir die Tiere zu zeigen, damit ich sie anfassen konnte, doch sie sagten, sie könnten kratzen oder beißen, und weigerten sich. Doch wenn ich sie nicht mit meinen Händen untersuchen konnte, wie wollte ich dann wissen, wie sie aussahen! Ich wartete, bis alle ins Bett gegangen waren, und ging dann heimlich mit Ah Wor zu den Tieren. Sie sagte, ich könne ruhig die Katze und sogar den kleinen Tiger befühlen, da er noch harmlos sei, doch mit dem Hund müßten wir vorsichtig sein. Er war ziemlich groß und hatte sich noch nicht an uns gewöhnt. Der Gärtner hielt ihn fest, während ich meine Hand ausstreckte. Zum Glück war er ganz ruhig und bellte noch nicht einmal. Ich spürte, daß er gutmütig war, und legte meine Arme um ihn; dann betastete ich ihn ganz vorsichtig. Der kleine Tiger war auch ruhig, und ich ging eine Weile mit ihm im Garten spazieren. Der Gärtner warnte mich jedoch, in ein paar Monaten, wenn er größer sei, könne er wild werden und mich angreifen. Als nächstes streckte ich meine Hand nach der Katze aus und streichelte sie. Sie war süß; ihr Fell war weich und warm, und sie blieb in meinen Armen, rollte sich ein und schlief, bis ich sie vorsichtig auf den Boden setzen mußte. An diesem Abend spürte ich, daß all diese Tiere für mich lebendig waren, und ich konnte mir ein richtiges Bild von ihnen machen.

Ich liebte es, mit dem Hund im Garten umherzutollen. Immer wenn ich »Kau-jai« (»Kleiner Hund«) rief, kam er auf mich zugelaufen und wedelte mit seinem Schwanz gegen meine Beine, als ob er mir zeigen wollte, daß er da war. Auch die Katze wurde meine Freundin. Sie war oft in meinem Zimmer, und immer wenn sie hereinkam, miaute sie leise, worauf ich ihr meine Hand hinhielt und sie kam und sich daran rieb. Ich nannte sie Kleine Ah Wor. Oft kam, wenn ich »Ah Wor« rief, auch die Katze herbeigelaufen. Eines Tages hörte mich Großmutter die Katze »Ah Wor« nennen und sagte, ich solle nie ein Tier mit dem Namen eines Menschen nennen, denn das könne Unglück oder Krankheit über die betreffende Person bringen. Ah Wor meinte: »Im Gegenteil, seit sie die Katze bei meinem Namen nennt, haben meine Kopfschmerzen aufgehört.« Großmutter dachte eine Weile nach und sagte dann, in dem Fall könne ich die Katze ruhig weiterhin so nennen. Ich mußte mit mir kämpfen, um mir das Lachen zu verbeißen. Ich wußte, daß Ah Wor die Geschichte mit den Kopfschmerzen nur erfunden hatte, um mir zu helfen, doch Großmutter glaubte sie wirklich.

Die Sommerferien endeten, und der erste Tag in der Zweiten Klasse kam. Die erste Stunde war Geschichte. Zuversichtlich nahm ich meine Blindenschriftaufzeichnungen vor, die ich in den Ferien gemacht hatte, aber o Schreck: die Klasse las ja etwas ganz anderes! Die Schulbücher waren geändert worden. Und nicht nur das Geschichtsbuch, sondern alle Bücher! Meine ganze Ferienarbeit – umsonst! Es war einer der schwärzesten Augenblicke in meinem Leben, und es dauerte mehrere Tage, bis ich dieses Tief überwunden hatte.

Etwa zwei Monate später bekam ich Post: eine Papierrolle, die mit Bindfaden zusammengebunden war. Ich steckte meinen Finger in die Rolle. Die Blätter waren in Blindenschrift beschrieben. Um die Punkte nicht zu beschädigen, ließ ich Ah Wor den Brief öffnen. Er war von der John Milton Society for the Blind in New York.

Die John-Milton-Gesellschaft freute sich, daß ich die Blindenschrift gelernt hatte, und kündigte an, sie würde mir demnächst eine zweite Schreibtafel und Stift schicken, dazu ein Lehrbuch über eine kürzere Version der englischen Brailleschrift*, so daß ich in Zukunft schneller arbeiten konnte. In dem Brief war auch ein Blatt mit normalen Buchstaben, das ich mir von meiner Siebten Tante vorlesen ließ. Es war derselbe Brief, und sie erklärte mir die Wörter, die ich nicht kannte.

Bald danach kam das Paket mit dem neuen Braillematerial, diesmal nicht als lose Karten, sondern in Buchform. Ein kleines Anleitungsbuch in normaler Schrift war beigelegt und Siebte Tante kam wieder und half mir, die Braille-Kürzungen zu lernen, bei denen – ähnlich wie in der normalen Kurzschrift – ganze Silben und Wörter durch ein einziges Zeichen wiedergegeben werden. Schon bald konnte ich diese Schrift in meinen Englischstunden verwenden. Ich lernte das System nicht perfekt und mußte Jahre später, im Perkins-Institut, vieles neu lernen, aber für meine Arbeit in der Schule war es mir eine Hilfe.

Obwohl ich eigentlich keine Zeit dafür hatte, wollte mir das Klavierspielen nicht aus dem Sinn gehen. Wo konnte ich es lernen? Ich fragte die Klavierlehrerin unserer Schule, Frau Leung, die Schwester unserer Englischlehrerin. Sie war gern bereit, mir Stunden zu geben, wußte aber nicht, wie sie mit einer blinden Schülerin arbeiten sollte. Ich dachte an meinen Besuch in der Ming-Sum-Schule. Was, wenn ich dort zuerst einige Stunden in Blindennotenschrift nahm? Geld war kein Problem, das Geschäft meines Vaters ging gut.

* Auch deutsche Blinde benutzen eine solche Kurzschrift.

Lehrerin Leung war immer noch nicht überzeugt, daß mein Plan klappen würde, und so bat ich Frau Schaeffer um Rat. War es vielleicht besser, wenn ich meinen Klavierunterricht ganz in der Ming-Sum-Schule nahm, bei blinden Lehrern?

Aber Frau Schaeffer fand es viel besser, wenn ich einen sehenden Lehrer hatte. Sie sagte mir, daß es in den USA viele sehende Musiklehrer mit blinden Schülern gab – und umgekehrt. Sie selbst habe jahrelang versucht, ihre Schülerinnen dazu zu bringen, Stunden bei einem sehenden Lehrer zu nehmen, aber sie hätten nichts davon wissen wollen, seien schließlich sogar in einen Hungerstreik getreten. Jetzt hoffte sie, daß mein Beispiel sie vielleicht umstimmen würde.

Ich lieh mir einige der Braille-Klavierlektionen aus und schrieb sie ab, und die Mädchen und Frau Schaeffer gaben mir die nötigen Erklärungen. Mit diesen Blindennoten bewaffnet, ging ich zu Lehrerin Leung, die die gleichen Stücke in normaler Notenschrift hatte. Es klappte wunderbar. Es gab nur ein Problem: Mein Klavier zu Hause war direkt neben Großmutters Zimmer, und sie beschwerte sich über den »Lärm«. Aber Ah Wor hatte wieder einmal eine Idee: Mein jüngerer Bruder konnte doch, wenn ich übte, sein Radio oder seinen Plattenspieler laufen lassen, so daß seine Musik meine übertönte. Gegen die Freizeitbeschäftigung eines der Stammhalter der Familie konnte Großmutter nichts einzuwenden haben. Ich war gerettet.

Der größte Teil meiner Zeit mußte natürlich für die Schule reserviert bleiben. Ich kam weiter gut im Unterricht mit und war eine der besten Schülerinnen in den sprachlichen Fächern und in Geschichte; schwieriger waren schon Erdkunde, Mathematik und Chemie mit all ihren Karten, Zeichen und Diagrammen. Am Ende des Zweiten Schuljahres bekam ich wieder ein gutes Zeugnis. Es wurde meinen Eltern per Post zugeschickt. Ich wartete auf ein Wort der Anerkennung – vergeblich.

Und so wurde aus der Zweiten Klasse die Dritte und aus dem Jahr 1948 das Jahr 1949. Am Horizont zogen sich die Gewitterwolken zusammen.

Flucht

Da ich keine Zeitungen lesen konnte, hatte ich nur eine vage Vorstellung von dem, was in China seit 1945 vor sich ging. Natürlich hatte ich von Mao Tse-tung und den Kommunisten gehört, doch selbst im Mai 1949 war mir noch nicht ganz klar, was Kommunisten eigentlich waren. Ich wußte nur, daß sie uns bedrohten und wir Kanton womöglich verlassen mußten. Ich hörte, daß sie jetzt Schanghai und viele andere Städte unter sich hatten und daß sie auf Kanton zukamen. Unruhe und Nervosität lagen in der Luft. Die Regierung – damals Tschiang Kai-schek und die Nationalisten (die Kuomintang) – war offenbar auf der Flucht vor den Kommunisten. Angeblich war ihr Ziel Kanton.

In der Schule, wo wir eigentlich für unsere Abschlußprüfungen der Dritten Klasse lernen sollten, konnte sich keiner von uns mehr konzentrieren. In jeder Klasse gab es leere Plätze. Allein in unserer Klasse war die Schülerzahl von 42 auf 12 gefallen. »Ich werde bleiben«, behauptete ich großspurig. »Ich habe keine Angst vor den Kommunisten. Sie sind doch auch Chinesen, oder?« Aber als wir hörten, daß Tschiang Kai-schek und seine Minister planten, China ganz zu verlassen und sich nach Taiwan abzusetzen, kamen mir Zweifel.

Auch Vater und Mutter waren sehr besorgt. Sie sprachen nicht mehr nur unter sich darüber, nein, sie besprachen die Dinge ganz offen. Sie standen vor der Entscheidung: Sollten wir in Kanton bleiben oder fliehen? Und wohin sollten wir fliehen?

Sie wollten nicht fort. Weggehen würde bedeuten, Vaters florierendes Geschäft, unser Heim und alles zu verlieren. Vater war der Chef seiner eigenen Firma und hatte hart arbeiten müssen, um sie aufzubauen. Er hatte Hilfe von meinem Dritten Onkel bekommen, dessen Posten bei der Kuomintang ihn einflußreich gemacht hatte, und gerade dies beunruhigte meine Eltern besonders – die Tatsache, daß einer von Vaters Brüdern zu den nationalistischen Regierungsbeamten gehörte, die nach Taiwan wollten. Vater war sicher, daß seine Beziehungen zur Kuomintang ihn in Schwierigkeiten bringen würden, wenn er in Kanton blieb und die Kommunisten kamen.

Wir hörten die Eltern davon sprechen, möglicherweise nach Hong Kong überzusiedeln. Reiche Leute aus Schanghai sollten auch dorthin geflüchtet sein und einen großen Teil ihres Besitzes in Goldbarren mitgenommen haben. Vater wußte, daß ihm das nicht möglich war, und machte sich Sorgen, ob er in Hong Kong überhaupt eine Arbeit finden würde, um die Familie zu ernähren. Es gab ja so viele, die in Hong Kong Arbeit suchten, und diesmal war kein Dritter Onkel da, um ihm zu helfen. Außerdem sprach er kein Englisch – ein weiteres Handikap. Als er jung war, hatte man Englisch nicht für so wichtig gehalten, und in den letzten Jahren hatte er für seine Geschäfte einen englischsprechenden Sekretär angestellt.

Aber schließlich beschloß er doch, daß wir alle nach Hong Kong gehen würden. Er sagte, vielleicht müßten wir später weiter nach Macau, aber wir würden es zuerst mit Hong Kong versuchen. In zwei Wochen würden wir aufbrechen.

Ich sagte also meinen Lehrern, daß ich in der nächsten Woche gehen müsse. Ein paar Tage später sagten auch Lai-ying und Yin-hing, daß sie bald nach Taiwan aufbrechen würden. Wir versprachen uns, uns gegenseitig zu schreiben. »Aber wie willst du unsere Briefe lesen und uns schreiben?« fragte Yin-hing. Ich sagte, jemand müsse mir ihre Briefe vorlesen und nach meinem Diktat beantworten. Doch damit war Yin-hing nicht zufrieden. »Was ist denn, wenn wir uns Sachen schreiben wollen, von denen niemand anderes etwas wissen soll?« Das war verzwickt! Vielleicht konnten sie das englische Braillealphabet lernen – doch keiner von uns konnte so gut Englisch, um das, was wir uns sagen wollten, darin auszudrükken. Schließlich verständigten wir uns darauf, daß es schon eine kleine Hilfe wäre, wenn sie ihre Namen in Brailleschrift auf eine Ecke des Umschlages schreiben würden, so daß ich wußte, von wem der Brief kam. Ich gab ihnen meine zweite Tafel und den Stift mit nach Taiwan. Und es klappte! Ich bekam mehrere Briefe von ihnen, auf die sie ihre Namen in Braille geschrieben hatten. So wußte ich, von wem sie waren, und gab sie niemandem, der uns alle kannte und über uns tratschen konnte.

Es war keine Zeit mehr zu verlieren. Alles mußte innerhalb von zwei Wochen geregelt und gepackt sein. Von Schulprüfungen war keine Rede mehr. In den letzten Tagen gingen wir auch nicht mehr zur Schule. Das Haus befand sich in einem Riesendurcheinander, weil jeder sortierte und packte und darum kämpfte, was er mitnehmen durfte. Das Wichtigste für mich waren meine wertvollen Blindenschriftpapiere. Es waren Unmengen, doch ich bettelte und bettelte und sagte, sie seien mir wichtiger als alles andere. Ah Wor gab mir Rückendeckung dabei und meinte, sie würde lieber ihre Kleider dalassen als meine Papiere, und so durften wir sie schließlich mitnehmen.

Meine Eltern gingen laufend fort, um Dinge zu erledigen. Sie saßen oft beisammen und sprachen leise und sorgenvoll miteinander. Wir Kinder wußten nicht über alle Einzelheiten Bescheid, doch was wir wußten, war genug, um uns den Abschied schwer zu machen. Eine unbestimmte Furcht vor der Zukunft lastete über uns – ganz anders als in den aufregenden Tagen der Urlaubsvorbereitungen.

Schließlich hatten wir nur noch wenige Tage. Wir sollten mit dem Schiff nach Hong Kong fahren. Vater hatte Fahrkarten für uns alle besorgt. Die Fahrt war kein fröhlicher Urlaub; wir waren Flüchtlinge. Wie Tausende andere mußten wir unser Haus verlassen, ohne zu wissen, ob wir jemals zurückkehren würden.

Die größten Sorgen machte mir, was mit den Tieren passieren würde. Am meisten liebte ich Kleine Ah Wor, die Katze, doch ich hatte auch schreckliche Angst um den Hund und den Tiger. Ah Wors zwei Schwestern würden auch bald in ihr Heimatdorf aufbrechen, also konnten wir sie nicht bitten, die Tiere zu nehmen. Der Tiger war wirklich ein Problem. Als er größer geworden war, hatte ich jeden Tag darum gebetet, daß meine Eltern nicht mehr daran denken würden, ihn zu Wein zu machen. Da Ah Wor wußte, wie dieser schreckliche Gedanke mich verfolgte, schlug sie vor, wir sollten mit Ah Sung, dem Gärtner, sprechen. Er hatte Verständnis und sagte, er würde den Käfig an das Ende des Gartens versetzen, außer Sichtweite, so daß meine Eltern selten an die Stelle kommen würden. Wir alle hofften, daß die Sache mit dem Wein irgendwie in Vergessenheit geraten würde.

Doch jetzt war es nicht mehr der Wein; was sollte mit dem armen Tiger werden, wenn wir abreisten? Ah Wor sagte, wir würden sicher kein neues Zuhause für ihn finden. Er war viel größer geworden, war jetzt etwa ein Jahr alt, und auch wenn er immer noch sanft und zärtlich war, brauchte er sehr viel Fleisch, und wir kannten niemanden, der ihn in einem Käfig im Garten halten konnte wie wir. Eines Abends, als die anderen weggegangen waren, lief ich in den Garten zu Tiger. Die Katze und der Hund begleiteten mich, und ich redete mit ihnen und schüttete ihnen mein Herz aus. Ich fühlte mich so elend, daß ich mich auf den Boden setzte und weinte. Ah Sung hatte zugehört und schimpfte, ich sei dumm, sie wie Menschen zu behandeln – wie sollten sie denn verstehen, was ich sagte und wie ich mich fühlte? Doch später sagte er, daß er und die Amahs, die auch zugesehen hatten, den Eindruck gehabt hätten, daß die Tiere mich verstanden und mich trösten wollten.

Am nächsten Tag sagte Ah Sung, daß der Hund und der Tiger nicht mehr fraßen, und Ah Wor berichtete dasselbe von der kleinen Katze. Sie und die anderen Amahs waren überzeugt, daß die Tiere mich wirklich verstanden hatten und nun traurig waren. Einer plötzlichen Regung folgend bat ich Ah Sung, den Hund und Kleine Ah Wor zu sich zu nehmen, denn er wollte in Kanton bleiben. Zuerst zögerte er und sagte, wenn er und seine Familie nicht genug zu essen hätten, würde es schwierig sein, auch noch die Tiere zu füttern. Doch ich bettelte weiter, und Ah Wor unterstützte mich. Wir boten Ah Sung sogar etwas Geld an. Endlich willigte er ein. Das Geld wollte er zwar zuerst nicht nehmen, aber wir wollten ganz sicher sein, alles getan zu haben, damit ihm die Tiere nicht zur Last fielen.

Nur für den Tiger war immer noch nicht gesorgt. Ah Sung schlug schließlich vor, ihn in der Nacht vor der Abreise in die nahegelegenen Berge zu bringen und dort auszusetzen. Ich hatte zwar Angst, daß er wieder von einem Jäger gefangen werden würde, doch es schien die einzige Chance zu sein, ihn nicht töten zu müssen. Und selbst wenn er getötet würde – wenigstens würde ich es dann nicht erfahren. Weder Vater noch Mutter hatten den Tiger erwähnt. Sie hatten so viele andere Dinge im Kopf, daß sie ihn völlig vergessen hatten.

Es war die letzte Nacht in Kanton. Wir mußten sehr früh am nächsten Morgen an Bord des Schiffes gehen. Vater und Mutter hatten beschlossen, drei Amahs mitzunehmen – Ah Wor, Ah Luk und natürlich Ah Yung – mit der Vereinbarung, daß Ah Wor und Ah Luk sich etwas anderes suchen sollten, wenn sie es sich nicht mehr leisten könnten, sie zu bezahlen. Die anderen Amahs und der Gärtner, Ah Sung, wurden ausbezahlt und entlassen. Ah Sung fragte, ob er in der Nacht noch dableiben dürfe, um uns am nächsten Morgen zum Schiff zu begleiten. Ich verstand: Er wollte sein Versprechen mit dem Tiger halten. Zum Glück ging die ganze Familie schon früh ins Bett, da wir am nächsten Morgen so früh aufstehen mußten. Als alle in ihren Zimmern waren, kam Ah Wor, um mir zu sagen, daß es Zeit war, den Tiger wegzubringen.

Ah Sung hatte noch zwei Freunde geholt, die Stöcke und Laternen trugen, da er Angst hatte, wir könnten von Räubern überfallen werden. Es war ein langer Marsch, fast eineinhalb Stunden, und der Weg war unbefestigt und steil. Endlich waren wir angekommen, und es gab nichts mehr zu tun als das Halsband von Tigers Hals abzumachen und ihn freizulassen. Ich sagte ihm Auf Wiedersehen und wandte mich ab, doch er folgte mir und leckte mir die Füße. Ich versuchte ihm zu erklären, er müsse weglaufen, aber er hörte nicht auf, bis Ah Sung ihn aus lauter Verzweiflung schlug. Endlich sah er einen Vogel oder sonst etwas und jagte ihm nach.

Wir wanderten müde nach Hause. Ich war traurig wegen der Tiere und traurig, das Haus und den Garten verlassen zu müssen, die mir so ans Herz gewachsen waren. Am Vormittag war ich noch einmal eine Runde im Garten gegangen und hatte mich von den Bäumen, deren Rinde mir so vertraut geworden war, verabschiedet, hatte meine Arme um ihren festen, rauhen Stamm gelegt und mein Gesicht an sie gelehnt. Einen oder zwei küßte ich sogar – in der Hoffnung, niemand würde mich dabei beobachten.

Lange nach Mitternacht kroch ich das letzte Mal in China ins Bett. Ah Wor versuchte mich aufzuheitern, als sie mir Gutenacht zuflüsterte, doch auch sie war traurig. Bestimmt hätte sie in Kanton bleiben können, doch sie zog es vor, bei mir zu bleiben.

Wir beide hatten nur ungefähr drei Stunden Schlaf. Im Morgengrauen standen wir alle auf und preßten unsere letzten Habseligkeiten in die überquellenden Koffer. Unser Bettzeug wurde zusammengerollt und zu Bündeln verschnürt. Persönliche Dinge, Kleider und Bettzeug war alles, was wir mitnehmen konnten. Alles andere mußten wir zurücklassen. Ah Sung, der ein guter und treuer Diener und Freund der Familie gewesen war, bekam die Dinge, die noch nicht verkauft oder weggegeben worden waren. Es waren noch viele Möbel und die ganze Küchenausstattung. Ich hoffe, er konnte es gebrauchen. Wir hörten nichts mehr von ihm.

Unten im Eßzimmer gab es Reis zum Frühstück. Das hatte es noch nie gegeben – sonst gab es immer Toast. Vater und Mutter erklärten, daß Reis uns länger sättigen würde. Das Essen auf dem Schiff sei sicher sehr teuer, und wir sollten bis Hong Kong mit einer Mahlzeit auskommen.

Alle Koffer und Taschen und Bündel und Truhen wurden im Flur gestapelt. Vater prüfte und zählte die Dinge, und anscheinend kam er jedes Mal zu einem anderen Ergebnis. Ah Sung wurde nach ein paar Kulis geschickt, die uns für einen vernünftigen Preis helfen sollten. Es waren einige *pak pais* (Leihwagen) bestellt worden, und das ganze Gepäck und wir Kinder wurden darin verstaut. Auf dem Weg erkannten die Kulis Vater und verlangten sofort einen höheren Preis. Ah Sung erinnerte sie an den Preis, den sie vereinbart hatten, doch das leugneten sie schlichtweg. Sie wurden immer ausfallender und drohten Ah Sung mit Gewalt, so daß Vater zuletzt, um weitere Unannehmlichkeiten zu vermeiden, den Aufpreis bezahlte.

Endlich war alles an Bord. Das Schiff war voll mit Menschen und Gepäck; alle waren in der gleichen Lage. Traurig verabschiedeten wir uns von Ah Sung. Schwester sagte mir, er habe noch lange am Kai gestanden.

Ich hörte Rufe und Abschiedsworte, und der Rhythmus und Lärm der Maschinen veränderte sich. Wir verließen Kanton: Großmutter, Vater, Mutter, meine beiden Brüder, meine drei Schwestern und ich, Ah Wor, Ah Luk und Ah Yung. Das war im Juni 1949. Vier Monate später – am 13. Oktober 1949 – besetzten die Kommunisten die Stadt. Heute, während ich das schreibe, sind Großmutter, Vater und meine ältere Schwester tot; Mutter, einer meiner beiden Brüder und zwei Schwestern sind in den USA. Der andere Bruder ist in Taiwan; Ah Wor, Ah Luk und ich sind in Hong Kong; und Ah Yung ist in Macau. Keiner von uns war jemals wieder in China.

Aberglaube ohne Zähne

Das Deck war vollgestopft mit Menschen und Gepäck. Eng aneinandergedrückt hockten wir auf Klappstühlen. Ich war müde und unruhig. Es gab lange Schweigepausen, und ich spürte, daß meine Eltern niedergedrückt waren.

Auf einmal brach Vater das Schweigen. »Was ist mit dem Tiger passiert?« Ah Wor und ich waren die einzigen, die es wußten. Wir schwiegen. Nach einer Pause sagte Ah Wor: »Ah Sung hat ihn in den Bergen freigelassen, es hat ihn ja niemand mehr brauchen können.« Vater wurde ärgerlich, doch Ah Wor blieb ruhig und sagte, sie hätten alle auf seine Anweisungen gewartet, und als er nichts gesagt habe, hätten sie und Ah Sung beschlossen, es auf ihre eigene Verantwortung zu tun, denn einen gefangenen Tiger freizulassen brächte bestimmt Glück, und das könnten wir jetzt mehr als gebrauchen. Da dies mit dem traditionellen chinesischen Glauben übereinstimmte, konnten meine Eltern nichts dagegen einwenden, und so war die Sache erledigt. Ich habe oft gedacht, Ah Wor hätte einen guten Diplomaten abgegeben. Es war unglaublich, wie oft sie ruhig und anscheinend instinktiv eine Situation entschärfte.

Nach etwa sieben Stunden auf dem Schiff erreichten wir am späten Nachmittag Hong Kong. Einige von Vaters Freunden erwarteten uns am Kai mit Taxis und waren uns mit dem Gepäck behilflich. Fast vom ersten Augenblick an spürte ich, wie ganz anders die Atmosphäre von Hong Kong war. Ich hörte viel mehr Fahrzeuge auf der Straße, und Bruder sagte, daß die Gebäude viel höher seien und die Schaufenster voller. Ich fragte, wie sich das Geld in Hong Kong anfühle. Jene Amah hatte ja gesagt, daß ein Dollar in Hong Kong nicht dasselbe sei wie ein Dollar in Kanton. Ah Wor flüsterte mir zu, ich solle nicht so viel auf einmal fragen, und versprach mir, mich später mit zu einem Geldwechsler zu nehmen, bei dem sie mir verschiedene Münzen und Noten zeigen könne. Als Ah Wor das sagte, merkte ich auf einmal, daß Mutter seit unserer Ankunft noch nichts gesagt hatte und auch während der ganzen Reise nur sehr wenig. Wenn ich nur die Ungewißheit und Anspannung auf ihrem Gesicht hätte sehen können – ich wäre mir unserer Situation viel stärker bewußt und weniger neugierig auf die Dinge um uns herum gewesen!

Wir erreichten die kleine Wohnung, die Herr Leung, Vaters ehemaliger Sekretär, für uns in Kowloon (Kaulun) gemietet hatte. Alles wurde hineingetragen und auf den Boden gestellt, doch wir konnten noch nicht auspacken oder unsere Betten machen, da die Wohnung nicht möbliert war. Herr Leung, Vater und Mutter gingen sofort los, um nach gebrauchten Möbeln zu schauen; wir Kinder, Großmutter und die Amahs blieben in der Wohnung. Ich merkte beim Umherlaufen, wie klein die Wohnung war, selbst verglichen mit unserer alten Wohnung in Kanton, und winzig im Vergleich zu dem Haus, das wir gerade verlassen hatten.

Es war komisch, ein Zimmer mit all meinen Geschwistern zu teilen. Zu sechst schliefen wir in drei Doppelstockbetten. Die arme Ah Wor, Ah Luk und Ah Yung mußten den schmalen Gang als Schlafzimmer benutzen. In Kanton hatten sie nach der Arbeit immer in der hübschen geräumigen Küche gesessen, gelacht und erzählt, doch jetzt waren sie sehr, sehr still.

Es war ein sehr heißer und feuchter Juni; die kleine Wohnung war wie eine Sauna. Darin eingepfercht, ohne etwas zu tun zu haben, zankten und stritten wir Kinder und fielen den Eltern auf die Nerven. Aus lauter Verzweiflung beschlossen sie schließlich, mit uns allen, mich eingeschlossen, zum Strand zu fahren, damit wir ein wenig frische Luft bekamen und ein paar Stunden aus der Wohnung fort waren. Ein Freund von Herrn Leung hatte ein kleines Strandhäuschen, das wir benutzen durften. Also brachen wir auf und nahmen Ah Wor mit, damit sie uns das Mittagessen kochen konnte. Es war eine ziemlich lange Strecke mit dem Bus, aber es lohnte sich: Als wir da waren, genoß ich jeden Augenblick.

Der Sand unter unseren Füßen war weich, außer wenn ich auf scharfkantige Muscheln trat oder mit den Zehen an größere Steine stieß. Es roch feucht und salzig. Ob ich auch einmal ins Wasser könnte? Ah Wor brachte mich an eine seichte Stelle und zeigte mir, wie ich mich auf dem Rücken treiben lassen konnte und wie ich meine Arme und Beine bewegen mußte. Ich hatte gerade angefangen, mich ein wenig im Wasser zu bewegen, als eine große Welle kam und mich überrollte; ich bekam Wasser und Sand in Mund, Ohren und Nase und verschluckte mich. Für einen Augenblick geriet ich in Panik und vergaß ganz, daß das Wasser kaum tief genug zum Ertrinken war. Mühsam rappelte ich mich hoch und spürte im selben Moment Ah Wors tröstende Arme um mich. Ich merkte, daß sie ihre normalen Kleider anhatte und keinen Badeanzug. Ich begann Entschuldigungen hervorzustoßen, doch sie lachte nur und sagte, das mache gar nichts, ihre Sachen seien bald wieder trocken.

Ich fragte sie ganz erstaunt, woher sie denn schwimmen könne. Sie sagte, als Kind sei sie gern in ihrem Heimatdorf im Fluß geschwommen, und außerdem brauche sie nur zu gucken, wie andere es machten.

Nach einer Weile lernte ich es, mich auf dem Rücken treiben zu lassen und auch ein wenig auf dem Bauch zu paddeln. Nach einiger Zeit sagte Ah Wor, sie müsse zurück zur Hütte gehen, um unser Mittagessen zuzubereiten, doch ich wollte noch nicht aus dem Wasser. Nur widerstrebend ließ sie mich allein, sagte aber, meine Schwester sei nicht weit und könne mich rufen hören. Ich solle dicht bei ihr bleiben, damit ich nicht in die falsche Richtung ginge. Ich rief nach Schwester, die ganz verblüfft war, was ich alles schon konnte.

Ah Wor rief uns vom Ufer; das Essen war fertig. Wir krabbelten auf den Strand und trockneten uns ab. Mit unseren tropfenden Haaren und sandigen Händen war das Essen zwar etwas salzig und knirschte zwischen den Zähnen, doch es schmeckte herrlich, da wir einen Bärenhunger hatten.

Nach dem Essen beschlossen meine Schwester und ich, eine Sandburg zu bauen. Während wir daran arbeiteten, kam jemand uns zuzugucken. Es mußte ein älterer Mensch sein. Selbst auf dem Sand konnte ich das Geräusch des Stockes hören. Schließlich wurden wir angesprochen – es war eine Frau, und ihre Stimme klang höchst sonderbar. Offenbar beobachtete sie mich, denn sie fragte mich, ob ich ein klein wenig sehen könne. Ich sagte nein, kein bißchen. Das schien sie zu überraschen, denn sie meinte, die Busfahrt zum Strand sei doch sicher nicht einfach für mich gewesen. Ich sagte, ich führe gern Bus, das mache doch Spaß. Dann sagte sie, daß sie in den 74 Jahren ihres Lebens noch nie einen Blinden am Strand oder ein blindes Mädchen mit einem sehenden habe spielen sehen. Schwester erklärte, wir seien Geschwister; aus der Richtung ihrer Stimme konnte ich hören, daß sie zu unserer Besucherin hochschaute, die dicht bei uns stand, während wir im Sand knieten. Schwester flüsterte mir zu, sie habe keine Zähne. Ich fragte mich, wie man ohne Zähne essen könne, und fragte die Frau kurzerhand, warum sie nicht zum Zahnarzt gehe und sich ein Gebiß machen lasse, denn das sei doch sicher komisch ohne Zähne. Schwester gab mir einen Rippenstoß, aber die Frau schien nicht böse zu sein.

Zu unserem Erstaunen erklärte sie uns, daß vor einigen Jahren das Geschäft ihres Sohnes viel Geld verloren hatte. Ein Wahrsager stellte fest, daß ihre Zähne für das Unglück verantwortlich seien. Also ließ sie sich alle Zähne ziehen, da sie nicht den Wohlstand ihres Sohnes essen wollte. (Später sagte uns Ah Wor, daß dies ein verbreiteter Aberglaube unter älteren Leuten war.) Ich fragte sie, ob ihre Kinder hinterher reicher geworden seien, und sie sagte ganz ernsthaft, daß ihr Sohn daraufhin drei Jahre lang gute Geschäfte gemacht hatte. Sie sagte uns nicht, wie lange das her war oder was nach den drei Jahren passiert war. Sie schaute uns noch etwas zu und bemerkte, daß meine Burg größer als die von Schwester sei; dann entfernte sie sich, und wir sahen sie nie wieder.

Zwei herrliche Wochen lang gingen wir fast jeden Tag zum Strand. Er war irgendwo in der Nähe von Castle Peak, und wir brauchten ungefähr eine Dreiviertelstunde mit dem Bus. Doch eines Abends sagte Vater, wir könnten nicht so weitermachen; er könne keine Arbeit finden, und bald sei sein ganzes Geld verbraucht. Es war ihm zu riskant, das Geld für Busfahrten auszugeben.

Wir wußten, daß er jeden Tag fortging und nach einer Arbeit suchte. In seinem alten Beruf als Architekt konnte er hier nicht arbeiten, da seine chinesischen Zeugnisse in Hong Kong nicht anerkannt wurden. Also versuchte er, Arbeit als Verkäufer in einem großen Geschäft zu finden. Doch dort wurden Leute, die Englisch sprechen konnten, gesucht, und Vater konnte kein Englisch. Und die kleineren Ladenbesitzer zu fragen, hatte auch wenig Sinn, da diese zumeist ihre eigenen Freunde und Verwandten einstellten.

Unsere Nervosität stieg von Tag zu Tag. Wir Kinder hingen in der Wohnung herum, gelangweilt und gereizt. Meine Geschwister streiften ziellos in den benachbarten Straßen umher, doch ich blieb meist bei den Amahs, die nicht viel zu tun hatten, da die Wohnung so klein und eng war. Mutter war schlecht gelaunt und reizbar, Großmutter saß die ganze Zeit in dem einzigen Sessel in unserem kleinen Wohnzimmer und brummelte ständig vor sich hin, ob nun jemand zuhörte oder nicht.

Ein Brief vom Dritten Onkel aus Taiwan erlöste uns aus diesem bedrückenden Zustand. Er schrieb, daß er seinen Posten bei der Kuomintang aufgeben und nach Hong Kong kommen wollte, um dort ein kleines Geschäft aufzubauen. Dies kam uns allen sehr gelegen, denn dann konnte Vater mit Onkel zusammenarbeiten.

Vater und Mutter waren nicht ganz sicher, doch sie vermuteten, daß Dritter Onkels Entschluß mit den komplizierten Beziehungen zwischen ihm, seiner ersten und rechtsgültigen Frau (meiner Dritten Tante) und seinen zwei Konkubinen zu tun hatte. Um die Geschichte von Anfang an zu berichten, muß ich ungefähr 15 Jahre zurückgehen, noch vor den Chinesisch-Japanischen Krieg. Damals hatten Dritter Onkel und Tante einen Sohn (ihr einziges Kind), der Anfang zwanzig war und an der Ling-Nam-Universität in Kanton studierte. Sie besaßen einen Bauernhof auf dem Land, und an einem verhängnisvollen Tag überfuhr dieser Sohn, mein Vetter, eine Kuh, die einem Bauern gehörte.

Onkel wollte dem Bauern eine Entschädigung zahlen, doch der junge Mann war dagegen. Er behauptete, daß die Kuh ihm einfach vors Auto gelaufen und der Unfall nicht seine Schuld gewesen sei; warum also sollte sein Vater dafür bezahlen? Die Angelegenheit kam schließlich vor Gericht, welches dem Sohn recht gab. Onkel und Tante waren noch immer bereit, eine Entschädigung zu leisten, doch da das Gericht auf seiner Seite war, wollte ihr Sohn nichts davon hören.

Nur kurze Zeit später bekam der junge Mann hohes Fieber, und nach fünf oder sechs Tagen starb er. Daraufhin sagte jeder, daß dies die Strafe für ihn gewesen sei und der gekränkte Geist der Kuh Rache an ihm genommen habe.

Die arme Dritte Tante kam nie über seinen Tod hinweg. Sie rührte kein Rindfleisch mehr an und blieb apathisch bis zu ihrem eigenen frühen Tod (an Krebs). Vater und Mutter sagten immer, sie habe ihren Lebenswillen verloren, daher habe ihr keine Behandlung mehr helfen können. Sie starb während des Zweiten Weltkriegs.

Dritter Onkel trauerte einige Monate lang um seinen Sohn, aber er war weniger leicht unterzukriegen als Tante. Er glaubte an das irdische Glück und hatte sich schon zu Lebzeiten seiner Frau eine Konkubine genommen. Dritte Tante hatte noch genügend Kraft besessen, um zu verhindern, daß ihre Rivalin ins Haus kam, und Onkel mußte sie anderswo unterbringen, wo er sie regelmäßig besuchte. Doch kurz vor Tantes Tod nahm er sie dann doch ins Haus, und Tante war sehr eingenommen von ihrer warmherzigen Art. Jeder mochte sie , und bald war sie als »Kleine Tante« oder »Kleine Schwägerin« in der Familie anerkannt. Onkel hatte sie in Kanton eine Privatschule für Erwachsene besuchen lassen (sie war

Anfang dreißig), wo ihr sowieso angenehmer Charakter den letzten Schliff bekommen hatte.

Kleine Tante war mit allem zufrieden, nur nicht mit der Bezeichnung »Kleine Tante« (eigentlich die salonfähige Bezeichnung ihres Status als Konkubine). Sie wollte lieber »Fräulein Sechs« genannt werden. Warum gerade Sechs, weiß ich nicht; vielleicht hatte das für sie eine besondere Bedeutung.

Nun wäre es für Dritten Onkel ein Leichtes gewesen, Fräulein Sechs in den Stand der ersten Frau aufrücken zu lassen. Alles, was er dazu hätte tun müssen, war, die Familie von der neuen Position von Fräulein Sechs in Kenntnis zu setzen; damit hätte die Familie ihr den gleichen Status wie der rechtmäßigen Dritten Tante zuerkennen müssen. Eine formelle Trauung war nicht mehr notwendig, da sie praktisch schon als verheiratet galten. Aber eines hinderte Dritten Onkel daran: Vor ihrem Tod hatte Dritte Tante ihm das Versprechen abgenommen, keine seiner Konkubinen zu ihrer rechtmäßigen Nachfolgerin zu machen.

Dritter Onkel war übrigens nicht der einzige, der gern ein Auge auf schöne Frauen warf. Bevor mein Vater durch den Heiratsvermittler mit meiner Mutter verlobt wurde, hatte er eine andere Frau heiraten wollen. Leider war sie eine stadtbekannte Prostituierte, und Großmutter hätte eine solche Heirat nie geduldet. Der angesehene Status der Familie Ching wäre geschädigt worden, wenn ihr Sohn als erste Frau eine Prostituierte genommen hätte. Vater mußte eine anständige Jungfrau als erste, rechtmäßige Frau nehmen; anschließend konnte er ruhig auch die Prostituierte als Konkubine ins Haus nehmen.

Ich glaube, das Wissen um diese Nebenbuhlerin war für Mutter nicht immer leicht zu ertragen. Doch ich hörte sie nie etwas Schlechtes über »Kleine Mutter« sagen, die übrigens nicht bei uns wohnte, uns aber von Zeit zu Zeit besuchte. Ich erinnere mich noch daran, daß sie meine Mutter als »Herrin« ansprach – die angemessene Anrede. Sie und Mutter begegneten einander mit vollkommener Höflichkeit. Ich weiß auch noch, daß »Kleine Mutter« mich gelegentlich aufhob und umhertrug, wenn sie uns besuchen kam. Ich muß damals ungefähr vier oder fünf Jahre alt gewesen sein.

Nicht lange nach seinem Brief kam Dritter Onkel aus Taiwan und brachte Fräulein Sechs mit. Vater lud beide zum Abendessen ein. Es gab sehr viel zu besprechen. Onkel hatte seine Pläne geändert und hielt es für besser, das Geschäft in Macau zu gründen, da die Situation in Hong Kong so schwierig war und alles teurer wurde. Außerdem würden Vaters mangelnde Englischkenntnisse in Macau viel weniger ins Gewicht fallen. Onkel legte darauf solchen Nachdruck, daß es Vater verdächtig vorkam – und Mutter und er kamen zu dem Schluß, daß der wahre Grund für diesen Sinneswandel war, daß Onkel die ganze Familie nach Macau verfrachten wollte, um freies Feld für ein lustiges Leben mit Konkubine Nummer Zwei zu bekommen.

Konkubine Nummer Zwei ging auf die Kriegsjahre in Hong Kong zurück. Lange Zeit hatte Onkel sie vor der Familie geheimgehalten, doch Vater war dahinter gekommen. Er und Mutter vermuteten (richtig, wie sich bald herausstellte), daß sie Onkel unter Druck setzte, um ebenso wie Fräulein Sechs von der Familie anerkannt zu werden. Die Tatsache, daß auch Fräulein Sechs an dem Massenumzug nach Macau teilnehmen sollte, gab der Vermutung Nahrung, daß sein Hauptmotiv war, sich von der Überwachung seines Privatlebens zu befreien.

Es hieß, daß Großmutter und Fräulein Sechs zusammen eine Wohnung in Macau nehmen sollten. Großmutter jedoch machte diesem Vorhaben einen Strich durch die Rechnung, indem sie, nachdem Onkel ein Treffen zwischen ihr und Nummer Zwei eingefädelt hatte, eine unerwartete Zuneigung zu dieser faßte. Gewappnet mit dieser Zuneigung, versuchte Nummer Zwei, die Familie dazu zu bringen, sie »Tante« oder »Schwägerin« zu nennen. Der Erfolg war bescheiden; niemand mochte diese Anrede, und Vater, Mutter, Siebter Onkel und Tante weigerten sich rundheraus. Sie ließ sich nicht erschüttern und versuchte mit List und Tücke und viel Schmeicheldiplomatie bei Großmutter, als Onkels rechtmäßige Frau anerkannt zu werden.

An einem Punkt der Überlegungen schlug Onkel vor, daß Fräulein Sechs und Nummer Zwei, die sich inzwischen begegnet waren, zusammenziehen sollten. Dies jedoch war zuviel für Fräulein Sechs. Ihre Geduld war schon überstrapaziert, und sie weigerte sich. Als nächstes machte Nummer Zwei ganz deutlich, daß sie die volle Anerkennung der Familie beanspruchte, und sagte offen, sie wolle nicht »Kleine« genannt werden. Das gab Fräulein Sechs den Rest. Unfähig, die Erniedrigung zu ertragen, trennte sie sich von Onkel und der Familie. Ich glaube, daß Onkel diese Wendung wirklich bedauert hat – allerdings nicht genug, um endlich zur Vernunft zu kommen. Nummer Zwei fuhr triumphierend mit Großmutter nach Macau, um eine Wohnung zu suchen und eine Basis für Onkel zu schaffen.

Einige Tage später fuhr auch Vater nach Macau, um nach einer Wohnung für uns zu suchen. Nach wenigen Tagen kam er mit guten Nachrichten zurück: Er hatte eine kleine Wohnung gefunden. Wieder waren wir alle beschäftigt mit Packen.

Die Möbel, vor weniger als drei Monaten gekauft, mußten wieder verkauft werden. Ein junges Paar, das sich gerade einen Hausstand einrichtete, sah sie sich an und wollte alles kaufen, nur wollten sie die Transportkosten nicht übernehmen. Fast sah es so aus, als ob der Handel platzen würde, als Vater beim Durchrechnen zu dem Ergebnis kam, daß die Kosten für einen Lastwagen und Kulis fast genauso hoch waren wie der Erlös für die Möbel. Doch er hatte die Rechnung ohne Ah Wor gemacht. Sie sagte, er habe doch drei Amahs, die praktisch nichts zu tun hätten – sie würden die Sachen zu Fuß tragen. Und sie taten es – von Kowloon nach Tsim Sha Tsui, über fünf Kilometer weit, und das nicht nur einmal, sondern mehrmals, zwei Tage hintereinander. Betten, Stühle, Tische, eine Kommode – sie trugen alles.

Die Käufer waren so beeindruckt von der Treue und Hingabe dieser Amahs, daß sie Ah Wor und Ah Luk Stellungen bei sich anboten und ihnen versprachen, ihnen weitaus mehr Gehalt zu zahlen als Vater ihnen zahlen konnte. (Wenn sie gewußt hätten, daß die Amahs zu jener Zeit gar kein Geld bekamen!) Aber Ah Wor und Ah Luk lehnten ab mit der Begründung, daß sie persönliche Bande mit der Familie ihres Arbeitgebers geknüpft hätten und auf jeden Fall dort bleiben wollten.

Fahrkarten für die Überfahrt wurden gekauft. Am nächsten Tag sollten wir abfahren. Die Möbel waren fort, die Wohnung war ganz kahl, und wir alle schliefen auf dem Fußboden.

Spät in der Nacht klopfte es an der Tür. Wer konnte das sein? Im Chor riefen wir nach draußen: »Wer ist da?«

Es war Dritter Onkel. Kaum hatten wir ihn hereingelassen, begann er sofort mit einem langen Monolog über die Frage, wie die Fortdauer des Namens der Familie Ching gewährleistet werden sollte.

Diese plötzliche Sorge kam daher, daß der Tod seines Sohnes sich wieder gejährt hatte. Er hatte keine anderen Kinder, und da seine rechtmäßige Frau tot war, konnte er auch keinen Sohn mehr zeugen, der den Stammbaum der Familie in gerader Linie weiterführen konnte. Siebter Onkel und Tante hatten nur Töchter, was bedeutete, daß die Erbfolge gänzlich von meinen zwei Brüdern abhing. Es gab zwar noch zwei andere Jungen, die Söhne vom Zweiten

Onkel, doch da sie von der »Kleinen Großmutter« abstammten, einer Konkubine, zählten sie nicht als richtige Familienmitglieder. Aus diesem Grund lag Drittem Onkel sehr viel daran, sicherzustellen, daß die Familiengräber in Chung San, dem Heimatdorf der Familie im Südwesten von Kuangtung, in gutem Zustand waren und die richtige Lage hatten. Er brauchte nicht sehr lange, um Vater davon zu überzeugen, daß dies eine Angelegenheit von größter Wichtigkeit war, die um jeden Preis geklärt werden mußte, bevor die Kommunisten die Gegend erreichten.

Ich lauschte fasziniert und erstaunt diesem Gespräch; die Erwachsenen sprachen ja in der Mitte des Zimmers, in dem wir alle im Halbschlaf auf dem Boden lagen. Als nächstes zog Onkel ein Päckchen hervor, offenbar etwas in Papier Eingewickeltes, denn es knisterte. Er überreichte es Vater. Es war Geld, mit dem Vater den besten Wahrsager, den er finden konnte, beauftragen sollte, die Grabstätten so zu verlegen, daß es der Familie Glück brachte.

Dann sprach er das Thema Schule für uns Kinder an. Er sagte ausdrücklich, wenn Kleines Mädchen (also ich) zur Schule gehen wolle und eine passende Schule fände, sollte es auch gehen dürfen. Ich werde diese Worte nie vergessen. Vater meinte, bei mir sei die Schule doch nur eine Art Beschäftigungstherapie, doch Onkel sagte, ich sei intelligent und man wisse nie, was die Zukunft bringe. (Er hatte einmal eine chinesische Übersetzung der Lebensgeschichte von Helen Keller gelesen und dabei gemerkt, daß auch Blinde große Talente und Fähigkeiten haben können.)

Ich kann mich noch gut an meine Gefühle in dieser Nacht erinnern, als ich so tat, als ob ich schliefe, und begierig jedes einzelne Wort in mich einsog. Seit wir Kanton verlassen hatten, hatte ich in Angst gelebt, daß ich niemals wieder eine andere Schule finden würde, die mich nahm. Es war ja nicht so, daß ich mich auf die Unterstützung meiner Familie verlassen konnte! Selbst in guten Zeiten waren meine Eltern bestenfalls gleichgültig gegen meine Bemühungen, eine Ausbildung zu bekommen, gewesen. Meine einzige Unterstützung war Ah Wor, deren Meinung bei meinen Eltern oder der Schulleitung wenig Gewicht hatte.

Dann das Geld. Wir hatten jetzt gerade genug, um essen und trinken zu können; Schulgeld – unmöglich. Vielleicht würden sich meine Eltern das Schulgeld für meine Geschwister vom Munde absparen; daß sie es auch für mich taten, durfte ich nicht erwarten. Und Ah Wor hatte schon so viel für mich bezahlt – die Nachhilfe, die Vorleser, die Taxifahrten, das Zeitschriftenpapier und vieles andere –, daß sie sicher schon den größten Teil ihrer Ersparnisse ausgegeben hatte; noch mehr von ihr verlangen konnte ich nicht.

Doch jetzt, wie eine Gebetserhörung, war Onkel mitten in der Nacht gekommen und stand mir zur Seite. Meine Eltern achteten ihn, trotz all seiner Liebschaften, und hörten ihm zu. Ich hätte mir keinen beredteren Verteidiger wünschen können – sie gaben ihm recht und versicherten ihm, daß meine Schullaufbahn, wenn irgend möglich, weitergehen würde. Wenn ich heute zurückschaue, billige ich vielleicht nicht alles an Onkels Verhalten, doch meine Dankbarkeit für seine wunderbare Unterstützung läßt mich tief in seiner Schuld stehen und ihn bis heute – er ist inzwischen längst gestorben – hoch in Ehren halten.

Ich schlief ein, gestärkt und glücklich und ein gutes Stück hoffnungsvoller im Blick auf unsere unbestimmte Zukunft.

Ah Yungs Geheimnis

Früh am nächsten Morgen fuhren wir mit dem Schiff nach Macau. Die Reise verlief wortlos. Niemand sprach, außer wenn Vater oder Mutter uns oder den Amahs eine Anweisung zu geben hatten.

In Macau war die Atmosphäre anders als alles, was ich bisher kannte. Wir wurden zu unserem neuen Zuhause in mehreren seltsamen Vehikeln gefahren. Sie nannten sich Dreiradtaxis oder Fahrradrikschas und wurden nicht von Kulis gezogen wie normale Rikschas, sondern erschienen mir wie eine Art Fahrrad. Die Wohnung, die Vater für uns gefunden hatte, war nicht schlecht. Sie befand sich im Erdgeschoß eines zweistöckigen Steinhauses. Ah Wor zeigte mir die Toilette, bevor sie zusammen mit den anderen auf die Suche nach gebrauchten Möbeln ging. Es war eine andere Toilette als in Hong Kong – ohne Sitz, einfach mit einem Loch im Fußboden – und ich mußte mich erst an sie gewöhnen.

Am nächsten Tag sagte Vater uns Kindern, daß wir brav und anständig sein sollten, denn Mutter und er würden jetzt zum Dorf fahren, um nach den Familiengräbern zu schauen, und wir würden in der Obhut der Amahs bleiben.

Während der nächsten zwei oder drei Wochen konnten wir so ziemlich tun und lassen, was wir wollten. Allmählich vergaßen wir unsere ungewisse Zukunft, während wir voller Neugier Macau erkundeten. Mit meinem jüngeren Bruder suchte ich eine Kirche. Wir entdeckten eine Baptistenkirche nicht weit von uns – ungefähr zwanzig Minuten zu Fuß. Am ersten Sonntag gingen wir zusammen zur Kirche, und mein Bruder traf einige seiner früheren Klassenkameraden aus Kanton wieder, Jungen und Mädchen, deren Familien wie wir China verlassen hatten. Bald wurden wir Freunde, und sie nahmen mich voll in ihre Gemeinschaft auf und nannten mich wie mein Bruder Dritte Große Schwester, was mir gefiel.

Eine Sache, die sich jeden Abend beim Abendessen ereignete, beunruhigte mich. In einem früheren Kapitel habe ich beschrieben, wie die Mahlzeiten normalerweise abliefen – das ganze Essen kam auf den Tisch, und wenn die Familie fertig war, aßen die Amahs die Reste in der Küche. Als Vater und Mutter fort waren, um nach den Gräbern zu sehen, machten die Amahs es anders. Sie sagten, sie hätten etwas Essen in der Küche zurückbehalten und wir könnten alles essen, was auf dem Tisch stehe. Ich sagte zu Bruder und Schwester, daß ich das nicht glaubte, doch wir gehorchten und aßen alles auf. Das Essen war weniger reichhaltig als gewohnt und enthielt weniger Fleisch, doch es war genug.

Doch ich hatte immer noch einen Verdacht, und eines Abends, als wir fertig waren, nahm ich Schwester bei der Hand und bat sie, mitzukommen und zu schauen, was die Amahs in der Küche aßen. Wir schlichen zur Küche. Kaum hatte sie einen Blick hineingeworfen, rief Schwester laut aus, daß die Amahs nur einfachen Reis hatten, ohne jedes Fleisch oder Gemüse. Ich war so betroffen, daß ich anfing zu weinen. Die Amahs beruhigten mich und sagten, sie seien erwachsen und bräuchten das nicht so dringend wie wir Kinder. Schwester und ich gingen zu den anderen ins Eßzimmer zurück, und wir beschlossen, etwas zu unternehmen: Die Amahs sollten mit uns essen!

Am nächsten Tag luden wir sie ein, sich mit an unseren Tisch zu setzen. Sie weigerten sich. Darauf entgegneten wir, wenn sie uns schon wie ihre eigenen Kinder behandelten, müßten sie auch mit uns essen, sonst würden wir auch nichts essen. Am Ende lenkten sie ein, da das Essen langsam kalt wurde, und meine Geschwister versprachen mir, darauf zu achten, daß die Amahs einen angemessenen Teil des Essens bekamen.

Ich fing an, Macau zu mögen. Es lag Ruhe und Frieden über den Straßen. Die Haupttransportmittel waren Rikschas und Fahrradrikschas. Die einzigen motorisierten Fahrzeuge waren die Autos einiger weniger reicher Leute und der Regierungsbeamten. Heute hat sich Macau zu einem Touristenzentrum entwickelt und ist lauter und moderner als Anfang der 50er Jahre (obwohl es immer noch weniger hektisch ist als Hong Kong). Doch damals war es herrlich, in den ruhigen Straßen spazierenzugehen, sich die frische Luft ums Gesicht streichen zu lassen und den Duft der Bäume und Blumen zu genießen. Ich liebte es, die Zweige der Bäume zu fühlen, die mich an die freundlichen Zweige in unserem Garten in Kanton erinnerten.

Nach ungefähr drei Wochen kamen unsere Eltern zurück. Sie waren zufrieden mit dem, was sie bei den Ahnengräbern erreicht hatten. Der Wahrsager hatte ihnen versichert, daß die Änderungen, die sie hatten vornehmen lassen, gewährleisteten, daß meine beiden Brüder Söhne bekommen und den Familiennamen fortführen würden. Vater und Mutter hatten das Dorf unmittelbar vor der Ankunft der Kommunisten verlassen.

Das Schuljahr hatte schon eine Woche bevor Vater und Mutter zurückkamen begonnen. Damit meine Geschwister kein ganzes Halbjahr verpaßten, machte sich Vater sofort auf den Weg, um geeignete Schulen für sie zu finden. Sie kamen alle zur Ling-Nam-Schule und zur Pooi-Ching-Schule. Ich blieb allein in dem stillen Haus, ohne Geschwister zur Gesellschaft. Was sollte aus mir werden? Ich arbeitete etwas für mich selbst, las all meine alten Aufzeichnungen durch und versuchte, wie früher zuzuhören, wenn die anderen ihre Hausaufgaben machten, doch ich wußte, ich würde nur allzuschnell zurückfallen.

Vater fand eine Arbeit als Kassierer bei einem Gemüsehändler, doch sein Gehalt reichte kaum zum Leben.

Wir waren ungefähr seit sechs Wochen in Macau, als mir auffiel, daß Ah Yung ungewöhnlich schweigsam und mit ihren Gedanken immer ganz woanders war. Eines Tages, als wir allein waren, fragte ich sie, ob sie etwas bedrücke. Sie sagte nein, doch ich spürte, daß doch etwas war. Auf mein Bohren hin erzählte sie mir schließlich, daß sie neulich auf dem Weg zum Markt einen Mann getroffen hatte. Er hatte sich mit ihr verabreden wollen, doch sie hatte abgelehnt. Der Art und Weise, wie sie von ihm sprach, entnahm ich, daß sie ganz angetan von ihm war und ihn gern wiedergesehen hätte. Von anderen Amahs hatte sie erfahren, daß er Schneider und ein anständiger Mann war.

Sie hatte sich noch nie mit jemandem verabredet, doch es war offenkundig, daß sie diesen Mann gern getroffen hätte. Aber sie war ja eine Sklavin und konnte sich ihre Bekanntschaften nicht frei aussuchen ...

Ich versuchte, sie zu beruhigen. Ich sagte ihr, daß ich in all den Jahren, in denen sie bei uns gewesen war, noch nie ein Gespräch zwischen Vater und Mutter gehört hatte, das auch nur im entferntesten angedeutet hätte, daß meine Eltern sie als ein Stück Besitz betrachteten oder als etwas anderes als einen normalen Menschen mit normalen Rechten. Ich war mir ziemlich sicher, daß sie nichts dagegen haben würden, wenn sie nach ihrer Arbeit mit einem Freund ausginge. Doch Ah Yung hatte Angst, die Freundlichkeit ihres Herrn und ihrer Herrin auf die Probe zu stellen. Ich verstand, was sie meinte, und mußte auch zugeben, daß ich nicht hundertprozentig versprechen konnte, daß meine Eltern nichts gegen die Sache hätten. Aber ich versprach, ihr zu helfen. »Warte ein paar Tage, Ah Yung, dann weiß ich vielleicht, was wir tun könnten!«

Ich wußte, daß Vater und Mutter normalerweise früh zu Bett gingen und selten nach dem Abendessen noch nach Ah Yung riefen. Wenn sie leise durch die Hintertür hinausschlüpfte und nicht zu lange wegblieb, konnte sie ihren Freund treffen und auf dieselbe Weise zurückkommen. Ich machte Ah Yung und Ah Wor diesen Vorschlag. Beide hielten es für sehr riskant, besonders Ah Wor, die die Verantwortung für Ah Yung zu tragen hatte. Doch als Ah Yung darüber nachdachte, daß sie auf diese Weise ja ihren Verehrer treffen konnte, meinte sie, daß es das Risiko wert sei. Wenn sie erwischt würde, wäre das Schlimmste, was ihr passieren konnte, eine kräftige Standpauke meiner Eltern. Meine Eltern schlugen weder ihre Kinder noch sonst jemanden. Es dauerte etwas länger, Ah Wor zu überzeugen, doch am Ende ließ sie Ah Yung gehen. In den nächsten neun oder zehn Wochen verging kaum ein Abend, ohne daß Ah Yung ihr Rendezvous hatte. Wenn sie zurückkam, erzählte sie uns alles – wie ihre Freundschaft sich langsam zur Liebe entwickelte, wie gut sie sich verstanden und später, wie er ihr einen Heiratsantrag gemacht hatte und wie gern sie ihn heiraten würde.

Doch ich glaube, wenn sie sich ganz selbst überlassen geblieben wäre, wäre es nie zu mehr gekommen; ich glaube, sie hätte niemals von sich aus meine Eltern gefragt. Wenn Vater und Mutter jemals davon erfahren sollten, mußte ich diejenige sein, die es ihnen sagte. Also wartete ich auf eine gute Gelegenheit.

Eines Samstagnachmittags nach dem Mittagessen sprachen Vater und Mutter über ihren Besitz in Kanton, einschließlich des Hauses, das für meine Zukunft bestimmt war. Die Wahrscheinlichkeit, daß sie jemals nach Kanton zurückkehren würden, war gering, doch sie hielten es für richtig, die Besitzurkunde zu behalten, falls vielleicht eines Tages unsere Nachkommen Ansprüche stellen könnten. Gutgelaunt fragte Vater mich, was ich denn mit dem Haus machen würde, wenn ich es jemals zurückbekäme. Ich witterte meine Gelegenheit: Anstatt auf seine Frage zu antworten, erzählte ich ihnen von Ah Yung und ihrem Freund. Ich hatte etwas Angst, daß sie fragen würden, wo sich die beiden überhaupt träfen, doch sie fragten nicht, und als ich geendet hatte, war Stille. Ich konnte nicht feststellen, ob sie erfreut waren oder nicht, also fuhr ich fort, ich würde lieber Ah Yung glücklich wissen als ein eigenes Haus haben. Es war Mutter, die zuerst antwortete. Sie sagte, sie sei froh, daß Ah Yung einen Bräutigam gefunden hatte. Sie hatte sogar schon von dem Schneider gehört; Nachbarn und Freunde hatten gesagt, er sei ein guter und ehrlicher Mann.

Vater fragte, warum Ah Yung nicht für sich selbst gesprochen habe, doch Mutter entgegnete gleich, sie verstehe, daß Ah Yung sich nicht getraut hatte, das Thema anzuschneiden, weil sie eine Sklavin war. Daraufhin sagte Vater etwas sehr Interessantes: Er selbst hätte niemals eine Sklavin gekauft oder haben wollen. Wenn Sechster Onkel ihm vorher gesagt hätte, daß er ihm eine Sklavin schenken wollte, hätte er dem niemals zugestimmt. Doch als Sechster Onkel ihm von dem Mädchen erzählt hatte, war sie bereits bezahlt gewesen, und er konnte sich nicht weigern, sie anzunehmen.

Ich sagte ihnen, daß Ah Yung oft gesagt hatte, daß sie glücklich bei uns war, und daß sie glaubte, sie sei eine der glücklichsten Sklavinnen überhaupt, weil sie so gut behandelt wurde. Darauf sagte Vater, daß er wußte, daß Ah Yung und ich gut miteinander auskämen, und daß er schon gedacht habe, wenn sie bei uns bliebe, könne sie später meine Helferin und Gefährtin sein. Ich antwortete, ich fände es nicht richtig, das von ihr zu verlangen, besonders jetzt, wo sie anfing, ihr eigenes Leben zu leben.

Einer plötzlichen Eingebung folgend fragte ich Vater und Mutter, ob sie Ah Yung freilassen würden. Mutter sagte, soweit es an ihnen liege, sei Ah Yung ein freier Mensch. Voller Freude rannte ich in die Küche, um Ah Yung alles zu erzählen – obwohl das gar nicht nötig war, denn die Küche grenzte ans Wohnzimmer, und sie hatte jedes Wort gehört. Als ich in die Küche gestürmt kam, warf sie ihre Arme um meinen Hals und lachte und weinte zugleich. Ah Wor sagte, sie solle sich zusammenreißen, und ging ins Wohnzimmer, um ihrem Herrn und ihrer Herrin für ihre Güte zu danken. Ah Yung und ich folgten ihr, und Ah Yung kniete sich vor meinen Eltern nieder, doch sie konnte vor lauter Tränen nicht sprechen.

»Um Himmels willen!« rief Mutter aus. »Du solltest doch froh und glücklich sein! Warum heulst du, als seist du ein Mädchen vom Lande, das gezwungen wird, einen Mann zu heiraten, den sie nie zuvor gesehen hat?«

Ah Yung lachte, trotz ihrer Tränen, und brachte schließlich hervor: »Herr und Herrin, ich werde Ihnen nie genug danken können! Ich finde gar keine Worte!«

»Du brauchst auch keine Worte zu finden«, sagte Vater. »Geh und sag deinem Freund, daß du unseren Segen hast!«

»Ich werde es ihm sofort sagen! Er wird bestimmt gleich selbst kommen und Ihnen danken!« Und sie schlüpfte rasch in ihre Schuhe und eilte davon.

Später jedoch kam sie allein zurück. Ah Wor und mir sagte sie, daß ihr Freund Angst habe, ihrem Herrn und ihrer Herrin vorgestellt zu werden. Sie erklärte uns, daß er schon einige Zeit lang Geld gespart hatte, das er den Eltern seiner zukünftigen Braut zum Geschenk machen wollte; aber jetzt, wo er im Begriff war, eine »freigelassene Sklavin« zu heiraten, befürchtete er, daß ihr Herr und ihre Herrin, so großzügig sie sie auch freigelassen hatten, sicherlich eine größere Summe von ihm erwarteten, als er ihnen bieten konnte. Ich fragte Ah Wor, was es damit auf sich habe, und sie sagte, daß immer, wenn ein Mann um die Hand eines Mädchens anhielt, die Eltern oder Pflegeeltern des Mädchens eine bestimmte Summe Geldes als Brautpreis erwarteten. Oft mußte der junge Mann Kredite aufnehmen, um den Forderungen nachzukommen, und das Eheleben begann mit Schulden bei den Geldverleihern. Bei einer Sklavin war es häufig so, daß der Herr oder die Herrin besonders viel verlangten, um einen Ausgleich für das Geld zu bekommen, das sie in ihren Unterhalt »investiert« hatten. Viele Leute kauften Sklavinnen auch als Geldanlage, um sie später für teures Geld als Konkubine zu verkaufen. Es war eine Seltenheit, daß eine Sklavin den Mann ihrer Wahl heiraten konnte, es sei denn, er konnte ihren Besitzern sehr viel Geld bieten.

Jetzt begann ich zu verstehen, warum Ah Yung und ihr Schneider sich Sorgen machten. Doch da ich wußte, wie Ah Yung in der Familie behandelt wurde, konnte ich mir nicht vorstellen, daß meine Eltern vorhatten, sie auf diese Weise auszubeuten. Auch Ah Wor war dieser Meinung. Nun galt es herauszufinden, wieviel sie erwarteten, denn bevor der Schneider sich nicht sicher war, daß es eine Summe war, die er aufbringen konnte, würde er es nicht wagen, bei ihnen vorzusprechen. Ich fragte Ah Wor, ob sie glaubte, daß ich wieder danach fragen könnte, doch sie meinte, es sei besser, wenn Ah Yung selber mit ihnen spräche. Doch Ah Yung wollte nicht. Sie könne nicht mit ihrem Herrn und der Herrin über den Preis ihrer Freiheit verhandeln, sagte sie. Sie brach in Tränen aus und sagte, lieber würde sie dem Schneider sagen, daß sie ihn nicht heiraten würde.

Es gab nur eine Lösung. Ich rannte zu Mutter, nahm ihre Hand und zog sie vom Wohnzimmer zur Küche, mit den Worten, daß ich sie etwas Wichtiges fragen müsse. Sie war ein wenig ungehalten und sagte, immer habe ich Sonderwünsche, ließ sich aber mitziehen. In der Küche platzte ich los, daß Ah Yungs Freund sich Sorgen um das Geld mache, das er Vater und ihr zahlen müsse. Mutter sagte Ah Yung, sie solle es allmählich besser wissen und nicht glauben, sie wollten Geld aus ihr herausschlagen. Ich drängte Mutter, zur Sicherheit Vater zu fragen. Mutter sagte, sie sei ganz sicher, doch um uns zu beruhigen, ging sie zurück ins Wohnzimmer und fragte Vater laut, ob er sich Geld von Ah Yungs Hochzeit erhoffe. Vater lachte nur und sagte: »Das glaubst du doch selbst nicht!« Erleichtert atmeten wir alle auf, und Ah Wor drängte Ah Yung, ins Wohnzimmer zu gehen, um sich zu bedanken. Langsam und unsicher ging Ah Yung ins Wohnzimmer, woraufhin Mutter sagte: »Was läßt du deinen Kopf so hängen? Geh und sag deinem Freund, daß wir kein Geld von ihm erwarten!«

Ah Yungs Freund war überglücklich. Er erzählte jedem von seinem Glück, und in kürzester Zeit redete die ganze Nachbarschaft davon. Eine ganze Anzahl Frauen kamen zu Mutter oder hielten sie auf der Straße an und versuchten, sie dazu zu bewegen, ihre Meinung zu ändern und wenigstens etwas Geld zu verlangen. Sie sagten, es sei unerhört, eine Sklavin heiraten zu lassen, ohne nicht wenigstens einen Teil des Geldes, das man für ihre Verpflegung ausgegeben hatte, wiederzubekommen. Wenn man Eigentum erwerbe, gebe man es ja auch nicht ohne weiteres fort, erst recht nicht, wenn man, wie wir, zu den Flüchtlingen gehörte. Doch glücklicherweise ließen sich Vater und Mutter davon nicht beeindrucken. Sie sahen Ah Yung nicht als ein Stück Eigentum an.

Sie hatten nur wenig Geld übrig, doch irgendwie verschafften sie Ah Yung etwas neue Kleidung, einige Geschenke für ihren neuen Haushalt und sogar ein kleines Geldgeschenk.

Ihre Hochzeit war einfach, doch wir freuten uns alle für sie. Sie lebt noch heute in Macau mit ihren Kindern und Enkelkindern.

Lucy

Bald nachdem Ah Yung uns verlassen hatte, hörte ich Vater und Mutter sagen, daß wir die beiden anderen Amahs entlassen müßten. Trotz ihrer Hingabe und ihrer Bereitschaft, bei uns zu bleiben, was auch immer geschah – die Tatsache, daß sie zwei Esser mehr waren, war schon zuviel. Der Gedanke, Ah Wor zu verlieren, ließ mich erstarren. Ich hatte auch Ah Luk gern, doch Ah Wor bedeutete mir mehr als jeder andere Mensch. Sie war mir nicht nur lieb und teuer; ich brauchte sie einfach. Ich hatte schlaflose Nächte. Die Erinnerung an ihr Versprechen, mich nie zu verlassen, war der einzige Hoffnungsstrahl.

Am nächsten Tag fragte ich sie, ob ich mit zum Markt kommen dürfe, und schüttete ihr auf dem Weg mein Herz aus. Ich hatte Ah Luk schon davon sprechen hören, daß meine Eltern sie sicher nicht mehr sehr lange behalten könnten und daß sie sich schon nach einer anderen Arbeit umgesehen habe. Meine Befürchtung war, daß Ah Wor es womöglich genauso machen würde. Zu meiner grenzenlosen Erleichterung sagte sie, sie würde meine Eltern bitten, daß sie bleiben könne. Sie hatte sich schon nach Firmen erkundigt, die Heimarbeit vergaben. Vielleicht würde sie etwas finden, was ihr einen Lebensunterhalt gab und es ihr ermöglichte, bei mir zu bleiben.

Der gefürchtete Augenblick kam. Vater rief Ah Luk und Ah Wor zu sich und eröffnete ihnen, er könne sie nicht länger behalten. Ich konnte an seiner Stimme hören, daß er selbst sehr traurig darüber war. Ah Luk sagte, sie würde, auch wenn sie in einer anderen Familie arbeiten würde, wiederkommen und uns sooft wie möglich besuchen und unser Haus immer als ihr Zuhause betrachten. Ah Wor berichtete Vater von ihrem Plan mit der Heimarbeit und bat ihn, bleiben zu dürfen. So blieb sie also, und Ah Luk verließ uns, um sich eine andere Arbeit zu suchen.

Es war nicht einfach, eine passende Heimarbeit zu finden. Doch schließlich fand Ah Wor eine Arbeit, bei der sie Perlenschnüre flechten mußte, um Pantoffeln und Schlafanzüge zu verzieren. Sie gab Vater ihren gesamten Verdienst, was nicht nur für ihre eigene Verpflegung ausreichte, sondern auch einen willkommenen Beitrag zum Familienhaushalt bedeutete. Jedes Mal, wenn sie Geld, das über ihre eigene Verpflegung hinausging, an meinen Vater aushändigte, fand eine merkwürdige Prozedur statt: Vater gab ihr einen Schuldschein über die betreffende Summe und sagte ihr, sie solle ihn sorgfältig aufbewahren. Er war Realist genug, um zu wissen, daß er selbst ihr das Geld möglicherweise nie zurückerstatten konnte, doch er vertraute darauf, daß seine Kinder eines Tages die Schuld begleichen würden.

Bedauerlicherweise konnte sich meine Mutter nur sehr schwer an unser neues Leben gewöhnen. Gelegentlich half sie Ah Wor – ab und zu kochte sie sogar –, doch im großen und ganzen war sie diejenige, die sich am wenigsten mit der Änderung unseres Lebensstandards abfinden konnte. Sie konnte es kaum ertragen, ihre gesellschaftlichen Aktivitäten beschneiden zu müssen. Sie zog es vor, das schöne Trugbild des angenehmen Lebens aufrechtzuerhalten – komplett mit Amah. Sie ging weiterhin Mahjongg spielen.

Ah Wor nahm sich so viel Zeit wie sie konnte, um mich zu verschiedenen Schulen zu bringen, in der Hoffnung, daß eine von ihnen mich nehmen würde. Die Vorstellungsgespräche verliefen alle nach demselben Muster: Ich versuchte, die Schule davon zu überzeugen, daß ich genau wie andere Kinder lernen konnte, und zeigte meine Zeugnisse der Pooi-To-Schule und meine Arbeitshefte mit den korrigierten schriftlichen Arbeiten. Natürlich mußte ich jedes Mal die Blindenschrift erklären, und an dieser Stelle begannen regelmäßig die Schwierigkeiten. Sobald klar wurde, daß mir bei Prüfungen alles vorgelesen werden mußte und ich anschließend meine Antworten zum Mitschreiben diktieren mußte, war die Reaktion immer gleich: Es täte ihnen aufrichtig leid, aber so viel zusätzlichen Zeitaufwand für mich könne man von den Lehrern nicht erwarten.

Ich bat meine Freunde in der Kirche, mit mir zu beten, daß Gott mir wieder helfen würde, weiter zur Schule gehen zu können. Obwohl im Moment alles hoffnungslos aussah, hatte ich das Gefühl, daß die Tatsache, daß die Pooi-To-Schule mich damals angenommen hatte, ein Zeichen dafür war, daß ich zur Schule gehen sollte, und daß ich es vielleicht, wenn ich es nur weiter versuchte, doch noch schaffen würde. Jeden, den ich kennenlernte, fragte ich nach Namen und Adressen von Schulen. Bald wurde mir klar, daß ich es praktisch schon bei allen Schulen in Macau versucht hatte. Ein Direktor hatte gesagt, er würde mich im Unterricht zuhören lassen, hatte aber keinen Zweifel daran gelassen, daß ich gar nicht erst zu versuchen brauchte, richtig teilzunehmen, da die Lehrer einfach nicht die Zeit dafür aufbringen könnten.

Inzwischen hatte ich mich mit einigen der jungen Leute aus der Kirchengemeinde angefreundet. Zwei Mädchen, die ganz in unserer Nähe wohnten, erboten sich, mich immer mit zur Kirche zu nehmen. Eines Samstagabends, als wir auf dem Weg zu einer Versammlung in der Kirche waren, hörte ich zwei fremde Mädchen, die neben uns gingen, eine Lektion aus dem Chinesischbuch, das ich an der Pooi-To-Schule gehabt hatte, besprechen. Sie hatten die Lektion nicht verstanden und machten sich deshalb Sorgen. Ich sagte meinen Freundinnen, ich glaubte, ich könne den beiden helfen. Sie sprachen daraufhin mit den Mädchen, und wir verabredeten uns nach der Kirche im Park. Meine Freundinnen sagten mir, die beiden Mädchen hätten mich ganz neugierig angeguckt. Wahrscheinlich hatten sie sich über meine dunkle Brille gewundert und daß ich mich bei einer meiner Freundinnen eingehakt hatte.

Als ich mit den Mädchen im Park war, sagte ich ihnen als erstes, daß ich vollständig blind war. Ich hatte eine Menge Fragen erwartet, doch sie fragten nur nach meinem Namen. Wir stellten uns gegenseitig vor. Die eine hieß Annie Lau und die andere Lydia Wong. Was für sonderbare Namen – ich hatte noch nie solche Namen gehört! Sie klangen nicht chinesisch. Lau und Wong, sicherlich ihre Familiennamen, standen jeweils hinter dem, was sich wie ihre Rufnamen anhörte. Konnten sie mir das erklären? Sie sagten mir, daß Annie und Lydia englische Namen seien, die genau in der umgekehrten Reihenfolge wie chinesische Namen angeordnet seien. Ich fragte sie nach ihrer Schule, und sie antworteten, sie gingen zur englischen Mädchenklosterschule »Sacred Heart«. Eine englische Schule! Ich konnte meine Aufregung kaum unterdrükken. So lange hatte ich davon geträumt, in eine englische Schule zu gehen! Könnte es sein...?

Es stellte sich bald heraus, daß Annie und Lydia bei mehreren Chinesischaufgaben Hilfe brauchten, und ich schlug meinen Freundinnen von der Kirche vor, sie sollten schon nach Hause gehen und nicht auf mich warten. Ich hatte einen Schirm mit, den ich als Stock gebrauchen konnte, und ich wußte ganz gut, wie ich vom Park aus nach Hause kommen würde. Es war kein weiter Weg. Doch die beiden Mädchen von der englischen Schule sagten, sie würden mich hinterher gern nach Hause begleiten. Es war ein schönes Gefühl, wieder von zwei sehenden Mädchen akzeptiert zu werden, und wir machten uns an die Arbeit.

Während wir arbeiteten, kam auf einmal eine portugiesische Dame, die ich aus Hong Kong kannte (sie hatte dort ein Stockwerk über uns gewohnt), vorbei und sprach mich an. Es war eine tolle Überraschung, sich so zu treffen. Sie versprach, Ah Wor und mich am folgenden Nachmittag zu besuchen und uns zu ihr mitzunehmen. Danach würden wir den Weg kennen und könnten sie jederzeit wieder besuchen.

Den ganzen Abend lang konnte ich an nichts anderes als an die Sacred-Heart-Schule denken. Aus dem, was Annie und Lydia gesagt hatten, schloß ich, daß sie zwar nicht direkt in unserem Bezirk lag, aber auch nicht weit entfernt, ungefähr eine Viertelstunde zu laufen.

Die portugiesische Dame – die ich Tante Mica nannte – hielt ihr Versprechen und nahm uns am nächsten Tag mit zu ihrem Haus. Während sie in der Küche Tee machte, schlug Ah Wor vor, ich solle sie doch einmal fragen, ob sie mir mit der Schule helfen könne. Das war eine gute Idee. Wir wußten, daß sie in Macau geboren und katholisch war, und daß ihr verstorbener Vater einen hohen Posten in der Regierung von Macau bekleidet hatte; ihre Brüder waren ebenfalls einflußreich. Vielleicht kannte sie sogar die eine oder andere der katholischen Schwestern an der Schule.

Beim Teetrinken berichtete ich Tante Mica von meinem Anliegen und fragte sie, ob sie mir irgendwie helfen könne. Ich brauchte sie nicht lange zu überzeugen, daß ich mit sehenden Schülern in eine Klasse gehen konnte, da ich ihr schon von der Pooi-To-Schule erzählt hatte. Sie verstand sofort. Zwar kannte sie niemanden direkt an der Sacred-Heart-Schule, doch sie war gern bereit, mich der Direktorin vorzustellen.

Ich wußte, daß es eine große Schwierigkeit in dieser Schule geben würde – die Sprache. Ich hatte Annie und Lydia gefragt, ob die Lehrer Kantonesisch sprachen, und sie hatten gesagt, die meisten Lehrer seien katholische Schwestern aus dem Ausland, die überhaupt kein Chinesisch sprachen. Doch Tante Mica sagte, es müsse dort auch chinesische Schwestern geben, die mir dolmetschen könnten. Sie meinte, ich sollte es auf jeden Fall einmal versuchen.

Am nächsten Tag gingen Tante Mica, Ah Wor und ich zusammen zur Sacred-Heart-Schule. Ich hatte meinen Eltern nichts davon gesagt. Kaum waren wir durch die Schulpforten gegangen, hörte ich nichts als Englisch um mich herum. Ich versuchte angestrengt, etwas zu verstehen, doch nur hier und da schnappte ich einzelne bekannte Wörter auf. Wir wurden zum Büro der Direktorin, Schwester Margaret, einer Italienerin, gebracht. Tante Mica trug meinen Wunsch vor, eine englische Schule zu besuchen. Da sie wußte, daß ich in eine chinesische Schule gegangen war, sprach Schwester Margaret für mich sehr langsam und deutlich. Ich verstand zwar in groben Zügen, was sie sagte, konnte meine Antwort jedoch nicht in Worte fassen. Eine chinesische Schwester wurde zum Übersetzen gerufen. Vieles von dem, was sie sagte, als sie mein Chinesisch ins Englische übersetzte, konnte ich verstehen. Wie bewunderte ich ihre perfekte Beherrschung beider Sprachen!

Meine Zeugnisse der Pooi-To-Schule wurden übersetzt, woraufhin Schwester Margaret ohne zu zögern sagte, sie würde mir gern eine Probezeit zugestehen, obwohl das einmalig für die englischen Schulen in diesem Teil der Welt sei. Wir machten einen Termin in der nächsten Woche aus. In der Zwischenzeit würde sie Zeit gehabt haben, mit den anderen Schwestern zu sprechen, und könnte mir dann verbindlich zu- oder absagen.

Es folgte eine lange, entsetzliche Woche des Wartens, gemischt aus Hoffnung und Angst. Ich wollte so gern an diese Schule gehen, doch eine Unmenge Befürchtungen und Zweifel, besonders wegen der Bücher, plagten mich. Bücher in Englisch vorgelesen zu bekommen, würde sehr viel komplizierter sein als in Chinesisch – und das war ja schon schwer genug gewesen! Die kantonesische Blindenschrift ist phonetisch aufgebaut, man schreibt also die Wörter genau so, wie man sie ausspricht; die englische Blindenschrift dagegen basiert auf den Buchstaben der geschriebenen Wörter, was bedeutete, daß meine Vorleser mir die Wörter, die ich noch nicht kannte, einzeln buchstabieren müßten, damit ich sie aufschreiben konnte. Und dann wären ja alle Fächer in Englisch, nicht nur das Fach Englisch selbst wie an meiner alten Schule. Es gab so viele Wörter, deren Bedeutung ich nicht kannte, und noch hatte ich keine Möglichkeit, sie in einem Wörterbuch nachzuschlagen. Je mehr ich darüber nachdachte, desto mehr Angst bekam ich.

An unserem Termin mit Schwester Margaret kam Tante Mica mich abholen. Ah Wor kam natürlich mit. Als wir das Büro betraten, war auch unsere Dolmetscherin schon da. Sie führte mich zu einem Stuhl am Tisch. Mehrere englischsprechende Schwestern waren anwesend. Schwester Margaret forderte mich auf, die 26 Buchstaben des Alphabets in Brailleschrift zu schreiben und sie vorzulesen. Dann las sie mir einige Sätze vor, die ich aufschreiben sollte. Ich bat sie, mir einige der Wörter zu buchstabieren, was sie auch tat. Anschließend sollte ich alles vorlesen. Bis auf ein paar Rechtschreibfehler war alles richtig. Es folgte eine kurze Unterredung der Schwestern. Ich versuchte, ruhig zu bleiben, doch meine Hände waren feucht, und ich wagte gar nicht daran zu denken, wie mir zumute wäre, wenn sie am Ende Nein sagten.

Endlich wandte sich Schwester Margaret an mich. Sie sagte, sie hätten mich sehr lieb und wollten mir eine Chance geben. Doch da ich wahrscheinlich im Unterricht nicht mitkommen würde, sollte ich am besten zwei- oder dreimal in der Woche Nachhilfeunterricht nehmen. Ich fragte, ob ich es vielleicht ein paar Wochen ohne Nachhilfeunterricht versuchen könne. Ich wußte nur zu gut, daß wir uns keinen Nachhilfeunterricht leisten konnten. Ah Wor flüsterte mir zu, ich solle ruhig Nachhilfestunden nehmen, denn ich würde ja ohnehin einen Vorleser brauchen, und selbst wenn dann nicht viel Zeit für Nachhilfe übrig bliebe, würde jemand, der imstande war, Nachhilfeunterricht zu erteilen, sicher sehr viel besser und deutlicher lesen und mir auch sonst besser helfen können. Doch die chinesische Schwester hatte nur mich, nicht Ah Wors Flüstern gehört. Sie übersetzte Schwester Margaret das, was ich gesagt hatte, worauf diese einwilligte, es mich einige Wochen lang versuchen zu lassen, bevor darüber entschieden wurde, ob ich Nachhilfe brauchte oder nicht.

Schwester Margaret bot sich an, mir beim Ausfüllen des Schulanmeldeformulars behilflich zu sein, und fragte mich nach meinem Namen. »Ching Man-fai«, sagte ich. Schwester Margaret überlegte einen Moment und sagte dann: »Es wäre vielleicht besser, wenn du einen englischen Namen hättest. Das wäre einfacher für die Lehrer, die kein Chinesisch sprechen.«

»Ich kenne aber keine englischen Namen. Oder können Sie mir ein paar sagen, damit ich mir einen aussuchen kann?«

Schwester Margaret las eine lange Liste von Namen vor. Es war schwierig, sich einfach einen herauszusuchen, weil mir alle fremd waren. Einige waren kompliziert auszusprechen, und andere waren ziemlich lang. Ob sie mir vielleicht einige einfache und kurze vorlesen konnte?

Sie las eine neue Reihe von Namen vor. Immer noch klang nichts richtig, und ich fühlte mich ganz hilflos. Dann hörte ich sie »Lucy« sagen. Das klang schön und war leicht auszusprechen. Ich fragte, wie der Name geschrieben wurde. Er hatte nur vier Buchstaben!

Erleichtert sagte ich, ich würde gern »Lucy« als englischen Namen haben.

»Weißt du auch, was der Name bedeutet?« fragte Schwester Margaret. »Nein, aber ich finde ihn sehr schön.«

Sie tätschelte mich und sagte, der Name bedeute »Licht«; wohin ich auch ginge, würde ich Gottes Licht hintragen. Liebevoll fügte sie hinzu, daß die anderen Mädchen viel von mir lernen würden und ich ihnen viel geben könne.

»Was kann ich als Blinde den sehenden Mädchen denn geben?« fragte ich.

»Nun, vielleicht beklagen sich die anderen Mädchen weniger über die viele Arbeit, wenn sie sehen, wieviel schwieriger es für dich ist und was du alles tun mußt, um das gleiche zu erreichen wie sie. Ich bin froh, daß Gott mir die Möglichkeit gegeben hat, dir zu helfen. Du bist eine Art Wegbereiterin. Hinterher wird es für uns leichter sein, auch anderen blinden Mädchen zu helfen.« Bei diesen Worten kam ich mir ganz klein vor, doch gleichzeitig gaben sie mir auch Kraft.

Ich sollte diese Kraft brauchen, denn vieles war schwierig an der Sacred-Heart-Schule. Doch wie dankbar war ich für die Freundlichkeit und ehrliche christliche Nächstenliebe, mit der ich dort behandelt wurde, für die Hilfe und die Wärme, mit der man mir begegnete. Es kamen tatsächlich andere blinde Schülerinnen nach mir, für die ich wie ein Instrument Gottes war, das der Schule half, neue Wege für die Erziehung Behinderter zu beschreiten.

Ich fragte, in welche Klasse ich kommen würde. Ich sollte in die Spezialklasse kommen. Bei dem Wort zuckte ich zusammen. Ich wollte in keine Spezialklasse! Auf meinen Protest hin lachten die Schwestern herzlich und erklärten mir, daß die Spezialklasse für Mädchen eingerichtet worden sei, die wie ich vorher in eine chinesische Schule gegangen waren und die ihr Englisch noch verbessern mußten. Die Klassenlehrerin spreche Kantonesisch. Die meisten Mädchen gingen ein Jahr lang in die Spezialklasse und würden dort darauf vorbereitet, dem englischen Unterricht zu folgen. Anschließend würden die Lehrer sie für eine der normalen Klassen empfehlen.

Auf dem Nachhauseweg flüsterte ich meinen englischen Namen im Takt meiner Schritte vor mich hin: Lucy, Lucy, Lucy. Hoffentlich würde ich ihn wiedererkennen, wenn ich in der Schule so gerufen wurde! Ich machte Ah Wor vor, wie sie ihn aussprechen mußte, und sagte ihr, sie solle mich von nun an Lucy nennen. Das könne sie nicht, erwiderte sie, als Amah müßte sie mich weiterhin Fräulein Drei nennen. »Aber du bist doch viel viel mehr als eine Amah für mich!« rief ich aus. Doch sie ließ sich nicht umstimmen. Sie nennt mich noch heute Fräulein Drei.

Als wir nach Hause kamen, hörten wir fremde Stimmen. Zwei Männer sprachen mit meinen Eltern. Ich trödelte ein wenig, um zu hören, worüber sie sprachen. Ziemlich bald wurde mir klar, daß sie über Mutters Pelzmantel verhandelten. Es war der einzige gute warme Mantel, den Mutter auf der Flucht aus Kanton hatte mitnehmen können. Ich wußte, daß sie ihn sehr liebte und sich unter keinen Umständen von ihm trennen wollte. Es machte mich traurig, daß meine Eltern ihn schon nach so kurzer Zeit verkaufen mußten, um uns weiterhin durchzubringen.

Und jetzt müßte ich ihnen auch noch die Sache mit der englischen Schule erzählen und sie um Schulgeld bitten! Ich hörte die Männer gehen. Plötzlich war es ganz still in der Wohnung. Ich konnte noch nicht einmal meine Eltern hören. Ah Wor war in die Küche gegangen. Ich war in einem Dilemma. Es war Freitagabend; am Montag sollte die Schule beginnen. Was sollte ich machen? Aber Vater bereitete meiner Unentschlossenheit ein Ende. Ich hörte ihn zu Mutter sagen, daß sie das Geld am besten gleich meinen Geschwistern geben sollte, damit sie ihr Schulgeld gleich für das ganze Halbjahr bezahlen konnten und nicht jeden Monat einzeln. Egal, was geschehe, ob wir genug zu essen hätten oder nicht, für die Schule sei dann gesorgt.

Das besiegelte meinen Entschluß. Ich mußte es ihnen jetzt sagen, in der Hoffnung, daß sie auch mein Schulgeld dazurechnen würden. Ich nahm all meinen Mut zusammen, trat ins Zimmer und setzte mich auf einen Stuhl. Lange saß ich da, aber ich brachte keinen Ton heraus. Es war, als ob meine Zunge gelähmt sei. Die ganze freudige Erregung, die ich gerade noch verspürt hatte, war wie weggeblasen; ich war nur noch ein Häuflein Angst. Aber irgendwie mußte ich ihnen doch beibringen, daß ich zehn Dollar Schulgeld für den nächsten Monat brauchte, und zwar am Montag!

Endlich raffte ich mich auf. Mit gepreßter Stimme rasselte ich in ungeheurem Tempo herunter, daß die Direktorin der Sacred-Heart-Schule mich annehmen wollte und daß ich am Montag anfangen sollte und daß ich unbedingt zehn Dollar brauchte...

Ich hatte das alles in einem Atemzug hervorgestoßen – natürlich hatten sie nichts verstanden. Ich riß mich zusammen und wiederholte noch einmal langsam, was ich hatte sagen wollen. Von Vater und Mutter hörte ich keinen Ton. Ich versuchte, mir zu überlegen, was ich noch sagen könnte. Jetzt, wo es einmal heraus war, konnte ich nicht mehr zurück. Vielleicht war das meine einzige Chance. Plötzlich kam mir wieder ins Gedächtnis, daß Schwester Margaret gesagt hatte, wenn ich besser Englisch lernen würde, könnte ich vielleicht private Englischstunden geben. Dieses Argument schien das Eis zu brechen; Vaters Stimme klang angenehm überrascht, als er sagte, es freue ihn, von dieser Möglichkeit zu hören. Jetzt, wo er nicht mehr die Garantie habe, mit einem Haus oder einem Konto in der Zukunft für mich sorgen zu können, wäre alles, was ich selbst für meinen späteren Lebensunterhalt tun könne, eine Hilfe und eine große Erleichterung für ihn. Ich kann gar nicht beschreiben, wie froh ich darüber war! Vater nahm meine Ausbildung ernst und begriff, daß sie mir später nützen konnte! Er würde das Schulgeld bezahlen! Er erkundigte sich sogar nach der Schuluniform und schickte mich zurück zu Schwester Margaret, um zu fragen, wo ich sie machen lassen sollte.

Schwester Margaret nannte Ah Wor und mir einen Schneider, bei dem wir die Uniform anfertigen lassen konnten. Sie bestand (es war inzwischen Ende September) aus einem Wollkleid und einem kurzen Mantel. Wir erkundigten uns noch bei ein oder zwei anderen Schneidern, doch sie waren alle sehr viel teurer als der erste. Die Uniform kostete 40 Dollar einschließlich Material und sollte nach einer Woche fertig sein. Ah Wor bezahlte die Hälfte. Erst später bekam ich heraus, daß sie bis spät in die Nacht zusätzliche Heimarbeit dafür gemacht hatte.

Am Montag begann ein neuer Lebensabschnitt für mich. In dem Bewußtsein, daß nicht nur Ah Wor, sondern auch meine Eltern hinter mir standen, ging ich mit Ah Wor zur Schule. Es war noch früh, und die Mädchen waren noch auf dem Hof. Ich wußte nicht, wo ich hingehen oder wen ich fragen sollte. Ah Wor sagte, die Mädchen stünden in Grüppchen zusammen, und ich hörte englische und chinesische Wortfetzen. Was sollte ich machen? Ich schlug Ah Wor vor, an so vielen Gruppen wie möglich vorbeizugehen, bis ich eine Chinesisch sprechen hörte – das müßten dann ja die Mädchen aus der Spezialklasse sein. Doch eine Gruppe nach der anderen sprach Englisch. Plötzlich klingelte es. Ich bat Ah Wor, mich an eine Stelle zu bringen, wo die Lehrer mich sehen würden. Nicht lange, und die Direktorin kam auf mich zu. Jetzt konnte Ah Wor gehen. Schwester Margaret begrüßte mich freundlich und sagte, daß alle Schüler jetzt in Reihen auf dem Schulhof stünden zum

Gebet. Sie brachte mich in die Reihe der Mädchen aus der Spezialklasse und sagte zu meiner linken Nachbarin, sie solle mir ihren Arm geben und mich hinterher mit in die Klasse nehmen. Dann ging sie fort, und kurz darauf hörte ich ihre Stimme das Gebet vorsprechen.

Nach dem Gebet fand ich mich in einem Gewühl von laufenden Schritten wieder; alles stürmte an mir vorbei. Sollte ich einfach versuchen, mich an den Arm eines der Mädchen zu hängen? Doch wer war auf dem Weg in die Spezialklasse? Ich versuchte, mich verständlich zu machen – keine Reaktion. Vielleicht lag es daran, daß ich noch keine Schuluniform trug.

Nun war ich die einzige, die noch auf dem Schulhof war. Ich umklammerte fest meinen Schirm und versuchte, mich in die Richtung, aus der ich Stimmen hörte, zu tasten. Ich stieg ein paar Stufen hinauf und ging weiter, bis ich ganz in meiner Nähe eine Stimme hörte. Sie mußte aus einem Klassenraum kommen. Ich versuchte zu verstehen, was sie sagte, doch ich konnte nur einige Brocken in Englisch aufschnappen – natürlich, ich war ja auch in einer englischen Schule! Das einzige, was ich tun konnte, war zu klopfen und zu fragen, wie ich zur Spezialklasse käme. Doch das mußte ich auf Englisch tun. Die einzelnen Vokabeln für diesen Satz kannte ich zwar, aber sie in die richtige Reihenfolge zu bringen, war mir nicht möglich. Ich grübelte ziemlich lange darüber nach, doch alles, was ich zustande brachte, war: »Ich gehen Spezialklasse.« Endlich klopfte ich, reichlich nervös, an die Tür. Ich öffnete sie und stieß atemlos hervor: »Ich gehen Spezialklasse!« Die Lehrerin kam auf mich zu. Da ich nicht verstand, was sie sagte, wiederholte ich meinen Satz mehrmals. Offenbar verstand sie mich genausowenig wie ich sie, mußte aber jemandem in der Klasse ein Zeichen gegeben haben, denn kurz darauf kam ein Mädchen und fragte mich in Kantonesisch, was ich sagen wollte. Aus der Anrede erkannte ich, daß die Lehrerin eine der Schwestern sein mußte. Was das Mädchen übersetzte, verstand ich Wort für Wort. Es hörte sich so einfach an, wie sie von Kantonesisch zu Englisch und wieder nach Kantonesisch wechselte! Wie wünschte ich mir, das auch zu können!

Die Schwester nahm meine Hand, um mich in meine Klasse zu bringen. Ich wollte mich bei ihr entschuldigen, daß ich ihren Unterricht gestört hatte, und mich bedanken, doch alles, was mir einfiel, war: »Danke!« Es war niederschmetternd, noch nicht einmal so einfache Dinge ausdrücken zu können.

Wir kamen an eine Treppe. Ich hörte Schritte und erkannte

Schwester Margaret. Sie sprach mit der anderen Schwester, dann – langsam und sehr deutlich – mit mir. Ich verstand nicht alle Wörter, begriff aber, daß sie nach mir gesucht hatte. Gemeinsam gingen wir durch weitere Flure, bis wir glücklich zu einem Klassenraum gelangten, aus dem ich Kantonesisch sprechen hörte. Die Lehrerin hatte einen leichten Akzent, war aber recht gut zu verstehen.

Schwester Margaret stellte mich ihr vor – es war Schwester Christina, die Klassenlehrerin – und sagte zur Klasse, es wäre schön, wenn sie sich meiner annehmen würden. Schwester Christina führte mich zu einer Bank und brachte mir einen Stuhl; dann ging der Unterricht weiter. Vorsichtig begann ich mich zu orientieren. Ich saß neben einer Bank, die einem anderen Mädchen gehörte. Da ich mein Brailleschreibzeug mitgebracht hatte, streckte ich meine Hand aus, um zu fühlen, ob an der Seite noch Platz dafür war. Es war nichts mehr frei – alles war voller Bücher, Stifte usw. Als ich versuchte, meine Sachen auf meinem Schoß zu ordnen, flüsterte das Mädchen mir zu, sie könne einen Teil ihrer Sachen wegräumen, damit ich die Hälfte der Bank benutzen könne. Ich flüsterte: »Danke!« und war froh, daß sie zuerst mit mir gesprochen hatte. Ich hörte aufmerksam dem Unterricht zu, machte mir ein paar Notizen und fühlte mich schon sehr viel wohler. Schwester Christina las sehr langsam vor, betonte jedes Wort verständlich und sorgfältig und buchstabierte es auch, wenn nötig. Meine Angst begann sich zu legen.

Es klingelte. Ich wollte nicht schon wieder stehengelassen werden von den davonlaufenden Mädchen und legte daher schnell meine Hand auf die Schulter meiner netten Banknachbarin und fragte sie, ob sie mich mitnehmen würde. Zusammen gingen wir auf den Schulhof. Ich bat sie, mir ein wenig von sich zu erzählen und mir zu helfen, auch die anderen Mädchen kennenzulernen.

Bald waren wir zu sechst. Alle kamen von chinesischen Schulen, hauptsächlich aus Kanton, und waren Flüchtlinge wie ich. Eine von ihnen war auch in der Pooi-To-Schule gewesen, einige Klassen über mir. Diese Mädchen waren bald meine Freundinnen, und sie halfen mir auch, mich in der Schule zurechtzufinden.

Unsere Klasse hatte nur vormittags Unterricht, so daß ich nachmittags und abends meine Bücher abschreiben und lernen konnte. Das bedeutete, daß ich nicht wie in der Pooi-To-Schule bis spät in die Nacht hinein arbeiten mußte. Mit Hilfe der Mädchen, die für mich lasen, schaffte ich es, den größten Teil der Bücher abzuschreiben. Zuerst hatten sie etwas gezögert, mir vorzulesen, besonders bei Englisch. Ich sagte ihnen, sie bräuchten sich keine Gedanken wegen der Aussprache zu machen; sie sollten die Wörter einfach buchstabieren. Neun Mädchen erklärten sich bereit, sich mit dem Vorlesen abzuwechseln. Natürlich sprachen wir während der Lesestunden auch manchmal über die Aufgaben, wobei sie bald herausfanden, daß ich mir Bedeutung und Aussprache neuer Vokabeln besser merken konnte als sie. Das ersparte es ihnen, immer alles im Wörterbuch nachschlagen zu müssen. Schon nach wenigen Tagen meinte Schwester Margaret übrigens, ich bräuchte keinen Nachhilfeunterricht; Schwester Christina habe ihr gesagt, ich mache in Rechtschreibung und Grammatik gute Fortschritte.

Nach zwei Wochen gab es die erste schriftliche Arbeit. Ich machte es wie früher in Kanton – sobald das Kreidegeräusch an der Tafel aufhörte, bat ich Schwester Christina, mir die Fragen vorzulesen. Als ich ihr meine Antworten vorlas, war sie angenehm überrascht, daß ich auf diese Weise schriftliche Arbeiten erledigen konnte, und sagte, ich würde eine eigene Bank bekommen. Ich war selig – jetzt war ich meinen Klassenkameradinnen gleichgestellt, ganz abgesehen davon, daß ich auch mehr Platz hatte.

Am ersten Wochenende bat ich Ah Wor, mir einmal gründlich den Weg zur Schule und zurück zu zeigen. Wochentags konnten wir das nicht machen, denn morgens mußten wir in aller Eile zur Schule laufen und mittags zurück zum Mittagessen und danach zu verschiedenen Häusern, in denen mir meine Freunde vorlasen. In der Zwischenzeit ging Ah Wor nach Hause, um noch Arbeit zu erledigen, genau wie in Kanton. Hier war es etwas einfacher für sie, denn Macau war sehr viel kleiner als Kanton, so daß sie nicht so große Strecken zurückzulegen hatte. Vater hatte alle meine Geschwister gefragt, ob sie für mich lesen könnten, doch sie schienen schon mit ihrer eigenen Arbeit Schwierigkeiten zu haben, so daß ich ihnen nicht zur Last fallen wollte, außer in Notfällen.

Zu unserer großen Überraschung und Freude sagte Vater zu Ah Wor, sie bräuchte sich keine Sorgen zu machen, wenn sie einmal wegen meiner Lesestunden nicht rechtzeitig wieder zurück sein könne, um das Abendessen zu kochen; er sei ja gegen sechs Uhr von der Arbeit wieder zu Hause, und wenn Ah Wor am Vormittag Essen eingekauft hätte, könne er uns das Abendessen zubereiten. Natürlich war Ah Wor der Meinung, daß es als Amah ihre Aufgabe sei, das Essen zu kochen; sie überließ es Vater nur, wenn sie sehr in Eile war. Doch sie nahm gern sein Angebot an, für sie abzuwaschen, so daß sie gleich nach dem Essen mit mir zur nächsten Leserin gehen konnte.

Vaters Interesse an meiner Schularbeit gab mir Mut und spornte mich an. Nach all dem, was früher gewesen war, war es wie ein Wunder, daß er zuletzt doch die Wichtigkeit meiner Ausbildung begriffen hatte. Ich fühlte mich fast wie ein vollwertiges Familienmitglied.

Eines Tages fand ich heraus, daß ein paar Mädchen aus der Schule Internatsschülerinnen waren und sich gewöhnlich von fünf bis sechs auf dem Schulhof aufhielten. Ich fragte eines der Mädchen, ob sie mir in der Zeit ein wenig vorlesen könne. Ich war glücklich, als sie einwilligte. Inzwischen konnte ich übrigens mit dem Schirm als Stock meinen Weg zur Schule und zurück gut allein finden. Ich hatte nur eine Straße zu überqueren. Obwohl sich Ah Wor Sorgen machte wegen Kidnappern, ließ sie mich, nachdem sie mir einige Male zur Sicherheit gefolgt war, allein gehen.

An dem Nachmittag, an dem mir die erwähnte Internatsschülerin zum ersten Mal vorlas, hatte sich bald eine ansehnliche Menge von Neugierigen um uns versammelt, während ich meine Punkte stach. Ich erklärte ihnen die englische und kantonesische Blindenschrift, als mir plötzlich zu Bewußtsein kam, daß die vereinbarte halbe Stunde zum Lesen ja schon um war. Man muß mir die Enttäuschung angemerkt haben, als ich dem Mädchen sagte, ich müsse sie jetzt wieder ihre eigene Arbeit machen lassen, denn ein älteres Mädchen, das Kantonesisch mit einem merkwürdigen Akzent sprach, sagte, sie würde mir gern noch eine halbe Stunde lang vorlesen, bevor sie auf ihr Zimmer mußte. Wie war ich dankbar!

Ihr Englisch war ausgesprochen deutlich. Anstatt mir die meisten Wörter zu buchstabieren, wie die Mädchen in meiner Klasse, las sie sie einfach vor. Doch weil ich immer wieder nachfragen mußte, wie sie geschrieben wurden, merkte sie bald, wie begrenzt meine Englischkenntnisse noch waren, und änderte ihre Lesemethode: Zuerst sagte sie mir die Wörter ganz langsam und deutlich vor, damit ich die Aussprache wußte, dann buchstabierte sie die schwierigen Wörter. Das war eine große Hilfe, denn so lernte ich Rechtschreibung und Aussprache gleichzeitig und konnte vieles nachholen, was ich verpaßt hatte. Das Mädchen erbot sich, mir täglich eine halbe Stunde lang auf diese Weise vorzulesen, was ich dankbar annahm. Sie war in der fünften Klasse, und nach ihrem ausgezeichneten Englisch und dem Akzent, mit dem sie Kantonesisch sprach, zu urteilen, mußte Englisch ihre Muttersprache sein. Ich fragte sie nach ihrem Namen, der nicht chinesisch klang. Sie sagte, ich solle sie einfach Norma nennen. Nach chinesischer Sitte wollte ich Große

Schwester Norma zu ihr sagen, doch sie meinte, daß es in einer englischen Schule durchaus richtig sei, sie einfach Norma zu nennen. Ich glaube, ein Elternteil von ihr war portugiesisch, und sie sprachen Englisch in der Familie. Ihr Englisch war nicht ganz akzentfrei, doch damals fielen mir solche Kleinigkeiten noch nicht auf. Es war einfach herrlich, eine so flüssige Leserin zu haben, die das, was sie las, auch verstand und so gut vermitteln konnte.

Zweite Schwester

Eines Abends, als ich noch ziemlich spät im Schlafzimmer, das ich mit meinen Schwestern teilte, arbeitete (da ich ja kein Licht brauchte, störte ich sie nicht), hörte ich eine wohlbekannte Stimme: Großmutter. Sie sprach mit meinen Eltern, und sie weinte dabei. Ihre Stimme war so gedämpft und undeutlich, daß ich nicht verstehen konnte, was sie sagte. Auf Zehenspitzen schlich ich zur Tür, um zu lauschen.

Großmutter war im Begriff, Dritten Onkel und Nummer Zwei – oder »Dritte Tante«, wie wir sie nun widerstrebend nannten – zu verlassen. Dritter Onkel war gut zu ihr, doch er war selten zu Hause, so daß sie den Launen von Dritter Tante überlassen war, welche sie seit dem Umzug nach Macau äußerst schlecht behandelt hatte. Stück für Stück kam Großmutter mit einer ganzen Liste von Erniedrigungen und Lieblosigkeiten heraus, die sie erdulden mußte. Dritte Tante gönnte ihr nicht das Essen, das sie mochte; sie sprach nur selten mit ihr; sie gab ihr keine Gesichtscreme und andere einfache Dinge, mit der Begründung, das sei Luxus. All dies geschah aber nur, wenn sie allein waren; wenn Dritter Onkel dabei war, war sie so süß wie Honig.

Sie hatte Großmutters Habseligkeiten durchwühlt, auf der Suche nach Geld oder Wertsachen, und an diesem Nachmittag hatte sie es auf die Spitze getrieben: sie hatte Großmutters Armreif aus Gold und Jade an sich genommen. Zunächst hatte sie ihn ihr vom Arm reißen wollen, aber er saß sehr fest. Um den Ring – und ihr Handgelenk – zu retten, hatte Großmutter sich schließlich das Handgelenk eingeseift und den Ring selbst abgestreift. Der Armreif war Großmutters teuerster Besitz. Dritter Onkel hatte ihn ihr vor einigen Jahren in Kanton zum Geburtstag geschenkt. Er hatte Tausende von Dollar gekostet. Jungen Leuten schenkt man in China normalerweise nichts zum Geburtstag, doch Kinder können ihren Eltern kostbare Geschenke als Zeichen von Wertschätzung und

Respekt machen. So war auch Onkels Geschenk gedacht gewesen.

Dieser Gewaltakt hatte Großmutter den Rest gegeben. Als Dritte Tante später fortging, hatte sie ihre Sachen gepackt und eine Amah gebeten, sie zu uns zu bringen. Ich hörte Vater sagen, sie könne gern bleiben, wenn sie wolle, doch würde sie es in unserer kleinen, beengten Wohnung nicht so bequem haben wie bei Onkel, dessen Wohnung weitaus geräumiger war. Großmutter bat, trotzdem bleiben zu dürfen. Ich konnte meinen Ohren kaum trauen, als sie sagte, sie würde lieber bei uns auf dem Fußboden schlafen als zurück zu Dritter Tante zu gehen. Ich hatte sie noch nie so aufgelöst erlebt.

Später, als alle ins Bett gegangen waren und es ganz still im Haus war, hörte ich ein merkwürdiges Geräusch. Zuerst wußte ich nicht, wo es herkam. Ich ging zur Tür und horchte. Es kam aus dem kleinen Raum – eigentlich ein Abstellraum – in dem normalerweise Ah Wor schlief, und in dem jetzt Großmutter war. Ah Wor war in die kleine Küche schlafen gegangen. Das Geräusch war unmißverständlich – Großmutter weinte. Außer einem Schnarchen aus dem Schlafzimmer meiner Eltern war kein anderer Ton zu hören. Ich war also die einzige, die wach war und bemerkt hatte, was dort vor sich ging.

Ich war verwirrt. Großmutter war immer das unumschränkte Haupt der Familie Ching gewesen. Dies war das erste Mal, daß sie ihr Verhalten anderen gegenüber am eigenen Leibe spürte. Sie tat mir leid, doch dann mußte ich daran denken, wie anmaßend und hochfahrend sie immer gewesen war, gerade mir gegenüber, und fand, das geschehe ihr ganz recht. Ich spürte eine Art Schadenfreude darüber, daß sie endlich einmal ihre Lieblosigkeit und Ungerechtigkeit heimgezahlt bekam. Doch dann erschrak ich und schämte mich. Ich wollte Christ sein, und Christen sollten doch Liebe und Vergebung üben! Das vierte Gebot besagt, wir sollen Vater und Mutter ehren, damit es uns wohlgeht – das einzige Gebot, das eine Verheißung hat. »Lieber Gott«, betete ich, »wie kann ich Großmutter lieben und ehren? Es ist doch dein Gebot; bitte hilf mir, es zu erfüllen.«

Jetzt weinte auch ich. Lange saß ich nachdenklich auf meiner Bettkante. Dann spürte ich plötzlich eine Kraft, die mich ganz ruhig machte. Ich wußte, was ich zu tun hatte.

Ich schlich ins Wohnzimmer, fand die Thermoskanne mit Tee, die immer dort gelassen wurde, goß vorsichtig eine Schale voll ein, nicht zu hoch, damit ich nichts verschüttete, kroch damit zu Großmutters Bett und bot ihr den Tee an. Zuerst antwortete sie nicht. Ich hörte ein unterdrücktes Schluchzen. Ich wußte nicht, ob sie mich nicht gehört hatte oder von mir in Ruhe gelassen werden wollte. Zögernd streckte ich meine Hand zu ihr aus. Sie hatte ihr Gesicht unter der Decke vergraben. Zärtlich streichelte ich sie und flüsterte noch einmal: »Großmutter!«

Sie zog die Decke von ihrem Gesicht und hörte auf zu schluchzen, doch sagte sie lange nichts. Dann setzte sie sich auf, nahm die Schale Tee und trank. Ich hätte ihr gern etwas Tröstliches gesagt, doch ich brachte kein Wort heraus. Tränen liefen mir die Wangen hinab, und auch Großmutter begann wieder zu weinen. Dann sagte sie etwas vollkommen Unerwartetes: »Kind, verzeih mir!« Impulsiv schlang ich meine Arme um ihren Hals. In diesem Moment hatte ich sie wirklich lieb. »Geh ins Bett, Kleines Mädchen! Es ist schon gut. Du hast mein Herz warm gemacht.«

»Gute Nacht, Großmutter. Schlaf gut!« flüsterte ich. Mit vollem Herzen ging ich zurück ins Bett.

Nicht lange, nachdem Großmutter zu uns gekommen war, sagte Vater, wir könnten die Miete für diese Wohnung nicht mehr bezahlen, wir müßten in eine billigere ziehen. Er hatte auch eine gefunden, aber die geringe Miete war nicht weiter verwunderlich, denn die Wohnung war kaum bewohnbar. Sie war im ersten Stock eines Holzhauses, in dem Termiten große Löcher in die Wände gefressen hatten. Im Erdgeschoß lagerte Holz und Stapel von Eimern und Kisten und Kanistern, wie in einer Lagerhalle. Es roch stark nach Benzin und Petroleum. Hoffentlich würde es hier nie ein Feuer geben! Doch wir hatten keine andere Wahl.

In der Schule ging alles gut; das Lernen und Mitschreiben konnte ich gut bewältigen. Ein Problem jedoch war nicht zu lösen: Wie sollte ich Schwester Christina meine Hausaufgaben zeigen? Die Aufgaben waren nicht schwer, sie bestanden hauptsächlich aus Wiederholungen grammatischer Strukturen und Satzmuster. Aber es war zu viel, um es ihr in der kurzen viertelstündigen Pause, der einzigen am Tag, vorzulesen. Schwester Christina ließ mich deshalb nur einen Teil der Aufgaben mündlich beantworten. Da ich aber jedes Mal die ganze Aufgabe mühevoll in Braille geschrieben hatte, war es immer eine Enttäuschung, nicht alles korrigiert zu bekommen.

Eines Samstagnachmittags war ich zu Besuch bei Tante Mica. Dabei lernte ich auch ihre Schwester Nora kennen. Sie fragten mich nach der Schule, und ich klagte ihnen meine Schwierigkeiten wegen der Hausaufgaben. Plötzlich fiel mir ein, was Lehrerin Lee von der Pooi-To-Schule über das Schreibmaschineschreiben gesagt hatte. Auch Frau Schaeffer von der Ming-Sum-Schule hatte gesagt, daß es mir sicher keine Probleme bereiten würde. Blinde Schüler in England und Amerika tippten einfach ihre Hausaufgaben für die Lehrer. Ich fragte Tante Mica und Tante Nora, ob sie wüßten, wie teuer Schreibmaschinenunterricht war. Darauf sagte Tante Nora prompt, das sei kein Problem – sie habe bis vor kurzem in einem Büro gearbeitet, und falls ich mir eine Maschine leihen könne, würde sie mir das Schreiben gern beibringen. Ich konnte mich vor Freude kaum halten – obwohl auch diese unerwartete Lösung uns Kosten bereiten würde. Ah Wor hatte wie üblich meine Gedanken gelesen. Sie sagte, sie würde sich darum kümmern.

In einem Schreibmaschinengeschäft fragten wir, wie teuer es sein würde, eine solche Maschine zu leihen. Die billigste kostete 15 Dollar pro Monat. Auf dem Nachhauseweg sagte ich zu Ah Wor, ich müsse für alle Fälle erst Vater fragen, ob er das bezahlen könne. Ah Wor jedoch verbot mir, ihn zu fragen. Sie sagte, trotz der monatlichen Unterstützung von Drittem Onkel sei das Gehalt, das Vater von dem Gemüsehändler erhielt, so gering, daß wir bei dem Schulgeld und all den anderen nötigen Ausgaben kaum damit auskamen. Nein, die Schreibmaschine sei ihre Sache.

Am nächsten Tag holten wir die Schreibmaschine ab und stellten sie bei Tante Mica auf. Ich war so begierig zu lernen, daß es mir spielend leicht fiel. Nach wenigen Tagen hatte ich mir die Lage der Tasten gemerkt und beschloß, die Maschine mit heimzunehmen. Der Rest der Familie war überrascht, daß ich meine Hausaufgaben tippen konnte. Vater wollte genau wissen, wie ich dazu gekommen war. Und er war so davon angetan, daß ich nun nicht mehr nur auf die Blindenschrift angewiesen war, daß er die Leihgebühren für die Schreibmaschine übernahm!

Ich bat Schwester Christina, mich meine Arbeiten und Prüfungsaufgaben tippen zu lassen. Ich wußte, daß ich, wenn ich sehr sehr vorsichtig war, sie ohne allzuviele Fehler hinbekommen würde. Und wenn ich einen Fehler sofort bemerkte, konnte ich, wie Tante Nora gesagt hatte, einfach ein x darüber schreiben. Natürlich war Tippen für mich schwieriger als die Brailleschrift, wo ich immer wieder nachlesen konnte, was ich geschrieben hatte. Beim Maschineschreiben ging das nicht; einmal getippt, waren die Wörter für mich verloren. Doch andererseits konnte meine Lehrerin jetzt viel mehr von meinen Aufgaben lesen, als wenn ich ihr erst diktieren mußte.

Eine kurze Zeit lang schien alles gut zu gehen. Die Schule fiel mir leichter, und die Tage verstrichen ruhig und friedlich. Doch es dauerte nicht lange, bis neue Wolken aufkamen. Meine Zweite Schwester, mit der ich mich so gut verstand, klagte über ständige Müdigkeit, und obwohl sie nicht viel aß, sagten alle, sie würde dick. Sie hatte Schwierigkeiten, ihre Schulaufgaben zu erledigen, und saß manchmal bis spät in die Nacht und wiederholte ein, zwei Sätze einer Lektion wieder und wieder, ohne sie behalten zu können. Stundenlang büffelte sie und bekam trotzdem nur schlechte Noten.

Als sie eines Nachts wieder so saß und lernte, fiel das Licht aus. Um weitermachen zu können, zündete sie eine Kerze an, doch bald darauf fielen ihr vor lauter Müdigkeit die Augen zu. Ich dachte, sie lese still für sich, bis ich auf einmal verbranntes Haar roch. Hastig weckte ich sie auf, doch sie sagte, sie könne sich nicht bewegen! In Panik griff ich nach der Kerze und warf sie in der Küche in den Spülstein, dann goß ich einen Eimer Wasser über Schwesters Kopf. Jetzt war alles naß, doch wenigstens wurde sie davon richtig wach. Auch ihr Buch war eingeweicht, und sie fing jämmerlich zu weinen an. Der Lärm hatte inzwischen auch Ah Wor, die auf dem Gang schlief, geweckt. Sie war erleichtert, daß ich Schwester rechtzeitig gerettet hatte. Ihr Stirnhaar war schlimm verbrannt, doch zum Glück war ihre Haut unversehrt geblieben. Ah Wor gab ihr Geld, damit sie sich ein neues Buch kaufen konnte.

Vater war sehr ärgerlich, daß Schwester bei ihren Prüfungen so schlecht abschnitt, und warf ihr vor, faul zu sein. Ich wußte, wie ungerecht dieser Vorwurf war, doch was konnte ich tun? Ich wußte auch, daß Schwester ständig Schmerzen hatte, und zwar links unten am Rücken. Das sagte mir damals nichts, doch irgendwie wußte ich, daß es etwas Ernstes sein mußte. Ich drängte sie, es Vater doch zu sagen, doch das wollte sie nicht, denn das würde nur Geld kosten. Er konnte sich keinen Arzt für sie leisten, und so biß sie die Zähne zusammen und quälte sich weiter.

Inzwischen waren auch Siebter Onkel und Tante mit ihren Töchtern nach Macau gezogen. Siebter Onkel hatte eine gute Ausbildung hinter sich und hatte einige Jahre lang ein Amt bei der Kuomintang wahrgenommen. Jetzt hatte er es genauso schwer wie Dritter Onkel, auch bei der Arbeitssuche. Nach Macau waren sie gekommen, weil man hier billiger als in Hong Kong leben konnte.

So besorgt ich wegen Zweiter Schwester war, war es doch ein kleiner Trost, daß Siebte Tante nicht weit weg wohnte und ich sie recht oft besuchen konnte. Sie ermunterte ihre Töchter, mich doch öfter mitzunehmen, und ging mit mir jede Woche zur Kirche, bis sie, zu meinem großen Bedauern, zurück nach Hong Kong gehen mußten.

Unter vier Augen sprach ich mit Tante über Zweite Schwester. Sie sah sie sich daraufhin genau an und drückte ihren Finger in ihren Arm; der Finger hinterließ eine Delle, die nicht sofort verschwand. Daraufhin sagte sie zu Vater und Mutter, daß Schwester nicht dick sei, sondern aufgeschwemmt von Krankheit und Wasser. Sie brachte sie zu einem Arzt, der feststellte, daß Schwester eine Nierenentzündung im fortgeschrittenen Stadium hatte. Sie wurde an ein Krankenhaus überwiesen, doch die Behandlung half nichts. Es wurde schlechter und schlechter.

Schließlich rief der Arzt meine Eltern zu sich und sagte, Zweite Schwester müsse sterben. Ich war wie zerschmettert. Ich liebte sie so sehr; sie war immer meine treue Freundin gewesen, obwohl sie drei Jahre älter war als ich. Wenn ich sie besuchen ging, kämpfte ich mit den Tränen. Sie war sehr schwach und müde, und Ah Wor sagte, sie wolle niemanden sehen und mit niemandem sprechen. Doch wenn ich kam, öffnete sie mühsam die Augen und lächelte, ja sprach sogar mit mir, allerdings mit sehr schwacher Stimme.

Einmal fragte sie mich, warum ich immer weinte, wenn ich sie besuchen kam. Ich wußte nicht, wie ich antworten sollte. Sie drängte mich, ihr die Wahrheit zu sagen. Ganz tief innen, sagte sie, wüßte sie, daß sie nicht mehr lange zu leben hätte, doch sie hätte keine Angst. Schließlich sagte ich ihr alles, was ich wußte.

Anstatt in Selbstmitleid zu versinken, tröstete sie mich und sagte, ich solle nicht traurig sein; im Himmel würden wir uns wiedersehen. Unter größter Anstrengung setzte sie sich auf, und die Krankenschwester stopfte ihr einige Kissen in den Rücken, um es ihr etwas bequemer zu machen. Sie bat mich, zu beten, sie selbst würde dann abschließen. Ich wollte wirklich gern beten, doch ich bekam kein Wort heraus, bis sie schließlich ein Gebet hauchte. Sie bat Gott, mir weiterhin bei meiner Ausbildung zu helfen, damit ich eines Tages anderen Blinden helfen könne. Dann betete sie darum, daß Ah Wor lange gesund bliebe, damit sie mir noch viele Jahre beistehen könne. Zuletzt bat sie Gott, mir Augen zu geben, damit ich sehen konnte. Sie betete ganz ruhig, ohne zu weinen. Ich werde ihren Mut nie vergessen.

Bevor ich ging, mußte sie mir versprechen, niemandem zu sagen, daß sie alles wußte, da Vater gesagt hatte, ich dürfe ihr nicht die Wahrheit sagen. Daraufhin nahm sie mir das Versprechen ab, Vater und Mutter nach ihrem Tod zu sagen, daß sie kein Geld für buddhistische Priester oder Nonnen, die Gebete für sie sangen oder Räucherwerk abbrannten, ausgeben sollten, und daß sie ihr auch keinen Mann – lebendig oder tot – suchen sollten. Ich versprach es.

Eines Tages sagte Schwester, sie fühle sich viel besser. Sie war nach wie vor aufgeschwemmt und hatte Schmerzen, doch sie wollte sprechen und mich die ganze Zeit bei sich haben. Da sie so krank war, gab das Krankenhaus die Erlaubnis dazu. Glücklicherweise waren die beiden Betten neben ihr leer, so daß wir niemanden störten. Trotzdem versuchten wir, so leise wie möglich zu sein. Die anderen Patienten im Zimmer waren keine Schwerkranken und wurden durch meine Anwesenheit nicht allzusehr gestört. Schwester lag am Tropf, so daß ich ihre Mahlzeiten essen durfte.

Schwester wollte immer wieder darüber sprechen, was nach ihrem Tod in der Familie geschehen würde. Zuerst konnte ich das überhaupt nicht ertragen. Doch sie war so ruhig und nüchtern dabei, und vielleicht war ich durch den wilden Ansturm der Gefühle auch so betäubt, daß ich allmählich doch in der Lage war, mit ihr so darüber zu reden, als sprächen wir nur über ein Traumland. Es belastete Schwester, daß sie noch nie ihren christlichen Glauben bekannt hatte, obwohl sie oft mit mir zur Kirche gegangen war. Nachdem ich den Pastor unserer Kirche gebeten hatte, zu kommen, fühlte sie sich viel besser.

Auch der Gedanke, daß Vater und Mutter Geld für ein Geistermedium ausgeben könnten, um mit ihr zu sprechen, machte ihr große Sorgen. Ich war mir ziemlich sicher, daß sie dies tun würden; zumindest Großmutter glaubte fest daran und würde darauf bestehen. Ich dachte darüber nach – und wurde neugierig. Der Christ in mir lehnte diesen Aberglauben natürlich ab, doch der traditionelle Chinese in mir war sich nicht so sicher, und plötzlich dachte ich, vielleicht sei jetzt die Gelegenheit, zu prüfen, was stimmte. Also sagte ich zu Schwester, ich würde gern einen Beweis haben, ob wirklich sie sprach oder ob das Medium nur so tat. Schwester schlug vor, wir sollten einige Dinge verabreden, die sie mich fragen würde, falls sie es wirklich wäre. Sie sagte, wenn sie wirklich durch das Medium sprach, würde sie fragen, ob ich alle Bücher hätte, die ich für die Schule brauchte, und ob ich den Unterricht, den ich ihretwegen verpaßt hatte, wieder hätte nachholen können. Dann fragte ich Schwester, ob sie wirklich an die Existenz von Totengeistern glaubte. Sie meinte, es könne schon wahr sein, denn auch die Bibel spreche ja vom Satan und von bösen Geistern.

Während wir uns so unterhielten, kam ein neuer Patient in das Bett neben Schwester. Es war ein Mädchen ungefähr in ihrem Alter. Während sie sich zurechtmachte, schimpfte ihre Mutter, sie sei schuld an den vielen Ausgaben, die ihre Familie ihretwegen gehabt hatte. Aber natürlich – was hatte der Wahrsager bei ihrer Geburt gesagt? Daß sie das Geld, das ihr Vater ihr aus einem früheren Leben schuldete, auf irgendeine Weise zurückbekommen würde – und so war es jetzt ja wohl. »Nichts als Unglück bringst du uns...«

Ich konnte das Gerede nicht aushalten und begann zu weinen. Auch Schwester kamen die Tränen. Das schien der Mutter peinlich zu sein, und sie ging eilig aus dem Zimmer. Darauf kam das Mädchen zu uns herüber und weinte mit uns. Ich glaube, ich weinte für beide, doch am meisten, weil ich wußte, daß ich meine geliebte Schwester verlieren würde.

Die neue Patientin war so alt wie meine Schwester und hatte offenbar die gleiche Krankheit. Sie erzählte, zuerst sei ihre Mutter mit ihr in den Tempel gegangen, um Asche von dem Räucherwerk dort zu bekommen, die sie in den Kräutertee tat, den der Medizinmann verschrieben hatte. Doch ihr Zustand wurde schlechter und schlechter, so daß ihre Eltern einen besseren Medizinmann suchten. Als sie schließlich einen gefunden hatten, der Heilung versprach, mußten sie 200 Dollar im voraus bezahlen. Zu jener Zeit war das ein übliches Verfahren, und von Bekannten weiß ich, daß es auch heute noch gelegentlich so gehandhabt wird. Die Eltern mußten sämtliche Ersparnisse zusammenkratzen – gerade etwas mehr als 100 Dollar – und den Rest zu Wucherzinsen von privaten Geldverleihern leihen. Das war acht Monate her, und obwohl der Medizinmann behauptete, das Mädchen sei auf dem Wege der Besserung, wußten alle, daß das nicht wahr war.

Ich habe nie herausbekommen, wie ihre Eltern sich hatten überreden lassen, sie in ein richtiges Krankenhaus zu bringen. Vielleicht hatten die Nachbarn eingegriffen. Es war schon sehr schlimm, als sie ankam. Ich hörte, wie eine Krankenschwester leise zu einer anderen sagte: »O nein, da ist ja schon alles zu spät!«

In den nächsten Tagen ging es mit Schwester und dem anderen Mädchen immer weiter bergab. Schwester bestand darauf, ich solle wieder zur Schule gehen, um nicht so viel zu verpassen, und immer erst kommen, wenn ich mit meinen Lesestunden fertig sei. Mir lag so viel daran, wieder bei Schwester zu sein, daß ich meine Arbeit nur im Eiltempo machte und manches unerledigt ließ. Als die anderen Patienten im Zimmer mir sagten, Schwester rufe jedes Mal nach mir, wenn sie aufwache, und weine, wenn ich nicht da sei, beschloß ich, meine Arbeit mit ins Krankenhaus zu nehmen, damit ich immer da war, wenn sie wach wurde.

Eines Tages wurde sie bewußtlos und erkannte niemanden mehr, noch nicht einmal Vater und Mutter. Dann, an einem Spätnachmittag, erwachte sie wieder, nahm all ihre Kräfte zusammen und versuchte, mit mir zu sprechen. Nach einiger Zeit bat ich sie, sich doch auszuruhen, da sie so erschöpft war. Doch sie versuchte immer wieder, etwas zu sagen, es schien ihr sehr wichtig zu sein. Ihre Stimme wurde immer schwächer, fast unhörbar. Plötzlich brach sie mitten im Satz ab. Ich glaubte, sie sei eingeschlafen, und blieb still, um sie nicht zu stören; aber eine Krankenschwester kam und sah, daß sie im Sterben lag.

Ärzte wurden herbeigerufen und die Familie benachrichtigt. Meine Eltern waren schon auf dem Weg ins Krankenhaus gewesen. Sie stürzten ins Zimmer und fanden sie völlig bewußtlos. Kurze Zeit später schlief sie friedlich für immer ein.

Geisterhochzeit

Wir konnten nichts machen – wir mußten mit dem Schmerz leben. Einen ganzen Tag lang sprach keiner von uns ein Wort. Das Haus lag in völliger Stille. Spät am Abend begannen Großmutter, Vater und Mutter über das Begräbnis zu sprechen. Keiner von ihnen konnte daran teilnehmen – es ist gegen den chinesischen Brauch, wenn ältere Familienmitglieder zum Begräbnis jüngerer gehen.

Onkel Leung, ein Freund der Familie, der jedoch nicht mit uns verwandt war, sollte uns Kinder mit zu Schwesters Beerdigung nehmen. Nun mußten sie noch eine Stelle für Schwesters Foto im Tempel finden, damit die buddhistischen Nonnen Gebete und Räucherwerk für sie darbringen konnten. Ich hörte sie davon sprechen, daß sie Geld dafür leihen müßten. Es drängte mich zu sagen, daß Schwester das gar nicht gewollt hatte. Doch ich erinnerte mich daran, wie sie selbst das vor ein paar Wochen meinen Eltern gegenüber erwähnt hatte und dafür ausgeschimpft worden war; nein, es hatte keinen Zweck, etwas zu sagen.

In den folgenden Tagen war ich untröstlich. Ich vermißte Schwester so sehr und fand wenig Trost darin, daß wir uns im Himmel wiedersehen würden.

Da sie an einem Freitag gestorben war, hätte eigentlich jeden Freitag eine Zeremonie für Schwesters Geist stattfinden sollen mit Gebeten und Opferungen erlesener Speisen und dem Verbrennen von Papierdingen – Geld, Autos, Häuser und andere Luxusgüter –, damit sie ein gutes Leben an dem Ort, wo sie hingegangen war, führen konnte. Das wäre sieben Freitage lang so gegangen, und am Ende dieser Zeitspanne, die »Sieben mal Sieben« genannt wurde, hätte als Höhepunkt eine besondere Feier mit der ganzen Familie gestanden. Doch Vater konnte sich dies nicht leisten – und hatte deswegen leider sehr große Schuldgefühle.

Der siebte Freitag kam – ein sehr nasser, stürmischer Tag, der einen herannahenden Taifun ankündigte. Schon seit einiger Zeit hatten die Termiten immer größere Löcher in die hölzernen Wände unseres Hauses gefressen. Vater reparierte sie von Zeit zu Zeit mit Zement. An diesem Tag nun kam der Regen in Strömen herab, und im ganzen Haus stand Wasser. Jeder war damit beschäftigt, das Wasser aufzuwischen, doch der Regen war schneller als wir nachkommen konnten.

Jeden Moment wurde der Sturm heftiger. Es war eine schreckliche Nacht, in der wir im wahrsten Sinne des Wortes versuchten, das Dach über unserem Kopf festzuhalten. Als der Samstag dunkel und bedrohlich graute, brach der Taifun mit voller Wucht los.

Unsere Küche war ein Anbau auf Holzpfählen und vom übrigen Haus durch eine Art Brücke getrennt, die nicht überdacht war. Diese Brücke stand jetzt unter Wasser, und Vater sagte zu Ah Wor, sie solle lieber nicht in die Küche gehen. Aber sie meinte, es sei ja nur ein kurzes Stück und sie müsse doch das Mittagessen kochen. Sie ging also, und während sie in der wackeligen Küche hantierte, sagten Großmutter und Mutter, der Sturm käme sicherlich von Schwesters Geist; wir hätten ihn beleidigt, weil wir ihm nicht jeden Freitag geopfert hatten. Vater glaubte das nicht, aber seine Stimme klang beklommen.

In diesem Augenblick kam Ah Wor zurück ins Haus. Kaum hatte sie den Reis auf den Tisch gestellt, da ertönte ein ohrenbetäubendes Krachen, und das ganze Haus wackelte. Wir schrien auf. Vater stürzte aus dem Zimmer, um nachzuschauen. Die Stützen der Küche waren zusammengebrochen, und der ganze Anbau lag in Trümmern!

Großmutter sagte, Schwester habe Ah Wor gerettet. Dazu konnte ich nicht schweigen. Alle Regeln außer acht lassend, daß Kinder älteren Leuten niemals zu widersprechen haben, sagte ich laut und fest, daß ich für Ah Wors Sicherheit gebetet hatte und daß ich wußte, daß Gott Ah Wor einen Schutzengel gesandt hatte. Vater setzte zu einer erzürnten Standpauke an, aber Großmutter unterbrach ihn: »Du hast recht, Kleines Mädchen. Dein Gott und Schwester müssen zusammengewirkt haben, um Ah Wor zu beschützen.« Ich war fest überzeugt, daß nur Gott allein ein solches Wunder bewirken konnte, aber Großmutter hatte mich vor einer harten Zurechtweisung gerettet, und das war auch etwas.

Der Sturm legte sich, während er landeinwärts zog. Der nächste Tag war strahlend und sonnig. Vater ging früh am Morgen fort, noch bevor mein jüngerer Bruder und ich zur Kirche aufbrachen. Als wir nach Hause kamen, konnte ich das Geräusch einer Säge hören, und Bruder sagte, Berge von Holz, Zement, Werkzeugen, Nägeln und allen möglichen Dingen lägen herum, die Vater gekauft hatte. Vater selbst war in den Trümmern der Küche an der Arbeit.

Wir alle halfen mit beim Wiederaufbau. Vater fand sogar für mich eine Aufgabe – verschieden große Holzstücke auszusortieren, die die Jungen stapeln sollten, damit Vater das, was er brauchte, schnell und einfach zur Hand hatte. Wir brauchten länger als eine Woche, um die Küche wieder aufzubauen und die kaputten Fenster und Türen und Termitenlöcher in den Wänden zu reparieren.

Ich war stolz auf Vater. Er wurde mit all dieser Arbeit fertig und baute nicht nur unser Haus wieder auf, sondern half auch unseren Nachbarn. Am Ende des Monats, als der Mann, der die Miete einsammelte, kam, berichtete Vater, was geschehen war. Der Mieteinnehmer versicherte darauf, er würde den Eigentümer benachrichtigen, der sicherlich aus Hong Kong kommen würde, um die Sache in Augenschein zu nehmen.

Er kam wirklich und war voll Lobes für das, was Vater getan hatte. Ihm war nicht klar gewesen, daß Vater das Haus zum Wohnen gemietet hatte – er hatte angenommen, es würde als Lagerhalle genutzt. Er war überrascht und dankbar, daß Vater es wieder bewohnbar gemacht hatte. Nach einigem Überlegen machte er Vater einen Vorschlag: Würde es Vater etwas ausmachen, wenn er das Haus zum Verkauf anböte, wo es jetzt in einem so guten Zustand war? Er war im Begriff, nach Kanada auszuwandern, und dies würde sein Problem, was er mit dem Besitz tun sollte, lösen. Er sagte, wenn er mit dem Haus einen guten Preis erzielte, würde er Vater alle Materialkosten erstatten, ihm auch seine Arbeit vergüten und ihm eine Abfindung dafür zahlen, daß er sich eine neue Wohnung suchen mußte.

Der Eigentümer hielt sein Wort und bot Vater eine anständige Summe als Entschädigung an. Vater dankte ihm für seine Großzügigkeit, doch auch der Eigentümer war Vater wirklich dankbar, da er einem Bauunternehmer viel mehr Geld hätte zahlen müssen.

Der Sturm erwies sich so als unerwarteter Glücksfall – ein Himmelsgeschenk für Vater. Er legte sofort unser Schulgeld für das nächste Jahr zurück. Auch bot er Ah Wor an, ihr einen Teil ihres Geldes zurückzuzahlen, doch Ah Wor war entschlossen, nichts zu nehmen. So blieb ihm schließlich etwas Geld übrig, mit dem er Schwester etwas Gutes tun wollte, um die schlechte Behandlung, die sie seit ihrem Tod erfahren hatte, wiedergutzumachen. Am wichtigsten war es ihm, einen Ehemann für sie zu finden, damit sie in der Geisterwelt nicht einsam war. Ich versuchte, ihm zu erklären, daß Schwester so etwas nicht wollte – sie war doch bei Gott im Himmel, wo man, wie Jesus sagte, weder heiratete noch sich heiraten ließ. Aber Vater sagte, Schwester sei noch zu jung gewesen, um zu wissen, wovon sie sprach. Sie würde inzwischen sicher längst bereuen, was sie gesagt hatte.

Großmutter meinte, es sei am besten, wenn man einfach Schwester selbst fragte. Mutter kannte eine Frau, die als »Medium« wirken konnte, und so legte man einen Tag fest, an dem sie mit Schwesters Geist Kontakt aufnehmen sollte.

Meine Eltern und Großmutter befragten also das Medium. Sie erzählten uns, daß Schwester gesagt habe, sie sei sehr einsam und wolle einen anderen Geist heiraten, dessen Familienname Tam sein müsse. Sie wünsche sich ein großes Hochzeitsfest, und sie hätte gern Möbel, Autos und sehr viel Geld, um ihren Haushalt zu gründen. Je weiter ich zuhörte, desto wütender wurde ich. Das Letzte, was Schwester je gewollt hätte, wäre gewesen, daß unsere Eltern auf diese Weise Geld für sie ausgeben sollten. Sie hatte anfangs ja sogar ihre Schmerzen verschwiegen, um ihnen die drückenden Kosten für einen Arzt zu ersparen! Ich sagte das Großmutter und meinen Eltern, und Ah Wor bestätigte es. Doch es half nichts. Die Anweisungen, die »Schwester« durch das Medium gegeben hatte, mußten befolgt werden.

Die Suche nach einem geeigneten Mann begann. Monate vergingen. Durch Nachforschungen bei Verwandten, Nachbarn, Freunden und Heiratsvermittlern fanden wir endlich eine Familie Tam, deren Sohn ebenfalls jung gestorben war und der genauso alt war wie Schwester.

Das Schlimmste war, daß Vater einwilligte, der Mutter des Jungen Geld zu geben – weitaus mehr, als er sich leisten konnte. Sie war eine Witwe, die nicht besonders gut gestellt war. Außerdem gab Vater Schwester eine großzügige Mitgift, bestehend aus allerlei Goldgeschmeide – Armreifen, Halsketten usw. – das natürlich an die Familie des Bräutigams ging. Dies sollte gewährleisten, daß Schwester den ihr gebührenden Respekt sowie die entsprechenden Rituale und Zeremonien erhalten würde.

Die Hochzeit fand um das Chinesische Neujahrsfest des folgenden Jahres – 1951 – statt, ungefähr neun Monate nach Schwesters Tod. Wir alle waren dabei, dazu natürlich die Familie des Jungen; Brüder, Schwestern, Schwager und Schwägerinnen. Das erlesenste Essen wurde dem Paar angeboten und auf den zeremoniellen Tisch gestellt, auf dem ihre Fotografien in Silberrahmen standen, umgeben von Räucherstäbchen und einem Papierhaus, Möbeln, einem Auto, Kleidern und Millionen von Dollar in »Höllengeld«.

Uns Kindern wurde gesagt, daß die Papiersachen verbrannt würden, damit Schwester sie erhielte. Das Essen jedoch dürfe bis zum nächsten Tag nicht angerührt werden, damit sie und ihr Mann zu beliebiger Zeit kommen und sich daran erfreuen könnten. Am nächsten Tag könnten wir es haben, doch das tote Paar würde allen Geschmack herausgezogen haben.

Nachdem alle zu Bett gegangen waren, schlich ich zu Ah Wors Bett und sagte, ich würde gern die Papiersachen, die noch nicht verbrannt worden waren, befühlen. Sie wollte es mir ausreden, doch ich bestand auf meinem Wunsch. Zusammen schlichen wir ins Wohnzimmer. Ich befühlte alles ausgiebig. Es war hochinteressant. Ah Wor lenkte meine Hand zum Essen, und plötzlich konnte ich dem köstlichen Geruch nicht mehr widerstehen. Zu Ah Wors Entsetzen hatte ich einen Hähnchenschenkel, mehrere Scheiben Fleisch und ein paar Erdnüsse geschnappt und in den Mund gestopft, bevor sie mich daran hindern konnte.

Als das Fehlen der Speisen bemerkt wurde, gab es einen großen Aufruhr, doch Großmutter behauptete felsenfest, daß Schwester gekommen und sie genommen haben mußte, denn niemand anders würde es gewagt haben, so etwas zu tun. Ah Wor und ich schwiegen weise.

Nach Jahren, als ich erwachsen war, erwähnte ich den Vorfall gegenüber meinen Eltern. Wir lachten darüber – sie hatten genau gewußt, daß ich die Schuldige gewesen war. Großmutter hatte Ah Wor und mich sogar vorbeischleichen und flüstern hören, doch ihnen war klar gewesen, daß sie uns beide hart hätten bestrafen müssen, wenn die Sache ans Licht gekommen wäre. So war das »Wunder« ein willkommener Ausweg.

Man könnte meinen, daß Geisterhochzeiten heute der Vergangenheit angehören, doch dem ist leider nicht so. Noch 1977 war eine Freundin von mir zu einer solchen Hochzeit im Norden von Hong Kong eingeladen. Derlei Praktiken haben sich bis heute gehalten, und traurigerweise wird oft viel Geld dafür verschwendet.

Vorleser

Aber ich habe vorgegriffen – zurück ins Jahr 1950!

Es war Mai, und die jährlichen Prüfungen rückten näher. Obwohl ich fast zwei Wochen Schule verpaßt hatte, als ich bei Schwester im Krankenhaus war, hatte ich den größten Teil der Aufgaben nachgeholt. Nur hatte ich nicht alle Texte in Brailleschrift übertragen, daher fehlten mir einige Teile. Doch am Ende schlug ich mich wacker genug, um ein anständiges Zeugnis zu bekommen.

Um meine Zeugnisse zu unterschreiben, bedienten wir uns übrigens eines ungewöhnlichen Verfahrens. Das ganze Jahr hindurch bekamen wir wöchentliche Berichte, die meine Eltern zu unterschreiben hatten. Weil Vater aber seinen Namen nicht in Englisch schreiben konnte, unterschrieb meine jüngere Schwester immer für ihn. Ich glaube, die Schule erfuhr nie, daß all diese Unterschriften von meiner zehnjährigen Schwester stammten. Sie neckte mich deswegen oft und sagte, sie sei mein Vater.

Am Ende des Schuljahres war ich unter den besten drei Schülern der Spezialklasse und sollte in die Zweite Klasse versetzt werden. Schwester Christina fügte meinem Zeugnis einen Brief bei, in dem sie mich bat, zu ihr in die Schule zu kommen. Ich konnte mir nicht vorstellen, was sie von mir wollte, denn meine Zeugnisse ließen ja nichts zu wünschen übrig, doch ich hatte sie gern und ging deshalb auch gern hin.

Sie sagte mir, alle Schwestern seien zufrieden mit mir. In dem Jahr in der Spezialklasse sei mein Englisch immer besser geworden; auch wenn die Klassenlehrerin und die meisten anderen Lehrer in der Zweiten Klasse kein Kantonesisch sprachen, würde ich wohl ohne allzu große Schwierigkeiten dem Unterricht folgen können. Allerdings würde der Unterricht in den normalen Klassen ganztägig sein, nicht wie in der Spezialklasse nur vormittags; außerdem wären die Lektionen länger und umfangreicher, mit vielen komplizierten Wörtern. Alle Fächer würden in Englisch abgehalten, nicht nur das Fach Englisch selbst. Ob ich es schaffen würde, all das in Brailleschrift zu übertragen und dann auch noch zu lernen und die Aufgaben zu machen? Sie sagte, ich solle mir überlegen, ob ich wirklich gleich in die Zweite Klasse gehen oder vielleicht besser in der Ersten Klasse beginnen wolle, wo alles ein wenig einfacher war. Ich versprach ihr, es mir bis zum nächsten Tag zu überlegen.

Natürlich konnte ich den ganzen Tag an nichts anderes mehr denken. Daß ich gleich in die Zweite Klasse versetzt worden war, war mehr, als ich je zu hoffen gewagt hatte, aber trotzdem – ich durfte mich nicht überschätzen. Schwester Christinas Befürchtungen waren ja nur allzu begründet. In der Pooi-To-Schule hatte es manchmal ausgereicht, wenn ich mir ein Buch vorlesen ließ und mir ein paar Notizen dazu machte, wenn ich keine Zeit hatte, es genau abzuschreiben, denn alles war in Chinesisch. Doch jetzt war es anders. Wahrscheinlich würde ich nicht viel behalten, wenn ich mir eine Lektion ein- oder zweimal anhörte, weil die Themen weitaus umfassender waren und sicher auch viele unbekannte Wörter dabei waren, die ich erst schreiben lernen mußte. Bestimmt wäre es einfacher, mit der Ersten Klasse anzufangen. Aber andererseits – vielleicht würde Vater eines Tages nicht mehr in der Lage sein, die Schule zu bezahlen. Ich konnte ja nicht damit rechnen, daß noch einmal so ein unerwarteter Geldsegen über uns kommen würde wie das Geld, das wir für die Renovierung des Hauses bekommen hatten, wovon der größte Teil für Schwesters Geisterhochzeit ausgegeben worden war.

Ah Wor, mit der ich über meine Überlegungen sprach, gab mir den eindeutigen Rat: Wenn ich in die Zweite Klasse versetzt worden war, sollte ich auch in die Zweite Klasse gehen, denn dann wäre ich auch ein Jahr früher fertig mit der Schule. Sie meinte, irgendwie würde ich es schon schaffen, ich müsse nur bezahlte Leser finden. Ich konnte mich nicht immer auf die Mädchen an der Schule verlassen; gewöhnlich hatten sie eine halbe Stunde oder eine Stunde Zeit, doch manchmal auch nur wenige Minuten. Aus Erfahrung wußte ich, daß auf bezahlte Leser weitaus mehr Verlaß war. Doch das Problem war ja nicht nur, solche Leser zu finden, das Problem war, das Geld dafür aufzutreiben.

Vater darum zu bitten kam nicht in Frage. Ah Wor sagte, sie würde sich darum kümmern. Vielleicht könnte sie mir nicht vier Stunden ermöglichen, aber doch eine oder zwei pro Tag. Ich protestierte nicht – wie auch? Ich brauchte die Vorleser. Auf der anderen Seite jedoch konnte Ah Wor unmöglich noch mehr Heimarbeit leisten als sie jetzt schon tat!

Plötzlich erinnerte ich mich an das Versprechen von Drittem Onkel damals in Kanton, daß er meine Leser bezahlen würde. Und daran, wie er am letzten Abend in Hong Kong zu Vater gesagt hatte, daß es sehr wichtig sei, daß ich weiterhin zur Schule ginge. Jetzt, wo ich Schreibmaschine schreiben konnte, konnte ich ihm doch einen Brief schreiben und fragen, ob er mir eventuell helfen würde, meine Leser zu bezahlen! Mir war zwar nicht ganz wohl bei dem Gedanken, was Vater dazu sagen würde, doch einen Versuch war es wert.

Mit diesem Gedanken im Hinterkopf sagte ich Schwester Christina, ich wolle es in der Zweiten Klasse versuchen. Sie wünschte mir viel Glück. Sie sah die Schwierigkeiten, doch hatte ich schon vorher anscheinend unüberwindliche Hürden gemeistert; vielleicht würde ich es auch diesmal schaffen. Sie fügte hinzu, daß Chinesen es zwar im allgemeinen als Schande empfänden, eine Prüfung nicht zu bestehen oder eine Klasse wiederholen zu müssen, aber so bräuchte ich nicht zu denken, denn man könne von niemandem erwarten, mehr als sein Bestes zu geben.

Ich bat sie um die Bücherliste für die Zweite Klasse, damit ich schon während der Sommerferien so viel wie möglich abschreiben konnte. Sie sagte, sie könne mir die Liste vom letzten Jahr geben, doch sei sie nicht sicher, ob es Änderungen geben würde. Die neue Liste würde von der Schulbehörde in Hong Kong aufgestellt und sei noch nicht fertig. Es würden aber immer nur ein paar Titel pro Jahr geändert.

Ich nahm die alte Liste mit. Was sollte ich tun? Die schmerzliche Erinnerung an mein vergebliches Abschreiben der vielen Bücher in Kanton war noch frisch. Und wenn es jetzt wieder so wäre? Trotzdem beschloß ich, wieder so viel wie möglich abzuschreiben. Immerhin würde der Inhalt der Bücher ähnlich sein, selbst wenn sie geändert würden. Außerdem hatte ich irgendwie das Gefühl, daß die Liste sich nicht wesentlich ändern würde.

Ich erzählte meinem jüngeren Bruder und meiner jüngeren Schwester von meinem Vorhaben und fragte sie, ob sie mir jeder eine Stunde pro Tag vorlesen würden, was sie auch bejahten. (Mein älterer Bruder war inzwischen fertig mit der Schule und war in Hong Kong auf Arbeitssuche.) Ich schaffte es, mir die entsprechenden Bücher von Mädchen, die jetzt in die Dritte Klasse kamen, zu leihen. Meine Geschwister lasen mir vor wie versprochen, doch es fiel ihnen nicht leicht, da in jeder Lektion viele schwierige Wörter waren, die sie einzeln buchstabieren mußten. Sie und ich mußten uns sehr stark konzentrieren, und bestimmt machten wir trotzdem viele Fehler. Wir kamen nur sehr langsam voran. Ich versuchte, einige meiner Klassenkameraden zu erreichen, doch die meisten waren in den Ferien, und die anderen waren größtenteils in die sechste Grundschulklasse oder die erste Mittelschulklasse versetzt worden, so daß ihnen meine Bücher für die Zweite Klasse zu hoch waren. Noch nicht einmal Geld war ein Anreiz, besonders, weil sie Englisch, nicht Chinesisch lesen sollten.

Ich gab mir viel Mühe mit dem Brief an Dritten Onkel. Immer wieder schrieb ich ihn neu und versuchte, ihn so englisch wie möglich werden zu lassen. Heute weiß ich, wie viele Fehler darin waren, doch ich gab mein Bestes und hoffte, Onkel würde mir nicht nur den falschen Satzbau verzeihen, sondern auch verstehen, was ich sagen wollte. Als ich ihn endlich fertig getippt hatte, fiel mir ein, daß ich Onkels Adresse ja gar nicht hatte. Ich wollte den Brief an sein Büro in Hong Kong schicken, da ich nicht riskieren wollte, daß Dritte Tante ihn las. Meine Geschwister nach der Adresse zu fragen, war zu gefährlich, denn meine Eltern sollten ja nichts davon erfahren.

Ah Wor durchwühlte alle Papierkörbe und sogar den Mülleimer im Hof und fischte jeden Briefumschlag, den sie finden konnte, heraus. Wir säuberten und trockneten sie so gut es ging und brachten sie zu einem Briefschreiber. Mit klopfendem Herzen hörten wir ihn die Absenderangaben vorlesen. Wir hatten Glück – ein Brief kam von Onkel, und die Adresse seines Büros war in die obere Ecke gedruckt. Wir bezahlten den Briefschreiber dafür, daß er uns einen neuen Briefumschlag adressierte, und trugen unser etwas stinkendes Bündel zurück in die Mülltonne. Eine Stunde später war der Brief im Kasten, und die lange Zeit des Wartens auf eine Antwort begann.

Die Tage verstrichen. Ich machte mir schon Sorgen, daß Onkel mir vielleicht böse war. Dann, nach etwa drei Wochen, kam nachmittags eine Bedienstete von der Schule mit einem Brief für mich, der an die Adresse der Schule geschickt worden war, und zwar in Englisch. Das mußte der Brief von Drittem Onkel sein! Mit dem Brief in der Hand eilte ich zur Schule und bat eine der Schwestern, ihn mir vorzulesen. Ja, er war von Onkel! Er hatte sich über meinen Brief gefreut (wegen einer Reise nach Taipeh hatte er ihn erst später bekommen) und war stolz auf mich, daß ich den Brief ganz allein mit der Schreibmaschine geschrieben hatte. Er wollte gerne meine Leser bezahlen, genau wie in Kanton. Er würde Vater deswegen schreiben und ihm monatlich Geld für vier Stunden täglich schikken. Als die Schwester diesen Satz vorlas, stiegen mir Tränen in die Augen – vor Erleichterung und Dank.

Von da an liebte ich die englische Sprache immer mehr. Sie half mir nicht nur, mich mit anderen zu unterhalten, sondern sie ermöglichte es mir auch, meine eigenen Briefe zu schreiben und zu adressieren. Sicher brauchte ich immer jemanden, der mir meine Post vorlas, doch das war einfacher, als jemanden bitten zu müssen, meine Briefe zu schreiben.

Jetzt, wo ich richtig bezahlen konnte, willigten einige der Mädchen doch ein, mir vorzulesen. Auf diese Weise hatte ich täglich vier bezahlte Stunden und zwei kostenlose von meinen Geschwistern. Als im September das neue Schuljahr begann, hatte ich für fast fünf Wochen vorgesorgt. Und nur zwei der Bücher – beide für Naturwissenschaft – hatten sich geändert! Doch der Beginn des neuen Schuljahres bedeutete auch, daß weder die Mädchen noch meine Geschwister Zeit hatten, mir weiter vorzulesen. Was würde nach den fünf Wochen sein?

Einige Hausfrauen, die wir hier und da über Nachbarn vermittelt bekamen, lasen für mich, aber sie konnten nur wenige Brocken Englisch aus der Grundschule, und auch die hatten sie schon fast wieder vergessen. Englische Bücher vorzulesen war für sie eine furchtbar langsame und mühselige Angelegenheit, da sie mir fast jedes einzelne Wort buchstabieren mußten. Es war besser als gar nichts – aber nicht viel. Ich war schon fast am Verzweifeln, als wiederum Hilfe kam – diesmal aus der Kirche. Eines Sonntags nach dem Gottesdienst – ich hatte bekanntgeben lassen, daß ich Leser suchte – kam eine Frau Check auf mich zu und bot mir ihre Hilfe an. Sie war in Nordchina auf eine englische Schule gegangen. Von der Liebe Gottes erfüllt, erklärte sie sich bereit, mir vier oder fünf Stunden pro Woche vorzulesen. Wir wurden gute Freunde und sind es bis heute. Ich ging regelmäßig zu ihr, da ihre Wohnung geeigneter zum Arbeiten war als unsere enge kleine Wohnung. Mit ihrem Sohn und ihrer Tochter, die ungefähr in meinem Alter waren, freundete ich mich auch an. Wir waren alle Christen und hatten Freude daran, gemeinsam in der Bibel zu lesen und zu beten.

Dadurch, daß meine Lesestunden nun geregelt waren, hatte ich eine Sorge weniger, doch es gab noch andere Schwierigkeiten. In der Spezialklasse hatte sich Schwester Christina immer Mühe gegeben, langsam und deutlich zu sprechen. Die Lehrerinnen und Schwestern in der Zweiten Klasse waren hauptsächlich italienischer, chinesischer oder portugiesischer Abstammung. Ihr Englisch war sehr viel schneller als das von Schwester Christina und von den verschiedensten Akzenten gefärbt. Die meisten der Schülerinnen waren Chinesinnen, und jede von ihnen hatte ein Wörterbuch, in dem sie ständig blätterte. Das konnte ich leider nicht. Ich konnte mir zwar viele Wörter aus dem Zusammenhang erschließen, besonders wenn sie regelmäßig wiederkehrten, doch trotzdem verstand ich vieles nicht. Manchmal fragte ich die anderen, aber ich wollte ihnen auch nicht zu sehr auf die Nerven fallen. Meistens fragte ich hinterher meine besseren Leser oder reimte mir die Bedeutung halt zusammen.

Die Monate verstrichen ohne besondere Vorkommnisse. Abgesehen von Schwesters Geisterhochzeit im Frühjahr 1951 und den üblichen Festen wie Neujahr und anderen, führte ich ein ziemlich eintöniges Dasein. Während der Schulzeit arbeitete ich hart, um mitzukommen, und während der Ferien arbeitete ich genauso hart, um die Bücher für das nächste Schuljahr abzuschreiben.

Die Prüfungen machten mir Probleme wegen der Zeit. Die Fragen und Antworten in Braille zu schreiben und danach vorzulesen, dauerte viel länger als die Zeit zuließ, aber zusätzliche Zeit in Anspruch nehmen mochte ich nicht, denn ich wollte in den Augen der anderen keinen ungerechten Vorteil haben. Inzwischen ist es allgemein üblich geworden, blinden Prüflingen bei schriftlichen Prüfungen eine Extrazeit von 15 bis 20 Minuten pro Stunde einzuräumen, doch seit meiner Schulzeit hat sich ohnehin vieles auf diesem Gebiet geändert.

Meine einzige Atempause, die Quelle, aus der ich Kraft schöpfte, war das Gemeindeleben und die Gemeinschaft, die ich dort erlebte. Mein Leben bestand aus Kirche und Schule.

1952 konnte ich auf drei Jahre an der Sacred-Heart-Schule zurückblicken, drei Jahre pausenloser Arbeit, in denen mein Englisch sich stetig verbessert hatte.

Betty und Linda

Eines Tages sollte ich vor dem Frauenkreis in der Gemeinde sprechen. Sie wollten mehr Verständnis für blinde Menschen bekommen. Ich erklärte ihnen die einfachen Verhaltensregeln, die Sehende gegenüber Blinden beherzigen sollten: sie direkt ansprechen; ihnen den Arm zur Führung anbieten; Möbel nicht unerwartet verrükken; Türen nicht halb offen lassen. Ich betonte, daß ein Blinder ein normaler Mensch ist, der nur eben nicht sehen kann. Ich berichtete auch, was ich von Frau Schaeffer und im Radio über Leute in England und Amerika gehört hatte, die die Blindenschrift lernten und Bücher für Blinde abschrieben.

Nach dem Treffen zeigten vier Damen Interesse daran, die Blindenschrift zu lernen. Wir verabredeten uns für einen Abend, damit ich es ihnen zeigen konnte. Ich erklärte ihnen den Unterschied zwischen der englischen und der kantonesischen Blindenschrift, und alle waren wir der Meinung, daß die englische leichter als die kantonesische sei; anstatt 72 Anfangs- und Endzeichen und Tonhöhenangaben zu lernen, brauchte man hier nur die 26 Buchstaben des Alphabets zu lernen.

Doch jetzt brauchten wir erst einmal Stifte und Tafeln. Die John-Milton-Gesellschaft hatte mir zwei Sets geschickt – mein allererstes und ein zweites nach meinem Dankesbrief. Das eine brauchte ich selbst; das andere war in Taiwan bei Lai-ying und Yin-hing. Soweit ich in Erfahrung bringen konnte, war ich die einzige Blinde in Macau, die Blindenschrift schrieb und die Geräte dazu hatte. Wo sollte ich die Stifte und Tafeln herbekommen?

Sollte ich noch einmal an die John-Milton-Gesellschaft schreiben? Doch sie hatten mir bereits zwei Sets umsonst geschickt, und diesmal wollte ich sie bezahlen; schließlich hatte man mir immer eingeschärft, daß ein anständiger Mensch nichts geschenkt nahm. Aber woher das Geld nehmen? Mit Ah Wor sprechen wollte ich diesmal nicht, denn ich wußte genau, was das Ergebnis wäre: noch mehr Heimarbeit. Und sie stand schon früh genug auf und ging spät genug ins Bett!

Eines Nachmittags, auf dem Weg von der Schule nach Hause, kam jemand leise von hinten an und legte mir eine Hand auf die Schulter. Ich fuhr zusammen. Eine Frauenstimme fragte mich, warum ich so erschrocken sei. Ich sagte ihr, ich wüßte doch nicht, was los sei, da ich nichts sehen konnte. Das tat ihr leid; sie hatte nicht darüber nachgedacht. Sie wollte ein Stück mit mir gehen, um etwas mit mir zu besprechen. Sie erzählte, sie habe zwei Töchter in der Spezialklasse der Sacred-Heart-Schule, die im Unterricht nicht mitkämen. Sie hatten kaum das Alphabet gekannt, als sie an die Schule kamen, und verstanden weder den Unterricht der Schwester noch was in den Büchern stand. Sie wollte gern, daß ich ihnen ein paar Stunden in der Woche Nachhilfe gab.

Das war eine vom Himmel geschenkte Gelegenheit, an das Geld zu kommen, das ich brauchte! Ich fragte nach den Namen der Mädchen. Die Mutter sagte mir ihre chinesischen Namen, die mir jedoch nicht weiterhalfen, weil wir in der Schule immer die englischen Namen benutzten. Erst beim Familiennamen Wong ging mir ein Licht auf. Es mußte sich um Betty und Linda Wong handeln, zwei Mädchen, die in aller Munde waren, weil sie überhaupt nichts kapierten.

Zuerst zögerte ich, auf den Vorschlag von Frau Wong einzugehen. Ich sagte, daß mein Englisch bei weitem noch nicht gut genug sei und ich auch nicht allzuviel Zeit hätte. Doch Frau Wong gab nicht auf. Sie sagte, ihre Töchter wollten unbedingt mich als Nachhilfelehrerin, denn sie hatten mich Englisch sprechen hören und wußten, daß ich von der Spezialklasse gleich in die Zweite Klasse versetzt worden war. Davon wagten sie noch nicht einmal zu träumen – sie wären schon froh, wenn sie die sechste Grundschulklasse schaffen würden!

Ich ließ mich überreden und versprach, einen Versuch zu machen.

Von da an brachte Ah Wor mir das Essen in die Schule, so daß ich mit den beiden Mädchen während der Mittagszeit arbeiten konnte. Es machte mir Spaß, und wir freundeten uns an. Die meisten meiner abgeschriebenen Lehrbücher aus der Spezialklasse hatte ich noch, so daß wir zusammen lesen konnten, und was ich nicht abgeschrieben hatte, daran konnte ich mich noch erinnern. Ah Wor war von diesen Nachhilfestunden nicht begeistert, weil sie – zu Recht – meinte, daß ich nie genug Zeit für meine eigene Arbeit hatte.

Betty und Linda erzählten mir von sich und ihren Sorgen. Ihr Vater war stellvertretender Geschäftsführer eines großen Warenhauses in Los Angeles. Seine Eltern hatten vor zwanzig Jahren fast ihre gesamte Habe verkauft, um die Geburtsurkunde eines verstorbenen Mannes zu kaufen, der in Amerika, dem Land ihrer Träume, geboren war, und er hatte daraufhin Namen und Identität des Verstorbenen angenommen, einen amerikanischen Paß beantragt und war mit Hilfe einer Familie Chin, denen das Warenhaus gehörte, nach Amerika gegangen. Tagsüber arbeitete er in dem Warenhaus, nachts arbeitete er woanders und schickte fast sämtliches Geld nach Hause zu seinen Eltern, wobei er nur das Notwendigste für sich behielt. Seine Eltern besorgten ihm eine Frau, und sie zog nach Kalifornien, doch sie war dort nicht glücklich. Sie bekamen einen Sohn und zwei Töchter, Betty und Linda. Danach kehrte die Frau mit ihren Kindern in ihr Dorf bei Kanton zurück, wo ihr Mann sie alle zwei bis drei Jahre besuchte. Nach dem Einmarsch der Kommunisten waren sie nach Macau geflohen.

Vor zwei Jahren war der Arbeitgeber von Herrn Wong, Herr Chin, mit seiner Frau nach Macau zu Besuch gekommen. Herr Chin hatte den Entschluß gefaßt, seinen Besitz unter seinen beiden Söhnen und dem Sohn der Wongs, Bettys und Lindas Bruder, aufzuteilen. Um die Bande zwischen den beiden Familien noch fester zu knüpfen, und weil Betty und Linda ihm gefielen, sagte er den Großeltern und Frau Wong, sie würden die beiden gern als ihre Schwiegertöchter sehen. Geehrt von diesem Vorschlag, stimmten die Erwachsenen erfreut zu, und in Erwartung dieser Befestigung ihrer gegenseitigen Interessen wurde Herr Wong zum stellvertretenden Geschäftsführer ernannt, was ihm ermöglichte, noch mehr Geld nach Hause zu schicken.

Doch die beiden armen Mädchen sahen unglücklich und voller Angst in ihre Zukunft. Abgesehen von ein paar Fotos wußten sie überhaupt nichts über ihre zukünftigen Ehemänner. Sie wußten nur, daß sie bald nach Amerika gehen mußten, und ihre Mutter wollte, daß sie etwas Englisch lernten, was auch der Grund war, warum sie an die Sacred-Heart-Schule gekommen waren.

Ich sagte, wenn ihnen diese Ehen so sehr widerstrebten, sollten sie doch etwas dagegen unternehmen, bevor es zu spät war. Doch sie erwiderten, sie könnten nichts machen. Jedes Mal, wenn sie mit ihrer Mutter oder ihren Großeltern darüber zu sprechen versuchten, werde ihnen gesagt, daß eine der Tugenden chinesischer Frauen der Gehorsam sei. Die Weisen lehrten, daß die Rolle der

Frau darin bestand, ihrem Vater zu gehorchen, wenn sie noch zu Hause war, ihrem Mann zu gehorchen, wenn sie verheiratet war, und ihrem Sohn zu gehorchen, wenn sie alt war. Und dann waren die Ehen in der gesamten Verwandtschaft seit Generationen von Heiratsvermittlern zusammengefügt worden und keines der Paare hatte sich vorher gekannt; trotzdem waren sie alle gut genug miteinander ausgekommen und es hatte selten Trennungen gegeben. Ich sagte darauf, das höre sich ja alles gut an, doch sei ja wohl bekannt, daß viele dieser Ehen in Wirklichkeit kaputt waren und die Paare sehr unglücklich. In vielen Fällen nahmen sich die Männer einfach Konkubinen, und ihre Frauen litten still vor sich hin, ohne je die Erfahrung eines glücklichen, erfüllten Ehelebens zu machen. Doch die Chancen, daß Betty und Linda ihrem Schicksal noch entrinnen konnten, waren gering.

Ihr Englisch verbesserte sich stetig. Es machte Spaß, mit ihnen zu arbeiten. Frau Wong zahlte mir 15 Dollar im Monat, so daß ich nach zwei Monaten 30 Dollar hatte. Ohne mein Wissen hatte Ah Wor auch zusätzliche Heimarbeit geleistet, was ihr 15 Dollar eingebracht hatte.

Wir behielten diese 15 Dollar für das Porto zurück und wechselten die anderen 30 Dollar in 6,50 US-Dollar. Dann verbrachte ich fast ein ganzes Wochenende damit, einen englischen Brief an die John-Milton-Gesellschaft zu verfassen, in dem ich sie bat, mir mehrere Tafeln und Stifte zu schicken, da einige Damen aus meiner Gemeinde daran interessiert waren, Braille zu lernen.

Zwei Wochen später erhielt ich einen maschinengeschriebenen Brief von einem Dr. Nelson Chappel von der John-Milton-Gesellschaft für Blinde in New York. Er war erfreut, zu hören, daß ich eine englische Schule besuchte und daß in meiner Gemeinde Interesse daran bestand, die Brailleschrift zu lernen. Er sagte, er habe vier Sets Tafeln und Stifte für mich bestellt. In Zukunft solle ich jedoch kein Geld schicken, wenn ich Hilfsmittel aus Amerika benötigte. Weiter schrieb er, er würde mir einige Publikationen der Blindengesellschaft schicken – eine Zeitschrift namens »Discovery« (Entdeckungen) für junge Leute und ein sprechendes Buchmagazin (worunter ich mir nichts vorstellen konnte). Außerdem solle ich ihm ruhig wieder schreiben, er habe mein Englisch problemlos verstanden. Die Freundin, die mir den Brief vorlas, sagte, Dr. Chappel habe als »Generalsekretär der John-Milton-Gesellschaft für Blinde« unterzeichnet. Ich wußte nicht, was das bedeutete und hatte keine Ahnung von seiner Stellung in der Blindengesellschaft und dem Ausmaß seiner Pflichten und seiner Verantwortung. Niemals hätte ich mir träumen lassen, daß dieser Dr. Chappel eines Tages noch einen großen Einfluß auf mein Leben haben und mir den Weg in eine berufliche Zukunft öffnen würde.

Einige Monate verstrichen, nachdem Dr. Chappels Brief angekommen war. Ich wartete ungeduldig auf die Tafeln und Stifte. Jedes Mal, wenn ich in der Kirche war, fragten mich die Damen, wann es denn endlich soweit wäre. Es war ermutigend zu wissen, daß sie es so ernst meinten. Endlich kam das Päckchen. Ich konnte es kaum abwarten, den Damen die Neuigkeit zu überbringen. Doch auf einmal, kurz bevor es losgehen sollte, wurde mir mit Schrecken bewußt, daß ich die Brailleschrift ja Sehenden beibringen würde, die sie mit ihren Augen, nicht mit den Händen lesen würden. Wie sollte ich dabei vorgehen? Ich mußte es erst ausprobieren.

Ich schrieb die 26 Buchstaben des Alphabets in Braille auf und fragte eine Klassenkameradin, ob sie die Unterschiede zwischen den verschiedenen Punktegruppen erkennen könne. Sie schaute nur kurz hin und sagte: »Das ist ja bedrucktes Papier, da kann ich keine Punkte sehen.« Ich suchte zu Hause nach den amerikanischen Karten, zeigte sie und das Alphabet, das ich geschrieben hatte, meinem Bruder und fragte ihn, ob er beides lesen könne. Auch er konnte meine Punkte nicht genau erkennen, aber die auf den Karten konnte er gut sehen. Er erklärte mir, daß meine Punkte sich mit den gedruckten Buchstaben vermischten und darin untergingen.

Ich dachte daran, wie Zweite Schwester mir geholfen hatte, als das Päckchen damals aus Amerika gekommen war. Sie hatte die Punkte gut gesehen. Dann fiel mir wieder ein, daß ich damals ihr Zeichenpapier benutzt hatte und mich bei Ah Wor vergewissert hatte, daß keine Zeichnungen darauf waren. Natürlich, das war die Lösung: Ich brauchte Zeichenpapier für die Damen. Zum Glück hatte ich noch etwas von Frau Wongs Geld übrig, denn Zeichenpapier war nicht billig.

Die erste Stunde erwies sich als nervenraubender und anstrengender, als ich erwartet hatte. Sie fand in einem kleinen Raum in der Gemeinde statt. Die vier zukünftigen Brailleschreiberinnen waren da, aber auch noch eine Menge neugieriger Beobachter, unter ihnen Kleinkinder und Kinder, die redeten und kicherten und zappelten und es fast unmöglich machten, sich zu konzentrieren. Doch die Damen schienen wirklich interessiert, und wir machten weiter. Nach eineinhalb Stunden hatten wir genug. Ich blickte nicht gerade hoffnungsvoll auf die nächsten Stunden. Das allgemeine Chaos hatte mich mitgenommen, aber als Jugendliche konnte ich die Erwachsenen doch nicht zur Ruhe mahnen! Ich war allein und unerfahren im Unterrichten – erst recht unter solchen Umständen. Ich war froh, daß ich gehen konnte.

Auf dem Nachhauseweg hörte ich Schritte hinter mir. Sie klangen nach Frau Wu, doch ich war nicht sicher, ob ich sie ansprechen sollte. Sie war mit meiner Mutter befreundet und besuchte sie oft, doch zu mir war sie immer sehr unfreundlich. Die Höflichkeit verlangte, daß ich zuerst grüßte, doch vielleicht hatte sie es gar nicht gern, in der Öffentlichkeit von einer Blinden angesprochen zu werden? Lieber sollte sie zuerst das Wort ergreifen.

Sie blieb hinter mir. Offenbar beobachtete sie mich. Ich wurde langsam nervös. Jetzt nur auf dem Bürgersteig bleiben und nicht auf die Straße geraten! Kaum hatte ich das gedacht, war es auch schon passiert. Rasch sprang ich zurück auf den Bürgersteig. Schließlich blieb ich stehen, wühlte zwischen meinen Papieren, fegte ein paar eingebildete Krümel von meinem Rock, nahm meinen Kamm heraus und kämmte mich – alles, damit Frau Wu mich überholen sollte. Doch auch sie war stehengeblieben. So blieb mir nichts anderes übrig, als weiterzugehen. Zu Hause angekommen, ging ich die Stufen zur Eingangstür hoch und steckte den Schlüssel ins Schloß. Sie blieb hinter mir stehen. Abrupt drehte ich mich zu ihr um und sagte: »Guten Tag, Frau Wu, wollen Sie meine Mutter besuchen?« Sie erschrak und sagte: »Oh, Kleines Mädchen, woher wußtest du, daß ich es bin?« Ich antwortete nicht, sondern bat sie herein. Mutter war nicht da. Da ich kein Bedürfnis hatte, mich mit Frau Wu zu unterhalten, sagte ich lediglich, sie solle es sich bequem machen, und ging in mein Zimmer.

Ich hörte sie Ah Wor erzählen, wie sie mich auf meinem Nachhauseweg beobachtet hatte und wie ich sie an der Haustür angesprochen hatte. Sie sprach über mich immer sehr laut, als ob ich sowohl taub als auch beschränkt wäre. Dann fuhr sie mit honigsüßer Stimme fort: »Es ist so entzückend, ihr zuzuschauen. Wie gut sie das alles schafft!« Ah Wor antwortete genauso, wie ich es mir gewünscht hatte: »Gerade das sollten Sie niemals tun! Wenn ein blinder Mensch merkt, daß er beobachtet wird, wird er nervös und kann nicht mehr so gut aufpassen. Das kann auf der Straße sehr gefährlich werden! Es ist nicht sehr rücksichtsvoll, so etwas zu tun!« Auch wenn ich glaube, daß Frau Wu sich davon nicht beeindrucken ließ, tat es mir gut, Ah Wor so sprechen zu hören.

Was den Brailleunterricht betraf, trafen wir uns einmal pro

Woche, doch die vier Damen machten keine großen Fortschritte. Sie lernten zwar die Punktekombinationen für die einzelnen Buchstaben, doch es war eine lange und mühselige Angelegenheit, so daß sie bald die Lust verloren. Dazu trug offenbar auch die Haltung ihrer Verwandten und Bekannten bei, die die Sache für Zeitvergeudung hielten. »Was nützt es denn überhaupt, Blinde bei einer Ausbildung zu unterstützen? Das ist doch sinnlos!« bekamen sie zu hören. Zuerst war ich deshalb enttäuscht und ein wenig entmutigt, doch ich war inzwischen schon so an diese Einstellung gewöhnt, daß ich mich nicht mehr darüber aufregte. Ich war eher erleichtert, das Unternehmen zu beenden, da es nicht nur ihre, sondern auch meine Zeit unnötig in Anspruch nahm.

Meine Erfahrung als Sozialarbeiterin unter Blinden hat mich inzwischen gelehrt, daß freiwillige Brailleschreiber fast ausnahmslos Europäer oder Amerikaner sind. Irgendwie spricht diese Art der Hilfe viel eher westlich geprägte Frauen an als chinesische, wie gut ihr Englisch auch sein mag. Wenn chinesische Frauen die Zeit dafür haben, ziehen sie andere Hilfsdienste vor.

Eines Tages luden mich Betty und Linda für den nächsten Abend zum Essen ein. Ich fragte, ob es einen besonderen Anlaß dafür gebe. Sie antworteten, sie hätten mir etwas zu sagen. Am nächsten Tag gingen wir nach der Schule in ein Restaurant. Ich kannte sie inzwischen gut genug, um zu spüren, daß irgend etwas los war. Sie waren sehr still. Erst nach dem Essen, als wir unseren Tee bekamen, nahm Linda meine Hand, doch sie weinte und brachte kein Wort heraus. Schließlich sagte Betty mit erstickter Stimme, sie hätten kürzlich einen Brief von ihrem Vater erhalten, der ihnen ankündigte, sie hätten im nächsten Monat nach Kalifornien aufzubrechen. Ein Wahrsager in Hong Kong hatte einen geeigneten Tag für Bettys Hochzeit gefunden; sie sollte eine Woche nach ihrer Ankunft in San Francisco stattfinden. Ich wußte nicht, was ich sagen sollte.

Um sich für ihren baldigen Aufbruch vorzubereiten, mußten Betty und Linda mit der Schule aufhören. Wegen ihrer Reisedokumente mußten sie nach Hong Kong fahren. Die anderen Mädchen in der Schule fragten nach ihnen, doch ich gab nur ausweichende Antworten, da ich wußte, daß sie es nicht gern hatten, wenn alle über sie sprachen.

Als sie wieder in Macau waren, warteten sie eines Tages nach der Schule auf mich. Sie sagten, ihre Mutter ließe mich fragen, ob ich am nächsten Samstag zu ihnen zum Essen kommen wolle; es war ihr offizielles Abschiedsessen für ihre Freunde und Verwandten. Sie erklärten mir, ihre Mutter habe mir keine schriftliche Einladung geschickt, da ich noch ein junges Mädchen sei und man von mir kein Geschenk erwarte.

Ich fühlte mich geschmeichelt, daß es Frau Wong nichts ausmachte, daß ich blind war, und daß sie sich offenbar auch nicht schämte, mich unter ihren Freunden und Verwandten dabeizuhaben. Erfreut nahm ich die Einladung an. Aber als ich zu Hause darüber nachdachte, wurde mir doch etwas mulmig. Ich war ja noch nie bei einer offiziellen Einladung dabeigewesen und hatte nicht die geringste Ahnung, wie man sich bei einer solchen Gelegenheit zu benehmen hatte! Womöglich würde ich gegen alle Regeln verstoßen! Auf der anderen Seite freute ich mich sehr über meine erste Einladung.

Ich hatte auch Angst, meinen Eltern davon zu erzählen. Sie würden es bestimmt nicht gutheißen, und ich hatte den Verdacht, sie könnten versuchen, mich am Gehen zu hindern. Es konnte ja sein, daß sie es als eine Art Kritik empfanden, wenn jemand anders mich einlud – denn ich hatte bei unseren Einladungen nie mitkommen dürfen. Auch Ah Wor sagte, das sei möglich; doch da ich Frau Wong versprochen hatte, zu kommen, würden Vater und Mutter sie beleidigen, wenn ich nicht gehen dürfte. Trotzdem – ich mußte es ihnen so bald wie möglich sagen.

Ich wartete auf eine günstige Gelegenheit. Am Abend besprach der Rest der Familie, daß sie am folgenden Samstag ins Kino und hinterher essen gehen würden. Sie gingen nur noch selten zusammen aus, denn es kostete immer viel Geld. Großmutter ging nicht mit; sie war zu alt, und ihre gebundenen Füße machten das Gehen für sie zur Qual. Jemand bemerkte, daß Großmutter, Ah Wor und ich ja zu Hause bleiben würden. Dies war meine Chance: Ich berichtete von meiner Einladung.

Einen Augenblick herrschte betretene Stille. Dann fragte Vater nach dem Anlaß und Mutter wollte natürlich wissen, wieso Frau Wong ausgerechnet mich einlud; wußte sie denn nicht, daß ich blind war und sie mir das Essen in die Schale tun mußte? Ich sagte, daß ich Frau Wong schon mehrmals getroffen hatte, daß sie ganz genau wußte, daß ich blind war, daß ihre Töchter gute Freundinnen von mir waren, und daß sie im nächsten Monat nach Amerika gingen, weil eine von ihnen dort heiraten würde.

»Wenn das so ist, hättest du die Einladung nicht annehmen dürfen«, sagte Vater streng. Es handelte sich dann nämlich um das übliche offizielle Hochzeitsessen, mit dem die Wongs sich für die Hochzeitsgeschenke bedankten, und das würde bedeuten, daß die Gäste, die nicht schon ein solches Geschenk geschickt hatten, eines mitzubringen hatten. Mutter und er hätten schon mehrere solcher Einladungen abgelehnt, da sie es sich nicht leisten konnten, Geschenke zu kaufen. Ich sagte, Frau Wong hätte mir extra deswegen keine offizielle Karte geschickt, weil sie kein Geschenk von mir erwartete. Doch meine Eltern meinten, ich solle nicht alles wörtlich nehmen, was andere Leute sagten. Frau Wong hätte das nur aus Höflichkeit gesagt. Es sei eine Schande, ohne Geschenk zu einem solchen Essen zu gehen.

Es war nur zu deutlich, daß meine Eltern sehr wütend waren. Ich ging in mein Zimmer und begann mich auszuziehen. Ich war niedergeschlagen und fühlte mich ungerecht behandelt. Hatte Mutter vielleicht wirklich recht, daß ich die Einladung hätte ablehnen sollen, um den Leuten die Mühe, mir helfen zu müssen, zu ersparen? Doch nun hatte ich sie einmal angenommen, was sollte ich also machen? Ich lag lange darüber wach. Schließlich ging ich ins Badezimmer. Ich hörte Schritte und dachte zuerst, Vater oder Mutter würden kommen, um wegen der Störung mit mir zu schimpfen. Doch es war nur Ah Wor. Sie flüsterte mir zu, wenn wir leise zur Hintertür hinausgingen, könnten wir draußen miteinander sprechen, ohne jemanden zu wecken. Wir setzten uns auf die Stufe und genossen die leichte Brise in der heißen, stickigen Nacht.

Ah Wor sagte, ich solle mir wegen des Geschenks keine Sorgen machen. Sie würde dafür sorgen, daß ich etwas mitbringen könnte. Ich brauchte auch kein schlechtes Gewissen zu haben. Wenn Leute, die ganz genau wüßten, daß ich blind war, mich einluden, bedeutete das, daß es ihnen nichts ausmachte, mir zu helfen – sonst hätten sie mich ja nicht eingeladen.

Sie erinnerte mich daran, was ich damals selbst zu den Damen in der Kirche gesagt hatte, daß nämlich Blinde ganz normale Menschen sind, die nur nicht sehen können. Ich war verwundert, daß sie das behalten hatte. Warum war sie in diesem Punkt so anders als alle anderen? Die anderen hielten sie deshalb für verrückt. Sie lachte nur und sagte, sie hätte all die Jahre lang lediglich versucht, den Rat des englischen Augenarztes in Hong Kong zu befolgen, der gesagt hatte, ein blinder Mensch könne ein ebenso erfülltes Leben führen wie ein sehender, wenn man ihm nur mit der richtigen Einstellung begegnete.

Ihre Worte machten mich demütig und stark zugleich. Still betete ich: »Lieber himmlischer Vater, ich weiß, daß du mich liebst, denn du hast mir deine Liebe in Ah Wor gezeigt. Bitte hilf mir, damit eines Tages gute Menschen zu ihr sagen können, daß sie immer recht gehabt hat. Schicke uns doch einen Freund, der ihr das sagt. Und vielleicht wirst du auch eines Tages ein Wunder tun, damit sie und ich etwas von dem genießen können, was wir bisher immer entbehren mußten, denn sie hat so viel für mich aufgegeben. Tu es für sie!«

Der Samstag mit der Einladung zu den Wongs kam. Dieses Mal brauchte ich mich nicht über die lauten Pläne der übrigen Familienmitglieder zu ärgern, denn dieses Mal hatte auch ich etwas vor, nicht nur sie. Ah Wor hatte mir einen neuen Pullover gekauft, den meine Schwestern bewunderten, und eine Handtasche. Nur das Geschenk fehlte noch. Ah Wor sagte, wir könnten gemeinsam in ein Geschäft gehen und es aussuchen.

Seit Siebte Tante und die Engländer mit mir in das große Warenhaus in Kanton gegangen waren, hatte ich mir gewünscht, wieder einmal einkaufen gehen und Dinge befühlen zu können und beschrieben zu bekommen. Wir verbrachten einen herrlichen Nachmittag. Wir suchten zwei Paar Kissenbezüge mit gestickten Drachen und Blumen aus. Ah Wor kaufte Geschenkpapier und sagte, wir würden die Sachen zu Hause richtig einwickeln. Ich fragte sie, warum sie Geld für Papier ausgäbe. Konnte ich die Kissenbezüge nicht einfach so überreichen? Sie erklärte mir, daß ein Geschenk besser aussähe, wenn es eingewickelt war. Es sei üblich, Geschenke einzupacken. Das war mir neu.

Betty und Linda hatten gesagt, eine von ihnen würde mich gegen sechs Uhr abholen. Ich saß schon startbereit an der Tür, als es klingelte. Draußen warteten zwei Fahrradrikschas. Linda nahm meinen Arm, und Ah Wor rief uns hinterher, sie würde mich nach dem Essen abholen kommen. Als wir in unseren Pedaltaxis saßen, bemerkte einer der Kulis, es sei sehr nett von Linda, mit dieser *mang mui* auszugehen. Linda entgegnete sofort, ich sei keine *mang mui*, sondern ihre private Englischlehrerin. Er konnte kaum glauben, daß ein blindes Mädchen einem sehenden Englisch beibringen konnte, und fragte mich, ob ich dafür Geld bekäme. Zuerst wollte ich nicht mit ihm sprechen, weil er mich *mang mui* genannt hatte, doch er schien ehrlich interessiert zu sein, wie ich Unterricht gab und Geld verdiente.

Im Verlauf des Gesprächs erfuhr ich, daß eine seiner Töchter auch blind war. Sie wurde im Haus behalten und durfte nicht hinausgehen, denn niemand sollte erfahren, daß sie eine blinde Tochter hatten. Ich bat ihn um seine Adresse, doch er wollte sie mir nicht geben. Erst als Linda mir zu Hilfe kam und listig bemerkte, vielleicht könnte ich ihr Unterricht geben, damit sie später selbst einmal Unterricht geben und Geld verdienen könnte, gab er nach.

Aus dieser Begebenheit entstand eine dauerhafte Freundschaft zwischen seiner Tochter und mir. In Erinnerung an Tse Tse nannte ich sie Po-yuk. Ihre Familie akzeptierte mich und ich brachte ihr die kantonesische Blindenschrift bei. Einige Jahre später belegte sie einen Kurs in Macau, der von der Amerikanischen Stiftung für Blinde in Übersee getragen wurde. Heute ist sie eine tüchtige Hausfrau. Sie ist glücklich verheiratet mit einem sehenden Mann und hat zwei gesunde sehende Kinder.

Unsere Rikschas hielten vor dem Restaurant, und wir stiegen aus. Frau Wong begrüßte uns und reichte mir ihren Arm. Ich überreichte ihr das Geschenk für Betty. Sie bedankte sich und gab mir ein Päckchen *lai see*. Das schien so üblich zu sein, wenn man sich für ein Geschenk bedanken wollte. Frau Wong zeigte mir meinen Platz, indem sie meine Hand auf die Stuhllehne legte, damit ich mich selbst hinsetzen konnte. Ich saß direkt neben ihr. Sie stellte mich ihren Freunden und Verwandten als Freundin und Lehrerin ihrer Töchter vor. Es war ganz schön kompliziert, erklären zu müssen, daß wir Schüler der gleichen Schule waren! Als Tee und Melonenkerne aufgetragen wurden, führte Frau Wong meine Hand zu meiner Schale und dem Tellerrand. Lange Zeit unterhielt man sich nun in ohrenbetäubender Lautstärke und spielte Mah-Jong. Dann wurden die Mah-Jong-Steine in ihre Schachteln zurückgeräumt und ich vermutete, daß nun bald das Essen aufgetragen werden würde. Ein köstlicher Geruch verbreitete sich, und langsam wurde ich nervös.

Wenn wir zu Hause in der Familie aßen, wurde gewöhnlich ein Teller, auf den von allem etwas getan wurde, in meine Nähe gestellt. Ich durfte mir selbst, was ich wollte, in meine Schale tun, doch oft wußte ich nicht, was es war; das mußte ich selbst herausfinden. Es war viel schöner, wenn ich allein mit Ah Wor war; dann sagte sie mir, was wo war und ließ mich, wenn ich wollte, auch einen Löffel benutzen. Natürlich kleckerte ich gelegentlich oder ließ etwas herunterfallen, doch das machte nichts, wenn wir allein waren.

Aber hier, in einem Restaurant und vor so vielen Leuten, wäre es mir schrecklich peinlich gewesen, wenn so etwas passiert wäre.

Frau Wong schien meine Gedanken erraten zu haben; leise fragte sie mich, ob sie mir bei jedem Gang sagen solle, was es sei, damit sie mich dann bedienen könne. Dankbar sagte ich Ja und bekam gleich darauf ein Paar Stäbchen.

Einige Male schnappte ich in dem allgemeinen Stimmengewirr Fragen auf wie: »Mag sie Räucherfisch?« oder »Wie viele Geschwister hat sie noch?« Frau Wong wiederholte mir diese Fragen jedes Mal, so daß ich selber antworten konnte, bis die Leute den Wink verstanden hatten und mich direkt fragten. An einer Stelle sagte Frau Wong auf einmal »Zum Wohl!« Während ich noch überlegte, was das hieß, drückte sie mir mein Glas in die Hand, damit ich mittrinken sollte. Von da an wußte ich, was »Zum Wohl!« bedeutete.

Die Zeit verging wie im Fluge, und ich vergaß beinahe, daß ich nichts sehen konnte. Nach dem Fest wurde ich unten von Ah Wor erwartet. Da es noch nicht allzu spät war, sagte ich zu Ah Wor, ich würde gern zu Fuß gehen nach so einem reichhaltigen Mahl. Auf dem Weg erzählte ich ihr jede Einzelheit des Abends und wie Frau Wong mir geholfen hatte.

Von jetzt an wurde ich des öfteren zu Festen eingeladen. Besonders gern ging ich zu Geburtstagsfeiern, doch das war ein westlicher Brauch, und die Mädchen, zu denen ich eingeladen wurde, waren Europäerinnen oder kamen aus westlich beeinflußten Familien. Daß wir keine Kindergeburtstage feierten, fand ich nicht schlimm, denn das war einfach nicht üblich in China. Der Geburtstag von Drittem Onkel als wichtigstem Familienmitglied allerdings wurde jedes Jahr mit einem großen Fest gefeiert, zu dem die ganze Familie (außer mir) ging. Auch Großmutters Geburtstag wurde mit einem Festessen gefeiert. Als wir noch wohlhabend waren, waren auch die Geburtstage von Vater und Mutter Anlaß für ein gutes Mahl zu Hause gewesen. Doch das war alles, und daher denke ich noch heute nie daran, wenn jemand aus der Familie Geburtstag hat. Auch mein eigener Geburtstag vergeht meistens, ohne daß ich es bemerke.

Vielleicht mutet es etwas merkwürdig an, daß ich von allen Festlichkeiten und Geburtstagen meines Dritten Onkels ausgeschlossen war, obwohl er doch sonst immer besonders aufmerksam zu mir war. Nach Jahren fragte ich ihn einmal, warum er mich immer überging. Meine Frage überraschte ihn – er war nie auf den Gedanken gekommen, daß ich vielleicht hätte mitkommen wollen!

Im Laufe der Zeit kamen mehr Einladungen gesellschaftlicher Art auf mich zu, bei denen ich lange Zeit sehr unsicher war. Erst langsam lernte ich diese Probleme zu meistern. Stück für Stück mußte ich meine Angst überwinden, etwas falsch zu machen oder etwas zu verschütten. Ich versuchte soviel wie möglich selbst zu machen, doch sah ein, daß ich manchmal auch andere um Hilfe bitten mußte. Ich lernte, über meine unvermeidlichen Schnitzer zu lachen, und merkte dabei auch, daß andere es nicht nur nicht so schlimm fanden, sondern daß gerade diese Einladungen meinen Horizont weiteten und mein Selbstbewußtsein stärkten.

Der Aufsatz

September 1952 – Beginn des neuen Schuljahres in der Vierten Klasse. Jede Minute war kostbar für meine Arbeit. Doch ich mußte mit einer neuen und höchst unerwarteten Ablenkung fertigwerden.

Nach all den Jahren, in denen meine Großmutter gewünscht hatte, meine Eltern würden mich irgendwie loswerden, suchte sie nun ständig meine Gesellschaft. Seit jener Nacht, in der ich zu ihr gekommen war, hatte sich unsere Beziehung vollständig gewandelt. Auf einmal schien sie ständig mit mir reden zu wollen. Es war eine schwierige Situtation, denn ich wollte ihr nicht den Eindruck geben, daß ich zu beschäftigt sei, um mit ihr zu reden – doch das war ich! Und sie stellte mir dauernd die gleichen Fragen: »Sind die Mädchen an der Schule nett zu dir?« – »Finden ihre Eltern, daß auch Mädchen zur Schule gehen sollten?« – »Gehen sie auch zu einem Heiratsvermittler, um ihre Töchter zu verheiraten?« Ihre Stimme wurde immer zittriger und Ah Wor sagte, auch ihr Gang sei unsicher geworden und sie stütze sich an der Wand oder den Möbeln ab. Es war klar, Großmutter war alt. Sie war neunzig. Nachbarn machten die alberne Bemerkung, ich müsse Großmutter für so jung wie eh und je halten, da ich ihre Falten ja nicht sehen könne. Natürlich wußte ich genau, wie alt und tatterig sie geworden war und daß sie langsam vergreiste.

Eines Abends erschien Großmutter nicht zum Essen. Gewöhnlich machte sie nachmittags ein Nickerchen und kam einige Zeit vor dem Essen ins Wohnzimmer, um sich in »ihren« Stuhl zu setzen. Wir warteten, und als sich nichts rührte, beschloß Mutter, sie zu wecken. Vater und Mutter gingen in ihr Zimmer, als unser Rufen nichts half. Als sie sie wachrütteln wollten, fanden sie sie ganz starr. Der Arzt, der sofort kam, sagte, sie habe im Schlaf einen Schlaganfall erlitten und daher nicht rufen können. Sie atmete noch, war aber halb gelähmt und konnte nicht sprechen; vielleicht konnte sie auch nichts mehr sehen und hören. Sie war nur noch ein hilfloses Bündel, und wir wußten, daß sie jetzt bald sterben würde.

Mein älterer Bruder (der Funker) war inzwischen verheiratet und wohnte in Hong Kong. Auch Siebter Onkel war mit seiner Familie zurück nach Hong Kong gegangen. Vater telegraphierte ihnen, und sie kamen auf schnellstem Wege nach Macau. Die Erwachsenen wechselten sich mit der Krankenwache ab, Tag und Nacht. Meine Schwägerin tat mir leid. Sie hatte meinen Bruder erst vor wenigen Monaten geheiratet und war Anfang zwanzig, aber dennoch mußte sie mitwachen. Großmutter konnte sich kaum mehr bewegen; nur von Zeit zu Zeit griff sie nach einer Hand und umklammerte sie fest.

Nach drei Tagen verschlechterte sich Großmutters Zustand, so daß sie ins Krankenhaus gebracht werden mußte. Sie starb noch am gleichen Abend. Wir waren darauf gefaßt gewesen, und trotzdem waren wir sehr traurig.

In der Nacht fand sich die ganze Familie Ching im Aufbahrungszimmer zusammen. Es war Tradition, daß man die ganze erste Nacht auf dem Fußboden sitzen mußte. Schweigend saßen wir auf dünnen Bastmatten. Doch ich dachte mehr an Zweite Schwester als an Großmutter. Großmutter hatte ein langes Leben gehabt, und wenn es auch nicht immer glücklich gewesen war, so hatte sie doch vieles von dem, was Chinesen vom Leben erwarten, erreicht – eine große Familie, Ansehen und die Gewißheit, daß der Familienname fortbestehen würde. Schwester hatte nichts von alledem gehabt. Das erschien mir so grausam und sinnlos. Ich merkte, wie die Tränen in mir hochstiegen – aber mehr wegen Schwester als wegen Großmutter.

Nach einer Zeit, die mir endlos vorkam und in der ich nicht gewagt hatte, mich zu bewegen, fühlten sich meine Füße so taub an, daß ich meinte, es nicht länger aushalten zu können. Ich flüsterte Schwägerin, die neben mir saß, zu, daß meine Füße eingeschlafen seien. Sie flüsterte zurück, ihr kribbele auch alles und sie sei ganz steif, aber wir könnten doch in den Hof gehen und uns ein wenig die Beine vertreten, wenn wir leise genug wären. Ich nahm ihren Arm, und leise verließen wir das Zimmer. Siebte Tante und meine Kusinen kamen auch nach. Ich fragte, wann wir denn nach Hause könnten, um zu schlafen. Schwägerin erklärte uns, daß wir nicht vor dem nächsten Abend nach Hause fahren würden, weil am nächsten Tag Freunde und Verwandte kommen würden, um Großmutter die letzte Ehre zu erweisen. Sie würden sich dreimal vor der Ahnentafel verneigen und wir würden die Verbeugung einmal erwidern. Ich fragte, ob wir uns nacheinander dem Alter nach verbeugen mußten. Schwägerin sagte darauf, nein, wir müßten uns gemeinsam als Familie verneigen. Doch wie sollte ich den richtigen Zeitpunkt erwischen? Schwägerin versprach, sie würde sich neben mich stellen und jeweils leicht meine Hand berühren.

Ich hörte plötzlich Mutters Schritte näherkommen. Wir verstummten. Mutter fragte leise, was los sei. Ich klagte, ich sei müde. Siebte Tante stieß mich an, ich solle ruhig sein, doch ich hatte Kopfschmerzen und wollte ins Bett. Ich hatte erwartet, daß Mutter ärgerlich sein würde, doch sie war es nicht. Sanft sagte sie, die älteren Familienmitglieder müßten bleiben, doch für uns Jüngere sei es wirklich etwas zu viel, und wir sollten nach Hause gehen und ein paar Stunden ausruhen. Sie bat Siebte Tante, uns zu begleiten und dafür zu sorgen, daß wir morgens vor sieben wieder zurück seien, falls dann schon die ersten Leute kämen.

Dankbar brachen wir auf, obwohl wir zu Fuß gehen mußten, da es schon lange nach Mitternacht war. Nach drei Stunden Schlaf weckte uns Tante morgens um sechs, damit wir rechtzeitig wieder zurück waren.

Der Tag war lang, ermüdend und niederdrückend, doch das Handsignal, das Schwägerin und ich verabredet hatten, bewährte sich so gut, daß mich meine Freunde später fragten, woher ich denn immer gewußt hätte, wann ich mich zu verneigen hatte.

An den nächsten Tagen wechselten sich die Erwachsenen mit der Totenwache ab. Beim Begräbnis mußte Großmutters Leiche auf dem Weg zum Friedhof zur Tür unseres Hauses getragen werden, wo sie eine Zeitlang abgesetzt wurde und »Höllengeld« und Papiermöbel für sie verbrannt wurden. Der Sinn dieser Zeremonie war, daß ihr Geist jederzeit den Weg zurück nach Hause finden konnte und uns wohl gesonnen war.

Nach dem Begräbnis gab es ein gutes Mahl, das Ah Wor mit Ah Says Hilfe (der Amah von Drittem Onkel) zubereitet hatte. Doch vor dem Essen gab es noch eine merkwürdige Begebenheit. Auf einmal hörte ich viele Schritte vor unserem Haus und die typischen Rufe von Bettlern: »Erbarmen!« und »Herr, Herrin, Fräulein – Ihre Vorfahren im Himmel werden Sie segnen!« Mutter stöhnte, das habe sie gewußt. Sie sagte, einer der Bettler müsse am Nachmittag gesehen haben, wie der Sarg vor unsere Tür getragen wurde. Die Nachricht müsse sich wie ein Lauffeuer verbreitet haben, und nun befinde sich die versammelte Bettlerschaft von Macau vor unserer Haustür. Sie rief nach Ah Say und sagte zu ihr: »Geh raus und verhandle mit ihnen!« Ah Say öffnete die Haustür gerade so weit, daß sie hindurchschlüpfen konnte, und zog sie rasch hinter sich zu. Doch sie sprach laut, so daß wir jedes Wort verstehen konnten.

»Seid bitte ruhig!« sagte sie energisch. »Die Herrin will wissen, wer eure Anführer sind. Sie sollen bitte nach vorne treten!« Mein jüngerer Bruder, der aus dem Fenster schaute, sagte, daß drei Männer aus der Menge hervortraten und auf Ah Say zukamen, die mit dem Rücken zur Haustür auf der oberen Treppenstufe stand. Ah Say fragte, wie viele sie insgesamt seien, und dann begann sie mit den drei Männern über die Summe zu verhandeln, mit der sie zufrieden sein würden. Nach einigem Hin und Her wurde ein Betrag festgesetzt, und Vater gab das geforderte Geld nach draußen. Damit zog die Menge ab.

Diese Art geduldeter Erpressung geschah immer nach Begräbnissen, da die Bettler wußten, daß die Familie aus Angst, den Verstorbenen zu beleidigen und von den Bettlern verwünscht zu werden, darauf eingehen würde. Wie hoch der Betrag war, hing von ihrem Verhandlungsgeschick ab. Manche Familien, die nicht wußten, wie sie sich in einer solchen Situation zu verhalten hatten, fingen an, den Bettlern einzeln Geld auszuhändigen, wobei sie oft ein ganzes Vermögen loswurden. Ah Say hatte es klüger gemacht und die Forderungen der Bettler auf eine vernünftige Summe heruntergehandelt.

Nach einer Woche ging ich wieder zur Schule. Am ersten Tag hatten wir Aufsatzstunde. Wenn Aufsatzstunde war, schrieb Frau Wong immer erst die Aufsatzthemen an die Tafel, damit die Klasse beginnen konnte; dann nahm sie meine Schreibmaschine und ging mit mir ins Lehrerzimmer, wo sie mir die gleichen Themen gab. An diesem Tag hörte ich Schwester Margaret in unseren Klassenraum kommen. Sie gab bekannt, daß Frau Wong krank sei und sie sie vertreten würde. Wir konnten diesmal ein freies Aufsatzthema wählen. Dann half sie mir, meine Sachen ins Lehrerzimmer mitzunehmen, und ließ mich allein. Sie war immer so freundlich und rücksichtsvoll; nie vergaß sie, daß ich besondere Hilfe brauchte. Einige Lehrerinnen vergaßen es manchmal, und ich haßte es, sie daran erinnern zu müssen.

Für Aufsätze hatten wir eineinhalb Stunden Zeit. Ich hämmerte so schnell es ging auf die Tasten. Als es klingelte und Schwester Margaret kam, um den Aufsatz einzusammeln, hatte ich zwei Seiten mit doppeltem Zeilenabstand geschrieben und war ganz zufrieden. Doch als Schwester Margaret die Blätter in Empfang nahm, stand sie so lange da, ohne ein Wort zu sagen, daß ich unruhig wurde. War sie etwa unzufrieden mit meiner Arbeit? Ich hatte doch über »Meine unersetzliche Gefährtin«, Ah Wor, geschrieben!

Endlich sagte Schwester Margaret mir, was los war: ich hatte zwei leere Seiten abgegeben! Im Farbband war ein Loch; es hatte sich irgendwie verklemmt, war dadurch nicht weitergelaufen, und eineinhalb Stunden lang hatte ich auf derselben Stelle getippt. Vor lauter Enttäuschung begann ich zu weinen. Schwester Margaret legte ihren Arm um mich und versuchte mich zu trösten. Es sei doch ein freies Thema gewesen, ich könne den Aufsatz jederzeit wiederholen. Dann wolle ich es gleich nach der Schule machen, sagte ich. Darauf sagte sie, sie würde dafür sorgen, daß die Schreibmaschine bis dahin repariert sei. Außerdem würden sie und die anderen Lehrer von nun an immer vorher kontrollieren, ob die Maschine in Ordnung sei, besonders bei Arbeiten oder Prüfungen.

Nach der Schule blieb ich also im Klassenraum sitzen, um meinen Aufsatz zu schreiben. Ich hatte keine große Lust, das, was ich am Morgen geschrieben hatte, noch einmal zu wiederholen. Statt dessen versuchte ich zu beschreiben, wie es wäre, wenn ich einen Tag lang sehen könnte: Ich öffne meine Augen, und das Tageslicht ist so stark, daß es mir weh tut. Ich sehe Leute im Zimmer, die mir zulächeln, aber ich weiß nicht, wer sie sind, bis jeder etwas gesagt hat. Ich schaue mir ihre Kleidung und die Gegenstände im Raum an und bin ganz überwältigt von den Farben – aber man muß mir erst sagen, welche Farbe welche ist. Grün hatte ich immer gehaßt, weil ich dabei an die Pflanzen, die mein Augenlicht zerstört hatten, denken mußte, doch jetzt finde ich diese Farbe wunderbar. Ich malte zwei Seiten lang meine vorgestellten Erfahrungen mit dem Sehen aus und schrieb mir dabei meine ganze Enttäuschung über den Vormittag von der Seele. Als ich diesmal abgab, versicherte mir Schwester Margaret, alles sei in Ordnung.

Das Erlebnis mit der kaputten Schreibmaschine war damals schlimm für mich gewesen, doch ich glaube, es war gut, daß es gerade an diesem Tag passiert war. Immerhin hätte es mir auch in einer Prüfung so ergehen können. Seitdem konzentrierte ich mich beim Schreiben auch immer auf das Geräusch, und wenn ich etwas Ungewohntes zu bemerken glaubte, rief ich jemanden zum Nachsehen. Mit der Zeit hörte ich selbst heraus, wenn etwas nicht richtig war, obwohl mir auch heute noch manchmal eine Panne passiert.

In der nächsten Woche bekamen wir die Aufsätze zurück. Ich hatte Angst, Schwester Margaret würde sagen, ich hätte einen Haufen Unsinn geschrieben. Aber es kam anders. Sie sagte, insgesamt seien die Arbeiten recht gut ausgefallen, und zwei würde sie gerne der Klasse vorlesen. Die erste war eine vorgestellte Reise zum Mond. Es war richtig hübsch beschrieben, mit Straßen und Gebäuden, die ganz aus Gold waren. Dann kam die zweite. Es war meine. Als Schwester Margaret fertig war, waren die anderen Mädchen ganz begeistert, und Schwester Margaret sagte, ich solle den Aufsatz doch an die Jugendredaktion einer englischsprachigen Zeitung in Hong Kong schicken. In der Pause schlug sie mir vor, sie würde ihn mit ihren Korrekturen noch einmal abschreiben lassen. Ich selbst war zwar nicht so überzeugt, daß er so gut war, doch da Schwester Margaret so bestimmt schien, nahm ich ihr Angebot an, schickte den Aufsatz fort und vergaß die ganze Angelegenheit.

Einige Wochen vergingen. Eines Morgens, als ich ins Klassenzimmer kam, stürmten ein paar Mädchen auf mich zu und sagten, mein Artikel sei in der Zeitung. Später wurde auch ein Artikel der Schule veröffentlicht, der erklärte, wie ich die ganze Schularbeit bewältigte. Bald erhielt ich eine ganze Reihe Briefe von Schülern aus Hong Kong. Einer kam von drei Jungen, die mich gern zur Brieffreundin haben wollten. Ich beantwortete alle Briefe mit einem kurzen Dankesbrief, in dem ich erklärte, daß ich jede freie Minute für die Schule brauchte und leider wirklich nicht noch mehr schreiben konnte. Trotzdem bekam ich von den drei Jungen noch einen Brief. Sie wollten gern Kontakt zu mir halten, da die Art, wie ich mein Leben meisterte, vorbildlich für ihr eigenes Leben sei. Sie wollten mir ab und zu schreiben, ohne daß ich antworten müßte, wenn ich keine Zeit hätte. Sie schrieben sogar, es wäre schön, wenn ich einmal nach Hong Kong kommen könnte, damit wir uns kennenlernten.

Es wurden noch weitere Aufsätze von mir in der Sonntagsausgabe der South China Morning Post veröffentlicht, vielleicht fünf insgesamt. Dann – es war ungefähr im März – drückte mir Schwester Margaret ein Buch mit großen Seiten in die Hand. Sie erklärte, es sei ein Album, in das sie die Zeitungsausschnitte meiner Aufsätze eingeklebt hätte. Ich solle es meinen Eltern zeigen; sie würden bestimmt stolz auf mich sein. Ich wandte ein, meine Eltern könnten doch kein Englisch. Das sei nicht weiter schlimm, sagte sie; sie würden auf jeden Fall sehen, daß Aufsätze von mir veröffentlicht worden waren, und sich darüber freuen.

Ich nahm das Album und zeigte es Ah Wor, und sie lobte mich sehr. Doch Vater zeigte ich es nie. Nicht, weil er kein Englisch konnte. Auch nicht, weil meine Ausbildung ihn nicht interessiert hätte; im Gegenteil, er bezahlte ja nicht nur mein Schulgeld, sondern wusch auch manchmal ab, damit Ah Wor mich zu meinen Lesern bringen konnte. Doch sein starres Festhalten an der traditionellen Sitte hatte sich nicht gelockert; er hielt es immer noch für nötig, seine Kinder nie zu loben, egal, was sie leisteten, damit die angemessene Bescheidenheit gewahrt blieb. Vielleicht war er stolz auf mich, doch das hätte er sich niemals selbst oder mir gegenüber eingestanden. Ein- oder zweimal war es mir passiert, daß ich jemandem in Vaters Beisein von meinen Noten erzählt hatte, und jedesmal wies er mich sofort wegen meiner Prahlerei und Unbescheidenheit zurecht. Nein, ich hätte ihm das Album niemals zeigen können.

Aber wie war es mit Siebter Tante? Ich hatte nicht vergessen, wie sie sich gefreut hatte, daß ich die englischen Wörter auf den Blindenschriftkarten lesen konnte oder als ich zum ersten Mal ans Telefon gegangen war. Oft fragte sie mich auch mit wirklichem Interesse nach der Schule. Nur – wie sollte ich ihr das Album zeigen? Wenn ich es ihr nach Hong Kong schickte, würde vielleicht selbst sie glauben, ich wolle nur Lob hören und würde angeben. Während ich noch hin und her überlegte, bekam ich eines Tages einen Brief aus Amerika. Er war von Siebter Tante – sie war gerade in Amerika angekommen! Sie schrieb, es sei alles so schnell gegangen, daß sie keine Zeit gehabt hätte, sich mit mir in Verbindung zu setzen, bevor sie Hong Kong verließ. Sie habe schon eine Stelle gefunden und wolle hart arbeiten, damit sie eines Tages ihre Familie nach Amerika nachholen könne.

Obwohl ich Siebte Tante, seit wir China verlassen hatten, nicht oft gesehen hatte, außer in der kurzen Zeit, in der sie in Macau gelebt hatte, hatte ich sie nicht allzusehr vermißt, denn sie war ja nicht weit weg. Aber jetzt, wo sie in Amerika war, gab es mir doch einen Stich. Sie bat mich, meine Eltern und besonders Ah Wor zu grüßen, und hoffte, ich würde ihr schreiben. Wie gut, daß ich Schreibmaschine schreiben konnte! Ich schrieb ihr, wie traurig ich war, daß sie so weit weg war. Wir sahen uns erst Jahre später in Amerika wieder.

Das Album lag sorgfältig verschlossen in einer Schublade. Es hatte mir eine neue Welt eröffnet. Ich hatte regelmäßigen Briefkontakt zu Dr. Chappel, und er ermunterte mich, kurze Artikel und Erzählungen zu schreiben. Über mein Englisch bräuchte ich mir dabei keine Sorgen zu machen. Und so begann ich voller Elan, die

Geschichte eines blinden Mädchens zu schreiben – von ihren Schwierigkeiten und wie sie es schließlich durch ihren christlichen Glauben und mit der Hilfe und Ermutigung von Freunden schafft, eine Ausbildung zu bekommen und die Möglichkeit, anderen Blinden das Lesen beizubringen. »Verstehen und Licht« nannte ich die Geschichte.

Die Geschichte war zu lang für einen Luftpostbriefbogen; wir mußten sie in einem größeren Umschlag schicken. Ah Wor bezahlte das Porto. Ich hatte die Geschichte Dr. Chappel nur zum Lesen geschickt. Um so überraschter war ich, als ich drei Wochen später eine korrigierte Version (ich hatte viele Grammatikfehler gemacht) von Dr. Chappel erhielt. Sie war flüssiger und besser geschrieben als meine ursprüngliche Fassung, doch vom Inhalt her war sie gleich. Dr. Chappel fragte, ob er die korrigierte Version an eine kanadische Zeitschrift senden dürfe. Auch würde er sie gern in ‹The Discovery›, einer Kinderzeitschrift, die von seiner Gesellschaft herausgegeben wurde, veröffentlichen. Voll Freude schrieb ich ihm, er dürfe die Geschichte nach Belieben verwenden.

Eines Nachmittags fand ich nach der Schule einen Einschreibebrief aus Amerika für mich vor. Ich öffnete ihn und bat meinen jüngeren Bruder, ihn mir vorzulesen. Es war ein Bogen normalen Luftpostpapiers, aber auch ein kleines Stück dickeren Papiers. Was es damit auf sich hatte, wußten wir nicht. Bruder erkannte nur das Dollarzeichen und die Zahl 25 darauf wieder.

Ich zeigte es Vater, und er sagte, es sei ein Scheck über 25 US-Dollar, ausgestellt auf meinen Namen – Lucy Ching. Ich verstand immer noch nichts und bat meinen Bruder, mir den Brief Buchstabe für Buchstabe vorzulesen, damit ich ihn in Brailleschrift schreiben konnte. Auf diese komplizierte Weise fand ich schließlich heraus, daß die kanadische Zeitschrift meine Geschichte veröffentlicht und mir 25 Dollar Honorar gesandt hatte. Dr. Chappel schrieb weiter, daß Frau Schaeffer von der Ming-Sum-Schule sich bei der Gesellschaft nach mir erkundigt hatte, um meine neue Adresse zu erfahren. Sie hatte Kanton verlassen und unterrichtete nun an der Hip-Woo-Mittelschule in Hong Kong. Vielleicht könnten wir uns eines Tages wiedersehen! All diese wunderbaren Nachrichten machten mich überglücklich. Damals entsprach ein US-Dollar ungefähr 6,50 Macau-Dollar, so daß ich genau 162,50 Macau-Dollar besaß. Ein unerwartetes Vermögen! Das bedeutete, daß Ah Wor und ich, ohne uns über die Kosten Gedanken machen zu müssen, nach Hong Kong fahren konnten, um Frau Schaeffer zu besuchen!

Je länger ich mit dem Gedanken an eine Reise nach Hong Kong spielte, um so aufgeregter wurde ich. Doch plötzlich sank mir der Mut. Was, wenn Vater und Mutter es für Verschwendung hielten? Vater bekam so wenig Gehalt; wir hatten ständig Geldsorgen. Mit Recht konnte er meinen, dieser plötzliche Geldsegen könne nützlicher angelegt werden als in einer Reise nach Hong Kong. Wie immer fragte ich Ah Wor, und wie immer hatte sie eine Antwort parat. Warum machten wir nicht halbe-halbe, schlug sie vor. Wenn Vater eine Hälfte bekäme, würde der Rest vielleicht immer noch für die Reise nach Hong Kong reichen. Also nahm ich meinen Personalausweis und wir gingen zuversichtlich zu einem Geldwechsler, um den Scheck einzulösen.

Wir betraten eine Wechselstube, und Ah Wor flüsterte mir zu, ich solle sprechen. Ich war immer nervös, wenn ich zuerst sprechen mußte und die Stimme des anderen noch nicht gehört hatte, doch es mußte sein. Ich tastete nach der Theke. Wie hoch war sie? Saß der Beamte oder stand er? Ich versuchte, ruhig zu bleiben, und erklärte, daß ich einen Scheck aus Amerika bekommen hatte und ihn gern einlösen wollte. Als ich den Scheck und meinen Ausweis auf den Schalter legte, griff der Mann so rasch danach, daß seine Hand meine streifte. Er blieb wortlos. Ich wiederholte meine Bitte, und ich spürte, wie er mich anstarrte. Als er endlich sprach, fragte er, ob ich sehen könne. Ich sagte nein. Dann fragte er mich, wieso ich einen Scheck von einer amerikanischen Gesellschaft bekommen sollte. Ich erklärte ihm die Sache mit meiner Geschichte. Der Angestellte rief zwei andere Männer, und einer der beiden, wahrscheinlich der Chef, wandte sich an Ah Wor und sagte, sie könnten das Risiko, den Scheck einzulösen, nicht eingehen. Er könnte ja gestohlen oder gefälscht sein. Jedes kleine Kind wisse doch, daß Blinde nicht lesen und schreiben können. Wie sollte ich dann also eine Geschichte geschrieben haben?

Hastig verließen Ah Wor und ich die Wechselstube. Diese erniedrigende Szene wiederholte sich in vier oder fünf anderen Wechselstuben. Alle sagten das gleiche. Ich wollte schon aufgeben, doch Ah Wor sagte, es gebe noch eine Wechselstube, vielleicht hätten wir dort mehr Glück.

Alles verlief nach dem üblichen Schema, bis der Chef gerufen wurde. Er kam, besah sich den Scheck und sagte, er sei gedeckt, und da er auf meinen Namen ausgestellt worden sei, den gleichen, der in meinem Ausweis stand, könne er ihn annehmen. Doch er könne mir das Geld erst auszahlen, wenn er ihn in Amerika eingelöst habe.

Das würde ungefähr drei Wochen dauern, und er würde mir solange eine Quittung geben. Dann drückte er mir einen Stift in die Hand und forderte mich auf, zu unterschreiben. O Schreck! Ich hatte noch nie im Leben unterschrieben! Ich fragte ihn, ob ich ersatzweise vielleicht einen Fingerabdruck oder etwas anderes an die Stelle setzen könne. Nein, das ginge nicht, es müsse meine Unterschrift sein. Aus der Traum! Doch wenigstens zweifelte er nicht daran, daß es wirklich mein Scheck war. Er schlug mir vor, ich solle noch einmal nach Amerika schreiben, die Sache erklären und die Leute bitten, den Scheck auf Ah Wor auszustellen.

Ich war vollkommen entmutigt. War das wirklich die einzig mögliche Lösung? Ah Wor schlug vor, bevor ich den Scheck zurück nach Amerika schickte, sollte ich Vater fragen, ob Dritter Onkel eventuell helfen könne. Dritter Onkel hatte eine Firma in Hong Kong und wüßte vielleicht einen Rat. Vater war der gleichen Meinung. Am nächsten Wochenende wollte Dritter Onkel sowieso nach Macau kommen.

Am nächsten Samstag erzählte ich also Onkel die Sache mit dem Scheck. Zwar war er, was Lob betraf, ebenso zurückhaltend wie Vater, doch in diesem Fall machte er eine Ausnahme und gab mir zu verstehen, daß er sehr stolz auf mich war. Ich schränkte ein, daß Dr. Chappel meine Geschichte korrigiert hatte, sie also nicht allein von mir stammte, doch Onkel sagte, er hätte sie gar nicht erst korrigiert und sie der kanadischen Zeitschrift angeboten, wenn sie nicht gut genug gewesen wäre. Er gab mir sofort das Geld und nahm den Scheck mit den Worten, er könne ihn auf jeden Fall in Hong Kong einlösen, an sich. Trotzdem, sagte er, müsse ich lernen zu unterschreiben, das sei auch bei Briefen so üblich. Vielleicht würde meine Unterschrift nicht sehr schön sein, doch würde sie als meine erkennbar sein. Sobald ich also Zeit hatte, ließ ich mir von meinen jüngeren Geschwistern beibringen, wie mein Name geschrieben wurde, und übte und übte, bis ich es konnte. Als Hilfe benutzte ich den Rand einer Karte. So mache ich es heute noch.

Wie Ah Wor vorgeschlagen hatte, gab ich Vater einen Teil des Geldes und behielt den Rest für meine Reise nach Hong Kong.

Zukunftssorgen

Das Problem, Vorleser zu finden, wurde immer größer. Ich glaube, in der Vierten Klasse wurde mir höchstens ein Drittel meiner Bücher vorgelesen. Die Prüfungen rückten näher, und ich hatte noch keine Seite aus dem Erdkundebuch vorgelesen bekommen. Ich flehte meine Leser an, es doch zu versuchen, aber eine Woche vor den Prüfungen hatte ich trotzdem erst zwei Kapitel in Brailleschrift. Ah Wor und ich zermarterten uns die Köpfe, doch uns fiel beim besten Willen niemand anderes mehr ein, der mir vorlesen konnte. Am schlimmsten war der Gedanke daran, daß ich die Karte von Nordamerika kennen mußte. Ich traute mich nicht, meine Klassenkameradinnen damit zu belästigen, mir die Karte zu erklären. Sie waren genauso nervös und brauchten jede Minute für sich selbst.

Da kam mir plötzlich eine Idee. In unserer Gemeinde war eine amerikanische Missionarin, Frau Lovegren. Sie war sehr nett und unterhielt sich oft mit mir. Ich wußte zwar, daß Missionare immer sehr beschäftigt sind und nie Zeit haben, doch Ah Wor meinte, ich würde nichts dabei verlieren, wenn ich sie um Hilfe bat. Sie wußte auch, wo sie wohnte. Also gingen wir nach dem Abendbrot – Vater erbot sich, abzuwaschen – zu Frau Lovegren. Die Amah an der Tür jedoch sagte, Frau Lovegren sei gerade beim Essen, und da sie einen anstrengenden Tag hinter sich habe, sei sie nicht auf Besuch eingestellt.

Enttäuscht wandten wir uns wieder zum Gehen, als die Tür sich erneut öffnete und Frau Lovegren herauskam. Als sie uns sah, nahm sie meine Hand und bat uns herein. Sie sagte, sie sei schon beim Nachtisch. Es gebe Kuchen. Ob wir auch ein Stück wollten? Noch bevor Ah Wor mich daran hindern konnte, hatte ich schon »Ja, gern« gesagt. Ah Wor zischte mir zu, wenn ich höflich gewesen wäre, hätte ich »Nein, danke« gesagt. Es war mir peinlich, daß ich so plötzlich alle Manieren, die mir jahrelang beigebracht worden waren, vergessen konnte, doch in jener Zeit konnten wir uns keinen Kuchen leisten, und ich konnte einfach nicht widerstehen. Die Amah brachte Teller und Kuchen herein, doch Ah Wor lehnte höflich ab. Ich wußte, daß sie das tat, weil sie meinte, es gehöre sich nicht, als Amah an einem Tisch mit den Herrschaften zu sitzen. Frau Lovegren, die die Situation durchschaute, fragte, ob sie ihren Kuchen vielleicht lieber mit nach Hause nehmen würde. Als Ah Wor merkte, daß die Amerikanerin sie wirklich nicht als Untergebene ansah, setzte sie sich endlich zu uns und trank mit uns Tee und aß Kuchen.

Ich erzählte Frau Lovegren von meinem Dilemma mit dem Erdkundebuch und daß ich besondere Hilfe bei der Amerikakarte brauchte, da die Frage in der Prüfung ein sehr starkes Gewicht hatte. Daraufhin nahm sie das Buch und las mir zwei Stunden daraus vor. Sie fragte mich, ob sie es behalten dürfe, um sich zu überlegen, wie sie mir am nächsten Tag die Karte beschreiben konnte!

In den vier Jahren, die ich schon an der englischen Schule war, war dies das erste Mal, daß mir von jemandem, für den Englisch wirklich die Muttersprache war, vorgelesen wurde. Selbst Norma konnte sich damit nicht messen. Ich hätte den Unterschied nicht für möglich gehalten: anstatt dauernd Pausen zu machen und jedes Wort einzeln zu buchstabieren wie meine chinesischen Leser, las Frau Lovegren flüssig mit der richtigen Aussprache vor und buchstabierte mir nur das, worum ich sie bat. Der Zusammenhang war für mich viel einfacher zu begreifen, da sie den Sinn verstand und entsprechend betonte.

Als wir am nächsten Tag wiederkamen, flüsterte Ah Wor mir zu, auf Frau Lovegrens Schreibtisch lägen verschiedene Karten, beschriebene Zettel und mein aufgeschlagenes Buch. Ihre Amah berichtete, daß sie am letzten Abend bis spät in die Nacht hinein daran gearbeitet hatte. In diesem Augenblick kam auch Frau Lovegren selbst. Fröhlich sagte sie, sie habe eine Methode gefunden, mir die Karte zu beschreiben, und wolle mir einige Merksätze diktieren. Diese Beschreibungen waren so klar und anschaulich, daß ich fast das Gefühl hatte, Amerika stehe mir vor Augen, während ich meine Punkte stach.

Als wir fertig waren, tranken wir noch zusammen Tee. Dabei erzählte sie mir, auf ihrem Seminar damals in Amerika habe sie einen blinden Kommilitonen gehabt, Edwin Wilson. Er hatte eine Maschine für die Brailleschrift gehabt, eine Art Schreibmaschine. Sie erklärte mir, daß die Maschine nicht immer nur einen Punkt machen konnte, sondern einen ganzen Buchstaben, also bis zu sechs Punkten pro Anschlag. Das sparte natürlich eine Menge Zeit. Sie sagte, sie habe den Eindruck, ich sei sehr schnell mit meinem Stift und der Tafel, woraufhin ich ihr erklärte, daß ich selten ganze Sätze, sondern nur wichtige Stichworte festhielt.

Mr. Wilson hatte noch eine andere Möglichkeit: wenn er nicht genug Zeit hatte, um zu schreiben, bat er seine Leser, auf Tonband zu lesen. Was war denn ein Tonband? Was Frau Lovegren mir erklärte, klang, als sei es ein Ding von einem anderen Stern. Nie hätte ich mir träumen lassen, daß ich nur ein Jahr später nach Amerika fliegen würde, um mit Hilfe von Menschen, die sich die Ausbildung Blinder zum Beruf gemacht hatten, die Benutzung dieser Maschinen zu erlernen!

Schließlich lagen die gefürchteten Prüfungen hinter uns. Das Vierte Schuljahr war um. Wir hatten unsere letzten Arbeiten abgegeben und warteten nun auf dem Hof bis es klingelte und wir nach Hause gehen konnten. Im September würden wir in die Fünfte Klasse kommen – und danach? Einige der Mädchen sprachen über ihre Pläne: Sechste Klasse, Sekretärinnenschule, Lehrerseminar. Ich hörte still zu. Die anderen wußten genauso wie ich, daß für mich nichts dergleichen in Frage kam. Wie sollte ich je die Sechste Klasse besuchen können? Das war nicht nur eine Frage des Schulgeldes – das würde Vater vielleicht noch aufbringen können – sondern wie sollte ich meine Bücher vorgelesen bekommen? Ich war mir ja noch nicht einmal sicher, daß ich es in der Fünften Klasse schaffen würde. Und was würde danach kommen? Welche Aussichten hatte ich, eine Stelle zu finden und zum Lebensunterhalt unserer Familie beizutragen? Ich träumte davon, später andere Blinde zu unterrichten – doch wer würde mir Geld dafür geben? Ja, in Kanton – dort hatten Frau Dodson vom Mo-Kwong-Heim und Frau Schaeffer von der Ming-Sum-Schule beide gesagt, sie würden mich als Lehrerin einstellen, wenn ich die Mittelschule beendet hatte. Aber was nützte mir das in Macau, wo es keine Schule und kein Heim für blinde Frauen gab?

Ich war so versunken in diese Gedanken, daß ich gar nicht hörte, daß die Mädchen mich riefen. Jemand klopfte mir auf die Schulter und ließ mich zusammenfahren; es war Karen, die mir einen Brief in die Hand drückte. »Du hast Post aus Hong Kong!« Der Brief kam von Frau Schaeffer. Ich öffnete ihn und gab ihn Karen zum Lesen. Frau Schaeffer war froh, endlich wieder ein Lebenszeichen von mir zu haben. Dr. Chappel hatte ihr meine Adresse gegeben.

Sie fragte mich, ob ich im Sommer für ein paar Tage nach Hong Kong kommen könne. Die Fahrkarte für Ah Wor und mich würde sie gern bezahlen. Es gebe viele Dinge zu besprechen, auch meine Zukunft nach der Fünften Klasse. »Würdest Du gern Deine Ausbildung fortsetzen?« las Karen vor. Ich konnte fast nicht glauben, was ich da hörte. Ich bat Karen, mir den Satz noch einmal vorzulesen und danach den ganzen Brief noch einmal von vorne. Ich grübelte darüber nach, was Frau Schaeffer wohl gemeint haben konnte. Weiter zur Schule zu gehen, war doch unmöglich -- oder vielleicht doch nicht? Oder hatte ich sie nicht richtig verstanden? Was auch immer sie gemeint hatte, ich konnte es kaum erwarten, nach Hong Kong zu kommen. Ich stürzte zurück ins Klassenzimmer und schrieb Frau Schaeffer einen Brief, in dem ich ihr erzählte, daß Ah Wor und ich ohnehin vorhatten, nach Hong Kong zu fahren, und daß wir sie anrufen würden, sobald wir da seien. Ich hätte auch genügend Geld für die Überfahrt.

Es war nicht einfach, meine Eltern zu überreden, mich nach Hong Kong fahren zu lassen, doch zuletzt willigten sie ein, und ich schrieb an meinen älteren Bruder und meine Schwägerin, ob wir bei ihnen übernachten könnten. Der Antwortbrief kam schon ein paar Tage später. Schwägerin schrieb, wir sollten ruhig kommen, sie würden sich auf uns freuen. Sie hätten zwar nur ein Zimmer, doch mein Bruder könne auf dem Flur schlafen, ich mit in ihrem Bett und Ah Wor auf einem Klappbett.

Ach ja – die Erdkundeprüfung hatte ich übrigens bestanden.

Chinesischer Stolz

Endlich war es soweit! Am Nachmittag fuhr das Schiff. Am Vormittag ging Ah Wor zum Markt, um genug Essen für ein paar Tage einzukaufen. Am Tag zuvor hatten wir die Fahrkarten besorgt, und Schwägerin hatte geschrieben, mein Bruder würde uns vom Schiff abholen.

Wir nahmen eine Fahrradrikscha zur Landungsbrücke. Die ersten Passagiere gingen an Bord, und wir folgten ihnen. Ah Wor zeigte unsere Fahrkarten dem Kontrolleur, und wir waren schon fast an ihm vorbei, als mich jemand am Arm packte und nach hinten zog. Ich dachte, es müsse ein Dieb sein, und wollte schon um Hilfe rufen, als mich eine Männerstimme fragte: »Kannst du sehen?«

»Nein«, antwortete ich und versuchte, mich loszureißen, doch der Mann hielt mich fest. Ah Wor flüsterte mir zu, es sei der Kontrolleur; laut sagte sie, wir hätten unsere Fahrkarten schon vorgezeigt, und er solle uns durchlassen. Der Kontrolleur behauptete, er dürfe keine Blinden aufs Schiff lassen. Ich sagte ärgerlich, er habe kein Recht dazu, mich aufzuhalten. Ich fühlte, wie ich rot anlief, als ich merkte, daß wir inzwischen eine ansehnliche Schar Neugieriger um uns versammelt hatten. Der Kontrolleur fragte, was wir in Hong Kong wollten. Wollten wir dort für immer bleiben? Kurz angebunden antwortete ich: »Nein, nur zu Besuch.« Da er mich immer noch festhielt, bestand ich darauf, mit seinem Vorgesetzten zu sprechen. Ich hörte ihn nach ihm rufen, dann schob er mich zur Seite, wahrscheinlich um den Weg für andere frei zu machen. Wir mußten lange warten.

Als der Vorgesetzte schließlich kam, wendete sich das Blatt. Durch reinen Zufall hatte der Mann meinen Artikel in der Schülerzeitung gelesen und erriet sofort, wer ich war. Er war sehr freundlich und sagte, es bestünde überhaupt kein Anlaß, mich nicht auf das Schiff zu lassen, besonders da mein Bruder und seine Familie in Hong Kong wohnten. Befriedigt hörte ich zu, wie er den Kontrolleur zurechtwies. Endlich durften wir auf das Schiff. Doch der Kontrolleur, der wütend über diese öffentliche Zurechtweisung war, hielt mich noch einen Moment zurück und murmelte gehässig, er hätte versucht, mich zurückzuhalten, weil er gedacht hatte, Hong Kong hätte schon genug blinde Frauen, die auf der Straße sangen, und bräuchte nicht auch noch Verstärkung aus Macau. Ich wollte ihm etwas entgegnen, doch dann dachte ich, es sei wichtiger, aufs Schiff zu kommen, also kehrten wir ihm den Rücken und gingen.

Ob wir wohl in Hong Kong das gleiche durchmachen müßten? Was wäre, wenn mich die Beamten dort nicht von Bord ließen? Die ganze Fahrt über betete ich, daß nicht wieder Hindernisse auftauchen würden. Ah Wor versuchte mich aufzuheitern, doch ich war so verzagt, daß sie nicht viel Erfolg hatte. Ich zitterte am ganzen Körper, als wir durch die Einwanderungskontrolle mußten, doch alles ging gut. Als wir auf die Straße kamen, hörte ich zu meiner Freude die Stimme meines älteren Bruders. Ich beschloß, ihm nichts von dem unangenehmen Vorfall zu erzählen; er war nun überstanden.

Älterer Bruder und Schwägerin bewohnten ein Zimmer in einer Wohnung, die sich drei Familien teilten. Der Vermieter und seine Frau bewohnten auch nur ein Zimmer und hatten die beiden anderen vermietet. Dann gab es noch ein Wohnzimmer, eine Küche und ein Bad, die gemeinsam benutzt wurden, das Wohnzimmer jedoch nur zu ganz besonderen Anlässen. Bruder erklärte uns, die meisten Leute in Hong Kong lebten in solch beengten Verhältnissen, da die Mieten in Hong Kong sehr viel höher waren als in Macau. Nur reiche Leute konnten sich eine eigene Wohnung leisten.

Das Taxi hielt. Wir waren in Happy Valley angekommen. Die Wohnung war im Erdgeschoß. Schwägerin stellte uns Frau Kwok, der Vermieterin, vor. Frau Kwok hieß mich freundlich willkommen und wünschte mir schöne Tage in Hong Kong. Wir sollten unser Abendessen doch ruhig im Wohnzimmer einnehmen. Also war unsere Ankunft ein besonderer Anlaß!

Nach dem Essen fragte ich, ob es schon zu spät sei, um in einen Laden zu gehen und Frau Schaeffer anzurufen. Zu meiner Überraschung sagte Schwägerin, im Wohnzimmer sei ein Telefon. In Hong Kong habe fast jeder ein eigenes Telefon, im Gegensatz zu Macau, wo nur wohlhabende Haushalte eines besaßen. Schwägerin ließ mich selbst wählen. Zuerst erkannte ich Frau Schaeffers Stimme gar nicht, denn immerhin war es einige Jahre her, seit wir uns zuletzt in Kanton getroffen hatten, und damals hatten wir Chinesisch, nicht Englisch gesprochen wie jetzt. Doch bald klang ihre Stimme wieder vertraut. Ich konnte es kaum fassen, nach so langer Zeit wirklich wieder mit ihr zu sprechen. Wir verabredeten uns gleich für den nächsten Tag.

Am nächsten Tag fuhren wir mit der Star-Fähre auf die andere Seite des Hafens nach Tsim Sha Tsui in Kowloon. Ich schüttete Frau Schaeffer mein Herz aus. Sie fragte mich, ob ich die Fünfte Klasse vielleicht in Hong Kong besuchen wolle. Ich meinte, das würde bestimmt nicht möglich sein. Ich hatte gehört, daß die Schulplätze in Hong Kong ohnehin rar waren und daß es furchtbar schwer war, in eine der guten Schulen zu kommen. Frau Schaeffer bestätigte das, meinte aber, ich sollte den Gedanken nicht gleich verwerfen. Sie hatte an die Diözesanmädchenschule gedacht; und wenn ich dort genommen würde, könnte sie mir einige Stunden pro Woche vorlesen, und wahrscheinlich wären auch Freunde von ihr bereit, mir zu helfen. Sie wußte, daß ich wahrscheinlich noch mehr Helfer brauchte, doch sicher wäre es einfacher, in Hong Kong bezahlte Leser zu finden als in Macau. Dann sagte sie, sie würde einmal kurz telefonieren. Ich kann mich noch heute fast an jede Einzelheit dieses Gespräches erinnern:

»Hallo, Nancy«, sagte sie. »Ich habe dir doch von Lucy erzählt, nicht?« Mir wurde rasch klar, daß Nancy eine Lehrerin an der erwähnten Schule sein mußte und daß Frau Schaeffer sie bat, mit der Direktorin über meinen Fall zu sprechen, um zu sehen, ob sie mich eventuell nehmen würde. »In Macau kann sie nicht in die Fünfte Klasse gehen, sie hat niemanden, der ihr vorliest... Ja, ich weiß, aber das heißt doch noch lange nicht, daß es unmöglich ist...... In England und Amerika läuft so etwas unter dem Namen Integrationsprogramm... Ja natürlich, blinde Schüler haben dort ganz andere Möglichkeiten und Hilfen, die Lucy nicht hat.... Doch, es ist schon ein Wunder, wie sie das alles schafft.....« Ich hörte zu und wagte kaum daran zu denken, was dieses Gespräch bedeuten konnte. Ich dachte an Frau Lovegren und die Offenbarung, die ihr Vorlesen für mich gewesen war. Jemand, der richtig Englisch sprach, hatte mir Englisch vorgelesen. Und da sie es selbst verstanden hatte, hatte ich es auch verstanden. Wenn Frau Schaeffer und ihre Freunde für mich lesen würden – was wäre das für ein enormer Unterschied, nicht nur, was die Zeit betraf, sondern auch die Mühe!

Als Frau Schaeffer schließlich auflegte, sagte sie zu mir, ich solle sie am nächsten Tag anrufen. Dann wüßte sie wahrscheinlich schon, was die Direktorin gesagt hatte. Beim Abschied drückte sie mir ein Päckchen *lai see* in die Hand. Ich war sehr überrascht und wollte es gar nicht annehmen, aber als sie darauf bestand, nahm ich es und dankte ihr für alles, was sie für mich tat.

Tief in Gedanken versunken, machten Ah Wor und ich uns auf den Weg zurück zu meinem Bruder. Von allen Seiten türmten sich Schwierigkeiten auf. Gesetzt den Fall, die Schule würde mich nehmen: wie sollte ich das Schulgeld bezahlen? Und vor allem: wie und wo sollte ich wohnen? Ah Wor war auch der Meinung, daß dies das größte Problem sein würde. Wäre doch Siebte Tante nur nicht in Amerika! Da fiel Ah Wor etwas ein: »Ruf doch Dritten Onkel und Tante an!« Sie hatten eine kleine Wohnung, und vielleicht durfte ich während des Schuljahres bei ihnen wohnen. Überhaupt sei es nur höflich, mich bei ihnen zu melden. Onkel war sehr gut zu mir gewesen, nicht nur in den guten Zeiten, als er wohlhabend und einflußreich gewesen war, sondern auch jetzt noch, als er für meine Leser bezahlt hatte.

Armer Onkel. Er hatte seine hohe Stellung und seinen Einfluß verloren und war in der gleichen mißlichen Lage wie wir. Er hatte ein kleines Büro, in das er täglich ging und vorgab, eine Art Import- und Exportgeschäft zu betreiben, doch ich glaube, er hielt die Sache nur aufrecht, um einen Grund dafür zu haben, Tante und der Wohnung zu entfliehen. Ich glaube nicht, daß er große Geschäfte machte. Er bekam ein kleines Einkommen aus den Mieten zweier Häuser, die er besaß (sie hatten der verstorbenen Dritten Tante gehört). Es reichte zum Leben, doch Tante führte die Regie über alle Geldangelegenheiten und ließ ihm nur ein kleines Taschengeld. Auch dem Geschäft entzog sie systematisch die Mittel.

Als ich sie anrief, waren sie sehr überrascht und freuten sich, daß ich in Hong Kong war. Tante lud uns gleich zum Abendessen ein. Wir hatten zwar einen recht langen Weg, bis wir dort waren, aber es war ein fröhliches Wiedersehen. Ich erzählte ihnen von meinem Besuch bei Frau Schaeffer und ihrem Anruf bei ihrer Freundin an der Diözesanmädchenschule. Onkel horchte auf. »Diese Schule ist eine der besten englischen Schulen in Hong Kong! Die meisten Schülerinnen kommen aus reichen Elternhäusern. Ihr Ruf ist so gut, daß es sehr schwierig ist, dort einen Platz zu bekommen.«

Ich sagte, im Grunde glaubte ich auch nicht daran, dort auch nur die geringste Chance zu haben – es war nur Frau Schaeffers Idee. Tante sagte darauf ganz spontan, wenn die Schule mich nähme, könnten Ah Wor und ich während des Schuljahres bei ihnen wohnen. Ich war ganz sprachlos – das war mehr als ich zu hoffen gewagt hatte. Ich wußte, daß Onkel mich beim Schulgeld nicht unterstützen konnte, doch daß sie uns Unterkunft anboten, war fast zu schön, um wahr zu sein.

Ich war in Hochstimmung, als wir uns auf den langen Heimweg machten. Eines der beiden größten Probleme war gelöst. Doch bei der Sache mit dem Schulgeld und all den anderen Kosten war noch keine Lösung in Sicht. Je mehr ich darüber nachdachte, desto gedämpfter wurde meine Stimmung. Jetzt, wo ich ernsthaft darüber nachzudenken begann, erschien mir die Sache immer unwahrscheinlicher.

Ah Wor weigerte sich, das Geld als unüberwindliches Hindernis zu betrachten. Überall in den Straßen hatte sie Frauen gesehen, die auf Treppenstufen und Bürgersteigen saßen und Handarbeiten machten – ganz offensichtlich Heimarbeit von Fabriken. Warum sollte sie also nicht auch Arbeit finden und mein Schulgeld verdienen? Ich wußte nicht, was ich darauf sagen sollte. Zum einen glaubte ich nicht, es werde reichen, um solch eine teure Schule zu bezahlen, und außerdem hatte sie sowieso schon alles für mich aufgegeben: Zeit, Geld, ihr ganzes Leben! Sie war nun schon über fünfzig und hatte keinerlei Ersparnisse mehr; sie hatte sie alle für mich aufgebraucht. Wie konnte ich es zulassen, daß sie noch länger über langweilige und schlechtbezahlte Arbeiten gebeugt saß, die ihre Augen ruinierten? Mußten wir immer die gleichen Rollen spielen – sie die Gebende, ich die Nehmende?

Ich mußte sofort Frau Schaeffer anrufen! Ah Wor fragte mich nicht, warum; sie führte mich zu einem Laden und legte meine Hand auf das Telefon. Frau Schaeffer war zu Hause. Ich strengte mich an, meiner Stimme einen ruhigen und gefaßten Ausdruck zu verleihen, und sagte, ich hätte noch einmal über alles nachgedacht und sei zu dem Schluß gekommen, ich würde nie in der Lage sein, das Schulgeld aufzubringen; ihre Freundin bräuchte sich nicht die Mühe zu machen, mit der Direktorin zu sprechen.

»Ach, das mit dem Schulgeld ist kein großes Problem«, sagte die Stimme in der Muschel. »Die John-Milton-Gesellschaft hat mir etwas Geld für die Arbeit unter Blinden in Hong Kong zur Verfügung gestellt. Vielleicht reicht es nicht für das ganze Schuljahr, aber ich werde an die Gesellschaft schreiben, ob sie eventuell noch etwas schikken können.« Außerdem, meinte sie, könnte ich die Mädchen im Ebenezer-Heim für Blinde* besuchen und dort vielleicht auch Unter-

* Schule der Hildesheimer Blindenmission, gegr. 1897.

richt geben. »Ich werde dich morgen anrufen, sobald ich etwas von meiner Freundin gehört habe!«

Ich war völlig benommen. Ich war in einem ständigen Wechselbad von Hoffnung und Verzweiflung. Ich war zu durcheinander und aufgeregt, um in dieser Nacht richtig zu schlafen. Ich wagte es auch nicht, mich ständig umherzuwälzen, um Schwägerin nicht zu wecken, mit der ich in einem Bett schlief. Die Nacht wollte und wollte kein Ende nehmen. Am nächsten Vormittag hatte ich nur noch Ohren für das Telefon. Es gab mehrere Anrufe, immer für die anderen, bis Frau Kwok endlich nach mir rief. Es war Frau Schaeffer und sie sagte, Frau Symons, die Direktorin, würde mich gerne sprechen.

Am nächsten Morgen machten Ah Wor und ich uns auf zur Diözesanmädchenschule. Ich hatte dort angerufen und man hatte mir gesagt, ich werde um elf Uhr erwartet.

Hier muß ich kurz abschweifen. Als ich vorhin schrieb, daß ich von meinen US-Dollar nur genug für die Fahrkarten behalten hatte, meinte ich das wörtlich. Ich hatte den Rest meinem Vater gegeben und wir hatten tatsächlich keinen Cent dabei. Ich hatte gewußt, daß wir bei meinem Bruder zu Gast sein würden. Ah Wor hatte eine Kleinigkeit mitgenommen, doch nicht viel, und als sich unser Besuch nun länger hinzog als wir geplant hatten, wagten wir keinen Cent mehr auszugeben, als irgend nötig. Ich hatte zwar noch Frau Schaeffers *lai see*, doch das mochte ich nicht anrühren, weil ich das Gefühl hatte, daß ich es für eine wichtige größere Sache aufheben mußte. Und so liefen wir jeden Weg zu Fuß. Als wir zu Drittem Onkel und Tante zum Essen eingeladen waren, liefen wir von Happy Valley zur Star-Fähre im Zentrum und von der Star-Fähre in Tsim Sha Tsui bis nach Kowlon, wo sie nicht weit vom Kai-Tak-Flughafen wohnten – alles zu Fuß und das gleiche wieder zurück. Wir hatten Blasen an den Füßen! Als wir jetzt zur Schule gingen, liefen wir wieder von Happy Valley zur Star-Fähre, und dann von der Star-Fähre zur Jordan Road. Ah Wor hatte gehört, die Schule sei in der Nähe eines bestimmten Kinos, an das sie sich von früher her erinnern konnte, daher wußte sie die grobe Richtung, aber es war auch so noch schwierig, die Schule zu finden. Als wir endlich am Schultor ankamen, waren wir fast zwei Stunden unterwegs gewesen. Wir waren sehr früh aufgebrochen, um ja pünktlich anzukommen, und waren froh, jetzt noch eine kleine Verschnaufpause zu haben.

Im ersten Gebäude sah Ah Wor eine Dame an einem Schreibtisch sitzen. Ich sagte ihr meinen Namen und daß ich eine Verabredung mit Frau Symons hätte. Die Dame war freundlich und hilfsbereit und führte mich in einen Raum. Sie bat Ah Wor, mitzukommen, und sagte, Frau Symons werde in ein paar Minuten da sein.

Ich erhob mich, als ich rasche Schritte in den Raum kommen hörte. Frau Symons kam direkt auf mich zu, nahm meine Hand und stellte sich vor. Dann legte sie sanft ihre Hand auf meine Schulter, um mir zu bedeuten, daß ich mich setzen sollte. Sie fragte nach meinem bisherigen Schulstoff und welches meine besten und meine schwächsten Fächer waren. Überraschenderweise erwähnte sie meine Blindheit mit keinem Wort. Als sie mich fragte, in welche Klasse ich denn gehen wollte, sagte ich, ich sei mit der Vierten fertig und würde gern in die Fünfte gehen. Sie sagte, normalerweise nähmen sie in der Fünften Klasse keine neuen Schüler, doch bei mir sei das eine Ausnahme. Wenn meine Zeugnisse gut genug seien und ich den Eingangstest bestände, würden sie mich vielleicht nehmen. Ich sagte ihr meine Noten der letzten Prüfungen in der Sacred-Heart-Schule und erklärte ihr, daß ich immer nur einen Teil des Stoffes lernen konnte. Dafür hatte sie Verständnis. Der Test solle nur dazu dienen, meinen Stand in Englisch einschätzen zu können, und ich könne ihn im nächsten Monat machen, kurz vor Schulbeginn. Als sie dann aber fragte, ob ich den ganzen Sommer in Hong Kong sei, und erfuhr, daß ich lediglich ein paar Tage zu Besuch bei meinem Bruder war, und als ich die Sache mit dem Scheck aus Amerika erzählte, der die Reise überhaupt erst möglich gemacht hatte, meinte sie, sie wolle sehen, ob ich den Test gleich am nächsten Tag ablegen könne, um mir eine erneute Fahrt zu ersparen. Ich war so dankbar für ihr rücksichtsvolles Verständnis, daß ich mir nichts lieber wünschte, als von der Schule angenommen zu werden. Frau Symons ließ uns kurz allein und kam mit der Nachricht zurück, ich könne am nächsten Tag zum Test kommen. Ich ließ ihr mein Zeugnis der Sacred-Heart-Schule da, und wir verabschiedeten uns.

Am nächsten Tag wiederholten wir unseren Marsch zur Schule. Wenigstens wußte Ah Wor jetzt den Weg und wie lange wir brauchen würden, und wir richteten es so ein, daß ich vor dem Test noch eine kleine Pause hatte. Frau Symons stellte mich Frau Lodge vor, der Klassenlehrerin der Fünften Klasse. Frau Lodge hatte eine sanfte, liebenswürdige Stimme, die mir meine Aufregung nahm. Ich hatte meinen Stift und meine Tafel dabei, und zum ersten Mal in meiner ganzen schulischen Laufbahn brauchte ich nicht zu erklären, daß ich die Fragen vorher aufschreiben mußte; Frau Symons und Frau Lodge schienen es zu begreifen, ohne daß ich es ihnen sagen mußte. Allerdings fand ich Frau Lodges Stimme etwas schwer zu verstehen. Einige Worte hörten sich anders an, und ich mußte sie bitten, einzelne Teile zu wiederholen oder zu buchstabieren.

Als ich alle Fragen aufgeschrieben hatte, setzte ich mich an die Schreibmaschine. Es war eine riesige Büromaschine, sehr viel größer als die tragbare, die ich gewöhnt war. Die Tasten waren größer und erforderten mehr Kraftaufwand. Sie klang auch ganz anders, so daß ich gar nicht beurteilen konnte, ob sich das Farbband bewegte oder nicht. Ich konnte es nur hoffen. Frau Logde erledigte an einem anderen Schreibtisch ihre eigene Arbeit. Das ungewohnte Geräusch der Schreibmaschine brachte mich so durcheinander, daß ich anhielt und dabei natürlich sofort vergaß, welches Wort ich als letztes geschrieben hatte. Frau Lodge kam zu mir herüber. Sie sagte etwas, doch dachte ich, sie spräche mit jemand anderem, da ihre Stimme so leise war. Ich grübelte so heftig darüber nach, was ich als letztes geschrieben hatte, daß ich gar nicht reagierte. Sie berührte leicht meine Schulter, damit ich auf sie aufmerksam wurde, und sagte, wenn ich irgendwo nicht mehr weiterwüßte, würde sie mir gern meinen letzen Satz noch einmal vorlesen. Es war das erste Mal, daß mir je so etwas angeboten wurde, und eine große Hilfe.

Nach dem Test besuchten wir Frau Schaeffer. Ich erzählte ihr alles und fragte sie, warum ich Frau Lodge so schwer hatte verstehen können. Natürlich verstand ich auch nicht immer alles, was Frau Lovegren oder sie selbst zu mir sagten, doch bei Frau Lodge war es anders, weil mir ihre ganze Art zu sprechen merkwürdig schien. Frau Schaeffer erklärte mir, daß es verschiedene englische Akzente gab, je nach Nationalität der Sprecher. Sie und Frau Lovegren waren beide Amerikanerinnen, Frau Lodge hingegen war Engländerin und meine erste Bekanntschaft, die richtiges Oxford-Englisch sprach. Frau Schaeffer sagte, es gebe einige Unterschiede zwischen dem amerikanischen und dem britischen Englisch, und ich solle mir am besten Radiosendungen vom BBC anhören, um mich daran zu gewöhnen.

Am nächsten Tag rief mich Frau Symons an und sagte, die Lehrer hätten meinen Test und meine Zeugnisse begutachtet und seien der Meinung, ich sei auf dem erforderlichen Stand für die Fünfte Klasse. Sie sei also bereit, mich im September aufzunehmen. Ich stammelte mein Dankeschön und ging zu Frau Schaeffer. Sie freute sich mit mir und versprach, wegen des Schulgeldes an Dr. Chappel zu schreiben. Dann gab sie mir etwas Geld und riet uns, so bald wie möglich wieder nach Macau aufzubrechen, um die Angelegenheit mit meinen Eltern zu besprechen und den Umzug vorzubereiten.

Vorher mußten wir allerdings noch Drittem Onkel und Tante die Neuigkeit überbringen. Tante erschrak. Sie sagte, sie hätte niemals erwartet, daß die Schule mich tatsächlich nehmen würde. Es war offensichtlich, daß sie ihr Angebot bereute. Aber sie nahm es nicht zurück. Ah Wor und ich konnten also im nächsten Schuljahr bei ihr und Onkel wohnen.

Am nächsten Tag packten wir, nahmen das Schiff zurück nach Macau und kamen pünktlich zum Abendessen nach Hause.

Sprachlos hörten Vater und Mutter sich meinen Bericht an. Als ich geendet hatte, mußte ich alles gleich noch einmal von vorne erklären. Dann fragte Vater mich, ob ich wirklich meinte, ich hätte mich richtig verhalten. Wußte ich wirklich, was ich tat, wenn ich die finanzielle Hilfe von Frau Schaeffer und der John-Milton-Gesellschaft annahm? Kannte ich nicht jene alte chinesische Weisheit, daß man sich unter keinen Umständen einen Vorteil zunutze machen durfte, den man sich nicht durch eigene Leistung verdient hatte? Wußte ich nicht, daß ich diese Schuld niemals würde begleichen können?

Ich versuchte zu erklären, daß ich mit der richtigen Ausbildung eines Tages selbst Blinde unterrichten könnte; das sagte jedenfalls Frau Schaeffer, und sicher war das der Grund für ihre Hilfe. Und die John-Milton-Gesellschaft war ja ausdrücklich dazu gegründet worden, um Blinden zu helfen, das konnte man ja in ihrer Unterstützung für die Ming-Sum-Schule in Kanton sehen.

Vater antwortete, das ändere nichts an der Tatsache, daß es eine Schande für ihn und die Familie sei, wenn ich mich von fremder Hilfe abhängig machte. Er verlangte, ich solle das Angebot ausschlagen.

Unter Tränen lief ich zu Ah Wor in die Küche. Zum zweiten Mal in meinem Leben hörte ich sie auch schluchzen. Beide konnten wir nichts sagen. Nach all den Hoffnungen und Plänen...

Plötzlich sprach Vater direkt neben uns. Ich hatte ihn nicht hereinkommen hören. »Ah Wor, du möchtest, daß Kleines Mädchen alles bekommt, was sie will, nicht wahr? Wenn sie dein Herz von dir verlangen würde, würdest du es dir herausreißen, nicht? Also gut, macht nur, ihr zwei, macht, was ihr wollt. Ich kann ja doch sagen, was ich will.« Wütend verließ er die Küche.

Ich fragte Ah Wor, wie ich mich verhalten sollte. Sie antwortete,

Vater sei zwar nicht glücklich darüber, aber er habe mir die Erlaubnis gegeben...zumindest so einigermaßen. »Die Ausbildung in Hong Kong ist für dich doch wichtiger als alles andere, du darfst jetzt nicht aufgeben.« Sie meinte, daß Vaters ablehnende Haltung daher rühre, daß sein Stolz verletzt sei. Die Tatsache, daß seine Tochter fremde Hilfe annehmen mußte, zeigte ihm, daß er unfähig war, ihr selbst das Notwendige zu bieten. Vielleicht würde er später einmal anders darüber denken.

In den nächsten Tagen war die Atmosphäre sehr gespannt. Vater und ich sprachen kaum ein Wort miteinander. Bei den Mahlzeiten fühlte ich mich niedergedrückt und mußte Wasser trinken, um das Essen herunterzubekommen. Ich konnte Vaters Gefühle verstehen, aber deswegen konnte ich doch nicht die Chance meines Lebens über Bord werfen! Ich betete darum, daß Vater verstehen würde – mich und die Motive all derer, die mir helfen wollten. Und ich betete, daß die Wunde seines verletzten Stolzes heilen würde.

Fünf oder sechs Tage dauerte diese Situation an. Es war Mitternacht, ich lag im Bett und konnte nicht schlafen. Vater war noch im Wohnzimmer. Er hustete. In den letzten Tagen war er nicht lange am Tisch geblieben, und ich vermutete, daß es ihm nicht gutging, hatte ihn jedoch nicht gefragt, um ihn nicht zu reizen. Jetzt auf einmal hatte ich das Gefühl – es war fast wie ein Befehl – ich solle zu ihm gehen. Ich schwankte. Wir Kinder, besonders ich, begannen selten von uns aus ein Gespräch. Normalerweise sprachen wir nur, wenn wir dazu aufgefordert wurden. Ich stand auf und tastete mich langsam ins Wohnzimmer. Ich ging auf Vater zu und fragte ihn, wie er sich fühle. Als er antwortete, wußte ich, daß er eine schwere Erkältung hatte. Ich bekam Angst. Würde er mir jetzt eine Strafpredigt halten und Vorwürfe machen? Dann überwand ich mich und zog einen Stuhl neben ihn.

Eine ganze Weile lang sagte er nichts. Ich spürte, daß er mich anschaute. Dann fing er an zu sprechen. Er habe lange über die Sache nachgedacht, sagte er. Wenn Frau Schaeffer, die jahrelang unter Blinden gearbeitet hatte, mir angeboten hatte, sich um mein Schulgeld zu kümmern, war das ein Zeichen dafür, daß sie mich für eine sehr gute Schülerin hielt. Und wenn das so sei, müsse er eigentlich stolz auf mich sein, anstatt sich für die finanzielle Unterstützung zu schämen. Und auch die Tatsache, daß eine Schule mit solch einem guten Ruf wie die Diözesanmädchenschule bereit war, mich zu nehmen, war eine Ehre. Deshalb wollte er mir sagen, daß ich seine Zustimmung und seinen Segen hatte, um nach Hong Kong zur Schule zu gehen.

O, wie wünschte ich, ich hätte Vater sagen können, wie dankbar ich für sein Verständnis war! Doch wir hatten unseren Eltern gegenüber nie Gefühle gezeigt. Ich konnte ihn so gut verstehen! Es war wirklich bitter für ihn, nach Jahren harter Arbeit in Kanton alles verloren zu haben. Jetzt mußte er noch härter arbeiten als vorher und gleichzeitig mit der Armut und der Sorge, wie er die Familie durchbringen sollte, fertigwerden. Mir wollte beim besten Willen nichts einfallen, was ich ihm sagen konnte. Ich glaube, er verstand mich auch so. Es war ihm nicht leichtgefallen, das zu tun, was er gerade getan hatte. In seiner Kultur durfte ein Erwachsener, insbesondere das Oberhaupt der Familie, niemals einem jungen Familienmitglied eingestehen, daß er unrecht gehabt hatte, oder zugeben, daß der Jüngere recht hatte. Ich suchte nach Dankesworten, wollte ihm sagen, wie froh ich war; doch ich fand keine.

Er muß mich auch so verstanden haben. Er sagte, es habe ihm gutgetan, seine Gedanken in Worte zu fassen. Sicher würde ich mich jetzt besser fühlen. »Komm, jetzt gehen wir ins Bett und werden wieder richtig gut schlafen!«

Hong Kong

Jetzt, wo Vater mir seine Zustimmung gegeben hatte, ging ich zu Schwester Margaret an die Sacred-Heart-Schule. Ich ging mit gemischten Gefühlen. Die Schule war still und verlassen, es waren ja Ferien. Während ich auf Schwester Margaret wartete, dachte ich an all das Schöne, das ich während der letzten vier Jahre hier erlebt hatte. Keine andere Schule hatte mich nehmen wollen. Wie sollte ich Schwester Margaret nach alledem, was sie und die Schule für mich getan hatten, sagen, daß ich sie jetzt verließ und nach Hong Kong ging? Und wie sollte ich ihr für all das danken, was sie persönlich für mich getan hatte?

Da hörte ich ihre vertrauten Schritte. Wie immer begrüßte sie mich herzlich. Wir gingen in ihr Büro. Ich sagte ihr, es gäbe so viel zu erzählen, daß ich gar nicht wüßte, wo ich anfangen sollte. »Laß dir Zeit!« Ihre Stimme war warm und freundlich, wie immer.

Ich erzählte ihr alles, was sich in Hong Kong ergeben hatte. »Schwester Margaret«, brach es aus mir heraus, »es tut mir leid, daß ich hier nicht weiter zur Schule gehen kann, aber –«

»Wieso tut dir das leid?« fragte sie. »Das ist doch nur der nächste Schritt in Gottes Plan. Gott erfüllt dir deinen Wunsch, anderen Blinden zu helfen! Er hat dich zu einem Werkzeug in seinem Plan gemacht!«

Sie fuhr fort, es gebe doch genug Zeichen, daß ich gehen sollte – etwa das Geld und die Leser, die ich in Macau nie hatte haben können. »Kennst du das Honeyville-Blindenheim in der Mount-David-Straße in Hong Kong? Es wird von Canossa-Schwestern unterhalten. Geh doch einmal hin. Vielleicht kannst du den Mädchen dort helfen. Wenn du mit der Schule fertig bist, kannst du dort bestimmt Lehrerin werden.«

»Ich bin sicher, du wirst eines Tages zurückkommen und den Blinden hier in Macau helfen«, sagte Schwester Margaret zuversichtlich. Dieser Satz tat mir gut, obwohl ich mir selbst wenig Hoffnungen machte. Noch ahnte ich nicht, daß ich fünf Jahre später hier in Macau einer zukünftigen Blindenschriftlehrerin Brailleschrift beibringen und andere in Unterrichtsmethoden für blinde und sehbehinderte Schüler ausbilden würde!

Eines Tages las ich in einem amerikanischen Blindenschriftmagazin, daß man Blinden in Europa und Amerika nicht nur die Orientierung innerhalb des Hauses beibrachte, sondern auch draußen. Man fing in der Umgebung an, mit nahegelegenen Geschäften, und dehnte den Umkreis langsam weiter aus, bis sie selbst zur Bushaltestelle gehen und überall hinfahren konnten, wo sie wollten! Man nannte das Orientierungs- und Mobilitätstraining, und es wurde von speziell ausgebildeten Lehrern durchgeführt.

Ich dachte lange nach: Wenn ich lernen könnte, allein von Onkels Wohnung zur Diözesanschule zu kommen, würde Ah Wor wieder ganztags als Amah arbeiten können. Es war bekannt, daß Amahs in Hong Kong gefragt waren und gut bezahlt wurden. Natürlich würde ich sie vermissen und schrecklich einsam ohne sie sein. Aber war es nicht wichtiger für sie, Geld zu verdienen, solange sie dazu noch in der Lage war, damit sie im Alter nicht mittellos dastand? In Macau hatte ich gelernt, meinen Weg zur Schule und zur Kirche allein zu finden. In Hong Kong würde es schwieriger sein. Die Entfernungen waren größer und der Verkehr dichter. Vielleicht konnte Frau Schaeffer mir helfen; sie war ja in Amerika für die Blindenarbeit ausgebildet worden. Wenn Ah Wor sah, daß ich allein hin- und zurückkommen konnte, konnte ich sie vielleicht dazu bringen, eine Stellung anzunehmen...

Einen ganzen Tag brachte ich damit zu, einen langen Brief an Frau Schaeffer zu schreiben. Ah Wor sah, wie ich Seite um Seite mit Buchstaben füllte, und fragte mich, was ich da schrieb. Sie hielt es für einen Aufsatz. Ich sagte ihr, ich schriebe einen Brief an Frau Schaeffer. Zum Glück fragte sie nicht, was in dem Brief stand. Ich habe sie nie neugierig erlebt, doch war sie immer bereit, zuzuhören, wenn ich etwas auf dem Herzen hatte. Sie hatte immer Verständnis und tat alles, um mich zu unterstützen.

Nach einer Woche bekam ich die Antwort von Frau Schaeffer. Sie bat mich, den Gedanken, mich allein in Hong Kong zurechtzufinden, aufzugeben. Zum einen müßte ich viel mehr Zeit und Mühe als jeder blinde Amerikaner darauf verwenden, meine Bücher vorgelesen zu bekommen, mir Notizen zu machen und alles in Brailleschrift zu schreiben; da dürfe ich meine Kraft nicht für Dinge verschwenden, die nicht unbedingt nötig wären. Zum anderen würde

Ah Wor mich niemals verlassen. Sie hatte ihr ganzes Leben mir gewidmet. Ich war alles, was sie hatte. Es würde Ah Wor das Herz brechen. Frau Schaeffer schrieb auch, daß ich nach der Oberschule bestimmt in der Lage sein würde, Ah Wor zu versorgen, denn selbst wenn ich keine Lehrerstelle in einem der Blindenheime in Hong Kong bekäme, könnte ich Privatunterricht in englischer Konversation geben. Sie würde mir helfen, wenn es so weit wäre, und ich brauche mir wirklich keine Sorgen zu machen.

Frau Schaeffer hatte recht. Ja, es war klüger, sich auf die Arbeit zu konzentrieren und weiterhin Ah Wors Hilfe und liebevolle Gesellschaft zu haben.

Ich war überglücklich, als ich einen Brief von Dr. Chappel erhielt, der mir herzlich dazu gratulierte, daß ich von der Schule aufgenommen worden war. Frau Schaeffer hatte es ihm geschrieben. Er berichtete weiter, er werde die John-Milton-Gesellschaft verlassen, um eine neue Stelle beim World Council of Christian Service anzunehmen. Sein Nachfolger, Dr. Dwight Smith, würde aber gern weiter mit mir in Kontakt bleiben. Seinem Brief lag ein Schreiben von Dr. Smith bei, der an der Universität von Changsha* in China gelehrt hatte und nun seine chinesischen Freunde sehr vermißte. Er schrieb, er würde gern mit mir in Briefkontakt treten, und versicherte mich der Unterstützung der Gesellschaft. Ich war tief bewegt. Ich dachte an diese guten Amerikaner, die so viele wichtige Dinge zu tun hatten und trotzdem Zeit fanden, mir zu schreiben und so viel Interesse an mir und meiner Ausbildung zu zeigen.

Ich beschloß, diesem Beispiel der Nächstenliebe zu folgen. Ich wollte alles für Blinde tun, was in meiner Macht stand.

Kurze Zeit später bekam ich erneut Post von Dr. Smith. Er fragte mich, wieviel Geld ich wohl pro Monat brauchen würde. Die richtige Antwort auf dem Hintergrund meiner Erziehung war, daß ich lediglich das Schulgeld benötigte. Ich dachte an Ah Wor, wie sie sich bis spätabends abschuftete, sich auslaugte und ihre Augen mit ermüdenden, komplizierten Flechtarbeiten ruinierte. Ich dachte an das kommende Jahr in Hong Kong. Sie würde damit weitermachen müssen. Ich dachte an Frau Schaeffers Brief. Ich dachte an meinen Vater, seinen Stolz und seine Prinzipien. Und ich schrieb Dr. Smith, daß ich lediglich das Schulgeld benötigte.

* In Changsa hatte die Liebenzeller Mission schon 1908 eine Schule für blinde Mädchen gegründet; sie wird heute als staatliche Schule für Blinde und Gehörlose betrieben.

Diese Entscheidung fällte ich allein, ohne Ah Wor zu fragen. Hinterher sagte sie, ich hätte das Richtige getan.

Jetzt ging es ans Packen. Die größten Sorgen machten mir meine Aufzeichnungen. Die vier Jahre an der Sacred-Heart-Schule hatten unsere kleine Wohnung mit großen Stapeln gefalteten Zeitungspapiers ausgefüllt. Sie waren in Dutzenden ausrangierter Pappkartons gelagert, die Ah Wor vor Geschäften gefunden hatte. Schon lange waren die Kartons aus dem Zimmer, das ich mit meinen Schwestern teilte, in den Flur übergequollen, und Vater und Mutter beklagten sich darüber, daß sie mehr und mehr Platz wegnahmen. Doch wie sollte ich sie alle nach Hong Kong mitnehmen? Wir konnten auch nicht allzu viele Blätter in einen Karton packen, denn das hätte die Punkte beschädigt. So lose wir sie auch packten, konnten wir doch nicht verhindern, daß die unteren fast unlesbar wurden. Doch selbst die plattgedrückten waren besser als gar nichts.

Als Vater sah, wie wir die Kartons aufeinanderstapelten und zusammenbanden, rief er entsetzt aus, wir könnten doch nicht erwarten, daß Onkel und Tante Platz dafür hätten. Er sagte, ich solle nur die wichtigsten mitnehmen und den Rest zu Hause lassen. Ich protestierte, ich bräuchte sie alle, denn ich hatte doch gar keine Ahnung, worauf die Lehrer wieder zurückkommen würden, und es würde nicht möglich sein, alles noch einmal vorgelesen zu bekommen. Schließlich gab Vater nach, und er und Mutter halfen uns sogar, unser ganzes Gepäck mit zur Landungsbrücke zu schleppen. Mutter erließ Ah Wor den morgendlichen Gang zum Markt und ging selbst, während wir zu Ende packten. Sie besorgte mir meine Lieblingsspeise zum Mittag. Das Essen schmeckte köstlich, doch wir waren alle ein wenig niedergeschlagen. Anschließend fuhren wir in Fahrradrikschas zum Hafen.

Zum zweiten Mal saßen Ah Wor und ich auf dem Schiff nach Hong Kong. Ein Traum ging in Erfüllung. Und doch war ich traurig. Es war das erste Mal, daß ich von zu Hause wegging. Hong Kong war nicht weit von Macau, aber ich würde kein Geld haben, um zu Weihnachten oder zum chinesischen Neujahrsfest nach Hause zu fahren. Wahrscheinlich war mein Bruder in Happy Valley der einzige, den ich im nächsten Jahr von meiner Familie sah.

Worüber Ah Wor nachdachte, weiß ich nicht. Sie behielt es für sich. Doch sie wird sich wenig Illusionen über die Schwierigkeiten, die sie meinetwegen auf sich nahm, gemacht haben. Schweigend hingen wir unseren Gedanken nach, umgeben von meinen Brailleschulbüchern. Die anderen Passagiere müssen uns und unser Gepäck höchst sonderbar gefunden haben.

In Hong Kong angekommen, war die einzige Schwierigkeit, unsere Kisten vom Schiff zu tragen. Wir mußten mehrmals laufen, bis wir sie schließlich an der Einwanderungsbehörde vorbeigeschoben hatten. Mit dem Bus zu fahren, kam mit dem Gepäck nicht in Frage, also beschlossen wir, ein Taxi zu nehmen. Als wir einstiegen, flüsterte Ah Wor, vorne sei ein Mann dazugestiegen. Als wir in Happy Valley ankamen und Ah Wor bezahlte, verlangte der andere Mann plötzlich auch Geld von uns, fast zehn Dollar. Wir weigerten uns, schließlich hatten wir keinen Grund, ihm etwas zu geben. Er behauptete, wir müßten ihn für seine Begleitung bezahlen. Offenbar steckte er mit dem Fahrer unter einer Decke, und die beiden hatten – zu Recht – geglaubt, mit uns hätten sie leichtes Spiel. Ich fuhr fort, mich mit dem Mann zu streiten, doch Ah Wor sagte, wir sollten ihm lieber das Geld geben, bevor er sich Einlaß ins Haus verschaffte und eine Szene machte. Das würde unseren Ruf bei den Vermietern gefährden. Sie hatte bestimmt recht, aber ich konnte es kaum ertragen, daß sie dem Schuft ihr sauer verdientes Geld aushändigte – den Lohn mehrerer Tage.

Wir verbrachten die Nacht bei Bruder und Schwägerin und brachten die nächsten beiden Tage damit zu, unser Gespäck und meine Kartons Stück für Stück zu Fuß zu Onkels Wohnung zu tragen. Ich denke noch heute an die Blasen, die wir dabei bekamen!

Onkel hatte zwar eine eigene Wohnung, aber sie war klein. Ich bekam die Abstellkammer als Zimmer, in der gerade Platz war für ein Bett, einen Tisch und einen Stuhl. Ah Wor mußte im Wohnzimmer schlafen. Die arme Ah Wor! Tante bestand darauf, die Wohnzimmertür müsse nachts abgeschlossen sein. Sie sagte, sie klappere im Wind hin und her und würde sie wecken. Das war eine ihrer Methoden, Ah Wor das Leben schwerzumachen. Der Riegel war auf der Flurseite, so daß ich sie einschließen mußte, wenn wir ins Bett gingen.

Einige der Kartons hatten wir in Happy Valley gelassen, und so viele wie möglich von den anderen stopfte ich in meine Kammer. Ein paar konnten wir bei Frau Schaeffer deponieren, und einige sogar bei einer befreundeten Amah, Ah Ying, die bei einer englischen Dame kochte und etwas Platz bei sich hatte. Ich nummerierte und etikettierte die Kartons und machte eine Liste, wo sie sich befanden. Mit der Zeit war ich sehr dankbar dafür, daß ich sie alle mitgenommen hatte. Ich mußte oft in meinen alten Aufzeichnungen nachlesen, und obwohl sie über ganz Hong Kong und Kowloon verteilt waren, hatte ich wenigstens eine Möglichkeit, an sie heranzukommen, wenn ich sie brauchte. In Macau hätten sie mir nichts genützt.

Da es noch ein paar Tage bis zum Schulbeginn waren, bat ich Frau Schaeffer, für mich die Telefonnummern der beiden Blindenheime herauszusuchen, damit ich dort anrufen konnte. Ah Wor und ich besuchten beide Heime und lernten Schwester Victoria im Honeyville-Heim und Frau Morgenstern im Ebenezer-Heim kennen. Es war wie eine Bestätigung vom Himmel, als beide Leiterinnen sagten, sie würden sich freuen, wenn ich nach Beendigung der Schule ihre Mädchen unterrichten würde.

Unser erster Versuch, zum Ebenezer-Heim vorzustoßen, war leider nicht von Erfolg gekrönt gewesen. Ah Wor und ich liefen die ganze Strecke bis Pokfulam. (Inzwischen weiß ich, daß es gut dreizehn Kilometer waren.) Ich war mit Frau Morgenstern verabredet, und so drückten wir zuversichtlich auf die Klingel. Die Tür wurde von einer Bediensteten geöffnet, die uns mißtrauisch fragte, was wir wollten. Ich sagte, wir hätten eine Verabredung mit Frau Morgenstern, doch das glaubte die Frau nicht und weigerte sich, uns hereinzulassen oder Frau Morgenstern Bescheid zu sagen. Spitz sagte sie zu mir, ich wolle wohl für immer dableiben und schlug uns die Tür vor der Nase zu. Was blieb uns anderes übrig, als zurückzulaufen?

Ich telefonierte mit Frau Morgenstern und erzählte ihr, was passiert war. Es tat ihr furchtbar leid; sie war die ganze Zeit dagewesen und hatte uns erwartet. Was sie mit ihrer Angestellten machte, weiß ich nicht. Auf jeden Fall erneuerten wir unsere Verabredung. Ah Wor und ich legten den langen Weg zum zweiten Mal zurück. Diesmal wartete Frau Morgenstern draußen auf uns, und sie hatte sogar ein Auto zur Verfügung, mit dem sie uns zurückbrachte.

Dieser Besuch war äußerst wichtig für mich. Frau Morgenstern sagte, sie sei als Missionarin mehr oder weniger zufällig mit Blindenarbeit in Berührung gekommen. Sie wüßte wenig darüber, außer dem, was sie inzwischen aus Erfahrung gelernt hatte. Sie zeigte großes Interesse an meinen Plänen, später beruflich unter Blinden zu arbeiten. (Sie war es auch, die mich dann für ein Amerika-Stipendium vorschlug.)

In beiden Heimen lernten wir auch die Bewohner kennen. Die meisten der jungen Frauen waren älter als ich, doch trotzdem hatten wir vieles gemeinsam. Ich war froh, daß auch ein paar Mädchen in meinem Alter da waren, und sogar jüngere. Zu jener Zeit verfuhren beide Heime nach der Methode, die ich schon in der Ming-Sum-Schule und im Mo-Kwong-Heim in Kanton kennengelernt hatte: die älteren Mädchen brachten den jüngeren das bei, was sie gelernt hatten. Ich lieh ihnen einen Teil meiner Blindenschriftaufzeichnungen und erklärte ihnen die Lektionen, damit sie sie zum Unterricht verwenden konnten. Einen guten Teil meiner Wochenenden und Feiertage verwendete ich darauf. Der Wissensdurst der Mädchen war unstillbar. Lehrerin Lau, die den jungen Mädchen im Ebenezer-Heim die Grundbegriffe der englischen Sprache beibrachte, wurde mir eine gute Freundin. Heute wohnt sie im Ebenezer-Altersheim.

Noch mehrere andere Bewohnerinnen dieses Heims waren damals, als ich zur Diözesanschule ging, Lehrerinnen, und als sie mich baten, sie doch künftig Lau Tse Tse, Chan Tse usw. (»große Schwester Lau« usw.) zu nennen, mußte ich mich erst daran gewöhnen. Ich werde nie vergessen, wie Lehrerin Lau, als ich 1959 aus Amerika zurückkam und meine Arbeit aufnahm, mit der Hand einen Teil der Englisch- und Chinesisch-Lesebücher, die ich für meine ersten Unterrichtsstunden benötigte, in Blindenschrift gestochen hatte. Das war wirkliche, tatkräftige Freundschaft!

Du gehörst zu uns

Frau Schaeffer hatte mir das Schulgeld gegeben, das immer am ersten Schultag bezahlt werden mußte. Sie fragte, ob ich noch etwas bräuchte, was ich verneinte. Ich konnte sie doch nicht um das Busgeld für uns beide bitten! Ah Wor war der gleichen Meinung, und wir beschlossen, immer zu Fuß zur Schule und zurück zu gehen. Ein Weg dauerte knapp eine Stunde, und die tägliche Lauferei auf den heißen Bürgersteigen mit dem ganzen Verkehrsgewühl war furchtbar ermüdend.

Die Diözesanmädchenschule war meine dritte Schule, und am ersten Tag nahm ich all meinen Mut zusammen, in Erwartung der wahrscheinlich unvermeidbaren Verwirrungen und Peinlichkeiten. Doch nichts dergleichen passierte. Als wir durch das Schultor gingen, wurde ich von zwei Mädchen begrüßt: »Wir sind Doreen und Lily und sind auch in der Fünften Klasse. Wir führen dich hin, wenn du möchtest!« Eine von ihnen bot mir ihren Arm an. Da die Mädchen so hilfsbereit waren, sagte ich Ah Wor, sie brauche nicht mehr zu bleiben. Sie antwortete, sie ginge sich Arbeit suchen und würde mir zur Mittagszeit etwas zu essen bringen.

Die Mädchen sprachen Englisch, und ich bemühte mich, es ihnen gleichzutun. Nach ihrer Sprache zu urteilen, waren sie keine Chinesinnen. Sie zeigten mir meine Bank; ich saß zwischen ihnen. Wir setzten uns, und ich verstaute meine Schreibutensilien und meinen Stoß gefalteter Zeitungen in der Bank. Da sie so nett waren, bat ich eine der beiden, mir einen kleinen Stoß zu geben, wenn wir aufstehen mußten. Das tat sie auch. Als die Lehrerin »Guten Morgen!« sagte, erkannte ich Frau Lodges Stimme. Zuerst mußte ich sehr aufpassen, um zu verstehen, was sie sagte, doch ich gewöhnte mich rasch an ihren britischen Akzent.

Nach der Stunde – es war Englisch gewesen – kam sie zu mir. Sie sagte, wenn mir irgend etwas nicht klar sei, solle ich nicht zögern, sie zu fragen. Die anderen Lehrerinnen an diesem Vormittag – Frau

Mansfield, die Biologielehrerin, Frau Kvan, die Geschichtslehrerin, und Frau Symons, die Erdkunde gab – boten mir alle das gleiche an.

In der großen Pause machten Doreen und Lily mich mit den anderen Mädchen bekannt. Sie lasen mir den Stundenplan und die Tafel vor und führten mich durch die Schule.

Als es nach der letzten Stunde klingelte, bat ich sie, mir das Tor zu zeigen, damit ich auf Ah Wor warten konnte. Zwei der Mädchen waren ebenfalls externe Schülerinnen, die von ihren Amahs das Essen gebracht bekamen. Wir konnten also gemeinsam warten. Bald kamen noch einige andere Mädchen dazu. Wir waren erst ein paar Minuten am Tor, als Ah Wor kam. »Oh wie schön«, sagte sie mit einem breiten Lächeln in der Stimme, »daß du schon so viele Freundinnen hast. Was bin ich froh!«

Autos kamen und hielten, Türen wurden zugeschlagen, um uns herum wurde eifrig geschwätzt. Ah Wor sagte mir, daß die meisten Amahs, die den Mädchen Essen brachten, in Limousinen mit Chauffeur kamen. Man zeigte uns den Weg in einen großen, hohen Saal, der als Eßsaal für die Externen und für besondere Gelegenheiten genutzt wurde. Bevor wir zu essen begannen, zog mich Ah Wor kurz beiseite. Als wir außer Hörweite waren, sagte sie, sie schäme sich für das, was sie mir zum Essen gebracht hatte. Es sei nur eine kleine Schale Reis und Gemüse und sehe sehr mager aus, verglichen mit dem, was die anderen Amahs ihren Mädchen vorsetzten. Würde ich vielleicht nicht lieber irgendwo allein essen? Ich beruhigte sie. Vielleicht würden es die anderen gar nicht merken, und wenn, konnte ich ja sagen, wir hätten immer nur ein leichtes Mittagessen, da wir unsere Hauptmahlzeit abends einnähmen.

Wir kehrten zurück an den Tisch, und ich begann zu essen. Ah Wor aß nichts. Sie sagte, sie habe ihren Reis schon gegessen. Ich hatte den starken Verdacht (zu Recht, wie sich hinterher herausstellte), daß sie mir ihre Portion gegeben hatte. Die Mädchen merkten, wie wenig wir hatten, aber sie waren sehr taktvoll. Eine sagte, sie habe viel mehr Huhn, als sie schaffen könne, und eine andere fragte mich, ob ich ihr bei ihrem Fisch helfen könne. Ah Wor stieß mich in die Seite; ich wußte, daß sie mich ermahnte, höflich und bescheiden abzulehnen. Doch ich war hungrig, und das Essen roch so gut, daß ich nicht widerstehen konnte. Die Mädchen waren so nett und großzügig, daß sogar Ah Wor etwas abbekam.

Ich lernte bald mehr Mädchen kennen, nicht nur in meiner eigenen Klasse, sondern auch aus anderen. Die meisten begegneten mir ganz natürlich und redeten mich direkt an. Ein paar waren offenbar unsicher und mieden mich, doch die meisten waren nett. Sie arbeiteten sogar aus eigenem Antrieb einen Plan aus, nach dem mir jeden Tag nach der Schule eine von ihnen eineinhalb oder zwei Stunden vorlas. Später fragte ich sie, woher sie wußten, daß ich Leser brauchte, weil sie mir ihre Hilfe schon am zweiten oder dritten Tag angeboten hatten, bevor ich mich getraut hatte, sie selbst zu fragen. Sie antworteten, Frau Symons habe während einer Zeichenstunde, als ich nicht da war, mit ihnen gesprochen. Sie hatte ihnen gesagt, wie dringend ich Leute brauchte, die mir meine Bücher vorlasen, und hatte sie gebeten, wenn sie mir helfen wollten, direkt auf mich zuzugehen und ihre Hilfe anzubieten. Sie hatte sie auch darauf aufmerksam gemacht, daß ich wie jeder andere auch Freundschaften schließen wollte. Sie sollten mich ganz normal behandeln und nicht so, als hätten sie Mitleid mit mir.

Sobald die Schule aus war, las meine jeweilige Leserin mir vor. Dann kam Ah Wor mich abholen, und wir aßen in einem Laden oder einem billigen Cafe und gingen dann zu Frau Schaeffer oder einer ihrer Freundinnen für zwei weitere Lesestunden. Einige meiner Leser kamen aus anderen Klassen. Mit Dolly aus der Vierten Klasse begann eine Freundschaft, die heute noch besteht. Ich wurde Sozialarbeiterin, sie Grundschullehrerin, und sie hat mir oft beim Unterrichten geholfen.

Für alle meine Leser war Englisch die Muttersprache. Was machte das für einen riesigen Unterschied! Sie verstanden, was sie lasen, und deshalb verstand ich es auch. Natürlich waren nicht alle Probleme damit beseitigt, doch die nervenraubende Prozedur, sich aus einzelnen buchstabierten Wörtern etwas zusammenzureimen, hatte ein Ende. Frau Schaeffer und ihre Freunde erübrigten soviel Zeit sie konnten. Ich traf auch noch eine andere Missionarin, die ich aus Kanton kannte, wieder: Jaxie Short. Damals in Kanton war sie gerade dabei gewesen, Kantonesisch zu lernen, und ich erinnere mich noch daran, wie sie sich bemühte, meinen Namen mit der exakten Betonung und der richtigen Tonhöhe auszusprechen. Ich bekam ihre Adresse von unserer Gemeinde in Hong Kong. Ah Wor und ich gingen sie besuchen; es war ein herzliches Wiedersehen. Auch sie las für mich und half mir sehr bei der Arbeit.

Die tägliche Büffelei für die Schule hatte nie ein Ende. Die Sitzungen mit den Vorlesern, das endlose Notizenmachen, die Versuche, Punkte zu lesen, die fast sofort wieder flach wurden in dem viel zu weichen Zeitungspapier, das mühsame Punktestechen mit der

Tafel, wobei ich nie so viel von den Texten hatte wie die anderen, jede Nacht die Lernerei und der Kampf gegen den Schlaf – all das erschöpfte mich und laugte mich aus. Aber trotz alledem – das Jahr an der Diözesanmädchenschule war mein wertvollstes Schuljahr.

Drei Wochen waren vergangen. Bald war das Schulgeld für Oktober fällig. Ich war besorgt. Ah Wor arbeitete soviel sie konnte. Wenn nötig, würde sie vielleicht das Schuldgeld zusammenbekommen, doch sie brauchte ihre Einkünfte für andere unvermeidliche Ausgaben wie Essen, und sie konnte wirklich nicht noch mehr schuften als sie es jetzt schon tat.

Als ich eines Abends wieder zum Lesen bei Frau Schaeffer war, sagte sie mir, es sei Geld für mich von der John-Milton-Gesellschaft gekommen. Es waren 25 US-Dollar. Sie gab mir dafür 160 Hong-Kong-Dollar. Von November an würden sie ihr jeweils am Anfang des Monats das Geld überweisen, und Ah Wor und ich sollten bitte nachrechnen, wieviel wir benötigten. Ich sagte, so viel würde ich wirklich nicht brauchen. Bisher und auch in meinem Brief an Dr. Smith war ja lediglich vom Schulgeld die Rede gewesen, und das betrug weniger als ein Drittel von dem, was sie mir gerade gegeben hatte. Sie antwortete, Dr. Smith habe ihr geschrieben und sie gebeten, ihm ungefähr zu sagen, wie hoch sich meine monatlichen Ausgaben belaufen würden. Also hatte sie gerechnet: Schuldgeld, Busgeld für zwei, auch für die Fahrten zu meinen Lesern, Essen, Geld für einige der Leser, Leihgebühren für eine Schreibmaschine und etwas Taschengeld., dazu 40 Dollar für Klavierstunden oder Ähnliches. Das machte zusammen etwa 160 Dollar monatlich.

Völlig entgeistert hörte ich mir ihre Aufzählung an. Sie fuhr fort und erklärte, Dr. Smith habe ihr deshalb geschrieben, weil ich ihm geantwortet hatte, ich bräuchte lediglich das Schulgeld. Da er China kannte, hatte er durchschaut, daß eine Familie wie meine mir beigebracht haben mußte, niemals finanzielle Unterstützung von Fremden anzunehmen – und wenn, dann nur das Allernotwendigste. Die Gesellschaft hatte Verständnis dafür, doch sollte ich in diesem Schuljahr wirklich frei von Geldsorgen sein.

Dann gab sie mir einen Brief, der gemeinsam von Dr. Smith und Dr. Chappel für mich an ihre Adresse gerichtet war, und las ihn mir vor. Sie schrieben, daß auf der letzten Vorstandssitzung beschlossen worden war, mir ein Überseestipendium der Gesellschaft zu gewähren. Diese Stipendien sollten Leuten in finanziellen Notlagen helfen, waren aber an die Bedingung geknüpft, daß die Empfänger den ehrlichen Wunsch hatten, später für blinde Menschen zu arbeiten, und auch von ihren Fähigkeiten und ihrer Einstellung dazu geeignet waren.

Ich war überwältigt und sprachlos. Zum ersten Mal, seit wir Kanton verlassen hatten, war es so, daß ich mir keine Gedanken mehr über das Geld zu machen brauchte. Das galt auch für Ah Wor. Sie brauchte nicht mehr Tag und Nacht zu arbeiten, damit wir genug zum Leben hatten. Und obendrein konnte ich wieder meine geliebten Klavierstunden nehmen! In Macau war es nur äußerst selten vorgekommen, daß Vater oder Ah Wor Geld dafür hatten.

Es war mir auch lieb, daß ich den Mädchen, die für mich lasen, etwas Geld anbieten konnte. Ich wußte, daß sie es auch aus Freundschaft taten, doch kein Schulmädchen hat etwas gegen eine kleine Taschengeldaufbesserung, und ich wollte ihnen gern zeigen, wie sehr ich die Zeit schätzte, die sie für mich opferten. Ich sagte also den verschiedenen Mädchen, die für mich lasen, die John-Milton-Gesellschaft habe angeboten, meine Leser zu bezahlen. Ausnahmslos antworteten sie, sie hätten kein Geld von mir erwartet, doch als ich darauf bestand, nahmen sie das Geld schließlich doch an.

Am nächsten Tag stiegen Ah Wor und ich überglücklich in einen Bus zur Schule. In der Pause ging ich zur Musiklehrerin, Frau Edwards, und fragte sie, ob sie mir vielleicht private Klavierstunden geben könne. Sie antwortete, sie selbst könne keine Stunden geben, doch sie könne mich einem guten Lehrer empfehlen, Herrn Lee. Ich dürfe auch auf dem Schulklavier üben, wenn es nicht gerade gebraucht würde. Und ich hatte schon damit gerechnet, die Übungsstunden von meinem Taschengeld zu bezahlen!

Noch ein Wunschtraum schien mir in Erfüllung zu gehen! Voll Freude ging ich zurück in die Klasse. Da fielen mir plötzlich siedendheiß zwei Dinge ein: Das eine war, daß jemand mir die Noten vorlesen mußte, damit ich sie in die Musikschrift für Blinde umschreiben konnte. Doch wer von meinen Freunden hatte Musikunterricht? Das andere war, daß Frau Edwards von einem Herrn Lee gesprochen hatte. Ich hatte bisher noch keinen männlichen Lehrer gehabt; meine beiden früheren Lehrer waren Frauen gewesen. Der Lehrer mußte meine Hände berühren, um mir die Fingersätze zu zeigen, und viele Leute faßten Blinde nicht gern an. Meine beiden ersten Lehrerinnen hatten glücklicherweise nichts dagegen gehabt (die eine war ja selbst blind), doch Herr Lee als Mann würde wahrscheinlich etwas anders darüber denken, in Anbetracht des ganzen Aberglaubens, der über Blinde, besonders blinde Frauen, im Umlauf war. In meinem ganzen Leben hatte ich selten die Hand eines Jungen oder eines Mannes berührt, außer beim Kirchgang den Arm meines jüngeren Bruders.

Gleich in der nächsten Pause ging ich wieder zu Frau Edwards und versuchte, ihr die Sache zu erklären. Das war nicht einfach, denn sie war ja keine Chinesin. Sie nahm die Sache auch nicht annähernd so ernst wie ich. Sie meinte, man gebe sich doch auch sonst die Hand zur Begrüßung. Wo war da der Unterschied? Doch wenn ich lieber bei einer Frau Unterricht hätte, würde sie sich darum kümmern, nur könnte das ein wenig dauern.

Ihre Reaktion machte mich nachdenklich. Hoffentlich hatte sie recht! Das mit dem Händegeben stimmte. Vielleicht war Herr Lee auch westlich erzogen. Außerdem konnten wir ja jederzeit aufhören. Und so bat ich Frau Edwards, mich doch Herrn Lee zu empfehlen, ihm aber sofort zu sagen, daß ich völlig blind sei. Sie sagte, daß das ganz bestimmt keinen Unterschied machte, aber um mich zu beruhigen, rief sie ihn auf der Stelle an. Seine Antwort widerlegte all meine Befürchtungen: Er würde mich gern nehmen, und ich solle doch gleich am Samstag nachmittag zur ersten Stunde kommen.

Also gingen wir am Samstagnachmittag zu Herrn Lee. Er wohnte bei einer Kirche in Ho Man Tin. Wir fanden es ohne viel Mühe. Herr Lee wartete sogar draußen auf uns. Ich hatte mir den ganzen Vormittag taktvolle Sätze über den körperlichen Kontakt mit einer blinden Schülerin ausgedacht, doch Herr Lee nahm mir allen Wind aus den Segeln, indem er sagte, das Musikzimmer sei oben, und mir seinen Arm zum Hochgehen anbot.

Das kam so unerwartet, daß ich einige Sekunden lang wie angewurzelt stand und noch nicht einmal antwortete. Dann gab ich mir einen Ruck, dankte ihm und nahm seinen Arm. Bevor wir hochgingen, fragte ich ihn, wie lange die Stunde dauern würde. Er sagte, er hätte zwei Stunden Zeit und könnte mir auch gern die Noten vorlesen, wenn ich sie mir in Blindennotenschrift aufschreiben wollte. Auch das war eine Überraschung. Sich Noten von Freunden, die nicht viel von Musik verstanden, vorlesen zu lassen, war sehr kompliziert und führte zu unzähligen Fehlern.

Aber wie war es mit dem Geld? Ich hatte nur eine begrenzte Menge zur Verfügung, die sicherlich nicht auch noch diese zusätzliche Zeit abdecken würde, selbst wenn er weniger dafür nahm als für eine richtige Stunde. Ich zögerte so lange, daß er sich sicher wunderte, wieviel Zeit ich dafür brauchte, eine einfache Frage zu beantworten! Dann sagte ich stockend, das könne ich leider nicht bezahlen. Er lachte herzlich und sagte, das habe er auch nicht erwartet.

Ah Wor sagte, sie sei in zwei Stunden wieder da, und Herr Lee und ich gingen hoch. Ich war wider Erwarten entspannt und genoß jede einzelne Minute – selbst als er mich bat, ihm etwas vorzuspielen. Dieser erste Nachmittag sei noch keine richtige Stunde, sagte er. Wir müßten uns ja erst einmal kennenlernen. Wir besprachen, welche Stücke ich lernen sollte, und er diktierte sie mir. Es war so einfach, sie danach aufzuschreiben: es war wie beim ersten Mal, als Frau Lovegren nur vorgelesen hatte – eine Offenbarung, daß eine Sache so viel klarer und einfacher sein konnte als je zuvor.

Dieser Tag stärkte mein Selbstvertrauen enorm. Von da an gab ich Männern die Hand, ohne es mir lange zu überlegen. Männer zeigten mir, wie ich mit einem Blindenstock umzugehen hatte, und viele andere Tätigkeiten, unter anderem auch Weben und Töpfern – alles Dinge, bei denen meine Hände sehr oft geführt werden mußten.

Ich glaube, am liebsten mochte ich meine Musikstunden. Gleich danach kam Englisch. Sprachen sind Fächer, bei denen es kaum etwas ausmacht, blind zu sein. Ich liebe diese Fächer heute noch. In Englisch konnten wir Drama wählen, was ich auch tat und sehr genoß. Unsere Lehrerin hieß Frau O'Connell. Eines Tages kündigte sie an, wir würden gemeinsam ein Theaterstück vorbereiten, und fragte, wer mitmachen wolle. Wie aus einem Mund riefen die Mädchen: »Lucy!« Ich protestierte und sagte, das käme überhaupt nicht in Frage. Aber Frau O'Connell schien derselben Meinung wie die Mädchen zu sein und sagte, ich solle es mir bis zur nächsten Woche noch einmal überlegen. In der Pause fragte sie mich, warum ich nicht mitspielen wolle. Ich gab zu, daß Drama eines meiner Lieblingsfächer sei, aber bei meinen Problemen mit Bewegungen usw. könne ich doch wirklich nicht zusammen mit flinken sehenden Mädchen auf der Bühne erscheinen! Frau O'Connell sagte, diesen Einwand lasse sie nicht gelten. Ich solle es mir doch noch einmal überlegen, ich könne mir meine Rolle auch gern selbst aussuchen.

Die nächste Woche kam, und Frau O'Connell forderte uns auf, uns unsere Rollen auszusuchen. Die Mädchen wollten, daß ich meine zuerst aussuchte. Als ich wieder sagte, ich werde nicht mitspielen, wollten sie alle wissen, warum. Sie gaben mir keine Ruhe, bis ich endlich mit hochrotem Gesicht sagte, daß ich mich einfach nicht schnell genug auf der Bühne bewegen könnte, um mit ihnen mitzuhalten. »Ach, Unsinn! Es gibt doch genug Proben!« riefen sie. Dann meldete sich Annie und sagte: »Und wenn Lucy den König spielt? Dabei braucht sie nicht groß herumzulaufen; sie muß nur auf dem Thron sitzen!« Die Mädchen klatschten und riefen im Chor: »Lucy spielt den König, Lucy spielt den König!« Irgendwie war es ein schönes Gefühl, daß sie mich wirklich dabeihaben wollten. Ich meldete mich, stand auf, sagte: »Ja!« und setzte mich wieder.

Mehrmals in der Woche fanden nach der Schule die Proben statt. Natürlich mußte Frau O'Connell mehr Zeit für mich verwenden als für die anderen. Doch sie war freundlich und geduldig und machte mir Mut. Die Mädchen halfen auch mit und erklärten mir die ganze Bühne. Das schien ihnen Spaß zu machen und nicht etwa lästig zu sein. Sie lachten mit mir, aber nicht über mich, wenn ich etwas falsch machte. Das Stück war ein großer Erfolg. Die Eltern der anderen Mädchen gratulierten mir freundlich und ohne Herablassung. Ich brauchte mich nicht zu schämen, daß ich blind war!

Die Verabredung

Das Theaterstück hatte einen großen Teil meiner wertvollen Lesezeit in Anspruch genommen, und ich mußte mich anstrengen, um aufzuholen. Nach einer längeren Sitzung mit Dolly gingen Ah Wor und ich in ein kleines Restaurant, um etwas Reis zu essen, bevor wir für die nächste Lesestunde zu einer Amerikanerin gingen. Während wir aßen, bat eine Stimme im Radio um besondere Aufmerksamkeit. Da es so laut war, hörte ich nur Wortfetzen: »... blind ... Weihnachtsfeier .... Wohlfahrtsamt...« Wir setzten uns näher zum Radio. Hoffentlich wurde die Ansage wiederholt! Tatsächlich! Diesmal hörte ich den ganzen Wortlaut. Das Wohlfahrtsamt veranstaltete am Samstagnachmittag vor Weihnachten eine Weihnachtsfeier für Blinde. Alle, die kommen wollten, auch ihre Freunde und Verwandten, sollten sich telefonisch einen Platz reservieren lassen.

Da mußte ich hin! Doch wie das Wohlfahrtsamt anrufen? Ich hatte noch nie von der Schule aus telefoniert, und die Pause würde auch nicht dazu ausreichen. Ich fragte Ah Wor, ob sie es für mich tun würde, doch sie hatte in ihrem ganzen Leben noch nie bei einer Behörde angerufen und hatte Angst, sie würde es falsch machen. Das stimmte. Sie war von Natur aus schüchtern und sprach nicht viel, außer mit mir und einigen wenigen guten Freunden. Aber sie hatten im Radio auch die Adresse des Wohlfahrtsamtes durchgegeben, und so beschloß ich, zu schreiben.

Eines Sonntagnachmittags arbeitete ich in meiner Kammer, als es an der Tür klingelte. Ah Wor öffnete und ich hörte eine unbekannte Stimme nach mir fragen. Ich ging zur Tür. Die Fremde stellte sich als Daphne Ho vom Wohlfahrtsamt vor. Sie war auf meinen Brief hin gekommen. Ich wußte nicht genau, wie ich mich verhalten sollte. Wenn ich sie ins Wohnzimmer bat, mußten Onkel und Tante sich in ihr Schlafzimmer zurückziehen; aber in meine Kammer konnte ich sie auch nicht führen, ich kannte sie ja nicht, und schließlich hatte ich auch nur einen Stuhl. Also blieb mir doch nur das Wohnzimmer.

Frau Ho war eine angenehme Besucherin. Sie war überrascht, daß ich als Blinde zur Diözesanmädchenschule ging, und wollte mich kennenlernen. Sie hatte schon mehrfach vorgesprochen, doch ich war jedes Mal nicht dagewesen. Ich erzählte ihr, daß ich wegen meiner Lesestunden immer erst spät nach Hause kam. Was ich denn mit Lesestunden meinte, fragte sie. Als ich es ihr erklärte, bot sie mir sofort an, mir auch manchmal vorzulesen. Sie wohnte auch nicht weit von uns. Wieder ein Geschenk des Himmels! Ich konnte ja nie genug Leser haben. Frau Ho war auch selbst zur Diözesanmädchenschule gegangen und kannte meine Lehrer gut. Dann kamen wir zum eigentlichen Grund ihres Besuches – der Weihnachtsfeier. Sie sollte im Southern Playground (einer Art Park) in Wan Chai stattfinden, und ich war mit Ah Wor herzlich eingeladen.

Es gab noch Hunderte von Dingen, die ich sie gerne gefragt hätte, doch es war Zeit zum Abendessen. Onkel und Tante wären über eine Verzögerung ungehalten gewesen, deshalb mußte ich diesen Besuch leider irgendwie zu seinem Ende bringen. Aber wie sollte ich das anstellen? In diesem Moment rettete mich Ah Wor aus der Verlegenheit. Sie kam herein und sagte, das Essen sei fertig. »Möchten Sie mitessen?« Frau Ho verstand den Wink und entschuldigte sich, sie müsse leider gehen. Zuvor gab sie mir noch ihre Adresse und Telefonnummer.

Von diesem Tag an wurde Daphne Ho eine meiner besten Freundinnen. Sie gab mir unendlich viel praktische Hilfe und Ermutigung. An ihrem Beispiel merkte ich, daß der Beruf einer Sozialarbeiterin nicht bei Büroschluß zu Ende ist. Man mußte immer da sein, wenn Menschen in Not waren, egal wann. In den folgenden Wochen ging ich manchmal zu ihr zum Lesen, manchmal kam sie zu mir und las mir, auf dem Bett sitzend, in meiner kleinen Kammer vor. Ich spürte es: mit ihr konnte ich über meine Träume sprechen, einmal mit Blinden zu arbeiten und ihnen Unterricht zu geben.

Sie erzählte mir, daß die Regierung von Hong Kong bis jetzt Behinderten nur mit solchen Dingen wie Reis, Tee und anderem für den täglichen Bedarf geholfen habe; erst seit neuestem seien Überlegungen im Gange, Hilfe zur Selbsthilfe zu leisten. Daher müsse ich mich darauf gefaßt machen, daß ich eine ausgesprochene Vorkämpferin auf diesem Gebiet sein würde, und das würde nicht leicht werden. Es würde bedeuten, in der Welt der Sehenden um Anerkennung zu kämpfen, und ich wüßte ja schon, wie schwer deren Vorurteile zu überwinden seien. Die Leute müßten Stück für

Stück davon überzeugt werden, daß auch ein Behinderter ein vollwertiges Leben führen kann. Doch dies sei noch nicht das einzige Problem. Man müßte auch den Blinden selbst erst klarmachen, daß es andere Wege als die traditionellen gebe, sich den Lebensunterhalt zu verdienen. Auch die Blinden hatten ihre Vorurteile.

Das Leben würde für mich nicht leicht werden, daran zweifelte ich keinen Augenblick. Alle meine bisherigen Erfahrungen bestätigten es mir. Doch ich hatte Vertrauen auf Gott. Ich würde nicht aufgeben.

Diese Gespräche mit Daphne Ho waren sehr wichtig für mich. Vieles von dem, was sie sagte, begriff ich erst sehr viel später, aber etwas, das sie mir schon früh sagte, setzte sich bei mir fest: »Wenn du aufgibst, dann sind die Blinden in Hong Kong verloren.« Es klang wie eine Herausforderung, und vielleicht sollte es auch eine sein; jedenfalls wurde meine Entschlossenheit nur noch stärker.

Beim Abendessen nach jenem ersten Besuch von Daphne Ho fragte Onkel mich, ob ich wirklich allen Ernstes zu der Weihnachtsfeier gehen wolle. Da das Schlafzimmer gleich neben dem Wohnzimmer lag, mußten sie unser Gespräch mitgehört haben. Ich nickte. »Ist dir klar, daß die Blinden, die dort kommen werden, Bettler und Prostituierte sind?« Ich antwortete, das würde wohl so sein, schließlich bliebe ihnen nichts anderes übrig, um ihren Lebensunterhalt zu verdienen. Onkel fragte, ob ich darüber nachgedacht hätte, wie es aussähe, wenn ich mit solchen Leuten an einem Tisch säße. Ich antwortete nicht. Es war unklug, sich mit Onkel, dem Oberhaupt der Familie, anzulegen. Auch er ließ das Thema fallen. Ich war froh, daß er mir nicht das Versprechen abnahm, nicht zu der Feier zu gehen.

Endlich war der langersehnte Tag der Feier gekommen. Ich sagte zu Ah Wor, am besten würden wir uns an einen Tisch mit blinden Frauen setzen. Interessiert hörte ich ihren Gesprächen zu. Sie unterhielten sich darüber, wie man sein Bitten um Geld am eindrucksvollsten gestaltete und auf welche Weise man nachts die Freier anlockte. Die Frau zu meiner Rechten berührte mich am Arm und fragte, ob ich auch blind sei. Als ich bejahte, fragte sie, wie ich denn mein Geld verdiente. Ich sagte, ich ginge zur Schule. Sie wiederholte meine Worte laut vor der ganzen Gruppe, die daraufhin in schallendes Gelächter ausbrach. Ich mache wohl Witze. Das hatten sie noch nie gehört – ein blindes Mädchen in einer Schule für Sehende! Eine andere Frau fragte, warum ich denn zur Schule ginge. Sie konnten sich kaum halten vor Lachen, als ich antwortete, ich wolle mir damit später meinen Lebensunterhalt verdienen. Eine Blinde, die Geld verdienen wollte, ohne zu betteln oder ihren Körper zu verkaufen – hatte man das jemals gehört?

Die Feier begann mit einem bunten Programm, und zuletzt wurden Erfrischungen und Geschenke verteilt. Nach der Feier gingen Ah Wor und ich zur Bushaltestelle, als plötzlich eine Frau auf uns zukam und mich fragte, ob sie kurz mit mir sprechen könne. Ihr Name sei Frau Ip, und sie habe eine blinde Tochter. Sie wollte gern erfahren, wie es möglich war, daß ich in eine normale Schule ging, denn sie würde ihre Tochter auch gern zur Schule schicken. Das richtete mich wieder auf nach all dem, was die blinden Frauen zu mir gesagt hatten! Ich sagte, ich würde ihre Tochter gern kennenlernen, worauf sie uns gleich für den nächsten Tag (Sonntag) zum Tee einlud. Eigentlich hätte ich etwas für die Schule tun müssen, um den Nachmittag der Feier wieder aufzuholen, doch der Besuch war mir wichtiger, selbst wenn ich anschließend die ganze Nacht arbeiten mußte.

Am nächsten Tag holten Frau Ip und Irene, ihre Tochter, uns wie verabredet mit dem Auto ab. Irene und ich setzten uns nach hinten, Ah Wor setzte sich vorne neben Frau Ip. Ich hätte gern etwas zu Irene gesagt, aber war wie üblich zu schüchtern, um im Beisein von Erwachsenen ein Gespräch zu beginnen. Irene begann jedoch bald, munter drauflos zu erzählen, und fragte gelegentlich ihre Mutter nach einem Namen oder einer Einzelheit, bis sie ganz außer Atem war. Frau Ip fuhr fort, indem sie beschrieb, was auf der Straße, an der wir entlangfuhren, zu sehen war – eine große Menschenmenge an einer Bushaltestelle, Weihnachtsdekorationen in den Geschäften, dieses und jenes.

Ich fühlte mich schon wohl, bevor wir ankamen, und es wurde ein herrlicher Nachmittag. Wir tranken Tee mit der ganzen Familie, und irgendwie erinnerte es mich an meinen Besuch bei Siebtem Onkel und Tante, bei denen die Kinder sich den Erwachsenen gegenüber genauso ungezwungen verhielten. Herr Ip war Oberinspektor bei der Hong Konger Polizei, und sie wohnten in einer Dienstwohnung. Sie sprachen häufig Englisch untereinander, und ich merkte bald, daß es an ihrer westlichen Lebensweise lag, daß sie Irene genauso wie ihre anderen Kinder behandelten. Es waren sehr nette Leute. Irene ging täglich zum Ebenezer-Heim, und oft brachten die Ips den Damen dort Essen.

Irene nahm mich mit in ihr Zimmer und zeigte mir die Blindenschrifttexte, die sie im Unterricht benutzten. Sie waren alle in kantonesischer Blindenschrift. (Später brachte ich ihr die englische Brailleschrift bei, so daß sie Englisch lernen konnte.) Als wir ins Wohnzimmer zurückkamen, fragten Herr und Frau Ip mich, wie ich es geschafft hatte, in die Diözesanmädchenschule zu kommen. Konnte Irene vielleicht auch dorthin gehen? Im Ebenezer-Heim hatte man ihr die kantonesische Blindenschrift beigebracht, aber viel mehr gab es dort nicht für sie zu lernen, und sie wollten ihr gern eine Ausbildung verschaffen, die so normal und so umfassend wie möglich war. Das Vorlesen würde kein Problem sein, damit würden sie sich alle abwechseln. Doch was konnten sie noch für sie tun? Ich erinnerte mich, wie ich in einem Blindenschriftmagazin gelesen hatte, daß manche Eltern in Amerika und Europa die Blindenschrift lernten, um ihren Kindern zu helfen. Aber dann mußte ich gleich daran denken, wie ich versucht hatte, den Damen in der Gemeinde in Macau die Brailleschrift beizubringen. Frau Ip fragte mich, worüber ich die Stirn runzelte. Ich erzählte ihnen die Geschichte. Doch das schreckte sie nicht. Sie und ihr Mann wollten unbedingt die Brailleschrift lernen, um Bücher für Irene umschreiben zu können. Ich versprach, mit Frau Symons über Irene zu sprechen. Vielleicht konnte sie ja im nächsten Jahr in die fünfte oder sechste Grundschulklasse gehen. (Frau Symons nahm sie tatsächlich. Sie durchlief die Mittelschule bis zur fünften Klasse und ging dann auch zum Perkins-Institut. Heute lebt und arbeitet sie in Australien, da ihre Familie dorthin umzog.)

Dieser Besuch war der Beginn einer dauerhaften Freundschaft mit den Ips. Während der restlichen Monate in Hong Kong war ihre Wohnung für uns fast wie ein zweites Zuhause, und wir waren bei vielen Familienunternehmungen dabei. Als Frau Ip erfuhr, daß Ah Wor alle meine Kleider mit der Hand nähte, nähte sie mir einige Sachen auf ihrer Maschine. Und obwohl Irene einige Jahre jünger war als ich, wurden wir dicke Freunde. Sie war sehr begabt, und wir hatten vieles gemeinsam.

Am nächsten Tag hatte ich wieder meine Klavierstunde. Herr Lee spielte mir zwei Stücke vor und forderte mich auf, mir eines auszusuchen, das ich lernen wollte. Ich wählte ein Rondo von Beethoven. »Schön, daß du dir gerade dieses Stück ausgesucht hast. Es gehört zum Programm auf dem Musikwettbewerb der Schulen. Wenn du es jetzt sowieso lernst – möchtest du dann nicht vielleicht daran teilnehmen? Du hast noch zwei Monate Zeit zum Üben!«

Ich wußte nicht, was ich darauf antworten sollte. Es machte mich immer nervös, beobachtet zu werden, und der Gedanke, vor einem großen Publikum Klavier spielen zu müssen, ließ mich erschauern. Doch Herr Lee ließ nicht locker, und auch Frau Edwards hatte mir schon mehrfach vorgeschlagen, ich solle doch an dem Wettbewerb teilnehmen. Schließlich antwortete ich, ich würde darüber nachdenken. Ich müsse mich aber schnell entscheiden, sagte Herr Lee, denn bald sei Anmeldeschluß.

Am Abend besprach ich die Sache mit Ah Wor. Wie immer war sie sehr diplomatisch. Sie sagte, vielleicht wäre so ein öffentliches Vorspiel eine Möglichkeit, zu zeigen, daß auch Blinde zur Schule gehen konnten. Wer wußte, ob dann nicht vielleicht die eine oder andere Familie ihr blindes Kind auch zur Schule schicken würde... Dieses Argument gab den Ausschlag. Jawohl, ich würde mitmachen, egal wie nervös ich war. Gleich am nächsten Tag rief ich Herrn Lee an und sagte zu.

Als wir nach Hause kamen, rief mich die Nachbarin aus dem Erdgeschoß und sagte, es sei ein Brief für mich angekommen. Ich hatte mit ihr ausgemacht, daß sie die Post für mich in Empfang nahm, weil wir im vierten Stock wohnten und Tante nicht wollte, daß der Postbote mit meinen schweren Blindenschriftbüchern, die mir von englischen und amerikanischen Bibliotheken geschickt wurden, die ganzen Stufen hinauflaufen mußte. Die Nachbarin gab mir den Brief und sagte, er sei aus Macau. Ihr Mann konnte Chinesisch lesen, doch er hatte gerade Spätschicht. Es war das erste Mal, daß ich einen Brief von zu Hause bekam. Wenn er von Vater war, würde er in der alten chinesischen Schriftsprache abgefaßt sein, die die meisten meiner Schulkameraden nicht lesen konnten. Wir mußten den Brief also einem Briefschreiber zum Vorlesen geben.

Am nächsten Tag, nach der Schule, gingen wir also zu einem Briefschreiber. Vor uns waren nur drei Amahs, so daß wir nicht allzu lange zu warten brauchten. Ich hatte meine Schuluniform an. Eine der Amahs sagte unüberhörbar, es sei doch sinnlos für ein blindes Mädchen, zur Schule zu gehen, wenn sie noch nicht einmal ihre eigene Post lesen konnte. Als ich dem Briefschreiber meinen Brief gab, sagte er zu meiner Überraschung, er sei in Englisch geschrieben, daher könne er ihn nicht lesen. Ich überreichte ihm den Umschlag. Er war tatsächlich von Vater. Er bot uns an, uns einen englischen Briefschreiber zu zeigen, der allerdings mehr kosten würde. Da wir aber ohnehin gerade auf dem Weg zu einer Leserin waren, war das nicht nötig.

Warum sollte Vater mir einen Brief auf Englisch schicken? Selbst wenn er krank war, hätten doch Mutter oder meine jüngere Schwester schreiben können. Ich fragte Ah Wor, ob der Brief lang oder kurz war. Sie sagte, es sei ein ziemlich großes Blatt, voll mit Buchstaben. Die Sache kam mir immer sonderbarer vor. Aber das Rätsel war bald gelöst. Der Brief war von meinen drei Brieffreunden, John, Peter und Paul. Sie schrieben, daß sie zum Neuen Jahr nach Macau führen und mich besuchen wollten. Winnie, meine Vorleserin, sagte, ich müsse ihnen sofort schreiben, daß ich schon in Hong Kong sei, doch mir war nicht ganz wohl bei der Sache. Normalerweise ist es sicher sehr spannend, Brieffreunde zu treffen, doch meine Gefühle waren gemischt. Seit ich nach Hong Kong gekommen war, hatte ich oft an sie gedacht, doch weil ich ja wußte, wie die Leute über blinde Frauen dachten, wollte ich unsere Freundschaft nicht durch ein Treffen aufs Spiel setzen. Ich hatte Angst, es würde ihnen peinlich sein, mit mir gesehen zu werden, und aus diesem Grund hatte ich ihnen nicht geschrieben, daß ich jetzt in Hong Kong wohnte. Aber was sollte ich jetzt machen?

Ich verdrängte meine Gedanken, während Winnie mir vorlas, doch als ich im Bett lag, wußte ich, daß ich mich zu entscheiden hatte. Ich mußte ihnen schreiben. Ah Wor hatte gesagt, egal ob ich sie nun treffen wollte oder nicht, ich müßte ihnen mitteilen, daß ich in Hong Kong war, bevor sie mich in Macau vergeblich suchten. Um Onkel und Tante nicht zu wecken, trugen wir die Schreibmaschine aufs Dach, das begehbar war. Es war Mitte Dezember und sehr kalt, und ich hatte klamme Finger, als der Brief fertig war. Ich schrieb meinen Freunden, daß ich jetzt zur Diözesanschule in Hong Kong ging und daß meine Zeit vollständig mit Brailleschreiben, Vorlesen und Von-einem-Haus-zum-anderen-Laufen ausgefüllt war. Ich hoffte heimlich, sie würden daran erkennen, wie schwierig es sein würde, ein Treffen auszumachen.

Vier oder fünf Tage später – es war nach der Schule – überlegten Ah Wor und ich uns gerade, wo wir Essen gehen wollten, als ich Schritte auf uns zukommen hörte und eine männliche Stimme fragte, ob ich Lucy Ching sei. Ich sagte »Ja«, und er stellte sich als John, mein Brieffreund, vor. Er sagte, er habe nicht weit von hier geparkt, wir sollten doch mitkommen. Er nahm meine Hand, und ich fragte, wohin wir denn fahren würden. Er sagte mit Schalk in der Stimme, er wolle mich verkaufen. Das war eine übliche Neckerei, und Ah Wor und ich lachten. Doch zu meiner Überraschung entschuldigte er sich gleich darauf und schien niedergedrückt. Ich war noch am Kichern, nur Ah Wor begriff diese plötzliche Entschuldigung – ihm war eingefallen, daß blinde Frauen ja wirklich verkauft und ausgebeutet wurden. Ich war aber überhaupt nicht böse und versicherte John, ich hätte es als Scherz verstanden.

Als wir im Auto saßen, sagte er, Peters Mutter habe uns alle zum Essen eingeladen und Paul sei auch schon dort. Ich merkte, wie ich plötzlich unsicher wurde. Natürlich kannte ich Jungen – von der Kirche her, oder die Freunde meines jüngeren Bruders. Doch ich war noch nie bei einem zu Hause gewesen. Im Flüsterton fragte ich Ah Wor, wie wir uns verhalten sollten. Sie sagte, sie könne ja woandershin gehen und mich später wieder abholen. Aber John hörte das und sagte, Peters Mutter erwarte uns beide zum Essen.

Es war ein sehr netter Abend. Zuerst war ich schüchtern, doch da alle so nett und natürlich waren, wurde ich bald unbefangener. Peters Mutter war Chinesin, war jedoch in Kanada geboren und aufgewachsen. Sein Vater war Kanadier. Wir sprachen über alles mögliche, auch darüber, welche Bücher wir im Englischunterricht gelesen hatten. Ich schwärmte von »The Mill on the Floss» von George Eliot, und meinte, es wäre toll, wenn das verfilmt würde. Peter erwiderte darauf: »Es ist schon verfilmt worden, und der Film läuft gerade in einem Kino in Kowloon. Ich will am Sonntag hin. Willst du mitkommen? Ah Wor ist auch eingeladen!« Da Ah Wor nicht mitwollte, verabredeten wir uns zu zweit.

An der Bushaltestelle malte ich mir schon voller Aufregung den kommenden Sonntag aus. Ich erinnerte mich an »Stolz und Vorurteil« in Kanton. Das hatte mir so gut gefallen! Der Bus war so überfüllt, daß wir stehen mußten. Ein Mann bot Ah Wor seinen Platz an, aber anstatt sich selbst hinzusetzen, schob sie mich auf den Platz. Sofort bemerkte eine Stimme mißbilligend, der Platz sei der älteren Dame, nicht dem Schulmädchen angeboten worden. Ah Wor erklärte, ich könne nicht sehen. Eine andere Frau meinte, dann solle ich auch nicht draußen herumlaufen. Das gab mir einen Stich. In meiner Vorfreude hatte ich überhaupt nicht mehr an die Bemerkungen gedacht, die Peter und ich am Sonntag zu hören bekommen würden. Für Peter wäre das bestimmt furchtbar peinlich.

Zu Hause angekommen, rief ich Peter sofort an und sagte, ich könne leider nicht mitkommen. Er wollte wissen, warum. Das könne ich ihm nicht erklären, sagte ich. »Versuch's! Vorher lege ich nicht auf!« Ich preßte hervor, man würde bestimmt über uns reden, und das würde ihm unangenehm sein. Er lachte nur: »Warum sollten wir uns davon den Spaß verderben lassen? Die Leute zeigen damit doch nur ihre eigene Beschränktheit!« Nun gut, dann konnte ich wohl doch mitgehen.

Um vom Wohnzimmer in meine Kammer zu kommen, mußte ich an Onkels und Tantes Schlafzimmer vorbei, aus dem ich Tantes eindringliche Stimme hörte: »Sag's ihr! Du mußt es ihr sagen!« Ich hielt an der Tür an und grüßte sie, doch als sie nichts erwiderten, ging ich weiter in mein Zimmer.

Nicht lange danach kam Onkel und sagte, ich solle mit ihm ins Wohnzimmer kommen. Er fragte mich, mit wem ich telefoniert hatte. Ich erzählte ihm die ganze Geschichte. Dann fragte er streng, ob mir klar sei, daß das eine Verabredung mit einem gleichaltrigen Jungen sei. Tante sei der Meinung, daß ein blindes Mädchen keine Verabredungen zu treffen habe und schon gar nicht mit sehenden Jungen. Ich schwieg. Innerlich kochte ich vor Wut über diese Engstirnigkeit, doch ich durfte ihm nicht widersprechen. Zum Glück verbot er mir nicht ausdrücklich, mit Peter auszugehen. Es war wie damals mit der Weihnachtsfeier. Ich glaube, er wollte mir ein schlechtes Gewissen machen, so daß ich ihm gehorchte, ohne daß er direkt Stellung beziehen mußte.

Der Sonntag kam. Wir gingen ins Kino und ich genoß jede Minute. Peter stellte mir seine Klassenkameraden vor, die später sogar meinen Kreis von Lesern vergrößerten. Davon profitierte ich in zweierlei Hinsicht: zum einen konnte ich immer Leser gebrauchen, zum anderen – was noch wichtiger war – lernte ich, mit Jungen genauso locker und ungezwungen umzugehen wie mit Mädchen. Das war später im Perkins-Institut sehr wichtig für mich, da dort alle Unterrichtsveranstaltungen gemeinsam abgehalten wurden.

Nach dem Kino brachte Peter mich nach Hause. Ich ging allein hoch und klingelte. Ah Wor öffnete mir und flüsterte, Tante und Onkel seien im Wohnzimmer. Im Vorbeigehen begrüßte ich sie höflich, doch ich bekam keine Antwort. Als wir am nächsten Tag draußen waren, erzählte mir Ah Wor, daß Onkel sie, als sie gestern nach Hause gekommen war, gefragt hatte, ob ich »mit dem sehenden Jungen ausgegangen« sei. Ihr war es gelungen, eine direkte Antwort zu vermeiden, und sie hatte nur gesagt, sie sei nach Hause gekommen, um ein paar Näharbeiten zu erledigen. Onkel hatte darauf nichts mehr erwidert.

Einige Tage danach erhielt ich einen Brief. Ah Wor sagte, es sei die Schrift meines Vaters und ich beschloß, ihn mir am nächsten Tag von Peter vorlesen zu lassen, denn wir hatten sowieso eine Lesestunde vereinbart. Ich hatte die Sache mit dem Kino und Onkels und Tantes Verärgerung schon fast vergessen, daher kam es wie ein

Schock, als Peter mir einen mehrseitigen Brief von Vater vorlas, in dem dieser mir vorwarf, Onkel und Tante verstimmt zu haben, insbesondere Tante. Ich solle mich entscheiden, ob ich zur Schule gehen oder mit Jungen ausgehen wolle.

Ich war äußerst verlegen – besonders wegen Peter. Doch kaum hatte er zu Ende vorgelesen, da schüttelte er sich vor Lachen und fragte, wofür ich mich denn entscheiden würde. Ich sagte, für beides – worauf wir beide lachten. Ich hielt es für das beste, Vater sofort zu antworten, und diktierte Peter den Brief. Ich erklärte ihm, daß Peter und ich befreundet waren, im gleichen Alter, und daß wir an unseren verschiedenen Schulen den gleichen Stoff durchnahmen und gern zusammen lernten. Ich schrieb Vater, daß ich oft bei Peter wäre und arbeitete oder daß Peter mir vorlas, und daß seine Eltern sehr nett zu mir wären.

Nicht lange, und ich erhielt einen zweiten Brief von Vater – völlig anders als der erste. Er schrieb, er habe sich gleich gedacht, daß wir beide nur befreundet seien, und fand es nett von Peters Eltern, daß ich ihn besuchen durfte. Dieser Brief bestätigte mir meine Vermutung, daß weder er noch Onkel so engstirnig waren; die Wahrheit war, daß Onkel mich zurechtweisen mußte, um Tante zufriedenzustellen, und Vater das gleiche wegen Onkel tun mußte.

Stipendium

Langsam rückte der Musikwettbewerb näher. Ich übte so viel ich konnte. Herr Lee und Frau Edwards schienen recht zufrieden mit mir zu sein, und ich begann zu hoffen, daß ich wenigstens nicht durchfallen würde. Ich war gerade bei meiner letzten Übungsstunde auf dem Schulklavier – am nächsten Tag sollte das Konzert stattfinden –, als sich eine unbekannte Person hinter mich stellte. Sie fragte, ob ich Schwierigkeiten hätte, die einzelnen Tasten zu unterscheiden. Ich sagte nein, schließlich kannte ich die Intervalle. Dann fragte sie, wie ich denn den richtigen Anfangston fände. Zuerst, erklärte ich ihr, suchte ich das C, das sich immer ein wenig rechts vom Schlüsselloch befand. Sie bat mich, ihr das einmal zu zeigen, und plötzlich wurde ich unsicher und nervös. Ich fand zwar das Schlüsselloch, doch zum ersten Mal wurde ich unsicher, wo das C lag. Panik ergriff mich, und ich mußte eine Note anschlagen, um mich auf der Tastatur zu orientieren. Und am nächsten Tag müßte ich vor dem ganzen Publikum die richtige Note finden! Ich verbrachte den Rest der Zeit damit, mich zu vergewissern, daß ich den richtigen Anfangston finden konnte, ohne vorher eine Taste anzuschlagen. Es war unglaublich, wie etwas, das ich so lange ohne Schwierigkeiten gemacht hatte, auf einmal zum Problem wurde, nur weil ich es mir bewußt gemacht hatte.

Ich bekam solche Angst, daß ich es am nächsten Tag falsch machen würde, daß ich in Tränen ausbrach, als ich Ah Wor davon erzählte. In ihrer einfühlsamen Art sagte sie, ich sei sicherlich sehr müde. Deshalb sei es das beste, die Lesestunden abzusagen, die Arbeit bleiben zu lassen und früh ins Bett zu gehen. Ich befolgte ihren Rat. Am nächsten Tag fühlte ich mich gleich viel besser. Ich fuhr sehr zeitig zur Schule, ging direkt ins Musikzimmer und spielte mein Stück ohne Schwierigkeiten durch. Der vorangegangene Nachmittag war nur noch ein böser Traum.

Ein paar Stunden später rief Frau Symons mich zu sich und sagte, ich solle mir doch eine Freundin mitnehmen. Ich suchte mir Lily aus. Da ich schon etwas früher da sein wollte, um auch die anderen Gruppen spielen zu hören, gingen wir gegen halb zwölf zum Grantham-College, wo meine Gruppe vorspielen sollte. Es war nicht weit von unserer Schule. Mir fiel auf, daß einige Teilnehmer sehr nervös waren und sich bei einzelnen Tönen vertaten, andere gerieten völlig aus dem Konzept. Langsam kroch auch in mir die Angst hoch, erst recht, als ich einige der Teilnehmer sagen hörte, das Klavier ließe sich nicht gut spielen. Hätte ich es doch nur vorher ausprobiert! Aber das ging nun nicht mehr.

Der Gruppendurchgang war beendet, der Schiedsrichter gab die Noten bekannt, und dann mußten wir alle den Saal verlassen. Lily und ich gingen auf den Flur. Da hörten wir Schritte näherkommen. Eine Männerstimme begrüßte mich mit Namen und fragte, was ich hier machte. Es war Herr Law, der Direktor des Grantham-Colleges und ein Freund meines Vaters. Ich erzählte ihm, ich nähme gleich, um viertel vor drei, an dem Wettbewerb teil. Er fragte, ob wir schon zu Mittag gegessen hätten, und bot uns an, Sandwiches für uns zu bestellen. Wir sagten, wir wollten jetzt nichts essen. Daraufhin lud er uns in sein Büro auf einen Tee ein. Sein Büro war sehr ruhig, wir saßen in bequemen Sesseln und tranken unseren Tee. Herr Law war so nett und alles war so entspannt, daß meine Nervosität nachließ. Wir gingen rechtzeitig wieder zurück in den Saal, um vorne Plätze zu bekommen, denn ich wollte nicht so weit bis zur Bühne laufen müssen.

Vor unserer Gruppe waren noch zwei andere kleine Gruppen an der Reihe: Vom-Blatt-Singen und Klavierduette. Dann endlich kamen die Klaviersolos für Fortgeschrittene – meine Gruppe. Ich war als siebte von sechsunddreißig Teilnehmern an der Reihe. Lily brachte mich auf die Bühne zum Klavier. Ich erinnere mich noch an das Knirschen meiner Schuhe, als wir die Holzstufen zur Bühne hinaufstiegen. Das Publikum klatschte so laut, daß ich sogar lächelte, während ich mich verbeugte. Sie hörten erst auf, als ich zu spielen begann.

Ich vergaß all meine Nervosität wegen des ungewohnten Klaviers und die Angst, nicht den richtigen Anfangston zu finden. Ich begann ohne Schwierigkeiten und genoß das Spiel. Es war, als ob ich die Musik zum ersten Mal hörte. Erst als Lily und ich wieder auf unseren Plätzen saßen, kam die Nervosität zurück.

Nach dem letzten Vorspiel gab der Schiedsrichter, Dr. Sidney Northcote, die Noten bekannt. Ich traute meinen Ohren nicht, als ich in der Liste der Besten meinen Namen hörte, doch die Urkunde, die ich bekam, ließ keinen Zweifel offen. Es war das einzige Mal, daß ich an einem solchen Wettbewerb teilnahm (ein Jahr später war ich schon in Amerika), doch es zeigte mir, wie gut es für das Selbstwertgefühl eines behinderten Menschen ist, wenn er an einem offenen Wettbewerb zu gleichen Bedingungen wie Nichtbehinderte teilnehmen kann. Es war eine wertvolle Erfahrung für mich.

Ah Wor hatte übrigens wieder einmal recht gehabt: Mehrere Eltern blinder Kinder und Jugendlicher setzten sich mit mir in Verbindung. Ich besuchte sie, und bald besuchten diese Blinden alle das Ebenezer-Heim, um Lesen und Schreiben zu lernen. Meine Freundin Jaxie Short erzählte mir, eines ihrer Sonntagsschulkinder habe eine blinde Schwester. Auch sie ging ich besuchen. Sie hieß Wai-yee und war sehr wißbegierig. Ihre Eltern waren freundlich, doch sehr traditionell eingestellt, und es bedurfte großer Mühe, sie von der Notwendigkeit einer Ausbildung für ihre Tochter zu überzeugen. Ich mußte sie immer wieder besuchen, bis sie endlich einwilligten; im September, kurz nach meiner Ankunft im Perkins-Institut, erhielt ich einen Brief von Jaxie, in dem sie mir schrieb, Way-yee ginge jetzt zum Ebenezer-Heim und mache ihre Sache dort gut.

Als wir nach den Osterferien wieder zur Schule kamen, bemerkte ich, wie meine Klassenkameradinnen oft leise etwas besprachen und sofort das Thema wechselten, sobald sie mich näherkommen sahen. Ich spürte, daß sie etwas hatten. Ich fühlte mich sehr unwohl, denn ich wußte beim besten Willen nicht, warum sie mich ausschlossen, und schließlich fragte ich Doreen, eine meiner besten Freundinnen, ob sie etwas gegen mich hätten. Zögernd erzählte sie mir, sie sprächen über ihre Zukunft nach der Fünften Klasse, doch da ich ja kaum meine Ausbildung fortsetzen oder Arbeit finden würde – trotz all meines Fleißes –, wollten sie die Unterschiede zwischen uns nicht noch dadurch betonen, daß sie in meiner Gegenwart von ihren Plänen sprachen. Also das war es! Vor lauter Rücksichtnahme hatten sie gar nicht gemerkt, wie sehr sie mich gerade dadurch verunsichert hatten. Ich sagte zu Doreen, sie bräuchten sich gar keine Sorgen zu machen, Frau Morgenstern vom Ebenezer-Heim hätte mir schon eine Stelle als Lehrerin versprochen.

Trotz dieser zuversichtlichen Beteuerungen kroch die alte nagende Angst, ich würde doch keine Arbeit finden, wieder in mir hoch. Der Gedanke, nach der Fünften Klasse erst einmal meine Ausbildung fortzusetzen, kam mir überhaupt nicht. Die John-Milton-Gesellschaft hatte mir ihre finanzielle Unterstützung ja nur für ein Jahr zugesagt, und obwohl sie nicht erwarteten, das Geld zurückzubekommen, wollte ich es unbedingt zurückzahlen, auch wenn ich Jahre dazu brauchen würde. Die entscheidende Frage aber war: Würde Frau Morgenstern ihr Versprechen halten? Frau Schaeffer hatte mir versichert, sie könne mir Schüler für englische Konversationskurse vermitteln, doch ganz tief innen wollte ich mein Versprechen gegenüber Gott und Tse Tse halten, blinden Menschen all das, was ich gelernt hatte, beizubringen.

Ich hielt es nicht mehr aus und sprach bei Frau Morgenstern vor. Wie erleichtert war ich, als sie sagte, sie würde mich sofort nehmen, sobald ich bereit wäre! Sie sagte mir auch schon mein monatliches Gehalt; es reichte für Ah Wor und mich. Wir vereinbarten, ich solle Anfang September beginnen. Jetzt konnte ich endlich meine Ängste beiseitelegen und mich ganz auf die bevorstehenden Schulabschlußprüfungen konzentrieren.

Mitte Mai erhielt ich einen Einschreibebrief von Dr. Smith von der John-Milton-Gesellschaft. Ich konnte mir nicht vorstellen, was in dem Brief stand. Er war ziemlich dick. Es konnte kein Scheck sein, denn ich hatte die Gesellschaft gebeten, die Geldangelegenheiten über Frau Schaeffer abzuwickeln. Ich öffnete den Umschlag und fand einen Briefbogen und mehrere dicke Papiere; Ah Wor sagte, sie seien bedruckt. Ich nahm den Brief mit zu meiner nächsten Lesestunde und bat meine Leserin, ihn mir vorzulesen.

Was dann folgte, war so unerwartet, so jenseits aller Wunschträume, daß ich es erst nicht glauben konnte. Ich mußte den Brief zweimal, dreimal hören – und dann abschreiben.

Dr. Smith schrieb, von Zeit zu Zeit, wenn die Mittel vorhanden seien und sie eine geeignete Person hätten, vergebe die Gesellschaft Stipendien an jemanden, der zugunsten von Blinden arbeiten wolle, egal ob er sehend oder selbst blind sei. Aufgrund meiner guten Zeugnisse, die ich ihnen regelmäßig zusandte, und weil er mein Berufsziel kannte, habe er mit Dr. Waterhouse, dem Direktor des Perkins-Instituts für Blinde in Boston, über meine Zukunft gesprochen. Gemeinsam hätten sie beschlossen, mir ein Stipendium für eine Ausbildung in Blindenarbeit am Perkins-Institut zu gewähren. Wenn ich das Stipendium annehmen wollte, müßte ich nur die ausgefüllten Formulare zurücksenden.

Auf dem Heimweg weihte ich Ah Wor in den Brief ein. Sie war so begeistert, als ob sie im Lotto gewonnen hätte. Doch plötzlich, mitten in unserer Ausgelassenheit, kamen mir die Tränen. Überrascht fragte sie, was los sei. Es dauerte eine Weile, bis ich mich so weit zusammengerissen hatte, daß ich hervorstoßen konnte, ich könne den Gedanken nicht ertragen, sie allein lassen zu müssen.

»Nein, das wird schon gut«, sagte sie, »ich werde mir eine Arbeit suchen, bis du wiederkommst.«

»Aber wenn du keine Stelle findest, wo willst du dann hin? Onkel und Tante haben von Anfang an gesagt, daß wir nur für dieses Schuljahr bei ihnen wohnen können!« Und ich fragte sie, ob sie vielleicht wieder zu meiner Familie nach Macau gehen wolle.

Nein, erwiderte sie, dann hätte mein Vater nur noch eine weitere Person zu ernähren. »Ich werde schon nicht verhungern. Ich werde bestimmt eine Arbeit finden. Und Gott wird mich nicht im Stich lassen!«

Vater, Mutter, Onkel und alle meine Freunde waren fast genauso glücklich wie ich selbst. Alle beglückwünschten mich. Frau Ho und Frau Schaeffer halfen mir bei den vielen Formalitäten, die erledigt werden mußten, und brachten mich auch zum amerikanischen Generalkonsulat.

Als ich nach meiner anfänglichen Begeisterung wieder auf den Boden zurückkam, wurde ich nachdenklich. Mein ganzes Leben lang war ich mit Ah Wor zusammengewesen. Meine anfänglichen Bedenken wegen ihrer Zukunft hatte sie einigermaßen zerstreut. Also gut, sie würde es ohne mich schaffen. Aber würde ich es auch ohne sie schaffen? Während der letzten Jahre hatte ich versucht, soweit wie möglich selbständig zu werden, meine Sachen aufzuräumen, meine Kleider zu unterscheiden usw. Doch ich hatte immer die beruhigende Gewißheit, daß Ah Wor ja da war, wenn ich mir nicht sicher war, ob zwei Strümpfe zusammenpaßten oder ich die Farbe eines Kleides vergessen hatte. Und jetzt, in ein paar Monaten, würde ich allein auf mich gestellt sein!

Ich überdachte die Situation so nüchtern ich konnte und kam zu dem Schluß, daß Blindheit zwar unzweifelhaft eine starke Behinderung war, doch wenn andere es schafften, durfte ich nicht sagen: »Ich kann nicht!« Was ich mich fragen mußte, war: »Wie kann ich es auf meine Weise schaffen?«

Wie immer hatte Ah Wor die richtigen Ideen. Zuerst vereinbarten wir bestimmte Plätze für meine Kleidung und andere persönliche Habseligkeiten; ich sollte sie immer wieder dorthin zurücklegen. Am Anfang war das nicht leicht, da wir weder einen Kleiderschrank noch eine Kommode hatten. Wir benutzten verschieden große Taschen zur Unterscheidung, doch es durften auch nicht zu viele sein, sonst brachte ich alles durcheinander. Langsam begann ich mir Farben zu merken, indem ich sie innerlich mit dem Gewebe, dem Schnitt oder den Verzierungen meiner Kleidung in Zusammenhang brachte. Ah Wor erklärte mir, welche Farben gut zusammen paßten, und riet mir, am besten bei einfachen Farbkombinationen zu bleiben. Sie dachte sich auch ein System aus, Farben durch kleine Schleifen, Perlen oder Kreuzstiche an verborgenen Stellen anzuzeigen. Zum Beispiel bedeutete eine Perle blau, zwei schwarz und drei rosa. Ich schrieb mir dieses System auf. Ich lernte, meine Strümpfe nach den verschiedenen Rändern, Längen und Gewebearten voneinander zu unterscheiden, und band die Paare vor dem Waschen immer zusammen. Ah Wor markierte auch meine Unterwäsche, damit ich sie gleichmäßig auftrug. In Amerika würde ich bestimmt einen Schrank und eine Kommode im Zimmer haben und würde viel Zeit und Mühe dadurch sparen, daß ich die guten Sachen rechts und die anderen links einräumte. Und Sachen, die ich selten brauchte, konnte ich in einer Tasche lassen, so daß ich sie nicht dauernd befingern mußte.

Anfangs fand ich dieses System schwierig. Ständig mußte ich nachlesen, was ich dazu an Notizen gemacht hatte. Doch bald ging es mir in Fleisch und Blut über. Es war ein kleiner Triumph, als ich ganz allein meine Sachen finden und ihre Farbe bestimmen konnte. Ah Wor atmete auf. Damals glaubte ich, wir hätten etwas Besonderes erfunden. Erst im Perkins-Institut fand ich heraus, daß im regulären Rehabilitationsprogramm allen Blinden ein solches System beigebracht wurde.

Ein Problem war gelöst. Ein anderes wurde dafür immer brisanter: Eines Abends erinnerte Onkel uns daran, daß wir nicht länger als bis zum Schuljahresende bleiben konnten. Es hatte keinen Zweck, Onkel umstimmen zu wollen; er war in der gleichen schwierigen Lage wie wir. Er hatte mich gerne und hatte sogar – was ungewöhnlich war – seinen Stolz auf mich darin bewiesen, daß er während meiner Zeit an der Diözesanschule all seinen Freunden und Bekannten von meinen Fortschritten erzählt hatte. Ich bin sicher, wenn es an ihm gelegen hätte, hätten wir bleiben können. Später, als Tante gerade ein Bad nahm, kam er in mein Zimmer und flüsterte mit Tränen in der Stimme, daß er nichts gegen Tantes Willen tun könne. Obwohl ich selbst nicht wußte, wohin, tröstete ich ihn, es sei schon gut. Schweren Herzens versprach ich, wir würden am letzten Schultag ausziehen.

Im stillen hatte ich gehofft, Tante würde gnädig sein und uns bis zu meiner Abreise im September bei sich wohnen lassen. Jetzt war es klar, daß es keinen Aufschub geben würde. Ich hatte Angst, es Ah Wor sagen zu müssen. Sie hatte mir von ihrem Geld Kleider kaufen wollen, unter anderem einige chinesische Kleider aus Seide und Brokat, die von einem Schneider angefertigt werden mußten und sehr teuer waren. Wenn wir zurück nach Macau müßten, mit zusätzlichen Fahrten zur Einwanderungsbehörde und dem amerikanischen Generalkonsulat in Hong Kong, würde sie sich zu Tode schuften für die Fahrtkosten. Aber was blieb uns anderes übrig? Ich saß auf meinem Bett, mit den Ellbogen auf den Knien, den Kopf in die Hände gestützt, und hörte die Uhr im Wohnzimmer schlagen. Lag Ah Wor jetzt auch wach auf der anderen Seite der abgeschlossenen Tür? Sie mußte Onkel in mein Zimmer kommen gehört haben. Wahrscheinlich hatte sie erraten, weshalb er gekommen war.

Arme Ah Wor. Seit meiner Geburt hatte sie zu mir gehalten. Es war nie einfach für sie gewesen, selbst als wir noch wohlhabend waren. Sie hatte keine Freunde und keine Ersparnisse. Sie hatte ihr ganzes Geld für mich ausgegeben und hatte heimlich zum Haushalt beigesteuert, wenn lebenswichtige Dinge wie Reis ausgingen und Vater kein Geld hatte. Wenn andere Amahs sie nach ihrem Gehalt fragten und hörten, wie lange sie schon bei uns war, meinten sie, dann müsse sie ja viele Goldstücke gespart oder sich eine Eigentumswohnung gekauft haben, so wie andere Amahs in ihrem Alter. Sie lächelte dann nur.

In letzter Zeit hatte sie abgenommen. Das Treppensteigen in den oberen Stock ließ sie ganz außer Atem kommen, und ich spürte ihr Zittern, wenn wir Arm in Arm vor der Wohnungstür standen. Das Zittern konnte auch nervlich bedingt sein, denn Tante machte keinen Hehl aus ihrer Abneigung gegen unsere Anwesenheit und ließ ihre schlechte Laune an Ah Wor aus. Ah Wor beklagte sich nie, und da ich nichts dagegen unternehmen konnte, vermied ich es auch, darüber zu sprechen. Doch die Belastung schlug auf ihre Gesundheit – und wir konnten uns keinen Arzt leisten. Auch meine Freunde sagten, sie sehe blaß und abgemagert aus. Ah Wor sprach davon, als Amah zu einer anderen Familie zu gehen – doch würde sie es überhaupt gesundheitlich schaffen? Sie brauchte dringend eine Pause, nicht noch mehr Arbeit. Wenn ihr etwas passierte, während ich in Amerika war – wie sollte ich mir jemals verzeihen?
Amerika – die Chance meines Lebens, die Erfüllung eines Traumes, den ich nie zu träumen gewagt hatte! Doch auch wenn ich nicht nach Amerika ging, konnte ich mein Versprechen halten, indem ich im Ebenezer-Heim arbeitete. Ich konnte Frau Morgenstern sagen,

ich würde sofort anfangen. Dann bräuchten wir uns auch keine Sorgen mehr um eine Wohnung für den Sommer zu machen. War das die Entscheidung, die ich treffen sollte?

Ich wartete, bis es sechs schlug, und schlich auf Zehenspitzen ins Wohnzimmer. So leise wie möglich öffnete ich die Tür. Ob Ah Wor noch schlief? Im selben Moment war sie an der Tür und flüsterte mir zu, ich solle mich anziehen, so daß wir nach draußen gehen konnten.

Wir schlichen aus der Wohnung und die Treppe herunter. Draußen konnten wir endlich sprechen. Ich sagte ihr, ich hätte es mir anders überlegt und würde in Hong Kong bleiben. Gleich nach Schulende könnten wir zum Ebenezer-Heim gehen und ich würde dort anfangen zu arbeiten. Die Sache mit Amerika sei zwar am Anfang aufregend gewesen, aber eigentlich wolle ich nicht wirklich fort. Verzweifelt versuchte ich sie zu überzeugen, daß ich wirklich zufrieden war mit dieser Entscheidung, doch es gelang mir nicht – ich konnte die Tränen nicht unterdrücken. Ich konnte meine Gefühle nie vor ihr verbergen.

Sie sagte, ich solle mich nicht aufregen und nicht albern sein. Natürlich müsse ich gehen. »Denk doch nur daran, wie andere blinde Kinder durch dein Beispiel jetzt zur Schule gehen. Du kannst nun nicht mehr zurück; das würde alles zunichtemachen, was du bisher erreicht hast. Es gibt so viele Familien, die sich verschulden, damit ihre Kinder eine Ausbildung im Ausland erhalten – und du willst ein Stipendium ausschlagen!«

Ich erwähnte ihren Gesundheitszustand. Ah Wor gab zu, daß das Leben mit Tante eine Belastung für sie war. Tante machte es allzu deutlich, daß sie sie nicht um sich leiden konnte. Sie war ständig grob und unfreundlich. Wenn Ah Wor Gemüse putzte, riß Tante es ihr aus der Hand; wenn sie den Boden fegte, schnappte Tante ihr den Besen weg. Ah Wor war sicher, bei einer anderen Familie würde es besser werden; es sei nur die unablässige Anspannung, mit Tante auszukommen und sie auf keinen Fall zu reizen, die ihr so zu schaffen machte. Ich hoffte, sie hatte recht. Sie versprach, mir so oft wie möglich zu schreiben.

Wir gingen in ein kleines Restaurant und bestellten uns etwas zum Essen. Während wir warteten, fiel mir plötzlich ein, daß wir uns ja gar nicht schreiben konnten. Wer sollte mir am Perkins-Institut Ah Wors Briefe auf Chinesisch vorlesen? Und die Briefschreiber in China würden meine englischen Briefe nicht lesen können. Es gebe ja auch »englische« Briefschreiber, wandte Ah Wor ein. Ich kannte die sogenannten »englischen« Briefschreiber. Sie kosteten mindestens viermal mehr als ein »normaler«, und obwohl sie behaupteten, Englisch zu können, waren ihre Briefe meist völlig unverständlich. Ich hatte mir schon solche Exemplare anhören müssen. Doch damit wollte ich Ah Wor jetzt nicht beunruhigen, das hatte noch Zeit.

»Mach dir nicht so viele Gedanken«, sagte sie zum Abschied am Schultor. »Wir haben noch einen Monat Zeit.« Doch die ganze nächste Woche war uns beiden fast übel vor lauter Sorge, was werden würde. Wir wußten immer noch nicht, wohin, wenn das Schuljahr vorüber war. Wir hatten nur noch drei Wochen.

Wenigstens fanden wir eine Lösung für das Briefproblem. Wir baten eine der blinden Damen vom Ebenezer-Heim in Pokfulam um Hilfe. Auf diese Weise konnten die Briefe in beiden Richtungen in Blindenschrift und in Ah Wors vertrautem kantonesischen Dialekt gehen. Leider war Pokfulam ziemlich weit, und der Weg würde ihr viel Zeit rauben, besonders, wenn sie in Kowloon arbeiten würde, aber anders ließ es sich nicht machen.

Nun waren es nur noch zwei Wochen. Immer noch hatten wir keine Bleibe gefunden. Wir erwähnten unsere Schwierigkeiten verschiedenen Freunden gegenüber, in der Hoffnung, jemand würde uns Unterkunft anbieten, doch niemand tat es. Die meisten, die wir kannten, lebten in den für Hong Kong typischen beengten Verhältnissen, in denen es eine schlichte Unmöglichkeit war, Platz für zwei weitere Betten zu schaffen. Die Tage waren nicht das größte Problem; da konnten wir Besuche machen oder uns in Parks oder auf Plätze setzen, doch wir brauchten dringend etwas zum Schlafen.

Und wieder einmal mußten wir ans Geld – oder vielmehr an das fehlende Geld – denken. Wo wir auch unterkommen würden, konnten wir bestimmt nicht auch noch selbst kochen, und das würde bedeuten, daß wir jedes Mal Essen gehen müßten. Ich erwog schon, die John-Milton-Gesellschaft um Hilfe zu bitten, doch Ah Wor war strikt dagegen. Sie zahlten schon mein Schulgeld und so viele andere Ausgaben; ich dürfe nicht noch mehr verlangen. Sie hatte recht – aber es traf sie selbst am meisten. Ihre Handarbeit wurde schlecht bezahlt, und alles wurde ständig teurer. Da erinnerte ich mich an den Englischunterricht, von dem Frau Schaeffer gesprochen hatte. Sie fand sieben Schüler für mich. Einige wollten drei Stunden in der Woche, andere zwei. Das kam mir sehr gelegen, denn dadurch bekam ich nicht nur etwas zu tun, sondern auch Geld. Doch das verschaffte uns immer noch keine Unterkunft.

Inzwischen waren wir so verzweifelt, daß wir uns schon damit abfanden, irgendwo als Schlafgänger unterzukommen – wenn wir etwas finden würden. Ah Wor machte sich auf die Suche, was bedeutete, daß sie in der Zeit nicht arbeiten konnte. Sie fand einen kleinen abgeteilten Schlafplatz innerhalb einer anderen Wohnung und machte alles mit der Vermieterin aus; doch als sie ihn mir zeigen wollte, merkte die Vermieterin, daß ich blind war, änderte sofort ihre Meinung und weigerte sich, uns den Schlafplatz zu vermieten. Ich versuchte sie zu überreden und sagte, ich sei Schülerin, doch es half nichts, ich war eine *mang mui* und würde nur Unglück bringen. Der Fall war erledigt. Wir standen genauso da wie zuvor. Und das war nicht das einzige Mal; es ging uns noch ungefähr fünf- oder sechsmal genauso.

Als wir eines Abends aus dem Bus stiegen, fragte mich eine Frauenstimme, ob ich Bee Nui sei. Bee Nui war mein chinesischer Vorname, also mußte die Sprecherin jemand sein, der mich von früher kannte. Es stellte sich heraus, daß es Amy war, die Tochter einer Frau Li, die eine gute Freundin von Fräulein Sechs und meiner Mutter war. Sie wohnte mit ihrer Mutter und ihren Schwestern nur zwei Straßen von Onkels Wohnung entfernt. Sie drängte uns, doch mitzukommen auf einen kurzen Besuch; sie würden sich sehr freuen. Fräulein Sechs sei auch gerade zu Besuch. Ich hatte große Lust dazu, doch Tante wollte nach zehn Uhr abends nicht mehr durch das Öffnen von Türen gestört werden. Worauf Amy sagte: »Ihr könnt doch bei uns schlafen! Wir haben zwar keine große Wohnung, aber ich schlafe im Wohnzimmer und da ist auch noch Platz für euch!«

Zuerst war mir ein wenig mulmig bei dem Gedanken, Onkel und Tante zu sagen, daß ich über Nacht wegbleiben würde. Aber wir würden ja sowieso bald ausziehen, was machte es also, wenn es Tante mißfiel? Wir mußten ja nur noch gut eine Woche miteinander auskommen. Ich sagte zu Amy, wir würden nur eben unsere Nachthemden und Zahnbürsten holen und dann wiederkommen. Ah Wor war entsetzt über meine rasche Einwilligung, die Nacht bei anderen Leuten zu verbringen, etwas, was wir noch nie getan hatten. Sie sagte, das dürften wir nicht tun. Ich sagte, doch. Ich blieb Sieger.

Reisevorbereitungen

Bei Amy trafen wir viele alte Bekannte wieder: ihre Mutter, die ich Tante Li nannte, ihre Schwestern Doris und Helen und Helens Mann. Amys Mann war nicht da, aber dafür Fräulein Sechs. Wir redeten von den alten Zeiten in Kanton, und ich erzählte ihnen von meinem Amerika-Studium. Als sie uns fragten, was wir nach Ende des Schuljahres machen würden, brach ich in Tränen aus und weinte hemmungslos. Erschrocken fragten sie, was ich denn hätte. Ah Wor erklärte es ihnen. »Ihr könnt gern bei uns wohnen, bis du abfährst«, trösteten sie mich. Ich war überglücklich und dankbar. Vor lauter Erleichterung und Freude lachte und weinte ich zugleich. Gott hatte doch für uns gesorgt!

Am nächsten Tag gab mir Amy vor dem Losgehen ein rotes Päckchen mit Glücksgeld. Ich wollte es nicht annehmen, wo sie uns doch schon so großzügig ein Dach über dem Kopf angeboten hatte. Schließlich gab sie Ah Wor das Päckchen. Auf ihr Drängen hin nahm Ah Wor es, im Glauben, es sei mehr symbolisch. Doch als sie es öffnete, fand sie zwei Hundert-Dollar-Scheine darin. Wir erinnerten uns daran, daß Amy gesagt hatte, es wäre gut, wenn ich ein oder zwei chinesische Brokat- oder Seidenkleider für besondere Gelegenheiten besäße. Wir waren gerührt: Amy hatte zwei Kinder, die im Internat waren, und sie hatte wirklich nicht viel Geld. Wir hatten ihr von meinen Englischstunden und Ah Wors Handarbeit erzählt, doch sie mußte rasch überschlagen haben, daß das nicht viel einbrachte.

Ich hatte trotz unserer Wohnungssorgen hart gearbeitet, wie immer. Die Abschlußprüfungen standen in einer Woche vor der Tür. Meine Angst, was nachher sein würde, war nun beseitigt, doch trotz all meiner Anstrengungen mußte ich mir eingestehen, daß ich nicht so gut wie die anderen Mädchen dastand, besonders bei den zusätzlichen Texten, die wir zu lesen hatten, wie etwa der Zeitung. Ich konnte nur hoffen, daß mein fundiertes Wissen in einigen Fächern mein großes Unwissen in anderen aufwiegen würde.

Die Prüfungen kamen. Angespannt und schwitzend in der sommerlichen Hitze Hong Kongs arbeitete ich mich durch die Aufgaben, erledigte, was ich konnte und mußte einzelne Fragen unbeantwortet lassen. Selbst in der Diözesanschule, die sonst so aufgeklärt war, bekam ich keine zusätzliche Zeit bei den Prüfungen. Meine Ergebnisse waren nicht überragend, doch sie hätten schlechter sein können. Acht Jahre Schule lagen nun hinter mir.

Nach den Prüfungen wurde eine Abschiedsfeier für mich veranstaltet. Das war ein Freundschaftsbeweis, der mir sehr gut tat. Eine noch größere Überraschung war das Geschenk, das die Mädchen mir überreichten. Die Mädchen, die immer für mich gelesen hatten und die ich das ganze Schuljahr über täglich bezahlt hatte, hatten das Geld nicht etwa als willkommenes Taschengeld behalten, sondern für mich gesammelt. Jetzt gaben sie es mir zurück. Es waren fast vierhundert Dollar, die ich für die Reise verwenden sollte. Unter Tränen nahm ich das Geld in Empfang: die Mischung aus Dankbarkeit, Freude und Aufregung, vermengt mit dem Abschiedsschmerz, so viele Freunde zurücklassen zu müssen, war zu viel für mich. Von dem Geld kaufte ich mir zwei gute Koffer, chinesische Kleider und andere nützliche Dinge.

Gleich am letzen Schultag zogen wir um. Tante sah uns mit unverhohlener Erleichterung gehen; Onkel hatte ein schlechtes Gewissen. Tante Li und ihre Familie waren sehr nette Leute, doch wir wollten ihnen nicht zur Last fallen oder dauernd bei ihnen herumsitzen. In letzter Minute hatten wir noch ein zweites Mal Hilfe angeboten bekommen: von Wong Wing-tze, meiner Schulfreundin aus Kanton. Sie war Augenärztin geworden und hatte ihre Praxis in Kowloon. Ich traf sie eines Tages durch Zufall. Sie hatte eine kleine Wohnung, nicht weit entfernt, und konnte uns bei sich hineinquetschen. Wir wechselten also zwischen beiden Häusern und versuchten, die Gastfreundschaft bei keinem der beiden überzustrapazieren. Wir nahmen unsere Mahlzeiten dort ein, wo wir gerade schliefen, gelegentlich auch bei den Ips, doch meistens aßen wir im Restaurant. Ich nahm nicht alle sieben Schüler für den Englischunterricht, sondern nur vier, die nicht allzu weit entfernt wohnten, denn ich wollte Zeit haben, um mehrere Blinde zu besuchen, von denen Frau Ho mir erzählt hatte, Kinder und Erwachsene. Vor allem wollte ich versuchen, die Kinder ins Ebenezer-Heim zu bringen. Frau Ho nahm mich bei ihren regulären Besuchen mit. Obwohl die Leute zuerst ablehnend reagierten, änderten einige ihre Meinung, als sie erfuhren, daß ich zur Diözesanschule gegangen war und bald nach Amerika gehen würde, und ließen sich überreden, ihre Kinder auch zur Schule zu schicken. Daphne Ho freute sich. Sie merkte, daß mein Wunsch, mit Blinden zu arbeiten, nicht nur eine vorübergehende Laune war, sondern daß ich die richtige Einstellung für die Sozialarbeit mitbrachte. Nur hatte sie Bedenken, ich würde es vielleicht nicht fertigbringen, wieder aus Amerika zurückzukommen. Ich sagte, ich würde mein Versprechen halten.

Nach zwei Wochen eröffnete Tante Li uns, wir könnten ein eigenes Zimmer bekommen. Das Paar, das das Zimmer von ihr gemietet hatte, mußte kurzfristig umziehen, und anstatt es sofort neu zu vermieten, sagte sie, wir könnten es benutzen, bis ich abreiste. Es war ein großer Raum mit Regalen und einer Kommode, so daß ich schon üben konnte, wie ich meine Sachen in Amerika ordnen, wegräumen und wiederfinden würde. Dann bat Helen Ah Wor, auf ihre beiden Kinder aufzupassen und für sie zu arbeiten, wenn ich in Amerika war, so daß jetzt fast alle unsere Probleme gelöst waren.

Eines Abends, als wir nach Hause kamen, erfuhren wir, daß Dritter Onkel am Nachmittag dagewesen war. Er wußte schon lange, wo die Familie Li wohnte. Amy hatte ihn vor einigen Jahren einmal auf der Straße getroffen, ihm das Haus gezeigt und ihn eingeladen. Als Fräulein Sechs mit Onkel zusammengewesen war, waren sie gute Freunde gewesen, doch die Freundschaft war zerbrochen, als sich Dritte Tante langsam Einfluß in der Familie Ching verschafft hatte. Onkel hatte die Lis immer noch gern, besonders Amy, doch Dritte Tante duldete keinen Umgang mit Freunden von Fräulein Sechs.

Aber an diesem Nachmittag war Onkel tatsächlich gekommen! Tante Li beschrieb mir, was passiert war. Als er ins Wohnzimmer geführt wurde und sich setzte, fragte er, wo sie denn alle schliefen und wie sie die einzelnen Zimmer nutzten. Tante Li zeigte ihm die Wohnung und auch die Tür zu dem leeren Raum, in dem wir jetzt wohnten. Als sie zurück ins Wohnzimmer gingen, heftete er seine Augen auf einen Stapel Blindenschriftseiten, die ich dort auf einem Hocker liegen hatte. Bald darauf verabschiedete er sich wieder.

Ich fragte Tante Li, ob Onkel Ah Wors und meine Sachen in dem »leeren« Raum gesehen hatte. Nein, die Tür sei zu gewesen. Sie habe aber den Eindruck gehabt, Onkel mache sich Sorgen um mich. Natürlich mochte er nicht direkt fragen, wo ich war, denn dann hätte er zugeben müssen, daß er mich nicht mehr unter seinem Dach beherbergen konnte. Tante Li meinte, er habe aber meine Papiere gesehen und könne sich also denken, daß ich in Kontakt mit ihnen stand und irgendwo ein Dach über dem Kopf hatte. Ich hatte ihm übrigens gar nicht verschweigen wollen, wo ich war, doch ich hatte ihn nie allein sprechen können.

Die Tage verflogen in Hektik. Als es nur noch zwei Wochen bis zu meiner Abreise waren, fragte ich Amy und Helen, ob ich vielleicht noch irgend etwas vergessen hatte. Sie schlugen vor, ich solle doch etwas mit meinen Haaren machen lassen. Es würde viel besser aussehen, meinten sie, wenn ich mir die Zöpfe abschneiden und mir eine Dauerwelle machen ließe. Amy bot sich an, mit mir zum Friseur zu gehen.

Der Friseursalon war eine neue Welt für mich. Wir hatten zum Haarewaschen immer selbst eine Art Seife zusammengebraut. Ich weiß nicht genau, was es war, jedenfalls kostete es beim Kräutermann nur ein paar Cent. Und jetzt war die Rede von Shampoo, Haarspray, Packungen – Dinge, von denen ich im Radio gehört hatte, mit denen ich aber noch nie in Berührung gekommen war. Sie dufteten gut und waren viel angenehmer als unsere altmodische Art des Haarewaschens.

Als ich an der Reihe war, fragte mich der Friseur, was für eine Frisur ich denn haben wollte. Was sollte ich antworten? Amy kam mir zu Hilfe. Sie sagte, ich hätte ihr beschrieben, wie ich es wollte, und gab dem Friseur einige Anweisungen. Ich nickte nur und sagte bei allem Ja. Ich war etwas traurig, als die Schere mein langes Haar abschnitt; es schien so endgültig. Dann wickelte er das Haar auf Lockenwickler und machte sich daran, mir eine große Maschine auf den Kopf zu setzen, als Amy auf ihn zustürzte und rief, ich hätte ihr gesagt, ich wolle lieber eine Kaltwelle. Der Mann sagte, das sei viel teurer und die Sache nicht wert, auch wenn es ein bißchen angenehmer sei. Amy warf rasch ein, ich hätte ihr das Geld dazu gegeben.

Amy ließ das gleiche mit ihrem Haar machen. Plötzlich fragte mich der Friseur, in welchem Teil der Stadt ich denn arbeitete. Ich verstand nicht, was er meinte, doch er wiederholte seine Frage immer wieder. Ich versuchte, Amy zu fragen, doch sie war unter der Trockenhaube und konnte mich nicht hören. Der Friseur ließ mir keine Ruhe, bis ich die Frage, so laut ich konnte, durch den Salon rief. Darauf fingen die Leute an zu lachen; ich wußte nicht warum, und fühlte mich unbehaglich. Aber diesmal hatte Amy mich gehört und rief mit ärgerlicher Stimme zurück, daß ich nirgendwo in der Stadt arbeitete, sondern zur Schule ging und jetzt bald nach Amerika flog, um dort meine Ausbildung fortzusetzen. Jetzt begriff ich, worum es gegangen war, und wurde puterrot.

Nachdem der Friseur mein Haar ausgekämmt hatte, reichte er mir einen Spiegel. Ich lachte und sagte, der einzige Spiegel, den ich brauchen könne, sei meine Hand. Auch er lachte. Obwohl ich mit den Händen durch das Haar fuhr, konnte ich nicht sagen, ob es so geworden war, wie ich es gewollt hatte – denn wie hatte ich es denn gewollt? Ich war froh, als Amy sagte, es sähe sehr hübsch aus.

Auf dem Weg nach Hause hielt uns ein Mann an und fragte Amy, wieviel ich für eine Nacht verlangte. Amy sagte verärgert, da sei er an die Falsche geraten. Ich versuchte, meine Verlegenheit zu überspielen, doch ich merkte, wie ich wieder rot wurde.

Amy und Helen zeigten mir, wie ich mein Haar pflegen mußte. Kämmen und Bürsten war nicht schwer. Doch wie ich die Frisur nach dem ersten Waschen wieder hinbekommen sollte, war mir schleierhaft. Amy zeigte mir die Lockenwickler und Haarnadeln und wie ich damit umzugehen hatte. Das schien nicht so schwierig zu sein, also begann ich, mein Haar aufzuwickeln. Amy bemerkte entsetzt, daß ich alles in die gleiche Richtung aufrollte. Ich müsse es in die Richtung aufdrehen, in die das Haar fiel, sagte sie. Ich begriff nicht ganz, was sie damit meinte. Um es mir deutlicher zu machen, verband sie sich die Augen und wickelte ihre eigenen Haare auf. Sie machte es sehr gut. Ich war verwirrt. Wenn sie es blind konnte, warum konnte ich es dann nicht auch? Amy wurde bald klar, daß sie es so gut beherrschte, weil sie jahrelang Friseuren bei der Arbeit zugeschaut hatte und wußte, wie es hinterher aussehen mußte. Schließlich wickelte sie mir die Haare auf, und ich nahm die Lokkenwickler einzeln wieder heraus und machte es nach. So ging es.

Mit dem Schminken war es auch so eine Sache. Ich konnte ja nicht beurteilen, ob ich zu viel oder zu wenig aufgetragen hatte. Amy sagte, ich mache es schon ganz gut. Mit dem Lippenstift war es einfach: Ich spürte meine Lippen ja, und wenn ich über den Rand gekommen war, konnte ich die Farbe leicht mit einem Tuch abwischen.

Eine Woche vor meiner Abreise sagte Frau Schaeffer mir, daß noch Geld von meinem Stipendium übrig sei, und fragte mich, was ich damit machen wollte. Es reichte gerade für eine Fahrt zu zweit nach Macau und zurück, also beschlossen Ah Wor und ich, für drei Tage nach Hause zu fahren.

Jede Minute in diesen drei Tagen war kostbar. Die Regel, daß ein jüngeres Familienmitglied vor den Erwachsenen nicht sprechen durfte, wurde durchbrochen: wir erzählten und erzählten – Vater, Mutter, meine jüngste Schwester, Ah Wor und ich. Mutter sorgte dafür, daß mein Lieblingsessen gekocht wurde, denn im Perkins-Institut würde ich wohl nicht viel Chinesisches zu essen bekommen. Sie kauften aber auch ein Stück Fleisch und bereiteten es so gut sie konnten, auf westliche Art zu, damit ich üben konnte, mit Messer und Gabel umzugehen.

Jedes Mal, wenn Nachbarn oder Freunde vorbeischauten, erzählten Vater und Mutter ihnen, ich sei mit der Schule fertig und hätte ein Stipendium für Amerika bekommen. Einige meinten, ich mache der Familie Ehre. Andere sagten, es sei dumm von mir, fortzugehen; es fiele schon vielen Sehenden schwer, sich an andere Länder und andere Sitten zu gewöhnen, und sie bekämen Heimweh; wie würde es dann erst mir ergehen? Aber meine Eltern waren deutlich stolz auf mich, und das freute mich am meisten. Gemäß der chinesischen Tradition lobten sie mich nicht offen vor anderen, doch schon die Tatsache, daß sie mit ihren Bekannten über mich sprachen und mich ihnen vorstellten, zeigte mir, daß sie stolz auf meine Leistungen waren. Sie erzählten den Nachbarn, wenn ihre Kinder Hilfe in Englisch bräuchten, sollten sie mich nur fragen.

Und die Kinder kamen. Zum Glück waren sie alle noch nicht sehr weit im Unterricht, so daß meine Englischkenntnisse ausreichten. Einige dieser jungen Leute nahm ich mit, als ich Po-yuk, die blinde Tochter des Fahrradrikschafahrers, besuchte, und durch Po-yuk lernten sie noch andere Blinde in Macau kennen und freundeten sich mit ihnen an.

Wieder tauchte das Problem mit dem Briefeschreiben auf. Wieder hatte es nicht viel Sinn, meine Briefe mit der Schreibmaschine zu schreiben, da Vater und Mutter kein Englisch konnten und meine jüngste Schwester erst in der Grundschule war. Und es hatte auch keinen Sinn, daß sie nur in Chinesisch schrieben – wer sollte es mir vorlesen? Wir vereinbarten schließlich, mit Po-yuks Hilfe in Blindenschrift zu korrespondieren.

Ah Wor und ich fuhren nach Hong Kong zurück. Die letzten vier Tage waren eine einzige Folge von Einladungen, Packerei und Besorgungen in letzter Minute. Ich war jeden Tag irgendwo zum Essen eingeladen, wobei ich alle möglichen nützlichen Geschenke bekam. Und ich mußte meine zwei Koffer packen und mir ganz genau einprägen, wo ich was verstaut hatte. Zu meiner großen Erleichterung hatten meine Freunde mir versprochen, all meine Blindenschriftaufzeichnungen aufzubewahren, bis ich wiederkam. Nur Ah Wor und ich kannten den wahren Wert dieser Blätter: die unendlichen Kilometer, die wir dafür bei Regen und Hitze gelaufen waren, die unaufhörliche Punktestecherei, meine schmerzenden Hände, meine Kopfschmerzen, meine blutenden Knöchel.

Am letzten Tag gelang es Vater, von Macau nach Hong Kong zu kommen, um mich zum Flughafen zu bringen. Früh am nächsten Morgen war der Abflug. Vater, Ah Wor und ich schliefen gemeinsam bei Tante Li. Keiner von uns bekam viel Schlaf. Erst nach Mitternacht gingen wir schlafen. Ich lag im Bett, doch ich konnte kein Auge zutun. Ich betete so intensiv wie noch nie, daß Gott Ah Wor beschützen möge. Ich hatte solche Angst, daß ihr etwas passieren könnte, während ich weg war. Natürlich dachte ich auch an meine Familie, doch ich hatte mehr Sorge um Ah Wor, die mir so viel gegeben hatte und der ich so viel verdankte.

Auf einmal hörte ich jemand ins Bad tapsen. Es waren Helens Schritte. Ich stieg aus dem Bett, öffnete leise die Tür und wartete vor dem Bad. Helen erschrak, als sie beim Öffnen der Tür eine Gestalt sah. Sie hielt den Atem an, doch ich schlüpfte rasch ins Bad und machte die Tür hinter uns zu. Ich fing sofort an, zu weinen – wegen Ah Wor. Ich flehte sie an, auf Ah Wor achtzuhaben, meinetwegen, und mir sofort zu schreiben, wenn es ihr irgendwann nicht gut ginge. Vor ihrer Hochzeit war Helen ausgebildete Krankenschwester gewesen, und ihr Mann war Techniker in einem medizinischen Labor bei einem der staatlichen Krankenhäuser. Helen beruhigte mich: jawohl, sie würden sich um Ah Wor kümmern.

Abschied

Auf dem Weg zum Flughafen stritten sich in mir die verschiedensten Gefühle: Vorfreude und Traurigkeit. Mein Herz zog sich zusammen bei dem Gedanken, daß meine jüngste Schwester zwei Nächte lang geweint hatte, weil sie mich nicht mit zum Flughafen bringen konnte. Ich hatte auch Angst; Angst, daß ich versagen würde in Amerika, den Anforderungen nicht entsprechen würde, zum Außenseiter würde. Doch vor allem: Wie sollte ich es verkraften, Ah Wor zurückzulassen? Ich war jetzt siebzehn, und das einzige Mal, wo ich von ihr getrennt gewesen war, war damals, als ich ein paar Tage bei Siebter Tante verbracht hatte. Oh, wie wünschte ich, daß ich die Arme um ihren Hals hätte schlingen können und sagen: »Ich habe dich so lieb!« Doch ich konnte einfach nicht.

Als wir ausstiegen, schien mir, als ob fast alle Leute, die ich kannte, gekommen waren, um Abschied zu nehmen und mir alles Gute zu wünschen. Meine Klassenkameradinnen, Bruder und Schwägerin, einige Verwandte, die ich lange nicht gesehen hatte, meine Freunde von der Gemeinde, Frau Schaeffer, Daphne Ho, meine drei Brieffreunde John, Peter und Paul, Peters Eltern und Dritter Onkel. Ah Wor sagte, er habe Tränen in den Augen.

Irgendwie wurden die notwendigen Formalitäten mit Paßkontrolle, Flugscheinen und Gepäck erledigt, und es blieb uns noch ein wenig Zeit. Plötzlich kam ein Angestellter der Fluggesellschaft mit einem Rollstuhl auf mich zu. Ich solle mich dort hineinsetzen, damit ich vor den anderen Fluggästen an Bord gehen könne; so würde ich nicht ins Gedränge kommen. Ich antwortete, ich bräuchte keinen Rollstuhl, ich könne selber laufen; außerdem seien es noch zwanzig Minuten Zeit, und ich würde gern bei meinen Freunden und Verwandten bleiben, bis der Flug aufgerufen würde. Ein Wortwechsel folgte, bis Frau Ho mir aus der Patsche half, indem sie ihm vorschlug, daß Ah Wor mich zum Flugzeug brachte.

Ich versuchte ruhig zu bleiben und sagte allen reihum auf Wiedersehen. Plötzlich zog mich Onkel ein wenig beiseite; er wollte mit mir sprechen. Es war das erste Mal, daß er mir seinen Arm anbot. Mein Herz wurde warm; er hatte so viel für unsere Familie und mich getan. Er tat mir leid. Er war das Oberhaupt der Familie Ching gewesen, der Mann, dessen Wort man respektierte und befolgte, doch in den letzten sechs Jahren war er von Tante beherrscht und tyrannisiert worden, die skrupellos nur das tat, was ihr paßte, ohne Rücksicht auf ihn und seine Gefühle. Ich fühlte Tränen in mir hochsteigen.

Seine Stimme bebte, und er mußte sich räuspern, als er mit mir sprach. Es täte ihm leid, sehr leid, daß ich nicht bis zuletzt bei ihm hatte wohnen können. Ich verspürte hoffentlich keine Bitterkeit gegen Tante in mir. Er habe übrigens in meinem Namen eine Wohnung vermietet, so daß ich in Zukunft zumindest die Mieteinnahmen zum Leben haben würde. Ich sagte, ich hoffte, bei meiner Rückkehr Arbeit zu finden, mit der ich Ah Wor und mich selbst ernähren könnte, und würde keine finanzielle Unterstützung brauchen. Onkel wandte ein, Ah Wor würde nach meiner Rückkehr sicher nicht bei mir bleiben wollen, wenn ich sie nicht anständig bezahlen konnte – die Gehälter von Hausangestellten seien ununterbrochen im Steigen begriffen. Wie wenig wußte Onkel von dem wahren Verhältnis zwischen Ah Wor und mir! Er wußte auch nicht, daß sie die ganze Zeit Heimarbeit für mich gemacht hatte. Tante wußte es schon gar nicht; sie hatte sogar behauptet, Ah Wor verschnitte aus lauter Bosheit meine guten Kleider, weil ich sie nicht gut genug bezahlte – obwohl sie doch nur abgelegte Kleider, die ich geschenkt bekommen hatte, auf meine Größe änderte.

Vater kam zu uns herüber und sagte, ich solle mir überlegen, ob ich nicht ganz in Amerika bleiben wolle, denn selbst wenn ich bei meiner Rückkehr nach Hong Kong eine Arbeit fände, würde ich doch nie voll und ganz von den Sehenden in unserem Teil der Welt akzeptiert werden. Ich wollte ihnen erklären, daß ich auf jeden Fall wiederkommen würde, um wieder bei Ah Wor zu sein und um meine Versprechen gegen Gott und Tse Tse zu halten, doch in dem Augenblick kam der erste Aufruf für meinen Flug. Rasch sagte ich den anderen auf Wiedersehen. Peters Eltern küßten mich sogar beim Abschied. Wie wünschte ich, ich hätte Ah Wor küssen können!

Der Beamte der Fluggesellschaft ließ Ah Wor mit zum Flugzeug gehen. Schweigend liefen wir nebeneinander. Es gab so viele Dinge zu sagen, doch sie ließen sich nicht in Worte fassen. Auch waren wir nicht gewohnt, über Gefühle zu sprechen. Wir stiegen die Stufen zum Eingang der Maschine hinauf.

Es war Zeit zum Abschied. Alles, was wir uns sagen konnten, war: »Ah Wor!« – »Fräulein Drei!« Wir wiederholten es dreimal.

Andere Passagiere drängten sich an uns vorbei, und ich sagte: »Ah Wor, du mußt gehen.« – »Ja, Fräulein Drei, ich muß gehen.« Wir berührten uns nicht. Dann hörte ich ihre vertrauten Schritte die Stufen hinunterlaufen.

Ich war allein.

Amerika

Ich war allein unter fremden Leuten, in fremder Umgebung – in einem Flugzeug, das immer schneller wurde und mich Hals über Kopf in ein fremdes neues Leben trug. Die freundlichen Menschen während des Fluges lenkten mich ein wenig ab, doch die ganze Zeit über war mir bewußt, daß die Entfernung zwischen mir und allem, was mir lieb und vertraut war, immer größer wurde. Ich versuchte, nicht an Ah Wor zu denken!

Mein Nachbar – ein Franzose – interessierte sich für mein Brailleschriftbuch; es entbehrte nicht einer gewissen Ironie, daß er noch nie von Louis Braille gehörte hatte. Eine kleine Gruppe scharte sich um mich, um mir beim Lesen zuzuschauen. Dann mußte ich – mit nur mäßigem Erfolg – mit den Geheimnissen des Waschraums fertigwerden. Die Stewardess versprach mir, die Schwierigkeiten, die ein Blinder mit all den Apparaten und Vorrichtungen hatte, an die Fluggesellschaft weiterzuleiten. Ich aß, ich schlief. In Anchorage mußten wir durch den Zoll und die Einwanderungsbehörde; ich schlief wieder, die Zeit verging... und dann war ich in New York und wurde von Dr. Smith und seinem Sohn in Empfang genommen. Am nächsten Tag traf ich endlich den Mann, der mir so oft geschrieben hatte und der für mich wie ein zweiter Vater geworden war – Dr. Chappel. Es war ein großer Augenblick, als er hereinkam, meinen Namen nannte und ich zum ersten Mal seine Stimme hörte.

Später nahm sich ein Herr Avery meiner an. Er war reich, großzügig und sehr nett und wurde während meiner ersten zwei Jahre in Amerika bis zu seinem Tod 1956 ein väterlicher Freund für mich. Er fuhr mich nach Boston zu Dr. Waterhouse, dem Direktor des Perkins-Instituts für Blinde. Im Haus von Dr. Waterhouse verbrachte ich meine erste Nacht. Er und seine Frau, die auch blind war, kümmerten sich rührend um mich. Jetzt begann der Traum, der mit dem Brief von Dr. Smith angefangen hatte, wahr zu werden.

Ich will nicht viel über das Perkins-Institut berichten; das haben schon andere getan. Ich möchte nur die herausragendsten Ereignisse und Eindrücke beschreiben. Ich bekam eine Blindenuhr; ich hatte ein eigenes Zimmer und konnte das System, das Ah Wor und ich gemeinsam ausgearbeitet hatten, in die Tat umsetzen; ich lernte, mit einer Blindenschriftmaschine zu schreiben anstatt mit Stift und Tafel, und ich mußte schmerzlich meine fehlerhafte selbstbeigebrachte Brailleschriftversion umlernen und die korrekte englische Brailleschrift, Notenschrift und Mathematikschrift erlernen. Die Bibliothek mit ihren Tausenden von Blindenschriftbänden zu jedem Thema, darunter sogar chinesische Klassiker, warf mich fast um. Darüber hinaus machte ich die Bekanntschaft von Frau Carpenter, der Vorsteherin der Studentinnen im Perkins-Institut, die jahrelang mit Frau Schaeffer an der Ming-Sum-Schule zusammengearbeitet hatte. Sie war meine direkteste Verbindung mit meiner Heimat, denn sie kannte das Leben und die Gebräuche in China und verstand viele der Probleme, denen ich gegenüberstand.

Und ich hatte Probleme. Es war nicht so schwer, sich auf Kleinigkeiten wie Tischmanieren einzustellen, doch es war sehr viel schwieriger, sich an den völlig fremden, freien und ungezwungenen Umgang mit anderen Leuten anzupassen. Nach einigen Versuchen, auch bei Partys mitzumachen und zu tanzen – Dinge, über die meine Familie entsetzt gewesen wäre – gab ich es auf und beschloß, mich weiterhin so zu verhalten, wie ich es für richtig hielt, anstatt mich zu Dingen zu zwingen, die ich in Wirklichkeit gar nicht wollte. Frau Carpenter bestärkte mich darin und sagte, ich müsse die anderen nicht um jeden Preis nachahmen.

Doch mein größtes Problem tauchte unerwartet bei einer Sache auf, auf die ich mich am meisten gefreut hatte – beim Orientierungs- und Mobilitätstraining und beim Umgang mit dem Blindenstock. Alles ging gut, bis mich eines Tages eine Freundin ganz unschuldig fragte, ob ich mich darauf freute, mich selbständig in Hong Kong bewegen zu können. Das war der erste Samen des Zweifels, der in mir wuchs und langsam alles überschattete. Die alten Gespenster von Bettlern und Prostituierten mit ihren Stöcken, die Unglück brachten, verfolgten mich. Ich machte keine Fortschritte mehr, war niedergedrückt und wurde schließlich an einen Psychiater überwiesen.

Glücklicherweise war dieser Psychiater schon einmal in Hong Kong gewesen. Das schaffte eine gewisse Vertrautheit zwischen uns, und mit bemerkenswertem Einfühlungsvermögen und gezielten Fragen begriff er rasch die Wurzel meines Problems und dessen Zusammenhang mit den chinesischen Traditionen und Vorurteilen. Er machte mir klar, daß ich mich in Hong Kong nicht unbedingt wie ein Revolutionär verhalten und trotzig allein mit meinem Stock umherwandern mußte, abfällige Bemerkungen und Widerstand herausfordernd. Ich könne ruhig weiterhin einen Begleiter nehmen. Doch um gegen die Vorurteile anzukämpfen, sollte ich von allen verfügbaren Waffen Gebrauch machen, und die Fähigkeit, den Leuten zu zeigen, daß ich mich unabhängig bewegen konnte, wenn ich wollte, war eine davon. Wenn ich es als zu große Belastung empfände, solle ich mit dem Mobilitätstraining aufhören, doch damit würde ich auf eine wichtige Waffe verzichten. Ich wog alles sorgfältig ab und beschloß, weiterzumachen.

Im Frühjahr 1955 sagten Herr und Frau Waterhouse, sie würden in den Fernen Osten reisen und zwei Tage in Hong Kong verbringen. Es lag mir sehr daran, daß meine Familie diese beiden einmaligen Menschen, die so viel für Blinde in der ganzen Welt getan hatten, kennenlernte. Doch der Plan war mit vielen Problemen behaftet, sprachlichen wie finanziellen. Ich schrieb an Ah Wor und an Siebten und Dritten Onkel. Schließlich wurde es so geregelt: Dritter Onkel lud sie zum Tee in ein Hotelrestaurant ein. Siebter Onkel kam als Dolmetscher, und die liebe Ah Wor schickte Vater hundert Dollar, damit er nach Hong Kong kommen konnte. Sie selbst konnte leider nicht dabeisein. Es gelang ihr zwar, bis zum Hotel vorzudringen, aber nicht weiter, da sie die Kleidung einer Amah trug und man sie nicht hineinließ. Sie traf die anderen erst hinterher.

Dr. Waterhouse zeigte Vater und meinen Onkeln ein Exemplar des Jahresberichts 1954 des Perkins-Instituts, in dem ich abgebildet war. Erwartungsgemäß gaben sie sich Mühe, nicht allzu interessiert zu erscheinen und baten um kein Exemplar, obwohl sie mir später schrieben, ich solle ihnen doch welche schicken.

Dieses Treffen hatte einen merkwürdigen Nebeneffekt. Als Dr. Waterhouse zurückkam, erkundigte er sich eingehend nach meiner Arbeit – von der die Lehrer nur Gutes zu berichten hatten –, denn Siebter Onkel hatte ihm gesagt, meine Briefe seien liederlich geschrieben und wiesen ständig Verbesserungen auf. Frau Carpenter nahm mich in Schutz. Ich hätte wenig Zeit zum Briefeschreiben und würde natürlich sehr viel mehr Zeit und Mühe auf meine Schulaufgaben verwenden. Die Sache geriet wieder in Vergessenheit und hinterließ nur versteckte Zweifel an meiner Sorgfalt. Nur ich kannte den wahren Grund: Es war wieder ein Beweis, daß Siebter

Onkel trotz seiner amerikanischen Erziehung immer noch ganz Chinese war und der Tradition gemäß, um die Bescheidenheit zu wahren, Fehler bei mir finden mußte. Ihm war sicherlich nicht bewußt, was er damit angerichtet hatte. Das einzige, was er vielleicht bemerkte, war, daß ich ihm hinterher seltener schrieb.

Ein anderes unerwartetes Erlebnis war die Begegnung mit der legendären taubblinden Helen Keller. Das erste Mal trafen wir uns bei einem Festakt in New York im Frühjahr 1955, wo sie gerade in den Vorbereitungen zu einer Fernostreise steckte. Später besuchte ich sie für einen Tag in ihrem Haus in Connecticut. Es fiel ihr schwer, mit den Fingern von meinen Lippen zu lesen, und so setzten wir uns an zwei Blindenschriftmaschinen und unterhielten uns auf diese Weise. Sie war es, die mich dazu anregte, über meine Kindheit zu schreiben.

Ich war insgesamt viereinhalb Jahre in Amerika. In den ersten beiden Jahren machte ich die spezielle Ausbildung für Blindenarbeit am Perkins-Institut. Dabei war ich die einzige Blinde. Den Rest der Zeit verbrachte ich am Baptistenseminar in Fort Worth, Texas. Dies kam durch die Bekanntschaften, die ich während meiner ersten Sommerferien, 1955, gemacht hatte. Ich war damals auf verschiedenen Konferenzen gewesen, von denen die Nationale Gemeindekonferenz der Blinden (National Church Conference of the Blind) in Louisville, Kentucky, den größten Eindruck auf mich hinterlassen hatte und meine Zukunft entscheidend mitbestimmte.

Die Konferenz gab mir großen Antrieb. Sie wurde von ungefähr hundert blinden Christen besucht, die alle mit beiden Beinen im Berufs- und Gemeindeleben standen. Sie hatten zwar ihre Probleme, doch sie waren keine Außenseiter der Gesellschaft. Die ganze Atmosphäre lebhafter Aktivität war etwas Neues für mich und befestigte meine Entschlossenheit, wieder nach Hong Kong zurückzukehren, um für ein besseres Leben für die Blinden dort zu kämpfen.

Ich war auf dieser Konferenz Gast von Edwin Wilson, dem Direktor der Vereinigung »Braille Evangel« (»Evangelium für Blinde«). Er wollte mir in jeder Weise behilflich sein, und ich sagte ihm, wie gern ich Kirchenmusik studieren würde. Ich hatte noch ein Jahr am Perkins-Institut, um darüber nachzudenken. Ich fragte Frau Ho und Frau Schaeffer um Rat, und beide schrieben, das sei eine gute Idee und ich solle jede mir gebotene Ausbildungsmöglichkeit nutzen. So übte ich im zweiten Jahr am Perkins-Institut fleißig Musik und ging im September 1956 als Stipendiatin von »Braille Evangel« nach Fort Worth.

Doch all diese aufregenden Jahre hindurch hatte ich Ah Wor nie vergessen. Ich dachte oft an sie und schloß sie in meine Gebete mit ein. Wie vereinbart korrespondierten wir mit Hilfe der Damen aus dem Ebenezer-Heim. Sie schickte mir alle möglichen Dinge – *Cheongsams* aus Seide und Brokat und kleine Geschenke wie Nadeln, Armreife, Ohrringe und Elfenbeinschnitzereien, die ich meinen Freunden schenken konnte. Einen großen Teil ihres Gehalts schickte sie Vater nach Macau. Sie tat dies, damit ich mich auf meine Ausbildung konzentrieren konnte, ohne mir Sorgen um die Not meiner Familie machen zu müssen. Während der viereinhalb Jahre, in denen ich fort war, arbeitete sie als Amah bei Helen, und Gott sei Dank war sie nie krank.

Von September 1956 bis Februar 1959 war ich in Fort Worth. Dann stand ich vor einer der schwierigsten Entscheidungen meines Lebens: nach Hause zu fahren oder in Amerika zu bleiben. Man drängte mich, dazubleiben. Agenturen boten mir Stellen an; mein Vater und mein Onkel schrieben mir, ich könne in Hong Kong nicht leben, ich solle in Amerika bleiben; mein Vierter Bruder und meine Fünfte Schwester waren nach Amerika gezogen und stimmten in diesen Chor mit ein. Jetzt begann ich Frau Ho zu verstehen, die mich 1953 gewarnt hatte, es würde mir schwerfallen, wieder zurückzukommen, und meinen Glauben bis zum Äußersten auf die Probe stellen. Doch ich hatte ein Versprechen gegeben – Tse Tse, Gott und mir selbst. Wenn ich es nicht einlöste, würde ich nie wieder Achtung vor mir selbst haben können, wie verlockend es auch sein mochte, den leichteren Weg zu wählen.

Ich schrieb einen langen Brief an Ah Wor und bat sie um Rat. Sie kannte die meisten Argumente schon, doch diesmal betonte ich, daß ich in Amerika viel leichter das Geld verdienen konnte, das ich ihr zurückzahlen mußte und mit dem ich Vaters Schuldscheine an sie einlösen konnte. Sie schrieb mir zurück, sie würde bei jeder Entscheidung hinter mir stehen, doch was das Geld anging, das sollte kein Thema zwischen uns sein; ich schuldete ihr nichts, und die Schuldscheine habe sie schon lange verbrannt.

Jaxie Short kam 1958 nach Fort Worth, und sie half mir schließlich, die Entscheidung herbeizuführen. Die Entscheidung fiel, als sie mir eines Abends wieder einmal ein Stellenangebot vorlas. Ich fragte sie, was ich machen sollte. Ich war hin- und hergerissen. Dann beteten wir zusammen, sehr lange, und Jaxie bat Gott, mir meinen Weg zu zeigen.

Auf einmal wußte ich es: Ich würde nach Hong Kong zurückkehren.

Im Februar 1959 kam ich wieder nach Hause. Die ganze Familie holte mich vom Flughafen ab. Außer Ah Wor sagten alle deutlich, was sie dachten: daß ich in Amerika hätte bleiben sollen. Ich nahm Ah Wors Arm und hätte sie gern an mich gedrückt (inzwischen hatte ich mich an die amerikanischen Sitten gewöhnt), doch wir behielten unseren gewohnten lebenslangen Abstand bei. Einige Nächte lang übernachtete ich beim CVJM, bis Helen und ihr Mann, Kuk, uns großzügigerweise Platz machten, damit wir beide bei ihnen wohnen konnten, solange wir auf der nervenaufreibenden Suche nach einem eigenen Zimmer waren. Zuletzt bekamen wir ein Zimmer bei einer älteren Dame, so daß wir eine Art Zuhause hatten, von dem aus ich mit meiner Arbeit beginnen konnte.

Viele Jahre später, 1977, wurde einer meiner größten Träume endlich wahr. Die John-Milton-Gesellschaft gewährte mir erneut ein Stipendium, für eine dreimonatige Studienreise in die USA. Liebe Freunde machten es möglich, daß Ah Wor mich auf dieser Reise begleiten konnte. Es war die Reise ihres Lebens. Überall konnte sie mich begleiten, und alle meine Freunde nahmen sie mit offenen Armen auf. Es war eine Reise, die sie mehr als verdient hatte. Denn wenn irgendein Mensch mir am meisten geholfen hat, das zu werden, was ich heute bin, und ein reiches Leben zu haben, dann ist es Ah Wor.

Viele Leute denken vielleicht, ich sei unglücklich, weil ich blind bin. In gewisser Weise haben sie recht, doch ich halte mich für eine der Glücklichen im Vergleich zu vielen anderen Blinden. Ich bin wirklich glücklich. Um Helen Keller zu zitieren: »Ich danke Gott für meine Behinderung, denn durch sie habe ich mich selbst, meine Arbeit und Gott gefunden.«

Nachwort

Über Blindenschrift und Blindenausbildung

Louis Braille wurde am 4. Januar 1809 in der Nähe von Paris geboren. In der Sattlerwerkstatt seines Vaters spielend, verletzte er sich im Alter von drei Jahren ein Auge und erblindete allmählich ganz. Als er zehn Jahre alt war, brachte sein Vater ihn in das Pariser Blindeninstitut. Dort lernten die Schüler bis dahin nur, erhabene lateinische Druckbuchstaben mit den Fingern zu lesen. Schon zwei Jahre später, 1821, begegnete Louis Braille dem Artillerieoffizier Charles Barbier de la Serre. Dieser hatte nach einer Schrift gesucht, die Soldaten auch bei Dunkelheit lesen konnten. Er hatte erkannt, daß sich dabei erhabene Punkte leichter erkennen ließen als erhabene Linien. Er hatte deshalb eine Schrift aus maximal zwölf Punkten entworfen, deren Zeichen allerdings nicht Buchstaben, sondern nur Laute wiedergeben sollten. Bis Oktober 1825 gelang es Louis Braille, daraus eine regelrechte Buchstabenschrift zu entwickeln und dabei die Zahl der Punkte auf sechs zu reduzieren. Das war nötig, weil man mit den Zeigefingerspitzen, die man üblicherweise zum Lesen verwendet, kaum mehr als sechs Punkte auf einmal wahrnehmen kann, auch wenn sie, wie bei Louis Braille, zu einem auf der Schmalseite stehenden Rechteck von zweimal drei Punkten angeordnet sind. Die Verminderung auf sechs war andererseits aber schwierig, weil sich mit sechs Punkten nur 63 Zeichen herstellen lassen – an sich viel zu wenig, um jedem Schwarzschriftzeichen ein entsprechendes Blindenschriftzeichen zu geben.

Die Schrift ist systematisch aufgebaut und darum leicht erlernbar. Wenngleich ich nicht auf Einzelheiten eingehen kann, versichere ich das insbesondere den Eltern blinder Kinder, um auch sie zum Lernen zu ermutigen, damit sie mit ihren Kindern korrespondieren und ihnen, wenn sie eine Regelschule besuchen, notfalls bei den Schularbeiten helfen können. Sie brauchen dabei nicht mehr jeden Punkt einzeln zu stechen, sondern können auf einer Maschine schreiben. Das geht leicht und schnell. Die Maschine hat neben der Leertaste entsprechend den sechs Punkten der Schrift nur sechs Tasten, welche mit den drei mittleren Fingern beider Hände bedient werden. Besteht ein Zeichen, wie meist, aus mehreren Punkten, so werden – gleich einem Akkord auf dem Klavier – mehrere Tasten gedrückt.

In Deutschland wurde die Blindenschrift durch Alfons Köchlin eingeführt. Im Jahre 1821 geboren, erblindete er allmählich um das Jahr 1850. Danach lernte er in Nancy die Blindenschrift kennen, erkannte ihren hohen Wert und lehrte sie in der im Jahre 1856 von ihm gegründeten Blindenschule Illzach im Elsaß. Ab 1866 ließ er die ersten deutschen Blindenschriftbücher drucken, unter anderem das Johannesevangelium. Heute gibt es bei uns mehrere vollständige Bibelübersetzungen in Blindenschrift. Die Christoffel-Blindenmission in Bensheim und der Weltbund der Bibelgesellschaften in Stuttgart fördern außerdem den Druck der Bibel in Blindenschrift noch in vielen anderen Sprachen. Dazu muß man wissen, daß inzwischen auch diejenigen Sprachen in sechs Punkten geschrieben werden können, die nicht auf dem lateinischen Alphabet basieren.

Die etwa 9.000 chinesischen Wort- und Silbenzeichen können mit den 63 Zeichen der Sechspunktschrift allerdings nicht wiedergegeben werden. Blinde Chinesen schreiben deshalb auch heute noch nur eine Lautschrift, genauer gesagt verschiedene Lautschriften, je nachdem, welchen Dialekt sie sprechen. Die erste chinesische Lautschrift wurde von einem schottischen Missionar entwikkelt, als er im Jahre 1876 die Blindenschule Beijing (Peking) gründete, die zweite wahrscheinlich von der amerikanischen Missionsärztin Dr. Mary West-Niles in Kanton. In Bejing soll es übrigens die erste chinesische Blindenlehrerin gegeben haben, die selbst blind war, eine Sklavin, die jemand im Jahre 1850 in Kanton zusammen mit fünf anderen blinden Mädchen freigekauft hatte und in England hatte ausbilden lassen.

Die deutschen Blindenschulen entstanden im wesentlichen in der ersten Hälfte des 19. Jahrhunderts, und zwar gleichfalls als Sonderschulen mit angegliedertem Internat. So werden sie noch heute geführt, wenngleich die meisten Schüler jetzt an jedem Wochenende nach Hause fahren. Sind die Schulen gut organisiert und ausgestattet, so bieten sie geradezu ideale Lernvoraussetzungen. Die Schüler sind dann aber in der Regel jedenfalls von montags bis freitags dem Elternhaus und den sehenden Kindern der Nachbarschaft entrückt. Wollen sie später unter Sehenden arbeiten, so müssen sie erst mühsam lernen, sich auf sie einzustellen. Das kann ihnen erspart bleiben, wenn sie eine Regelschule in ihrer Heimatstadt besuchen. Lucy Ching schildert anschaulich, wie schwer das ohne fremde Unterstützung ist. Deshalb müssen sogenannte Förderlehrer den blinden Kindern in Regelschulen alle Techniken vermitteln (Blindenschriftunterricht, Orientierungs- und Mobilitätstraining, Maschineschreiben usw.) und alle Materialien zur Verfügung stellen, die sie brauchen, um die gleichen Lernvoraussetzungen zu haben wie ihre sehenden Klassenkameraden. Die Schulverwaltungen in den USA sind auf diesem Gebiet ganz besonders weit fortgeschritten. Auch bei uns gibt es schon Blinde, die eine Regelschule besuchen. Aber es fehlt vielfach noch an Förderlehrern und an den nötigen Erfahrungen und Materialien. Darum müssen insbesondere solche Eltern, die nicht selbst die Zeit und Möglichkeit haben, ihre Kinder zu unterstützen, die Vor- und Nachteile der Sonder- und der Regelschule sorgfältig gegeneinander abwägen.

In China dagegen ist Lucy Ching bisher, soweit uns bekannt, der einzige blinde Mensch, der eine Regelschule besuchen konnte. Es gibt noch weitere Unterschiede: Während in Deutschland jedes blinde Kind nicht nur die Möglichkeit hat, sondern sogar verpflichtet ist, zur Schule zu gehen, gibt es in ganz China nur etwa 2.500 Plätze für blinde Schüler, aber schätzungsweise 500.000 blinde Kinder. Davon werden zwar viele noch nicht das Schulalter erreicht haben. Trotzdem muß der Prozentsatz der Blinden, die eine Schule besuchen können, erschreckend gering sein. Während sich in Deutschland Eltern von Anfang an fachlich beraten lassen können, wie sie die Restsinne ihres blinden Kindes am besten trainieren, und man später versucht, das Kind in einen nahegelegenen Kindergarten einzugliedern, gibt es in China zwar eine blühende Kindergartenarbeit für Sehende, aber überhaupt noch keine Elternberatung und Vorschulerziehung für Blinde. Während Blinde in Deutschland weiterführende Schulen bis zur Universitätsreife besuchen und anschließend natürlich auch studieren können, endet die Schule für Blinde in China entweder mit ihrer Ausbildung zu Masseuren oder ihrer Vorbereitung auf die Arbeit in einer sogenannten Wohlfahrtsfabrik. Die Christoffel-Blindenmission möchte gemeinsam mit der Amity Foundation, der Diakoniestiftung des chinesischen nationalen Christenrats, dazu beitragen, die danach noch äußerst geringen Bildungschanchen Blinder in China zu verbessern. Dazu stattet sie die chinesischen Blindenschulen mit Hilfsmitteln aus. Außerdem versucht sie, durch Lehrerbildung dazu beizutragen, daß eines Tages auch chinesische Blinde Früherziehung und Mobilitätstraining erhalten und in großer Zahl in Regelschulen integriert werden. Aber dazu wird noch viel Geduld nötig sein.

Während Blinden in Deutschland heute schon verhältnismäßig viele Berufe offenstehen, ist es damit in China, wie erwähnt, noch schlecht bestellt. Ihnen zusätzliche Möglichkeiten zu erschließen, wird gleichfalls viel Geduld und viel Phantasie erfordern. Aber das Problem ist erkannt, nicht nur von Außenstehenden, sondern auch von blinden Inlandchinesen. Da in Deutschland Blinde als Schreibkräfte arbeiten, mag der Leser fragen, warum nicht auch blinde Chinesen dazu ausgebildet werden. Nun, chinesische Schreibmaschinen sind wegen der großen Zahl der benötigten Schriftzeichen anders konstruiert als europäische. Sie können von Blinden bisher nicht bedient werden. Ob das vielleicht durch Computereinsatz eines Tages möglich sein wird, bleibt abzuwarten.

Blinde Frauen in Deutschland sind nie wie blinde Chinesinnen als *»mang mui»* bezeichnet und behandelt worden. Aber auch bei uns hatten und haben Blinde gegen Vorurteile zu kämpfen, insbesondere gegen die oft völlig unbegründete Vorstellung, daß sie dieses oder jenes nicht zu tun vermöchten. Insofern ist das vorliegende Buch auch für deutsche Sehende eine Mahnung, Blinden mehr zuzutrauen, als sie dies üblicherweise tun, und für deutsche Blinde ein Hoffnungsschimmer, in Zukunft auf größeres Verständnis zu stoßen.

Schließen möchte ich dieses Nachwort, indem ich eine Begebenheit schildere, die für Lucy Ching bezeichnend ist: Sie brauchte, wie sie schreibt, eines Tages etwas Geld für Nachhilfeunterricht, und Ah Wor gab es ihr mit der Bemerkung, was ihr selbst gehöre, gehöre auch Lucy. Daran wurde ich erinnert, als ich beide persönlich kennen lernte: Ich entschuldigte mich bei Ah Wor, mit deren Anwesenheit ich nicht mehr gerechnet hatte, nur für Lucy etwas aus Deutschland mitgebracht zu haben. Aber diese fiel mir ins Wort: was sie geschenkt bekomme, gehöre auch Ah Wor.

Dr. Hans-Eugen Schulze

Blair/Brendel
Das Kummerkind
Pb., 100 S., Nr. 56 578, DM 10,80
ISBN 3-7751-1006-2

Maury Blair, von dem dieses Buch berichtet, hat eine traumatische Kindheit hinter sich. Unehelich geboren, leidet er unter einem gewalttätigen Stiefvater, der Alkoholiker ist, den Jungen ablehnt und ihn schwer mißhandelt. Maury wächst ohne Liebe und Hoffnung auf eine bessere Zukunft auf. Dennoch geriet er nicht in den Sog von Drogenabhängigkeit, Kriminalität und Selbstmordgefahr.

K.B. Hitzbleck
Katharina
Gb., 200 S., Nr. 79 302, DM 19,80
ISBN 3-7751-1249-9

Katharina ist jung, unabhängig und arbeitet als Dolmetscherin im Moskauer Ministerium für Tourismus – ein Traumberuf, eine gesicherte Zukunft. Doch eines Tages gibt sie alles auf, um in Sibirien nach ihrem Vater zu suchen. Völlig auf sich allein gestellt, stets auf der Flucht vor Beamten des KGB, lernt Katharina Menschen kennen, die von einem Gott berichten, der die Welt geschaffen hat.

B. Miller/C.P. Conn
... als wäre nichts geschehen
Pb., 120 S., Nr. 56 538, DM 13,80
ISBN 3-7751-0937-4

Bei einem schrecklichen Verkehrsunfall wird die 13-jährige Kathy schwer verletzt. Als Todeskandidatin wird sie ins Krankenhaus eingeliefert. Doch sie erwacht aus dem Koma und geht den langen Weg voller Rückschläge bis zur völligen Gesundung. Ein Buch voll echter Gefühle und mutmachenden Glaubens.

Bitte fragen Sie in Ihrer Buchhandlung nach diesen Büchern!
Oder schreiben Sie an den Hänssler-Verlag, Postfach 12 20,
7303 Neuhausen-Stuttgart.